조선총독부 법제 정책

지은이 이승일(李昇一)

한양대학교에서 조선총독부 법제 정책을 주제로 문학박사학위를 받았으며, 한국기록관리학교육원을 수료했다. 최근에는 한국 법제사와 한국 근·현대 기록관리제도에 대한 연구를 하고 있으며, 현재 국회기록보존소에 재직하고 있다. 저서로『조선총독부 공문서—일제 시기 기록관리와 식민지배』(공저)가 있으며, 논문으로는「1960년대 초반 한국 국가기록관리 체계의 수립 과정과 제도적 특징」,「보존문서 정리작업과 국가기록관리 체계의 개편(1968~1979)」,「조선총독부 공문서를 통해 본 식민지배의 양상」,「1910·20년대 조선총독부의 법제 정책」,「조선호적령 제정에 관한 연구」등이 있다. 그 밖에 한국 근대 법제사와 기록관리학에 관한 여러 편의 논문을 발표했다. blueat89@hanmail.net

조선총독부 법제 정책—일제의 식민통치와 조선민사령

1판 1쇄 인쇄 2008년 10월 23일
1판 1쇄 발행 2008년 10월 30일

지은이 · 이승일
펴낸이 · 김백일
책임 편집 · 정윤경 신수진
기획 편집 · 조원식 엄귀영 임자영
디자인 · 구화정
마케팅 · 정순구 황주영

출력 · 한국커뮤니케이션
용지 · 한서지업사
인쇄 · 한영문화사
제본 · 우진제책사

펴낸곳 · 역사비평사 출판등록 제300-2007-139호(2007. 9. 20)
주소 · 110-260 서울시 종로구 가회동 175-2
전화 · 02-741-6123~5 팩스 02-741-6126
홈페이지 · www.yukbi.com 전자우편 · yukbi@chol.com

ⓒ 이승일 2008
ISBN 978-89-7696-131-0 93910

이 도서의 국립중앙도서관 출판시도서목록(CIP)은 e-CIP 홈페이지(http://www.nl.go.kr/cip.php)에서 이용하실 수 있습니다.(CIP제어번호: CIP2008003171)

책값은 표지 뒷면에 표시되어 있습니다.
잘못 만들어진 책은 구입하신 서점에서 바꾸어 드립니다.

역비한국학연구총서 30

조선총독부 법제 정책

이승일 지음

역사비평사

일러두기

1. 이 책은 필자의 박사학위논문 「조선총독부의 법제정책에 대한 연구-조선민사령 제11조 '관습'의 성문법화를 중심으로」(한양대학교, 2003)를 저본으로 수정·보완을 거쳐 집필되었습니다.
2. 일부 일본인 인명의 발음표기가 확인되지 않아 본문에서 조직의 구성 및 직원 임명상황을 밝히는 경우에는 한자표기를 그대로 노출시키는 방식으로 통일했습니다.

책머리에

이 책에서는 '조선민사령'의 제정과 개정 과정을 중심으로 일제의 식민지 법 정책을 분석했다. 근대 일본에서는 국민의 권리와 의무에 관한 중요한 사항, 즉 입법사항에 관해서는 법률로 구체적으로 정하도록 했다. 그에 따라서 민법, 상법, 중의원선거법, 호적법 등 다양한 사항을 법률로 제정했다. 그러나 식민지 조선에서는 이런 일반적 원칙이 매우 제한적으로 나타났다.

식민지 조선의 모든 민사사건을 규율하는 일반법령으로 제정된 조선민사령은 제1조에서 민법을 비롯한 23종의 일본 법령을 의용(依用)함으로써 조선에 대한 동화주의적 통치를 천명했다. 그러나 조선민사령 제1조에서 구체적으로 나열하지 않은 일본 법령은 조선에 시행되지 않음으로써, 그 영역에 관해서 조선인은 무권리상태에 놓이게 되었다. 예컨대 중의원선거법·병역법·호적법 등 주요 권리·의무와 관련된 법률들은 조선에서 시행되지 않았고, 조선인의 법적 지위와 관계된 조선민사령 제11조(친족 및 상속)와 호적에 관한 법규는 조선 관습과 대한제국 법규로 규율했다.

조선민사령이 이중적 구조로 제정된 것은, 조선에 대한 동화적 입장을 관철하면서도 조선인을 차별할 수 있는 합법적 기제로 활용하기 위해서였다. 따라서 조선민사령 제11조에 대한 일제의 태도는 조선인 정책을 파악하는 핵심 열쇠가 될 수 있다. 일반적으로 법은 당대 사회의 현상을 반영하여 제정되기 마련이지만, 식민지 조선에서는 오히려 조선 실정을 부정하고 식민 정책을 추진하는 제도적 수단이 될 수 있었다.

지금까지 한국사학계는 식민 정책에 관하여 많은 연구를 수행해왔으나 식민 정책에 대한 분석이 다양하게 시도된 편은 아니었다. 필자는 식민 정책의 복잡한 실태에 좀 더 가깝게 접근하기 위해서는 새로운 접근 방법이 필요하지 않을까 생각했다. 그것은 식민 정책의 내용에 대한 세밀한 분석과 함께 식민 정책 수립에 참여한 다양한 주체와 의사결정의 프로세스를 연구하는 것이다.

그런 관점으로 이 책은 연구방법론상 새로운 시각을 제공하고 있다. 그동안 한국사학계에서는 식민 정책을 수립하고 전개하는 주체에 대해 대개 '일제'라는 용어를 사용해왔다. 이 용어는, 지배자로서의 일본은 조선에 대한 이해와 통치 방식에서 모두 동일하다는 관념을 전제로 한다. 그러나 이 책에서 일제는 조선인 통치에서 독자적 정책을 수립·시행할 수 있었던 주체(조선총독부-일본정부)를 의미한다.

식민 정책의 내용분석과 함께 식민 정책이 수립되고 전개되는 프로세스에 주목한 결과, 식민 정책 수립에는 의견을 달리하는 주체(조선총독부-일본정부)가 참여하게 되고, 또한 통치자(조선총독부-일본정부)는 각각 자신의 통치의지를 관철하려고 하지만 그 의지가 그대로 관철되지는 않으며, 식민 정책이 실현되는 변수로 조선사회와 조선인을 고려할 필요가 있다는 점을 깨달았다. 식민 정책을 수립하고 운용하는 것은 매우 복잡한 과정이며, 특히 1,500만 명이 넘는 조선인을 통치하는 것은 결코 쉬운 일이 아니다.

지금까지는 식민 정책이 계획되고 추진되는 과정, 즉 정책결정 과정에 참여하는 주체에 대한 연구와 그 메커니즘에 대한 연구가 결여되어 있었다. 이 책은 법 정책을 주제로 하면서도 법 정책이 결정되는 과정에 대한 미시적 분석을 추구했다. 그 결과 몇 가지 새로운 사실을 밝혀냈다. 우선 조선총독부의 독자적인 식민통치책인 성문법화 정책을 학계에 최초로 소개했다는 점에서 성과가 있었다고 자평하고 싶다. 대한제국의 근대화 과정에서 추진된 한국 법전 편찬작업과 관습조사사업 등에 대한 면밀한 조사를 통해 일제가 한국 관습과 법령 체계를 이해하는 과정을 분석하고, 특히 관습조사사업의 조사기법과 피조사자의 규모 및 사회적 계층 등을 추정할 수 있는 근거를 제공했다. 그리고 이런 관습조사사업에 의해서 획득된 조선인식이 조선민사령을 비롯한 식민지 법령 체제 구축에 좋은 자료가 되었음을 밝혔다. 이와 함께 조선민사령 제11조의 개정 과정에서 조선총독부는 조선 관습을 법제화하는 성문화 정책을 추진했으며, 그 입법 정책이 일본정부의 법제 일원화 원칙과 충돌하여 굴절되었음을 밝혀냈다.

이런 연구결과를 바탕으로, 필자는 식민 정책의 수립과 전개를 식민지 조선의 여러 상황이 낳은 제약의 산물로 이해하려고 했다. 정치적으로는 조선인의 항일독립투쟁과 반일감정 등이 일본의 지배 정책이 일방적으로 추진되는 데 걸림돌로 작용했다. 법 측면에서는 조선 관습법과 일본 민법의 차이가 일본의 법령 체제를 연장하여 실시하지 못하도록 하는 주된 요인이 되었다. 더 나아가 조선 관습에 대한 입법화 방식의 차이가 일본정부와 조선총독부의 식민 정책의 차이로까지 나타났다. 즉 조선의 특수 관습을 법제화하려는 조선총독부와 보편적 입법을 추진하려는 일본정부는 서로 다른 입장이었으며, 이렇게 다양한 주체들의 이해관계가 서로 갈등하고 조정되는 과정이 식민 정책의 수립과 전개 과정이었다는 관점에서 이 책은 서술되어 있다.

조선총독부의 입법 정책 분석을 통해 종전 한국사학계에서 사용해온 동화 정책의 개념을 역사적·시대적 환경에 따라 제한적으로 해석하는 것이 매우 효과적이라는 점을 제안하고 싶다. 원래 '동화'의 사전적 의미는 '차이가 있는 것을 동일하게 한다'는 것이지만, 근대 일본정부가 시행한 동화 정책은 단순히 동일시·동일화를 의미하지 않았다. 법의 측면에서 조선총독부와 일본정부는 1912년에 조선민사령을 제정함으로써 조선에 대한 동화주의적 통치를 천명했다. 하지만 그 동화의 목적은 조선과 일본의 이법역(異法域)을 해소하는 것이 아니었다. 오히려 그것은 이법역을 전제로 조선에 일본의 제도를 일부 도입하는 정책적 지향을 뜻했다. 조선인 정책에서도 차별을 전제로 문화적·교화적·혈통적 소통관계를 수립하는 것이 동화의 주된 내용이었다. 1945년 패전 직전까지 일본 정부가 최대한 인정할 수 있었던 동화는, 조선인과 일본인의 차별 철폐 혹은 내선간 법령의 완전한 일치가 아니라, 조선인과 일본인의 통치기구(행정권, 입법권, 사법권) 통합을 의미했다. 조선인은 조선인으로서의 정체성을 포기하지 않는 한 일본헌법과 법률이 보장하는 각종 권리를 향유할 수 없는 근본적 한계가 있었다.

이 책은 필자의 박사학위논문을 수정·보완한 것이다. 사실 2003년에 제출한 박사학위논문에는 몇 가지 아쉬운 점이 있었다. 일제의 식민지 법 정책에 대한 독자적인 견해를 밝혔지만, 필자의 주장을 독자들에게 효과적으로 전달하지는 못했다. 논지를 명확히 하거나 문장을 세련되게 다듬지 못하고 급하게 학위논문을 제출한 바람에, 졸업의 기쁨을 누리기보다는 오히려 논문을 수정하리라는 생각에 마음만 바빴다. 그러던 중 정창렬 선생님께서 역사비평사를 소개해주셔서 논문을 수정 발표할 수 있는 기회를 얻게 되었다. 이제야 진정한 마무리를 한 것 같다.

이 연구가 시작되고 완성되기까지 많은 분들의 도움과 가르침이 있었다. 우선 지도교수이신 이완재 선생님은 논문을 꼼꼼하게 지도해주셨고, 논문의 제목과 구성도 직접 손질해주셨다. 필자의 논문이 마무리된 뒤에야 투병 중이셨다는 사실을 알고 죄송스러운 마음을 감출 수 없었다. 정창렬 선생님은 필자가 법제사로 연구주제로 정하도록 직접 이끌어주셨다. 조선민사령 제11조를 중심으로 석사논문을 작성할 것을 권유하셨고, 역사 연구자로서의 기본적인 소양을 갖출 수 있도록 많은 질책과 격려를 해주셨다. 대학원 시절에 항상 늦게까지 남아 연구하시는 모습을 보고 선생님을 본받으려 했던 기억이 지금도 새롭다. 이 책은 실증적 태도를 철저히 견지하면서도 거시적 관점을 항상 염두에 두시는 정창렬 선생님의 연구방법론을 따라서 작성되었다.

한양대학의 이석규, 박찬승 선생님도 난삽한 글을 꼼꼼하게 보고 다듬어주셨다. 임계순, 임지현 선생님은 학부 시절부터 역사학에 관심을 가질 수 있도록 지적인 자극을 주셨다. 이 책이 이렇게나마 세상에 나오게 된 것은, 모두 한양대학의 은사님들께서 살펴주신 결과라고 생각한다. 그리고 서울대학 법과대학의 정긍식 선생님은 법률용어의 엄격성을 환기시켜 필자가 실수하지 않도록 많은 도움을 주셨다. 정긍식 선생님과의 토론을 통해, 법률용어를 사용할 때 매우 조심해야 한다는 사실을 다시 한 번 깨달았다. 교토대학의 미즈노 나오키 선생님은 논문 작성에 필요한 관련 기록물을 손수 제공해주시고, 교토대학 인문학연구소의 기록물을 열람할 수 있도록 많은 편의를 제공해주셨다. 이 자리를 빌어 모든 분에게 감사드리고 싶다.

누구나 마찬가지겠지만 나의 성장에서 빼놓을 수 없는 분이 어머니이다. 대학원 입학 이후 아무 걱정 없이 학위 과정을 마칠 수 있도록 해주셨고, 늦게까지 공부하는 아들이 부담을 느끼지 않도록 배려해주셨다. 공부하는 집안의 맏아들 때문에 여러 가지 짐을 함께 짊어져야 했던 누님들과 동생에게도 감사드린다. 그리고 바쁜 직장생활 중에 논문을 살펴준 대학동기 김경화에게도 감사드린다. 무엇보다도 나의 삶의 동반자이자 오랜 친구인 아내 김은화와 이 작은 기쁨을 함께하고 싶다. 김은화는 직장생활을 하면서도 교정지를 가지고 다니면서 꼼꼼하게 문장을 다듬어주는 등, 누구보다도 이 책을 다듬는 데 큰 역할을 했다. 필자의 학문생활에서 가장 든든한 동료라고 생각한다.

학위를 마치고 직장생활에 매달리느라 욕심만큼 논문을 다듬지 못한 것이 못내 아쉬움으로 남는다. 부족한 부분은 앞으로 조금씩 채우겠다는 다짐으로 대신해야 할 듯하다. 마지막으로 이 책을 출판하도록 허락해주신 역사비평사의 김백일 사장님, 조원식 실장님과 정윤경 선생님에게도 감사의 말씀을 전하고 싶다.

2008년 10월
이승일

● 목차

서론

제1장 조선민사령의 연구현황과 문제점 ——————— 17
제2장 연구방법과 책의 구성 ——————— 27

제1부 일제의 식민지 법 정책과 조선민사령의 제정

도론 ——————— 35

제1장 일제의 한국침략과 사법제도 정비
1. 이토 히로부미의 사법제도 개편 구상과 법무보좌관의 용빙 ——— 37
2. 1907년 재판소구성법의 제정과 일본식 한국 재판소 설치 ——— 50
3. 일본 재판소 설치 구상과 일본 사법제도로의 편입 ——— 59

제2장 법전조사국의 관습조사사업과 한국 법전 편찬 구상
1. 한국 법전 편찬 계획과 관습조사사업 ——— 67
2. 일본의 민사관례조사와 한국 관습조사사업의 비교 ——— 83

제3장 식민지 조선의 입법제도와 조선민사령
1. 한국병합기 일본정부의 식민지 법 구상과 조선인 정책 ——— 89
2. 조선총독의 입법명령과 이법지역 ——— 96
3. 동화(同化)형 민사법으로서의 조선민사령 ——— 100

제4장 조선민사령 제11조 '관습'의 법인과 관습조사사업
1. 조선민사령 제11조 '관습'의 의미와 법인화 ——— 112
2. 조선총독부의 관습조사사업 ——— 117
3. 구관심사위원회와 구관급제도조사위원회의 관습법 결의 ——— 130

제2부 조선총독부의 관습 성문화 정책과 조선민사령 제11조 개정

도론 ──── 141

제1장 일본 식민지 법 체제의 모순과 법적 정비
1. 식민지 법 체제의 모순 ──── 144
2. 공통법의 제정과 주요 내용 ──── 152

제2장 조선총독부의 관습 성문화 정책과 일본정부의 대응
1. 조선총독부의 관습 성문화 정책 추진 ──── 156
2. 조선 관습 성문화의 좌절과 일본 민법의 의용 ──── 165
3. 조선총독부령 제99호와 자제된 일본민법주의 ──── 173

제3장 조선민사령 제11조 개정안과 조선총독부의 관습법 정책
1. 1921년의 조선민사령 제11조 개정안 ──── 179
2. 1922년의 조선민사령 제11조 개정안 ──── 185
3. 1910~20년대 조선총독부의 관습법 정책 ──── 198

제4장 한국 호적에서 일본식 호적으로의 개편
1. 대한제국의 호적제도와 '호'의 성격 ──── 212
2. 식민지 호적제도의 성립과 '호'의 변화 ──── 222
3. 조선 관습과 일본 민법상의 '가'의 결합 ──── 232
4. 조선호적령의 입법 과정과 법적 특징 ──── 238

제3부 조선총독부의 조선친족령·상속령 제정 구상과 법제 일원화

도론 ─────── 251

제1장 1920·30년대 조선총독부의 관습 성문화 정책과 창씨개명
1. 1920년대 친족·상속법 개정 논의 ─── 254
2. 1930년대 친족·상속법 개정 논의 ─── 266
3. 1939년 조선민사령 제11조 개정과 창씨개명 정책의 전환 ─── 279

제2장 미나미 지로의 식민 정책과 조선친족령·상속령 구상
1. 미나미 지로의 식민 정책과 내선일체론 ─── 307
2. 조선총독부의 조선친족령·상속령 추진 ─── 315

제3장 내외지 행정 일원화와 조선총독의 입법권
1. 고이소 구니아키 총독의 조선통치방침과 내지연장으로서의 조선 ─── 329
2. 조선인의 참정 문제와 조선총독의 입법권 문제 ─── 338

제4장 일본 본국정부의 법역 통합화 정책
1. 무라야마 사안의 조선통치안 ─── 344
2. 조선인의 일반처우 개선과 이적 문제 ─── 348
3. 조선인의 제국의회 참가 문제와 제령권 철폐안 ─── 355

결론
결론 ─── 367

부록
주요 법령 소개 ─── 377
참고문헌 ─── 385
찾아보기 ─── 396

● 표·그림 목차

⟨표 1-1⟩ 법무보좌관 임용 상황 ──────── 45
⟨표 1-2⟩ 주요 사법관 임용 현황(1908) ──────── 55
⟨표 1-3⟩ 1909년 통감부재판소 판·검사 및 직원, 변호사 ──────── 65
⟨표 1-4⟩ 법전조사국 직원 ──────── 70
⟨표 1-5⟩ 법전조사국의 부서 ──────── 71
⟨표 1-6⟩ 안성지역 관습조사 응답자 신분 ──────── 76
⟨표 1-7⟩ 공주지역 조사항목과 답변자 ──────── 77
⟨표 1-8⟩ 보에 관한 관습조사지역 및 조사인원 ──────── 79
⟨표 1-9⟩ 삼포에 관한 관습조사지역 및 조사인원 ──────── 80
⟨표 1-10⟩ 영급전에 관한 관습조사지역 및 조사인원 ──────── 81
⟨표 1-11⟩ 전국 관습조사지역 ──────── 82
⟨표 1-12⟩ 일본 민사관례조사지역 및 진술자 상황 ──────── 85
⟨표 1-13⟩ 『일본민사관례류집(日本民事慣例類集)』의 구성 ──────── 86
⟨표 1-14⟩ 『조선구관급제도조사연혁의 조사』 목차 ──────── 118
⟨표 1-15⟩ 참사관실의 실지조사항목 ──────── 123
⟨표 1-16⟩ 참사관실의 관습조사 상황 ──────── 124
⟨표 1-17⟩ 중추원의 관습조사 활동(1915~1919) ──────── 126
⟨표 1-18⟩ 1920년 자료조사항목 현황 ──────── 127
⟨표 1-19⟩ 민사관습조사보고서 기술 예정 기간 ──────── 128
⟨표 1-20⟩ 민사관습조사서 편찬 및 출판 계획 ──────── 129
⟨표 1-21⟩ 구관심사위원회 안건 일정표 ──────── 132
⟨표 1-22⟩ 구관급제도조사위원회 의안 ──────── 135
⟨표 2-1⟩ 조선인 여자의 결혼연령 ──────── 187
⟨표 2-2⟩ 확정판결을 받은 조선인의 연도별 이혼유형 ──────── 192
⟨표 2-3⟩ 경기인천항답동 제7통 통표 ──────── 218
⟨표 2-4⟩ 경기인천항답동 제9통 통표 ──────── 219
⟨표 3-1⟩ 평양지방법원장 답신 내용 ──────── 270
⟨표 3-2⟩ 평양복심법원장 답신 내용 ──────── 272
⟨표 3-3⟩ 사법법규개정조사위원회 심의안 ──────── 276
⟨표 3-4⟩ 창씨와 개명 건수 ──────── 288

〈표 3-5〉 거주지역별 '씨' 설정계 건수 ——————— 289
〈표 3-6〉 내선인 간의 '가' 출입 현황(1924~1938) ——————— 299
〈표 3-7〉 내선인 간의 '가' 출입 현황(1939~1943) ——————— 300
〈표 3-8〉 조선총독부 중추원 자문사항 ——————— 318

〈그림 1〉 1912년 조선민사령의 법적 구조와 관습법 정책의 흐름 ——————— 28
〈그림 2〉 조선 관습의 성문화 방향 ——————— 199

서론

제1장
조선민사령의 연구현황과 문제점

　일제강점기 식민지 조선은 학계에서 가장 논쟁적인 연구주제를 제공하는 영역 중 하나이다. 지금까지 역사학계와 경제학계에서는 일제의 침략과 통치에 의해 조선사회가 어떻게 변화되었는가를 구체적으로 실증하고 그 변동의 성격을 '식민지성' 혹은 '근대성'의 개념으로 분석하려는 경향이 일반적이었다. 그에 따라서 지배자인 일제(일본정부와 조선총독부)와 피지배자인 조선인이 대립·교류하는 구조적 측면을 분석하는 데 치중했고, 식민 정책 연구도 일본의 각종 법령과 제도가 조선사회에 강요되어 조선인과 조선사회에 어떤 영향을 미쳤는지를 중심으로 이루어졌다.
　그 연구들은 식민지 조선의 성격과 식민 정책의 분석에서 전혀 다른 결과를 내놓고 있지만, 조선과 일본의 상호관계 속에서 조선의 변화양상을 구체적으로 분석했다는 데 일부 공통점을 지닌 접근방법이라고 생각한다. 필자도 식민지 조선의 변화를 설명하기 위해서는 일본이라는 변수를 고려하지 않을 수 없다는 관점하에서, 일본의 법령과 제도가 조선에 체계적으로 수입되는 과정, 즉 일제가 식민 정책을 수립하는 데 영향을 미친 요인은 무엇이고 그 절차가 어떠했는지를 분석하고자 한다. 다만 일제의 식민통치는 일방적으로 일본의 의지로만 수행될 수 없었으며, 조선사회와 조선인의 동향이 식민통치책 수립에 주된 요인으로 설정되었다는 점을 고려했다.

그런 관점에서 이 책은 일제의 통치에 의한 조선사회의 변형뿐만 아니라, 조선적 특성이 일제의 식민 정책에 어떻게 반영되었는지, 그리고 식민지적 특성의 입법화를 둘러싸고 조선총독부와 일본정부가 어떻게 갈등했고 양자의 갈등은 어떻게 조정되어 식민 정책으로 구현되었는지를 살펴보려고 한다.

식민 정책은 정치·경제·사회 등 모든 부문에 걸쳐 관철되었지만, 이 책에서는 식민지 법에 주목하고자 한다. 법은 사회현상을 보수적으로 반영하지만, 동시에 사회를 변화시키는 강력한 제도적 수단이 될 수 있기 때문이다. 특히 성문법은 사회의 관습과 제도를 규제하고 강제적으로 재편하는 데 매우 효과적인 정책 수단이라는 점에서, 일제의 통치의지를 이해하기에 상대적으로 용이한 편이다. 따라서 식민지 법을 어떻게 운용하는가의 문제는 일제가 조선사회를 어떤 방향으로 재편하려고 했는지 확인할 수 있는 소재가 된다.

우선 필자는 일제의 식민지 법 정책이 모순적 원리로 구성되어 있었다는 전제로부터 접근을 시작할 것이다. 일반적으로 법률은 일본의 영토라면 어디에서나 당연히 시행되는 것이 원칙이었으나, 식민지에서는 법률이 아니라 조선총독이 발(發)한 명령(제령)으로 입법사항을 규정하도록 했다. 다만 제령 또는 칙령으로 조선에 시행할 법령을 구체적으로 정하거나, 제국의회가 조선에 시행할 법률을 제정하는 경우에는, 일본의 법령도 조선에서 시행될 수 있었다.[1] 이런 조치는, 대외적으로는 조선을 일본국에 편입했지만 국내법상으로는 일본법역과 조선법역을 분리하여 식민지를 식민 본국과 달리 규율하겠다는 의사를 분명히 한 것이었다. 제령권을 통한 입법은 일본 본국의 법령이 조선에 시행되지 못하도록 함으로써 조선인을 합법적으로 차별할 수 있게 하는 제도적 기반이 되었으며, 다른 한편 조선에서 통용되는 법령을 조선의 실정에 맞게 신속히 제정할 수 있다는 입법기술상의 장점도 지니고 있었다.

일제는 조선총독이 조선의 입법사항을 규정할 수 있도록 했으면서도, 1912

---

[1] 김창록, 「식민지 피지배기 법제의 기초」, 『법제연구』 8, 1989; 김창록, 「制令에 관한 연구」, 『법사학연구』 26, 2002.

년에 제정한 조선민사령에서는 일본 법령을 다수 의용(依用)하는 모순적 조치를 단행했다. 조선민사령은 제1조에서 일본인·외국인·조선인을 구별하지 않고 일본 민법을 비롯한 일본 법령으로 규율할 것을 분명히 했고, 조선에 의용할 일본 법령을 구체적으로 나열했다. 이에 앞서 1908년에 제정된 대만민사령은 대만인 사이의 민사사건에 관해서는 일본 민법이 아닌 대만 관습에 의거하도록 했고, 일본인 및 외국인이 개입된 민사사건에 관해서만 일본 법령이 통용되도록 했다. 조선민사령은 조선지역의 민사사건에 관한 일본 민법의 의용[2]을 원칙으로 했다는 점에서 일제의 법 정책에서 전환점이 되는 중요한 법령이다. 다만 조선민사령 제11조에서는 조선인의 친족, 상속, 부동산물권 등에 관해서 예외적으로 조선 관습을 법인(法認)했다.

조선민사령의 법적 구조는 일제 식민통치의 이중적 측면을 잘 보여주고 있다. 조선민사령에서 의용된 일본 법령은 총 23개였으며, 조선민사령 제1조에서 구체적으로 나열하지 않은 일본 법령은 조선에서 시행되지 않았다. 예컨대 중의원 선거법, 병역법 등 주요 권리·의무와 관련된 법률들은 조선에서 시행되지 않았고, 조선인들의 법적 지위와 관계된 친족, 상속 및 호적에 관한 법규는 조선 관습을 법인했다. 조선민사령이 이중적 구조로 제정된 것은 조선에 대한 동화(同化)[3]의 입장을 관철하면서도 조선인을 차별하는 데 합법적 기제로 활용할 수

---

[2] 조선총독부는 1912년 3월 18일 제령 제7호 조선민사령을 제정하여 일본 민법을 조선에 의용했다. 조선민사령 제1조는 "민사에 관한 사항은 본령 기타의 법령에 특별한 규정이 있는 경우를 제외하고 다음의 법률에 의한다"라고 규정하고, 다음의 법률로 민법, 민법시행법, 상법, 상법시행법 등 23종의 일본 법령을 열거했다. 이로써 일본 민법은 조선에 적용되게 되었으며, 현재 법학계에서는 이를 일반적으로 '의용민법(依用民法)'이라고 부르고 있다. 정긍식, 「日帝의 慣習調査와 意義」, 『國譯慣習調査報告書』, 한국법제연구원, 1992, 11쪽.
[3] 이 책에서는 식민통치책으로서 동화 정책을 제한적으로 사용하도록 하겠다. 원래 동화의 사전적 의미는 차이가 있는 것을 동일하게 한다는 것이지만, 근대 일본정부가 시행한 동화 정책은 단순히 동일시, 동일화를 의미하지 않았다. 법적 측면에서 조선총독부와 일본정부는 1912년에 조선민사령을 제정함으로써 조선에 대하여 동화주의적 통치를 천명했다. 그러나 이 같은 동화는 조선과 일본의 이법역(異法域)을 해소하는 것이 아니라 이법역을 전제로 조선에 일본의 제도를 일부 도입하는 정책적 지향을 뜻했다. 그리고 조선인 정책도 차별을 전제로 하는 문화적, 교화적, 혈통적 소통관계를 수립하는 것이 동화의 주된 내용이었다. 1945년 패전 직전까지 일본정부가 인정할 수

있기 때문이었다.

따라서 법적인 측면에서 조선에 대한 지배 방식의 변화는, 조선민사령 제1조에서 거론된 일본 법령의 변경, 혹은 조선 관습의 적용을 받는 조선민사령 제11조 및 제12조의 변화로 나타난다. 필자는 조선총독부와 일본정부 간에 갈등이 심했던 조선민사령 제11조의 '관습'과 조선총독부의 관습법 정책에 주목했다. 제11조는 조선인의 법적 지위와 밀접한 관련이 있었기 때문에, 조선인에 대한 정책의 전환 없이는 개정이 불가능한 영역이었다. 특히 조선민사령 제11조 개정 과정에서 조선총독부와 일본정부가 충돌했으며, 조선인의 관습을 둘러싼 조선인-조선총독부, 조선총독부-일본정부 간의 갈등관계에 의해 향후 식민 정책이 변동되었다는 점에서, 조선 관습의 법제화 방향은 중요한 연구주제이다.

이처럼 조선민사령은 조선총독부의 법 정책을 파악할 수 있는 핵심적인 주제임에도, 아직까지 충분한 연구가 이루어지지 않고 있다. 역사학계에서는 형사법을 중심으로 일부 연구가 수행되고 있을 뿐, 조선인의 법 생활과 밀접한 관련이 있는 민사법에 대해서는 연구가 거의 없다.4) 주로 법사학계에서 조선인의 친족, 상속, 부동산물권 등에 관련하여 연구가 진행되고 있다.5)

조선민사령 제11조에 대한 연구는 1970년대에 이병수가 개설적인 연구를 통해 식민지 관습법 연구의 필요성을 환기시킨 이래 1980년대에 접어들면서 본격적으로 시작되었다. 이상욱은 식민지 시기 조선인의 관습법을 분석하여 조선총독부가 일본 민법의 '가(家)'와 호주권 관념을 기초로 호주상속 관습을 정립했음

있었던 동화의 최대치는 조선인과 일본인의 차별철폐 혹은 내선 간 법령의 완전한 일치가 아니라 조선과 일본의 통치기구의 통합에 불과했다.
4) 사회사 및 여성사의 입장에서 접근한 연구는 다음과 같다. 홍양희, 「조선총독부의 가족 정책 연구」, 한양대 박사학위논문, 2005; 양현아, 「식민지 시기 한국 가족법의 관습 문제 1」, 『사회와 역사』 58, 2000.
5) 이병수, 「朝鮮民事令에 關하여 — 제11조의 관습을 중심으로」, 『법사학연구』 4, 1977; 이상욱, 「韓國相續法의 成文化過程」, 경북대학교 박사학위논문, 1986; 鄭鍾休, 『韓國民法典의 比較法的 研究』, 創文社, 1989; 심희기, 「일제강점 초기의 판례와 법학—일제강점 초기 "식민지 관습법"의 형성」, 『법사학연구』 28, 2003.

을 실증하고, 조선총독부에 의한 관습법 정립이 "일본의 동화 정책을 전제로 하여 일본 민법과 일치시키려는 방향으로 진행되었다"고 주장했다. 이 연구의 연장선상에서 관습법과 호적제도의 관계에 대해서도 접근이 이루어졌는데, 박병호는 일제식 관습법인 호주권이 일본식 호적제도를 통해 형성되었다는 관점에서 조선 관습과 일본식 '가'제도를 분석했다.6)

한편 식민지 관습법의 내용을 직접 분석하기보다는 일제가 추진한 관습조사사업을 조사하여 식민지 관습법의 성격을 간접적으로 구명하려는 시도도 있었다.7) 이 연구들은 통감부 시기 법전조사국(法典調査局)과 조선총독부 중추원이 실시한 관습조사사업을 분석하여 식민지 시기 관습법의 실태에 접근하려는 것으로, 관습조사사업의 전개 과정을 구체적으로 소개했다는 점에서 의의가 있는 접근방법이라고 생각한다. 다만 현재 학계에서 논란이 될 수 있는 『관습조사보고서(慣習調査報告書)』의 성격과 객관성 여부를 판단하는 데 필요한 관련 조사가 미흡하다는 점이 한계라고 할 수 있다. 예컨대 관습조사사업의 조사방법은 무엇이었는지, 실지조사(實地調査)에서는 어떤 기준으로 피조사자가 선정되었는지, 그리고 조선총독부가 어떤 계층의 조선인들을 조사대상으로 삼았는지에 대한 분석이 결여되어 있다. 『관습조사보고서』의 사료적 성격을 규명하기 위해서는 위와 같은 조사가 종합적으로 이루어져야 할 것이다.

법사학 연구들은 조선총독부가 관습법을 선명하는 수단인 조선고등법원의 판례와 각종 통첩, 회답 등에 대한 법학적 분석을 치밀하게 수행하고 있는 점에 관해서 높이 평가할 수 있다. 다만 이 연구들이 조선에서 시행된 법령의 입법 과정을 조사하고 있지 않다는 점이 다소 아쉽다. 예컨대 1912년 조선민사령이 어떤 입법취지에서 제정되었고, 조선민사령 제11조 개정은 어떤 배경에서 계

---

6) 박병호, 「일제하의 가족 정책과 관습법 형성 과정」, 『법학』 33권 2호, 1992; 박병호, 「日帝時代의 戶籍制度」, 『古文書研究』 3, 1992; 최홍기, 『韓國戶籍制度史研究』, 서울대출판부, 1997.
7) 윤대성, 「일제의 한국 관습조사사업과 민사관습법」, 『논문집(창원대)』 13권 1호, 1991; 윤대성, 「日帝의 韓國慣習調査事業과 傳貫慣習法」, 『韓國法史學論叢 – 박병호 교수 화갑 기념(2)』, 박영사, 1991; 윤대성, 「'韓國不動産ニ關スル調査記錄'의 연구」, 『논문집(창원대)』 14, 1992.

획·추진되었는지 등에 대한 분석이 매우 미흡하다. 특히 1912년 조선민사령에서 관습을 법인했음에도 1921년 조선민사령 제11조 개정부터는 일부 일본 민법을 의용한 이유는 무엇이었는지, 또 『관습조사보고서』에서 조사된 일부의 관습을 부정하고 새로운 관습법을 정립하게 된 이유는 무엇인지에 대해 설득력 있게 분석하지 못하고 있다. 해방 이후 한국인의 호적제도를 규정하게 될 1922년 조선호적령의 입법 과정에 대한 분석도 결여되어 있다.

이런 연구결과는 법 조항의 분석에 치중한 나머지 일제의 식민지 법 정책의 전체적인 구도 속에서 조선민사령의 제정과 개정을 제대로 파악하지 못했기 때문이 아닌가 생각된다. 그 연장선상에서 법사학 연구들은 조선총독부의 관습법 정책을 '동화주의'로 전제하면서, 조선 관습의 법적 부정을 통한 일본 민법의 수용이라는 관점에서 식민지 관습을 분석하고 있다. 정긍식은 일본의 민사 정책을 동화 정책으로 파악하고, 동화 정책을 수행하는 방법으로 "재판을 통하여 관제 관습을 창출하는 방법과 조선민사령을 개정하는 방법"을 거론하고 있다.[8] 정긍식의 연구는 조선총독부가 친족 및 상속에 관해 추진했던 민사 정책을 두 가지로 유형화했다는 점에서 의의가 있다. 다만 관습법 정책의 전환과 조선민사령 제11조 개정은 서로 층위를 달리해서 파악할 필요가 있다. 조선민사령 제11조 개정은 대개 일본 민법을 의용하여 성문화하는 방식이었고, 관제 관습은 일본 민법의 조항이나 조선 관습의 사회적 변화를 반영한 관습법이었기 때문이다.

이상과 같이 동화주의적 시각으로만 조선총독부의 관습법 정책을 분석하게 되면 다음의 두 측면에 대한 설명이 어려워진다. 첫째, 만약 조선총독부의 관습법 정책이 동화주의로 일관했다면 조선민사령 제11조의 관습이 광범위하게 법인된 사실을 어떻게 설명할 수 있을지 의문이다. 물론 조선총독부는 관제 관습을 창출하고[9] 조선민사령 제11조 개정을 통하여 일본 민법을 일부 의용했으나,

---

[8] 정긍식, 「日帝의 慣習調査와 意義」, 『國譯慣習調査報告書』, 한국법제연구원, 1992, 10~15쪽; 정긍식, 『韓國近代法史攷』, 박영사, 2002, 193쪽.
[9] 관습법 변경을 통해 일본 민법의 내용을 수용한 대표적 사례는 호주상속법의 정립, 양호주 파양과 제사상속 관념의 부정 등이다. 이와 관련해서는 다음의 논문 참조. 이상욱, 「韓國相續法의 成文

이는 제한적인 수단이었다. 오히려 식민지 초기 조선총독부의 관습법에 대한 태도는 일본 민법으로의 일치화가 아니라 '관습의 법인화' 정책이었다. 다만 조선 관습의 법인화 원칙과 법인된 조선 관습의 성격은 구분해서 분석할 필요가 있다. 조선총독부에 의해 법인된 관습으로는 조선 재래의 관습도 있었고 일본 민법의 제도도 있었으며, 이 양자가 결합된 제3의 식민지적 관습법도 있었다.

둘째, 조선 관습을 성문법으로 전환하려 한 조선총독부의 입법 정책을 파악하지 못하게 된다. 기존 연구에서는 일본정부와 조선총독부가 식민지의 입법에 대해 동일한 태도를 취했다고 파악하고 있으나 그런 입장은 일시적이었다. 오히려 조선민사령을 제정한 이후 조선총독부는 관습법을 부정하고 성문법으로 이행하려 했으며, 조선 관습에 대한 조선총독부의 일관된 입장은 '일본 민법의 의용'이라기보다는 '성문법'으로의 개정이었다. 따라서 조선민사령 제11조 개정을 비롯한 관습법 정책은 일본 민법 의용의 측면에서만 해석될 수 없다.

조선 관습에 대한 종전의 접근 방식은 식민지 법에 관한 독자적인 분석틀을 결여하고 있음을 반영하는 것이다. 법은 식민 정책을 보수적으로 추인하고 제도화하면서도 그 자체의 발전논리를 갖고 있었다. 따라서 일본정부의 식민 정책이 법제에서 어떻게 나타나는가를 법제 고유의 논리 속에서 검증할 필요가 있다. 법사학계에서 채택하고 있는 '조선 관습의 부정과 일본 민법으로의 동화'라는 구도보다는 '조선 관습의 성문법화(成文法化)와 법제 일원화(法制一元化)' 구도로 조선총독부 법 정책의 분석틀을 수정할 것을 제안하고 싶다.10) 이와 같은 접근 방법을 통해서 조선민사령 제11조 개정을 둘러싸고 일본 본국정부와 대립하면서 독자적으로 추진된 조선총독부의 관습법 정책을 이해할 수 있을 것으로 생각한다.

또한 법사학 연구의 한계는 인용 자료에서 비롯된 측면도 있다. 법사학 연구

化過程」, 경북대 박사학위논문, 1986.
10) 조선총독부가 추진한 관습 성문화 정책은 조선 관습만을 성문화하는 것은 아니었다. 조선총독부는 조선 관습을 성문법으로 전환하면서도 일본 민법상의 주요 제도도 함께 도입하여 식민지적 친족법과 상속법을 제정하려고 했다.

는 주로 『관습조사보고서』, 조선고등법원 판결록, 각종 회답 및 통첩 등을 이용하고 있다. 이 자료들은 관습법이 확인되는 주요 계기로서, 조선 관습의 실체와 그 변화된 내용을 확인시켜준다. 그러나 이는 조선총독부 내부의 협의를 거친 결정을 공표한 것으로서, 관습법 정책 수정의 계기와 과정, 특히 조선민사령 제11조 개정의 과정과 입법취지 등을 파악할 수 없다는 근본적인 한계를 지닌다. 이 자료들은 모두 조선총독부 법 정책의 최종결과만을 수록하고 있을 뿐, 판례의 변화나 법 정책의 변화 과정을 기록하고 있지 않기 때문이다. 관습법 정책 전반을 구명하기 위해서는 조선총독부 법무국 내부문서, 조선총독부와 일본정부 간의 협의문서 및 개인소장 문서들을 분석할 필요가 있다.

이와 관련하여 통감부 시기 일제 사법 정책의 추이를 세밀하게 분석한 연구를 참고할 필요가 있다. 이영미는 관습조사사업과 통감부 사법 정책 수립을 주도했던 우메 겐지로(梅謙次郞)의 문서를 분석하여, 통감부 사법 정책이 대한제국의 사법제도와 관습조사사업, 법령 등에 미친 영향을 구체적으로 밝힘으로써 기존 연구를 발전시켰다.[11] 다만 이영미의 연구는 통감부 사법 정책을 주제로 하고 있기 때문에 식민지 사법 체계에 대해서는 소략하게 다루고 있다. 이와 관련해서는 대만총독부의 민사 법제에 관한 최근의 연구를 참고할 수 있다. 왕 타이승(王泰升)은 대만총독부에 의한 대만친족령·상속령(臺灣親族令·相續令) 구상을 소개하고 있다. 그는 대만 관습이 일본 민법에 의해 서구적 개념으로 전환되고 있음을 지적하면서도, 대만총독부의 관습법 정책에 '성문화'라는 카테고리를 사용하고 있다는 점에서 발전적인 접근 방식을 보여준다. 그러나 왕 타이승도 대만 관습의 성문법화가 어떤 구도 속에서 진행되었고, 일본정부의 소극적 법제 일원화 정책이라는 조건 속에서 어떻게 진행되었는가에 대한 법제적 분석으로는 나아가지 못했다.[12]

한편 일본에서는 식민지 법에 대한 구체적 분석보다 식민 정책의 규명이라는

---

11) 李英美, 『韓國司法制度と梅謙次郞』, 호세이대학출판국, 2005.
12) 王泰升, 『臺灣日治時期的法律改革』, 聯經, 1999.

목표 아래 제령(制令)의 성격과 그 의미를 강조하는 연구경향이 나타나고 있다.13) 히라노 다케시(平野武) 등은 메이지헌법 아래에서의 식민지 조선의 법제적 지위를 분석했다. 즉 메이지헌법이 조선에도 관철된다는 일본정부의 언명은 이데올로기적으로 일시동인(一視同仁), 내지연장주의, 내선일체(內鮮一體)의 슬로건과 관계가 있었지만, 이와 같은 동화 정책은 식민지 지배를 용이하게 하는 하나의 방책에 불과했고, 실제로는 억압과 차별의 성격이 있었다는 것이다. 오구마 에이지(小熊英二)는 포섭과 배제의 논리를 사용하여 "포섭=국민교육, 국내법 적용", "국민참정권 배제=구관온존, 식민지 자치"라는 방식으로 이해했으며,14) 야마모토 유조(山本有造)는 일본의 지배를 "법제적·정치적으로는 명백히 이역(異域, 식민지)이면서 이데올로기적으로는 내지화(內地化)를 표방하는 이념과 현실의 이중성"으로 파악했다.15)

일본의 연구는 '이념으로서의 동화주의'가 법적으로 현실화되지 못한 상황에서 식민지 정책으로서의 동화주의를 주창했던 조선총독부와 일본 본국정부의 모순적 행태를 설명하기 위한 하나의 시도라고 볼 수 있다. 그들은 이와 같은 인식을 기초로 식민 정책을 '동화'와 '이화(異化)'의 논리로 설명하고 있다. 최근 일본의 식민지 법 연구에서는 교육과 문화적 측면에서의 동화에 대한 분석과 더불어 이화적 현실을 분석할 수 있는 개별 법에 대한 관심이 점차 높아지고 있다.16)

요컨대 한국과 일본 등에서 법 정책에 관한 연구는 아직 독자적인 연구대상

---

13) 平野武,「日本統治下の朝鮮の法的地位」,『阪大法學』83, 1972; 春山明哲,「近代日本の植民地統治と原敬」,『日本植民地主義の政治的展開 1895～1934年』, アジア政經學會, 1980; 江橋崇,「植民地における憲法の適用─明治立憲體制の一側面」,『法學志林』82권 3·4호, 1985.
14) 小熊英二,『日本人の境界』, 新曜社, 1998.
15) 山本有造,『日本植民地經濟史研究』, 名古屋大學出版會, 1992.
16) 水野直樹,「國籍をめぐる東アジア關係」,『近代日本における東アジア問題』, 吉川弘文館, 2001; 金英達,『創氏改名の研究』, 未來社, 1997; 靑野正明,「朝鮮總督府の'創氏'構想」,『桃山學院大學總合研究所紀要』, 28권 2호, 2002; 金英達,「日本の朝鮮統治下における'通婚'と'混血'─いわゆる'內鮮通婚の法制·統計·政策ついて」,『人權問題研究室紀要』39, 關西大學, 1997.

의 위상을 갖지 못한 채 식민 정책 해명을 위한 수단으로 활용되고 있으며, 식민 정책적 분석틀이 법제현상에 그대로 적용되고 있는 실정이다. 그러나 법제현상은 독자적인 전개논리를 갖고 있으며, 법제는 식민 정책의 핵심이라 할 수 있다. 이제 이를 식민 정책적 관점과 법 고유의 논리를 적절히 이용하여 분석해야만 한다.

제2장
연구방법과 책의 구성

　기존의 한국 법제사 혹은 식민 정책사 관련 연구들은 일본의 식민지배에 의해 조선사회가 어떻게 변형되었는가를 입증하는 데 관심이 많았다. 필자는 이같은 관점을 수용하면서도, 다른 한편으로 조선사회의 특수성이 일본의 법제 정책에 어떻게 반영되었고, 또한 그 특수성에 의해 식민 정책은 어떻게 변화되었는가를 중심으로 접근하려고 한다. 따라서 조선사회의 특수성을 반영하는 과정에서 나타났던 제반의 갈등관계가 법제 정책 해명을 위해 중요한 기초가 된다. 예컨대 조선 관습과 일본 민법의 모순 및 갈등관계가 식민지 법에 어떻게 반영되었고, 조선총독부는 어떤 방향으로 그러한 모순 및 갈등관계를 해소하려 했는가를 분석하는 것이 중요하다. 조선총독부는 독자적인 법 정책을 추진했으나 일본의 식민지 관할청의 한계를 벗어나지 못했다. 조선총독부가 추진한 식민 정책은 일본정부의 가이드라인과 충돌하면서 변형되었으므로, 양자의 식민지 법 정책을 이해하는 것이 중요하다.

　기존의 연구는 조선민사령 제11조 개정을 동화주의(일본민법주의)의 일방적 관철로 이해하고 있으나, 이런 이해는 조선 관습에 대한 조선총독부의 법적 입장을 분석하는 데 이론적·실증적 측면에서 일부 한계를 드러낸다. 조선 관습에 대한 조선총독부의 궁극적인 목표는 조선민사령 제11조의 관습법주의에서 벗어나 성문법으로 이행하는 것이었기 때문에, 조선민사령 제11조에 관한 조선총독

〈그림 1〉 1912년 조선민사령의 법적 구조와 관습법 정책의 흐름

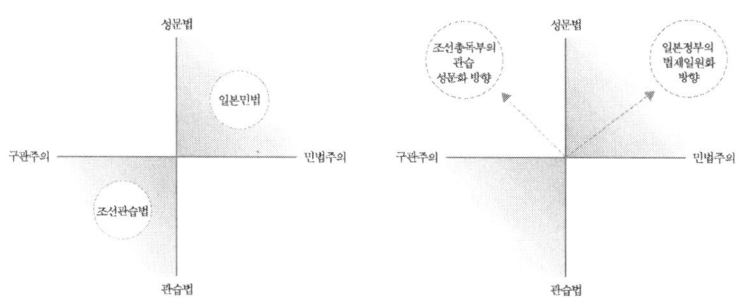

부 법제 정책 연구는 '관습 성문화'라는 키워드에 대한 분석으로부터 시작되어야 할 것이다. 이 같은 조선 관습의 성문법으로의 개정은 순수하게 조선 관습으로만 구성되는 것은 아니었고, 시대적 흐름과 식민 정책의 추이에 따라 일본의 친족 및 상속법의 내용을 수용하게 된다(〈그림 1〉 참조).

1912년 조선민사령은 서로 다른 원리와 지향성을 갖는 두 가지 모순적 개념으로 구성되어 있었다. 조선민사령의 '조선구관주의'는 조선의 특수성이 식민지 법제에 반영되는 논리적 기반이었고, '일본민법주의'는 '조선구관주의'를 제한하면서 일본의 법 체제를 구축하고 있었다. '일본민법주의-조선구관주의, 성문법-관습법'이라는 대립적 개념들은 모두 조선민사령을 형성한 중요한 요소임과 동시에 서로 대립하면서 조선민사령 체제의 변화를 구조화한 요소이기도 했다.17)

따라서 조선총독부 법제 정책의 분석은 바로 이와 같은 모순적 개념들에 대한 설명으로부터 시작되어야 한다. 그리고 그 모순적 원리들이 어떻게 조선민사령 체제 속에서 구현되고 있었고, 변화의 가능성은 어떠했는가를 살펴볼 필요가

---

17) 이 책에서 사용된 '일본민법주의(日本民法主義)'는 조선지역의 민사사건에 관해서 일본 민법 등 일본 법령을 의용(依用)한다는 것을 뜻하고, '조선구관주의(朝鮮舊慣主義)'는 능력, 친족, 상속, 부동산물권 등에 관해서 조선인에게 조선 관습을 적용한다는 것을 뜻한다.

있다. 구체적으로 말해, 조선총독부가 추구했던 관습 성문화 정책은 일본정부가 채택하고 있던 법제 일원화 입장과 양립할 수 없는 것이었고, 그 갈등이 조정되는 과정이 바로 조선민사령 제11조의 개정이었다. 이는 곧 식민지 법 정책의 특징을 구성하게 된다.

조선 법제에 관해서 조선총독부와 일본정부가 서로 입장을 달리했던 것은 각자가 처해 있던 현실의 차이 때문이었다. 조선총독부는 조선사회를 직접 통치하는 과정에서 조선사회의 특수성, 즉 식민지 조선의 현실에 조응하는 법제를 제정할 수밖에 없었고,[18] 일본정부는 메이지헌법 체제를 전제로 식민지 법제를 정립하려는 경향이 강했다. 따라서 조선총독부와 일본정부는 식민지 관습법에 대한 태도에서 서로 견해를 달리할 가능성이 높았다. 이와 같은 입장의 차이는 식민지적 특성을 법에 반영하는 태도의 차이로 이어졌다. 이에 필자는 일본정부의 '일본민법주의'적 입장과 조선총독부의 '관습 성문화' 정책 사이의 갈등과 조정을 중심으로 식민지 민사 법제의 변화를 서술하려고 한다.

이를 위해 제1부에서는 1912년 조선민사령 체제의 등장 과정과 특징을 살펴보려고 한다. 통감부 시기에 추진되었던 관습조사사업이 조선민사령과 어떤 관련을 맺고 있는지, 조선을 규율하는 통일적 민사 법제가 어떤 원리로 형성되어 있었는지, 그리고 식민지 관습법이 어떤 과정을 거쳐서 성립하는지를 중심으로 살필 것이다. 식민지 초기 일본정부 및 조선총독부의 조선 법제 구상과 현재 연구 공백으로 남아 있는 1910~1912년 사이의 조선민사령에 관한 논의를 위해 『데라우치 마사타케 문서(寺內正毅文書)』, 『구라토미 유사부로 문서(倉富勇三郎文書)』, 『공문유취(公文類聚)』 등을 주로 이용했고, 한국 법전 편찬을 위해 추진했던 관습조사사업과 식민지 관습법 형성 과정에 관해서는 국사편찬위원회가

---

[18] 조선총독부가 조선 관습의 특수성을 인식하는 과정은 묘지규칙 및 종중재산을 둘러싼 갈등을 통해서도 확인할 수 있다. 이에 대해서는 다음의 논문 참조. 靑野正明, 「朝鮮總督府の墓地政策と民衆の墓地風水信仰―1920年代までを中心に」, 『大正デモクラシー・天皇制・キリスト教』, 新敎出版社, 2001; 이승일, 「일제 식민지 시기 宗中財産과 '朝鮮不動産登記令'」, 『사학연구』 61, 2000.

소장하고 있는 중추원 문서들을 이용했다.

제2부에서는 1912년 조선민사령 체제의 변화를 모색하게 된 계기와 과정을 살펴보려고 한다. 여기에서는 조선민사령의 '일본민법주의-조선구관주의', '성문법-관습법' 구도가 무슨 이유로 변화를 맞게 되는지, 조선총독부의 1910·20년대 식민지 관습법 정책은 어떠했는지, 조선민사령 제11조 개정과 조선호적령의 관계는 어떠했는지 살펴보았다. 조선총독부의 조선민사령 제11조 개정 구상 및 일본정부의 대응에 관해서는 『매일신보(每日申報)』, 『조선총독부 제국의회 설명자료(朝鮮總督府帝國議會說明資料)』, 『사이토 마코토 문서(齋藤實文書)』, 조선총독부 관료의 회고기 등을 이용했고, 조선호적령의 원칙 및 입안 과정에 관해서는 국립중앙도서관이 소장하고 있는 『조선호적령(朝鮮戶籍令)』 초안 등의 자료를 이용했다.

제3부에서는 1939년 조선민사령 제11조 개정과 단행법령 정책으로의 전환 과정을 살펴보려고 한다. 조선민사령 제11조 원칙이었던 조선구관주의가 1930년대 일본민법주의로 전환되는 과정과 조선친족령·상속령 구상을 검토할 것이다. 또한 이와 같은 조선총독부의 법제화방침에 대해 내외지 행정 일원화(內外地行政一元化)를 추진했던 일본정부가 어떻게 대응했는가를 살피고자 한다. 그리고 '소극적인 법제 일원화' 정책을 고수하고 있던 일본정부가 '적극적인 법역 통합화' 정책으로 이행하면서 조선의 입법제도에 어떤 변화가 초래되는지도 볼 것이다. 제3부의 분석을 위해서는 『오노 료쿠이치로 문서(大野綠一郎文書)』, 『공문유취』, 『사법법규개정조사위원회 심의안(司法法規改正調査委員會審議案)』, 『조선총독부 제국의회 설명자료』, 『매일신보』, 『본방내정관계잡건 식민지관계(本邦內政關係雜件 植民地關係)』 등을 이용했다.

또한 이 책에서는 기본자료로 『관습조사보고서』, 『조선고등법원판결록』, 『민적예규집(民籍例規集)』(1917), 『민적예규(民籍例規)』(1922), 『호적예규(戶籍例規)』(1933), 『사법협회잡지(司法協會雜誌)』, 『호적(戶籍)』, 『민사관습회답휘집(民事慣習回答彙集)』, 『조선고등법원판례요지류집(朝鮮高等法院判例要旨類集)』, 『조선총독부

관보(朝鮮總督府官報)』, 『사법협회결의회답집록(司法協會決議回答輯錄)』 등을 활용했다. 그러나 정책사 연구의 발전을 위해서는 조선총독부 공식 간행물을 기본으로 하되, 조선총독부 공문서와 일본정부 소장의 식민지 관계 공문서류, 각종 회고록 등으로 자료가 확대되어야 할 것이다.

제1부
일제의 식민지 법 정책과 조선민사령의 제정

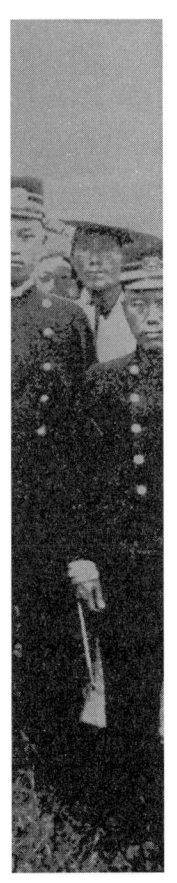

도론

제1부에서는 통감부 설치 시기부터 식민지 초기까지 조선에 대한 일제의 식민지 법 정책이 전개되는 과정과 그 특징을 조선민사령을 중심으로 분석했다. 조선민사령은 식민지 조선의 민사사건을 규율하는 일반법으로서, 그 제정 및 개정이 식민 정책의 중요한 변화를 배경으로 하고 있다는 점에서 매우 중요한 법령이다.

조선민사령은 일제 식민지 법 체계에서 전환점이 되는 법령임에도 관련 연구가 거의 없었다. 특히 조선민사령의 입법 과정과 그 구조에 대해서는 거의 연구가 수행되지 못했으며, 한국병합 직전까지 통감부가 추진했던 한국 법전 편찬사업과 어떤 관련이 있는지에 대해서도 밝혀진 바 없다. 제1부에서는 조선민사령의 법 구조가 통감부 시기에 추진되었던 한국 법전 편찬 구상과 단절된 결과물이면서 동시에 이를 일부 계승하는 측면이 있다는 관점에서 접근했다.

일본정부는 한국병합을 단행했으면서도 조선을 일본 법령 체계에 편입시키려 하지 않았다. 일본정부는 조선에서의 입법사항을 조선총독의 입법명령(제령)으로 규정하도록 함으로써, 일본의 법령이 조선에서 그대로 시행되지 못하도록 했다. 일본 본국 법령의 완전한 조선 시행은 조선인과 일본인의 법적 평등을 의미하기 때문이었다. 따라서 대외적으로 조선을 일본국으로 편입했을 뿐, 국내법상으로는 일본법역과 조선법역을 분리하여 식민지를 식민 본국과 다르게 규율하겠다는 의사를 분명히 했다. 제령권을 통한 입법은 일본 본국의 법령이 조선에서 시행되지 못하도록 함으로써 조선인을 합법적으로 차별할 수 있는 제도적 기반이 되었다.

그러나 일본정부는 이렇게 조선총독으로 하여금 조선의 입법사항을 규정하도록 했으면서도, 1912년에 제정한 조선민사령에서 일본 법령을 다수 의용(依用)하는 모순적 조치를 단행했다. 조선민사령은 제1조에서 일본인·외국인·조선인을 구별하지 않고 일본 민법을 비롯한 일본 법령으로 규율할 것을 분명히 했고, 조선에 의용할 일본 법령을 구체적으로 나열했다. 이에 앞서 1908년에 제정된 대만민사령은 대만인 사이의 민사사건에 관해서 일본 민법이 아닌 대만 관습에 의거하도록 했고, 일본인 및 외국인이 개입된 민사사건에 관해서만 일본의 법령이 통용되도록 했다. 조선민사령은 조선지역의 민사사건에 관해 일본 민법의 의용을 원칙으로 했다는 점에서 일제의 법 정책에 전환점이 되는 중요한 법령이다. 다만 조선민사령 제11조에서는 조선인의 친족, 상속, 부동산물권 등에 관해서 예외적으로 조선 관습을 법인(法認)했다.

조선민사령의 법적 구조는 일제 식민통치의 이중적 측면을 잘 보여준다. 조선민사령에서 의용된 일본 법령은 총 23개였으며, 조선민사령 제1조에서 구체적으로 나열하지 않은 일본 법령은 조선에서 시행되지 않았다. 예컨대 중의원선거법, 병역법 등 주요 권리·의무와 관련된 법률들은 조선에서 시행되지 않았고, 조선인들의 법적 지위와 관계된 친족, 상속 및 호적에 관한 법규는 조선 관습을 법인했다. 조선민사령이 이렇게 이중적 구조로 제정된 것은, 조선에 대한 동화적 입장을 관철하면서도 조선인을 차별하는 데 합법적 수단으로 활용할 수 있었고, 또한 조선에서 통용되는 법령을 조선 실정에 맞게 신속히 제정할 수 있다는 입법기술상의 장점도 있었기 때문이다. 1912년에 조선총독부와 일본정부의 합의로 제정된 조선민사령의 법적 체제는 향후 식민지 법령 체계를 구성하는 기본 구조였으며, 조선총독부는 이 같은 법령 체계의 개편을 추진하면서 일본정부와 갈등했다.

제1장
일제의 한국침략과 사법제도 정비

1. 이토 히로부미의 사법제도 개편 구상과 법무보좌관의 용빙

　19세기 서구 열강이 동아시아를 침략하는 사이에, 일본은 1868년 메이지유신으로 혁신정부를 세우고 근대화를 추진하여 제국주의 국가로 성장할 수 있는 기반을 마련했다. 1876년에는 무력을 배경으로 강화도조약을 체결한 이후 조선에 대한 침략을 본격화했다. 그러나 당시의 국제관계와 조선 상황을 볼 때, 일본의 침략 과정은 순탄하지 않았다. 우선 조선인의 저항을 효과적으로 제어하고 조선정부 내에 일본에 우호적인 관료들을 선임해야 했으며, 조선에 대해 종주권을 주장하고 있던 청국을 제거해야 했다. 특히 동아시아에 이해관계를 갖고 있던 서구 열강의 양해를 얻어야 하는 등 복잡한 문제가 많았다.

　개항 이래 조선과 통상조약을 체결한 많은 국가 가운데 하나에 불과했던 일본은, 1894년에 청일전쟁에서 승리하여 청국으로부터 조선의 자주독립을 확인받고 비로소 한반도에서 우월한 지위를 획득했다. 그리고 한반도와 만주침략을 둘러싸고 대립한 러시아마저 군사력으로 제압함으로써, 일본정부는 한국에 대한 '지도, 보호 및 감리'의 권리를 승인받았다. 1905년 7월에는 가쓰라(桂太郎)-태프트 협정을 체결하여 미국으로부터 한국에 대한 종주권을 승인받았으며, 영국과도 제2차 영일동맹협약을 체결하여 한국에 대한 '지도, 보호 및 감리'의 권리를 국제적으로 보장받았다. 이후 일본의 대한정책은 열강이 보장해준 한국 보호권을 기반으로 한국에 대한 지배를 최대한 확장하는 데 초점을 맞추게 되었다.

일본은 한국에 대한 보호 및 감리를 실행하기 위해, 1905년 11월 17일에 강제적으로 제2차 한일협약(이하 '을사조약')을 체결했다. 을사조약은 한국의 외교 사무를 일본 외무성이 감리·지휘하고, 일본의 외교 대표자가 외국에 거주하는 한국 신민과 국외이익을 보호한다는 것을 주요 내용으로 했다.[1]

이와 함께 과거에 한국[2]이 서구 열강과 맺었던 조약은 일본정부가 실행하고, 앞으로 한국정부는 일본정부의 중개 없이는 어떤 국제적 조약이나 약속도 하지 않을 것을 명기했다. 을사조약은 한국의 조약 체결권을 일본정부가 행사함으로써 서구 열강이 한국정부에게 불평등조약 체결을 강요하는 것을 견제하기 위해 마련된 것이었다.

을사조약은 과거에 한국이 서구 열강과 맺은 조약을 일본정부가 실행한다고 명기했지만, 일본은 불평등조약을 계속 연장하여 실행할 의사가 없었다. 다만 서구 열강과의 외교협상을 통해 한국 보호권을 승인받았으므로, 서구 열강이 획득한 기득권을 임시로 보장해준 것이었다. 일본정부는 곧 서구 열강이 과거에 획득했던 한국에서의 치외법권 및 협정세율 등에 관한 권리와 지위를 어떻게 철폐할 것인가에 주된 관심을 갖게 되었다.

한국과 서구 열강이 맺은 불평등조약을 일본정부가 적극적으로 철폐하려 했던 이유는, 근대 일본의 조약 개정 역사와도 밀접한 관련이 있다. 일본도 개항 당시에는 서구 열강과 불평등조약을 체결하고 영사재판권을 인정하는 등 독립국가의 권리를 제대로 행사하지 못했다. 일본정부는 근대화를 추진하고 서구 열

---

1) 「日韓協約(1905. 11. 17)」, 『韓國併合史料(1권)』, 36~41쪽.
2) 이 책에서는 대한제국의 국명을 필요에 따라 '대한제국', '한국' 등으로 표기했고, 대한제국 수립 이전의 국가는 '조선'으로, 양 시기에 걸친 경우에는 '한국'으로 표기했다.

강과 대등한 국제적 지위를 획득하기 위한 수단으로 불평등한 조약관계를 철회하는 데 집중했다. 일본정부가 추진한 불평등조약 개정 교섭의 초점은 영사재판권의 철폐와 관세자주권의 회복에 맞추어져 있었다. 그런데 서구 열강은 영사재판권 철폐의 조건으로 법전 편찬과 재판제도의 우선적인 정비를 요구했고, 그에 따라 일본정부는 국가적인 차원에서 법전 편찬을 추진하고 사법제도를 정비하게 되었다.3)

일본은 자신의 경험을 그대로 한국에 적용했다. 우선 치외법권과 관련해서 근대적 사법제도를 한국에 시행하여 외국인에 대한 법권(法權)을 장악하고, 세율에 관해서는 일본정부와 열강 간의 조약 개정 시기를 기다려서 필요한 협정을 체결하기로 했다.4) 일본정부는 기왕에 체결된 한국과 외국의 조약을 곧바로 부정하지는 못했지만 일정한 절차를 거쳐 폐지하려 했으며, 한국에 대한 열강의 간섭을 부정하고 일본의 독점적 지배를 달성하기 위한 제도적 기초로서 한국의 사법제도 개혁에 매우 적극적이었다. 그러나 일본정부가 이런 정책을 추진한 것은 한국의 근대화를 지원하고 독립국의 권리를 회복시켜주기 위해서가 아니라, 서구 열강이 취득한 기득권이 일본이 독점적으로 한반도를 지배하는 데 장애가 되었기 때문이었다.

일본정부가 한국의 외교업무를 행사하는 것이 을사조약의 주된 내용이었고, 사법제도의 개혁은 한국 내정에 관한 문제였기 때문에, 을사조약 자체에 의해 사법제도 개혁을 위한 합법적 조치를 취하기는 쉽지 않았다. 을사조약에는 한국 황제폐하 궐하(闕下)에 1명의 통감(統監)을 두되, 통감은 오로지 외교에 관한 사항을 관리하기 위해 경성에 주재한다고 명기되어 있었다. 다만 통감은 한국 황제를 친히 내알(內謁)할 권리를 갖는다고 규정되었을 뿐이었다.5) 관제상으로만 보면, 통감부는 통감이 한국에 대하여 일본정부를 대표하고, 일본주재 외국 대

---

3) 牧英正·藤原明久 編, 『日本法制史』, 靑林書院, 1993, 259~260쪽.
4) 「韓國保護權確立ノ件(1905년 4월 8일 閣議決定)」, 『韓國倂合史料(1권)』, 3~4쪽.
5) 통감부에 관해서는 다음의 저서 참조. 강창석, 『朝鮮 統監府 硏究』, 국학자료원, 1995.

표자를 제외한 한국의 외국 영사관 및 외국인 관련 사무를 담당하는 일본의 국가기관이었다.

일본정부가 한국 내정에 간섭할 수 있었던 법적인 근거는 1904년 8월 22일에 체결한 제1차 한일협약이었다. 그러나 이 협약은 일본인 재정고문과 외국인 외교고문을 각각 1명씩 용빙(傭聘)하는 것이 주요 내용이어서, 한국 내정을 변화시키는 데 한계가 있었다.[6]

따라서 일본의 침략 구상을 한국 내정에 효과적으로 관철하기 위해 통감부가 새롭게 고안한 것이 '시정개선협의회'였다. 시정개선협의회는 이토 히로부미(伊藤博文)가 직접 참석하고 한국 내각의 각 대신들이 참여하는 비공식기구였는데, 여기에서는 통감부의 한국 내정에 대한 개편 요구를 한국 대신으로부터 추인받는 형식을 취했다. 을사조약을 계기로 한국의 외부(外部)가 폐지되고 대외업무를 통감부에서 직접 관장했기 때문에, 시정개선협의회는 한국 내정을 일본 주도로 개편하는 기구였다고 할 수 있다.[7]

이토 히로부미는 통감으로 임명된 뒤 처음 개최된 제1차 시정개선협의회에서 소위 한국 시정개선의 주요 방향을 설명하면서 재판 및 감옥제도 개혁의 필요성을 강력히 제기했다.[8] 한국 사법제도의 문제점과 개혁의 필요성은 한국의 법부를 비롯하여 한국정부 내부에서도 인식하고 있었다. 한국의 사법제도는 1895년 3월 25일 법률 제1호 '재판소구성법'이 제정되면서 정비되었다. 1896년 8월 15일에 개정된 내용까지 포함하여 정리하면, 재판소는 지방재판소, 한성재판소 및 개항장재판소, 순회재판소, 고등재판소, 특별법원의 5종으로 구성되었다. 지방재판소는 일체의 민·형사재판을 관할하고 단독재판을 원칙으로 했다. 한성

---

[6] 일본은 한국정부에게 다른 부서에도 자진 초빙의 형식으로 고문을 두도록 요구하여 군부·내부·궁내부·학부 등에도 일본인 고문이 초빙되었다.
[7] '시정개선협의회'는 1906년 3월 13일에 처음 열린 뒤 1909년 12월 28일에 마지막 회의가 열리기까지 총 97회에 걸쳐 개최되었으며, 일본의 침략 구상을 한국 대신들에게 강요하는 창구로 활용되었다.
[8] 「第1回韓國施政改善ニ關スル協議會(1906. 3. 13)」, 『韓國倂合史料(1권)』, 141쪽.

재판소 및 개항장재판소는 일체의 민·형사재판을 관할하는 것 외에 외국인과 한국인이 관계된 사건을 관할하도록 했다. 순회재판소는 매년 3월부터 9월 사이에 법부대신이 정하는 장소에서 임시 개정하되, 개항장재판소 및 각 지방재판소의 상소를 관할하고, 고등재판소는 재판장 1인, 판사 2인의 합의제로 재판하되 한성재판소와 인천항재판소의 상소만 수리한다고 했다.

재판소구성법이 공포되었으나 즉시 재판소가 개설된 것은 아니었다. 실제로 설치된 것은 고등재판소와 한성재판소뿐이었다. 고등재판소도 독립된 건물에 설립된 것이 아니라 "법부 내에 임시로 개정한다"고 하여 법부 건물에 설립되었다.9) 이후 개항장 및 지방재판소가 일부 개청되면서 재판 조직이 갖춰지기 시작했다.

1899년에는 재판소구성법을 개정하여 고등재판소를 평리원(平理院)으로 개칭하고, 재판소를 평리원, 지방재판소, 한성부 및 개항장재판소, 특별법원의 다섯 종류로 규정했다. 평리원은 지방재판소 및 개항장재판소에 대한 상소심으로 정했다. 또 법부대신이 평리원의 재판장을 겸직하여 내용상으로는 과거의 형조로 회귀했다.10)

재판소구성법은 군수 및 관찰사가 지방재판을 담당하도록 하고 법부대신이 평리원 재판장을 겸임하게 하여, 내용상 사법과 행정이 분리되지 않은 상황이었다. 또한 평리원을 최종심 재판소로 규정했음에도, 평리원 판결에 불복하여 법부에 상소하거나 판결 자체가 번복되는 일도 많았다. 재판 과정에 고문을 비롯한 전근대적 관행이 여전히 남아 있었고, 평리원과 한성재판소에서도 전임판사를 임용하기가 쉽지 않았다.11)

재판제도의 문제뿐만 아니라 민·형사 분쟁을 해결할 근대적 민법과 형법도 제정되지 않은 상황이었기 때문에 각종 재판에서 일반 인민들은 큰 불만을 느

---

9) 도면회, 「1894~1905년간 형사재판제도 연구」, 서울대학교 박사학위논문, 1998, 121~122쪽.
10) 정긍식, 『韓國近代法史攷』, 박영사, 2002, 260쪽.
11) 갑오개혁 이후의 한국 사법제도 개혁에 관해서는 다음의 논문 참조. 도면회, 「1894~1905년간 형사재판제도 연구」, 서울대학교 박사학위논문, 1998.

끼고 있었다. 특히 통감부가 설치된 1906년 이후 일본군의 암묵적 보호 속에서 일진회는 사법 및 치안을 담당한 법부대신과 내부대신에게 항의문서를 제출하고 불공정한 재판을 한 사법관과 탐학한 관찰사, 군수에 대한 면관 및 처벌을 요구했다. 1906년 2월 27일에는 재판에서 오결을 많이 한 평리원 판사 이건호, 백성을 학대하고 재물을 토색한 전주군수 권식상을 면관하라는 공함을 정부에 보냈다. 6월 12일에는 평리원 판사 이규환과 검사 이건호(당시 이건호는 평리원 판사직을 면하고 검사로 임명되었다)를 비난하면서 이들이 면관될 때까지 민·형사 소송 제기를 중지하자는 광고를 각 신문에 싣기도 했다. 또, 한성재판소 수반판사 이병휘에 대해서도 재판을 거부하는 등, 평리원과 한성재판소의 업무가 정지될 정도로 항의가 심했다.12)

1906년 4월 9일, 법부대신이었던 이하영은 사법제도에 대한 한국인들의 불신과 불만에 대해 "전국의 지방관은 재판권을 갖지만 재판에 신용이 없기 때문에 일진회원 및 교도(教徒)들은 지방관에게 복종하지 않는다. 또 현재 각지에 있는 일본 경찰관은 한국의 국법을 심(審)하지는 않지만, 관찰사 재판에 간섭하고 불법스런 판결을 내리게 하는 일이 없지 않다"고 말하면서, 사법과 행정을 구별할 필요가 있다고 주장했다. 그리고 "공평한 재판을 하여 한국 재판권의 권위를 회복하는 방안으로 법무보좌관"을 초빙할 것도 제안했다.13)

이에 대해 이토 히로부미는 한국의 사법제도 전반을 개선하고자 구상 중에 있고, 재판에 일본인이 참가하는 것을 포함하여 방법이 있으나, 재정적인 문제 때문에 방법을 고안 중이라고 대답했다. 이토 히로부미의 사법제도 개편 구상은 한국의 법률고문으로 우메 겐지로14)를 초빙하면서 구체적으로 확정되었다.15)

---

12) 도면회, 「갑오개혁 이후 근대적 법령 제정 과정」, 『한국문화』 27, 2001, 341쪽.
13) 「第3回韓國施政改善ニ關スル協議會(1906. 4. 9)」, 『韓國倂合史料(1권)』, 181~182쪽.
14) 우메 겐지로는 대한제국정부의 법률고문으로서, 사법제도 개혁에 관한 구체적인 계획을 수립했고 법률안 제정에도 주도적으로 참여한 인물이었다.
15) 「裁判所改良意見要旨」, 『梅謙次郎文書』(『梅謙次郎文書』는 일본 호세이대학도서관 제공).

一. 평리원에 수명, 관찰부에 1명의 일본인을 용빙하여 민사·형사재판에 간여하게 할 것

二. 군수는 체포·감금의 직무를 하지 않도록 할 것

三. 민사재판에서는 당사자를 체포·구금할 수 없도록 할 것

四. 형사재판에서는 체포·구금의 권한이 평리원, 관찰부, 재판소 또는 경찰관에 속하는 것으로 할 것

五. 증인이 정당한 이유 없이 출원(出願)하지 않을 때는 구인(拘引)할 수 있도록 할 것

六. 부동산법의 적용에 관한 소송은 1심은 군수, 2심은 관찰부재판소, 상고는 평리원에 제기하도록 할 것

위 인용문은 우메 겐지로가 계획한 한국 사법제도 개편의 방향을 구체적으로 제시한 것이다. 이 시기 통감부가 추진한 사법제도 개편은 일본인 사법관의 용빙, 군수의 체포·감금권 제한, 민사재판에서의 체포·구금 금지 등을 내용으로 하고 있었다. 우메 겐지로의 구상은 일거에 실현되지는 못하고 한국정부의 내부 상황에 따라 단계적으로 추진되었다.

우선 일본인 사법관을 용빙한다는 구상은 지방제도 개편을 추진하면서 구체화되었다. 1906년 10월에 지방제도 개편을 계기로 한국정부는 ① 법부참여관(法部參與官)에 법무보좌관 노자와 다케노스케(野澤武之助), 참여관촉탁(參與官囑託)에 통감부 검찰관 마쓰데라 다케오(松寺竹雄)를 임명하여,[16] 사법행정에 관한 사무와 법령 개정을 맡겼다. ② 평리원과 한성재판소에는 판사, 검사 및 주사를 증원하고 법무보좌관으로 일본인 1명을 배치하기로 했다. ③ 13도 재판소에 관찰사 외에 검사 및 전임주사를 신설하고 법무보좌관으로 일본인 각 1명을 배치하기로 했다. ④ 제주도재판소에는 군수 겸임 판사 외에 전임인 검사보를 검사

---

16) 「照會第224號(광무 10년 11월 19일)」, 『內閣法部去來文』(奎 17763); 「議政府 照復 第249號(광무 10년 11월 20일)」, 『內閣法部來去文』(奎 17763).

로 신설하고, 법무보좌관보로 일본인 1명을 배치하기로 했다.17) ⑤ 11개 부재판소(府裁判所), 즉 구(舊)한성부 및 개항장재판소에 검사를 배치하고 일본인 법무보좌관보 1명을 배치할 것을 계획했다.

한국정부는 법무보좌관을 초빙하여 사법행정을 개혁하는 한편, 법관의 임용자격을 확정하여 전임사법관이 재판소에 임명될 수 있도록 유도했다. 즉 1906년 10월 26일 칙령 제63호 '법관전고규정(法官銓考規定)'을 공포하여 각 재판소의 전임판사와 검사는 일정한 자격을 갖춘 자 중에서 법관전고위원의 전고를 거쳐 임용하도록 정했던 것이다. 일정한 자격을 갖춘 자는 ① 법관양성소에서 만 2년 이상 과정을 졸업한 자와 내·외국 법률학교에서 만 3년 이상의 과정을 졸업한 자, ② 각 재판소 전임판사나 검사로 만 1년 반 이상 계속 근무한 자, ③ 법부 민사국 형사국의 국장·과장으로 만 2년 이상 계속 근무한 자와 법관양성소 교관으로 만 1년 반 이상 계속 교수한 자, ④ 법부 민사국·형사국의 주사나 평리원 및 한성재판소 주사로 만 4년 이상 계속 근무한 자로 정했다. 그러나 법률에 통효(通曉)하고 사무에 난숙(爛熟)한 자는 위 자격을 갖추지 못했더라도 판사 혹은 검사로 임용될 수 있도록 했다. 법관전고위원장은 법부협판, 위원은 국장 및 참여관으로 임명되도록 했다.18) 법관전고규정은 전임판사 및 검사에 관한 자격을 규정한 것으로, 평리원, 한성재판소 등 전임판·검사의 임용에 영향을 미치게 되었다.

1906년 12월에는 우메 겐지로에 의해 법무보좌관 및 법무보좌관보의 인선과 임지(任地)가 결정되었고,19) 1907년 1월에 전국 각지로 법무보좌관을 배치했다.20) 법무보좌관은 일본의 판·검사 출신으로 총 15명이 임명되었고, 그밖에 12명의 보좌관보를 두었는데, 이들의 임무는 이른바 한국 관리를 원조하여 사

---

17) 『內閣去來案』(奎 26200).
18) 『舊韓國官報』 광무 10년 10월 31일.
19) 司法協會, 「朝鮮司法界の往事を語る座談會」, 『朝鮮司法協會雜誌』 19권 10·11호, 1940(남기정 역, 『日帝의 韓國司法府侵略實話』, 육법사, 1976, 71쪽).
20) 『內閣去來案』(奎 26200).

〈표 1-1〉 법무보좌관 임용 상황

법부참여관 및 동 촉탁	野澤武之助(법부참여관) 및 松寺竹雄(법부참여관촉탁)
법무보좌관	中村竹藏(평리원), 安住時太郎(한성재판소), 松下直美(경북대구재판소), 靑木幹造(전북전주재판소), 中村敬直(평남평양재판소), 樋山廣業(전남광주재판소), 志水高次郎(경남진주재판소), 大友歐次(강원춘천재판소), 竹村昌計(충남공주재판소), 島村忠次郎(경기수원재판소), 栗原勝太郎(황해해주재판소), 大谷信夫(충북충주재판소), 菅友次郎(함남함흥재판소), 小田幹治郎(평북영주재판소), 祐乘坊釚郎(함북경성재판소)
법무보좌관보	伊藤孫太郎(진남포재판소), 石井瀨太郎(부산재판소), 鈴木林次(군산재판소), 高田慶次郎(원산재판소), 湊信三(성진재판소), 福田武一郎(제주도재판소), 石橋義夫(경흥재판소), 梅原正記(의주재판소), 松野孫太郎(용천재판소), 長濱三郎(목포재판소), 伊藤正秋(마산재판소), 木村競次郎(인천재판소)

출처: 『內閣去來案』(奎26200), 『舊韓國官報』

법사무 개선에 협조하는 것이었다〈표 1-1〉 참조).[21]

한국 사법제도를 일거에 개편하기 위해서는 대규모의 사법인력과 재정이 필요했으나, 당시 실정으로는 재정은 물론 전문인력을 충원할 방법도 없었다. 따라서 근본적 개혁을 위한 임시 조치로 법무보좌관을 용빙하여 사법제도를 개선하려 했다. 당시까지 지방재판소에서는 군수와 관찰사가 재판업무를 담당했기 때문에, 법무보좌관은 재판사무를 원조한다는 명목으로 지방재판에 간섭할 수 있었다. 아래의 인용문은 임지로 떠나기 직전에 이토 히로부미가 법무보좌관들과의 회합에서 발언한 내용이다. 이를 통해 법무보좌관 용빙의 성격을 알 수 있다.

> 한국에서는 재판사무와 보통행정사무의 구별이 제도적으로도 확연치 않다. 그렇다고 이를 명확히 구별코자 하려면 근본적으로 개정을 가하지 않으면 안 될뿐더러 또 상당한 기관을 구비하지 않으면 안 된다. 그런데 오늘날 이를 실행함에 족할 만한 재정의 여력이 없다. 그래서 종래의 지방제도를 다소 변경해서 재판사무와 보통행정사무의 취급을 나누는 데 그쳤다. 따라서 재판을 하는 자는 여전히 옛날처럼 13도의 관찰

---

21) 統監官房, 『韓國施政年報』, 91~92쪽.

사 및 부윤들인데 그들이 재판권을 행사하는 데 조력을 해주는 자가 바로 제군이다. (…) 한국에 있어서의 제반 시정은 치외법권의 철거에 장애가 되지 않도록 주의하여 실행할 필요가 있다. 또 각 법전의 편찬, 재판관을 일한인(日韓人) 공통으로 할 것인가 아닌가 하는 문제는 장래 연구할 문제이다.22)

재판제도를 근본적으로 개혁하는 데는 막대한 재정이 필요했기 때문에, 통감부는 지방제도를 개편하면서 법무보좌관을 용빙하고 재판 관행을 근대적인 방식으로 전환하려 했음을 알 수 있다. 또 법무보좌관의 직무상 한계를 지적하고 있는데, 재판권을 행사하는 자는 관찰사와 부윤이라는 점을 분명히 했고 지방관이 재판권을 행사하는 데 조언을 하는 자가 법무보좌관이라는 사실을 말하고 있다.23) 이와 함께 이토 히로부미는 치외법권 철거의 방법으로 한국 법전을 편찬하고 한국 재판소의 재판관을 일본인으로 임용할 것도 계획하고 있었다. 한국 법전을 편찬하고 일본인 사법관을 재판관으로 직접 임용하는 것은 사법의 측면에서 보호국 정책을 실현하는 것이었으나, 여러 상황을 고려하여 결단을 내리지 못하고 있었다.

그러나 각 지방재판소에서 법무보좌관들이 한국 관리와 갈등을 겪으면서, 사법개혁은 통감부의 의지대로 진행되지 못했다. 이는 이토 히로부미가 1907년 6월 12일 전국 법무보좌관 회의를 법부에 소집하여 다양한 의견을 청취했던 자리에서 드러난다.24) 법무보좌관 회의는 약 5개월에 걸쳐 법무보좌관들이 직접 경험한 한국 재판의 실태를 파악하고 향후 통감부의 사법 정책 수립을 위한 자료를 얻기 위해 개최되었다. 1907년 6월 14일 법무보좌관 회동에서 법부참여관촉탁이었던 마쓰데라 다케오는 법무보좌관의 의견을 한국 관리들이 잘 수용하지 않는다면서, 그 이유로 "한인(韓人)의 성질이 일을 곧잘 숨기는 습성이 있

---

22) 남기정 역, 『日帝의 韓國司法府侵略實話』, 육법사, 1976, 40쪽 및 45쪽.
23) 「第12回韓國施政改善ニ關スル協議會(1906. 11. 16)」, 『韓國倂合史料(1권)』, 393~394쪽.
24) 「第18回韓國施政改善ニ關スル協議會(1907. 6. 18)」, 『韓國倂合史料(2권)』, 526쪽.

는 것이 그 하나이고, 좋지 않게 의심하는 마음이 많아서 보좌관에게 의심을 품는 일이 있는 것이 그 둘"이라고 말했다.25)

법무보좌관들이 재판사무 개혁을 위해 각 지방재판소로 파견되었지만, 한국 관리와 갈등이 많았음을 알 수 있다. 이 갈등은 당시까지 한국 관리들이 장악하고 있던 재판권을 일본인 법무보좌관들이 근대적 재판 관행이라는 명목으로 제한하려 했기 때문에 발생했다. 한국 관리들이 전임재판관이 아니라 행정관으로서 재판업무를 겸하고 있기 때문에 근대적 법률지식이 부족하다는 이유로, 일본인 법무보좌관들은 수시로 재판업무에 간섭하려 했다.

또, 당시에는 근대적 법령이 잘 갖추어지지 않았고 관련 참고서류 및 장부도 미비하여 지방관이 과거의 사실이나 법규를 충분히 이해하기 어려운 상황이었다. 특히 절차법규에 큰 문제가 있는 것으로 지적되었다. 예를 들어 민·형사를 불문하고 피고인을 구류·투옥하며 증인이나 참고인 등을 모두 고문한다든가, 1895년에 법률로 판결의 형식을 규정했음에도 소장(訴狀)의 한 모서리에 한두 줄 지령을 쓰는 상태가 지속되었다는 것이다.26) 근대적인 법률지식과 훈련을 받았던 사법관 출신의 법무보좌관들이 한국인 지방관들에게 이런 문제를 제기했다.

법무보좌관 및 보좌관보는 전국 지방재판소에서 활동하면서 제기된 각종 문제점들을 정리하여, 이토 히로부미와 법부대신에게 재판제도 개정에 관한 의견서를 제출했다.27) 그중 중요한 것만을 들면 다음과 같다.

법부는 평리원의 판결에 대하여 종래 행하던 경사(更査)를 폐지할 것
보좌관의 보조로서 용빙경찰관을 임용할 것

---

25) 남기정 역, 『日帝의 韓國司法府侵略實話』, 육법사, 1976, 47쪽.
26) 남기정 역, 『日帝의 韓國司法府侵略實話』, 육법사, 1976, 48쪽.
27) 법무보좌관의 구체적인 활동과 한국 재판의 문제점에 대해서는 다음의 논문 참조. 田鳳德, 「韓國近代史法制度史(6)」, 『대한변호사협회지』 14, 1976; 田鳳德, 「韓國近代史法制度史(7)」, 『대한변호사협회지』 15, 1976.

민형사사건의 취조에 고문을 폐지할 것

　　법아(法衙)에 설치되어 있는 민사관계자 구치감(拘置監)을 폐쇄할 것28)

　한국정부는 법무보좌관의 의견을 일부 수용하여 새로운 법을 제정하기로 했다. 1907년 6월 25일에 개최된 시정개선협의회에서는 법무보좌관들의 의견에 따라 총 11조로 구성된 민·형사소송에 관한 법률안이 논의되었는데, 이 법률안의 주요 내용은 다음과 같다. 첫째, 민·형사를 불문하고 소송관계인을 고신(拷訊)하지 말 것이며, 둘째, 군수는 일체의 민사 및 태형(笞刑)에 해당하는 형사에 대해 제1심재판을 하도록 했다. 셋째, 군수는 검험(檢驗), 가택수색, 물건압류, 기타 일체의 수사처분을 할 수 없도록 제한할 것을 제안했다.29) 이는 한국의 기존 재판소제도를 유지하면서 군수, 즉 행정관이 갖고 있던 수사권을 박탈하는 것이었다.

　위 법무보좌관의 법률안은 약간의 수정을 거쳐 1907년 6월 27일에 법률 제1호 '민사·형사의 소송에 관한 건' 및 법률 제2호 '신문형(訊問刑)에 관한 건'으로 각각 분리되어 공포되었다.30) 법률 제1호에서 군수는 일체의 민사와 태형에 해당하는 형사에 대해 제1심재판을 행사하고, 군수재판에 불복하는 자는 소관 지방재판소에 신소(申訴)할 수 있도록 규정했다. 그러나 칙·주임관(勅·奏任官)의 범죄는 각도재판소나 한성재판소에서 제1심재판을 행하도록 했다. 특히 민사에 관해서 판결선고 전에는 소송관계인을 구류(拘留)하지 못하도록 규정(제6조)함으로써, 소송절차상 민사와 형사를 구분하고자 시도했다. 또한 당시까지 인정되었던 군수의 검험과 가택수색, 물건집류와 기타 일체의 수색처분을 금지(제3조)했다. 이 법률은 민·형사소송 절차에 관한 규정으로서 불과 10개 조로 간단히 구성되었기 때문에, 이 법률에서 규정하지 못하는 것은 1895년 법부령 제3호로

---

28) 남기정 역, 『日帝의 韓國司法府侵略實話』, 육법사, 1976, 33쪽.
29) 「第19回韓國施政改善ニ關スル協議會(1907. 6. 25)」, 『韓國倂合史料(2권)』, 561~562쪽.
30) 『舊韓國官報』 광무11년 7월 1일.

공포된 '민·형소송에 관한 규정'에 의하도록 했다.

당시까지 한국 관민들은 일반적으로 민·형사를 구별하지 않았고, 민사 피고인을 구금하는 것은 물론, 원고를 구치(拘置)하는 경우도 있었다. 그리고 자백에 의해 사건을 처리하는 경향이 있어서 고문제도를 합리화했다는 비판이 제기되었다. 이를 시정하기 위해서 같은 날 법률 제2호 '신문형에 관한 건'을 공포하여 민사와 형사를 막론하고 소송관계인에 대한 고문을 금지했다.

통감부는 법률 제2호를 통해 고문을 금지하는 한편, 지방재판소의 관찰사가 갖고 있던 검사권을 박탈하는 작업도 동시에 추진했다. 통감부는 지방수령·관찰사 등이 피의자의 자백을 받는 수단으로 고문을 이용하는 것을 방지하기 위해, 경찰관에 의한 검사업무 이관을 요구했다. 판사·검사·지방관의 직무는 분리되어야 하지만, 당시 한국 재판제도의 현실에서는 그 분리가 가능하지 않았다. 당시 제1심재판의 경우 판사 적격자조차 없어서 지방관이 행정업무와 함께 담당하고 있었기 때문에, 검사의 독립을 요구할 상황은 아니었다.

이와 함께 종래 각 부군의 감옥을 경무서로 인계하여 경무분서 또는 경무분파소(警務分派所)의 유치장을 사용하도록 했다. 그리고 구류할 경우에는 민사와 형사를 불문하고 모두 경무서, 경무분서, 또는 경무분파소의 감옥 및 유치장에 구류하도록 했다.[31]

또 한국 사법 관행에서 문제점으로 지적되었던 것이 법부에 의한 평리원 판결의 간섭이었다. 당시에는 평리원 재판에 법부가 개입하는 것뿐만 아니라, 중요한 판결에 대해서는 황제권에 입각한 궁중의 간섭도 있었다. 따라서 당시 한국에는 확정판결이라는 것이 없었다. 이토 히로부미의 아래 발언은 이를 잘 보여준다.

민·형사 공히 평리원을 종심(終審)으로 하고, 법부대신이라도 재판에 용훼(容喙)하지

---

[31] 「1907년 7월 20일 內部令 제4호 監獄引繼廢止及拘留에 관한 件」, 『韓末近代法令資料集(5권)』, 586쪽.

못하도록 해야 한다. 대사(大赦)·특사(特赦) 같은 것이 법부대신의 주청에 의하는 것은 당연하지만, 재판 진행 중에 법부대신이 간섭하는 일은 단연코 용인해서는 안 된다.32)

재판소구성법상 평리원이 최종심을 담당하도록 되어 있었으나, 법부는 각종 이유를 들어 평리원의 판결을 변경·수정했고, 인민들도 평리원 판결에 불복하여 법부에 상소하는 실정이었다. 이와 같은 사정은 당시 한국의 재판소가 한국 인민들의 각종 분쟁을 합리적으로 조정·심판하는 데 일정하게 실패하고 있었던 결과였고, 또 한편으로는 군주 및 법부에 의한 정치적 간섭의 결과이기도 했다. 위와 같은 문제를 해결하기 위해서 법무보좌관들은 민·형사 공히 사건이 일어나면 한국 재판관들이 일일이 보좌관에게 알리도록 규정을 설치하는 훈령을 발해줄 것을 법부대신에게 요청했다.

법무보좌관 회동 이후 각종 업무에 대해서 법무보좌관의 동의를 얻도록 조치가 취해졌지만, 한국인 관찰사와 부윤이 보좌관의 의견을 수용하지 않는 경우는 여전히 사라지지 않았다. 그렇다고 해서 한국인 지방관이 독단적인 조치를 할 수도 없었기 때문에, 양자의 대립으로 인해 사무 자체가 진행되지 못하는 경우가 생기기도 했다.33) 법무보좌관을 통한 사법 개혁은 매우 곤란한 상황이었다.

2. 1907년 재판소구성법의 제정과 일본식 한국 재판소 설치

법무보좌관 용빙의 목적은 1899년 재판소구성법을 인정한 상태에서 사법관행만을 개선하려는 것이었기 때문에, 이를 통해 사법제도를 근본적으로 개혁할

---

32) 남기정 역, 『日帝의 韓國司法府侵略實話』, 육법사, 1976, 51~52쪽.
33) 남기정 역, 『日帝의 韓國司法府侵略實話』, 육법사, 1976, 66쪽.

수는 없었다. 단지 재판 과정에서 발생하고 있던 태형과 고문을 금지하고, 민·형사소송 절차를 개선하는 등, 재판의 관행을 근대적으로 개선하는 데 초점을 맞추고 있었다. 더구나 일본인 법무보좌관의 활동은 지방재판소에서 재판업무를 담당하고 있던 지방관들의 반발을 초래했고, 이와 같은 반발에 의해 사법제도의 개혁은 더욱 쉽지 않은 상황이었다.

그러나 1907년 7월에 발생한 헤이그 밀사사건은 일제에게 매우 충격적인 사건으로 받아들여졌고, 다른 한편 대한정책을 전환하는 데 좋은 빌미가 되었다. 1907년 헤이그 밀사사건을 계기로 전환된 대한정책은, 이토 히로부미가 한국 내각의 이완용에게 한일신협약 체결을 요구했던 조회안에 잘 나타나 있다. 이토 히로부미는 내각총리대신 이완용에게 "한국 황제폐하가 여러 차례 배신행위를 감행하여 제국 인심을 격앙시키고 또 한국의 시정개선을 저애함이 심하기 때문에 장래 이와 같은 행위의 재연(再演)을 확실히 저지함과 더불어 한국의 부강을 도모하고 한국민의 행복을 증진할 목적"으로 네 가지 사항에 대한 약정을 요구했다.

一. 한국정부는 시정개선에 관하여 통감의 지휘를 받을 것
二. 한국정부의 입법 및 중요한 행정상 처분은 미리 통감의 승인을 거쳐 시행할 것
三. 한국 관리의 임면은 통감의 동의로써 행할 것
四. 현행 고문제도를 폐지하고 통감이 추천하는 일본인을 한국 관리로 임명할 것[34]

이토 히로부미가 작성한 것으로 보이는 위 조회안의 별지에는 한일신협약에 따른 일본 측의 요구사항이 구체적으로 나열되어 있다. 재판소의 구성을 정할 것, 감옥제도를 고칠 것, 군비를 정비할 것, 중앙정부 및 지방관청에 일본인을 한국 관리로 임명할 것 등이 주요 내용이었다.

---

34) 「韓日新協約締結促求照會第一案(伊藤博文 → 李完用)」, 『統監府文書(5권)』, 35~41쪽.

이 조회안 별지에는 통감부 사법 정책의 방향이 구체적으로 제시되어 있었다. 여기에서는 한국 재판제도를 강하게 비판하고 있으며 "영사재판의 특전을 향수하는 외국인이 속속 내지(內地)로 진입·거주하여 각종의 업무에 종사하여도 한국의 법권은 이러한 인민에게 미칠 수 없다. 그리고 그들은 한국에 대한 의무를 부담하지 않고 권리를 행사한다. 이러한 이유로 금일의 급무는 하루라도 빨리 법률의 제정, 재판의 개량을 도모하고 최종의 목적인 영사재판권 철거의 방법을 강구하지 않으면 안 된다. 그러나 법률의 제정, 법관의 양성은 일거에 기할 수 없으므로 각하 응급의 수단으로서 일면으로는 한민(韓民)의 생명·재산을 보호하고 일면으로는 한인으로써 재판사무를 실지연습하게 할 목적으로 일·한 양국인을 재판관 및 검찰관으로 하는 재판소를 신설"하도록 했다. 이 조회안의 주요 내용은 향후 제3차 한일협약(이하 '정미 7조약')의 부속서류에 반영되었다.

이와 같은 계획안은 한국 내각에 통지되어 정미 7조약의 기본 내용이 되었다. 이 조약은 통감부가 주도하여 주요 내용을 결정한 것으로 보이는데,35) 특히 재판소구성법 등 사법제도 개편에 관한 각종 법령의 초안은 우메 겐지로에 의해 작성되었다. 7월 24일에 체결된 정미 7조약의 내용은 다음과 같다.

제1조 한국정부는 시정개선에 관해 통감의 지도를 받을 것
제2조 한국정부의 법령 제정 및 중요한 행정상 처분은 미리 통감의 승인을 거칠 것36)
제3조 한국의 사법사무는 보통행정사무와 구별할 것
제4조 한국 고등관리의 임명은 통감의 동의로 행할 것

---

35) 「往電第86號 韓國內政干涉 八個條項에 관한 統監의 意見(伊藤統監 → 珍田 外務次官)」, 『統監府文書(4권)』, 147~148쪽.
36) 정미 7조약에 의거하여 법령의 제정은 미리 통감의 승인을 요하기 때문에 법률·칙령은 모두 내각 또는 각부대신이 초안을 기안하여 각의를 거친 뒤 내각총리대신으로부터 통감의 승인을 거쳐 상주하는 형식을 취하게 되었다. 그리고 황제가 친서(親署)한 뒤에 어새(御璽)를 날인하고 내각총리대신이 거기에 년월일을 기입하고 관계 대신과 함께 부서하여 관보로써 공포한다. 다음의 표는 위와 같은 형식으로 공포된 법령들의 일람표이다.

제5조 한국정부는 통감이 추천하는 일본인을 한국 관리로 임명할 것

제6조 한국정부는 통감의 동의 없이 외국인을 용빙(傭聘)하지 말 것

제7조 1904년 8월 22일 조인한 한일협약 제1항은 폐지할 것37)

통감부는 1907년 정미 7조약에 의해서 종래부터 취해오던 감독적 고문제도를 변경하여, 일본인을 한국 관리로 직접 임용하고 재판소구성법을 전면 개정하는 쪽으로 대한정책을 변경했다. 1907년 7월 24일 「한일협약 규정실행에 관한 각서안의 건」이라는 문서에서는 한·일 양국인으로 조직하는 재판소를 설치할 것을 구체적으로 밝혔다. 즉 대심원(大審院) 1곳, 공소원(控訴院) 3곳, 지방재판소(地方裁判所) 8곳, 구재판소(區裁判所) 113곳을 설치하고, 각각 일정한 수의 일본인 판·검사 및 직원을 채용하도록 했다.38) 이 각서안의 결정사항은 법무보좌관을 통해 한국 재판제도를 개혁하려는 간접 방식에서 벗어나, 재판소구성법을 근본적으로 개정하고 일본인 판·검사를 임용하여 직접 개혁하는 방식으로 해결하려 했음을 보여준다.39)

정미 7조약을 실행하기 위해 한국정부는 1907년 12월 23일 법률 제8호 재판소구성법, 법률 제9호 재판소구성법시행법, 법률 제10호 재판소설치법을 공포했다.40) 이 법안들을 계기로 한국의 사법제도는 크게 변화되었다. 재판소는

〈한국정부 법령 제정 건수〉

연도	법률	칙령	부령(部令)							
			각령	궁내부	내부	탁지부	농상공부	학부	군부	법부
1907	8	76	2	4	1	6		4	1	1
1908	30	85	11	2	8	47	52	21	4	20
1909	136	105	2	13	14	36	5	8	3	5

출처: 『第3次韓國施政年報』

37) 「日韓協約(1907. 7. 24)」, 『韓國併合史料(2권)』, 634쪽.
38) 이외에도 중앙정부 및 지방청에 일본인을 한국 관리로 임명하도록 했다. 각부차관, 내부 경무국장, 경무사 또는 부경무사, 내각 서기관 및 서기랑 중 약간명, 각부 서기관 및 서기랑 중 약간명, 각도 사무관 1명, 각도 경무관, 각도 주사 중 약간명을 채용했다.
39) 「日韓協約規定實行ニ關スル覺書案ノ件(1907. 7. 24)」, 『韓國併合史料(2권)』, 627~629쪽.
40) 재판소구성법을 비롯한 일련의 사법제도 개편에 관한 법률안들은 모두 우메 겐지로에 의해 초안

대체의 형식을 일본에서 취하여 대심원, 공소원, 지방재판소 및 구재판소로 구분하고, 4급3심급 재판소가 구성되었다. 각 검사국이 재판소에 설치되었으나 검찰사무와 재판사무는 분리되었고 형사재판에 대한 법부의 지휘권을 없애 재판관이 독립적으로 재판할 수 있게 되었다.

1907년 재판소구성법에서 특징적인 것은, 과거 지방관이 갖고 있던 재판권이 공식적으로 박탈되었다는 점이다. 즉 지방재판소 및 구재판소에 전임판·검사를 두고, 지방관은 재판에 관여하지 못하도록 했다. 구재판소에서는 판사 단독으로 재판을 행하고, 공소원 및 대심원은 정수의 판사로 조직된 부(部)에서 합의하여 재판하도록 했다. 그리고 각 재판소에 검사국을 설치하여 형사에 관한 공소를 제기하고 판결의 집행을 감시하며, 민사에 대해서는 필요하다고 인정하는 경우에 통지를 구해 의견을 진술할 수 있도록 했다. 구재판소 개청 기타 재판사무의 확장에 따라서, 검사국이 설치되지 않은 구재판소의 검사사무는 재판소구성법에 기초해 경찰서장인 경시(警視), 경부(警部) 또는 차석 대리자가 취급토록 하여,41) 구재판소 검사의 직무를 경찰관이나 서기가 대행할 수 있도록 규정했다. 지방재판소에도 구재판소와 마찬가지로 독립적 판사와 검사를 설치하여 제1심 혹은 제2심재판을 맡도록 했다.

또한 일본인 판사와 검사도 일정한 절차를 거쳐 한국 재판소의 판사와 검사로 임용될 수 있도록 했다. 신재판소구성법 시행에 즈음하여 한국 법부는 일본인 법관의 임용자격에 관한 내규를 정했다. 일본인이 법관이 되기 위해서는 ① 일본에서 판사·검사 또는 사법관 시보(試補)될 자격을 갖춘 자, ② 일본에서 문과고등시험을 거쳐 그 합격증서가 있는 자, ③ 3년 이상 일본 영사관·이사관·부이사관 또는 경시의 직에 있던 자 등의 자격조건을 충족해야 했다.42) 이상의 자격조건에 기초해 〈표 1-2〉와 같이 주요 재판소장 및 검사장이 임명되었

이 만들어졌다. 이 초안들은 모두 『梅謙次郞文書』에서 확인할 수 있다.
41) 統監官房, 『제2차韓國施政年報』, 40쪽.
42) 「請議書第39號(1907. 12. 25)」, 『法部大臣請議日本人法官任用內規』(奎24565); 「指令第292號(1908. 4. 15)」, 『內閣法部去來文(奎17763).

〈표 1-2〉 주요 사법관 임용 현황(1908)

법부: 법무대신 고영희(高永喜), 법부차관 倉富勇三郞, 민사국장 이시영(李始榮), 형사국장 김낙헌(金洛憲), 서기관 安住時太郞, 松寺竹雄 山邊勇輔, 岡本至德, 淺田賢介, 神野忠武⁴³⁾	
대심원장 渡邊暢, 부장 정인흥(鄭寅興), 中山勝之助	검사총장 國分三亥, 검사 홍종억(洪鍾檍), 膳鉦次郞
경성공소원장 城數馬, 부장 平山銓太郞	검사장 世古祐次郞
대구공소원장 土井庸太郞	검사장 黑川穰
평양공소원장 永島嚴	검사장 向井嚴
경성지방재판소장 中村竹藏	검사장 中川一介
대구지방재판소장 島山虎也太	검사장 吉田雄六郞
공주지방재판소장 河原健之助	검사장 岩田孝慈
함흥지방재판소장 岩本以明	검사장 鄕律支彌
평양재판소장 元木直一	검사장 兼中次郞
해주지방재판소장 西平	검사장 靑木幹造
진주지방재판소장 鈴木伍三郞	검사장 關國半
광주지방재판소장 玉置琢	검사장 北村五七郞

다.⁴⁴⁾

　1908년부터는 지방재판소와 구재판소가 개설되기 시작했고, 특히 많은 일본인들이 구재판소의 판·검사와 재판소 서기로 임용되면서 사법인력의 문제가 점차 해소되었다. 그러나 법부차관을 비롯하여 주요 지방재판소장 및 검사장이 모두 일본인으로 충원되면서, 한국의 재판권은 사실상 통감부가 장악하게 되었다. 1907년 정미 7조약 제5조 규정에 따라 한국의 중앙정부 및 지방관청에 빙용(聘用)된 일본인은, 1908년 말 현재 판임관(判任官) 이하를 제외하고 모두 2,080명이었다.⁴⁵⁾

---

43) 『舊韓國官報』 융희 2년 1월 29일.
44) 『舊韓國官報』 융희 2년 5월 20일.

한국 재판소에 일본인들이 대거 참여하면서 한국인에 의한 자율적 근대화는 사실상 좌절되기 시작했다. 당시 대심원 및 주요 공소원장은 모두 일본인들이 맡고 있었기 때문에, 법부대신에 의한 정치적 간섭이 불가능했다. 또한 구재판소를 설치하면서 대량으로 전임판·검사를 임용하여 관찰사와 부윤이 갖고 있던 사법권도 박탈했다. 과거 한국정부가 한성재판소 및 경기재판소 등에서 일시적으로 추진했던 사법과 행정의 분리가, 이제 지방 차원에서도 실현되기 시작했다. 구재판소는 일시에 설치되지는 못했는데, 미설치 구재판소는 법부대신이 관할 지방재판소나 그 관할구역 내의 다른 구재판소로 하여금 그 일부 또는 전부를 처리하도록 했다.46)

재판소 조직뿐만 아니라 사법인력 충원 방식도 변화했다. 당시까지는 법관전고에 의해 전임판·검사의 임용자격이 규정되었으나, 1909년 4월 9일 법관임용령(法官任用令)이 칙령 제48호로 공포됨으로써 법관전고 규정은 폐지되었다.47) 법관임용령에서는 판·검사의 자격을 재확정했다. 여기에서는 ① 사법시험에 합격한 자, ② 1907년 법률 제8호 재판소구성법에 의하여 설치한 재판소의 판사, 검사의 직에 있었던 자, ③ 법관양성소를 졸업한 자, ④ 외국대학의 법률과를 졸업한 자 등으로 자격을 규정하여, 1907년 재판소구성법에 의거해 임용된 한국인과 일본인 판·검사들은 모두 자격을 획득했다. 중요한 것은 법관임용령 이후 새롭게 사법관이 되는 자들은 사법시험 합격자만으로 제한되었다는 점이다. 그러나 사법시험은 아직 실행되지 않았기 때문에, 대규모 법조인력 수요에 대응하기 위해 일정한 예외를 규정했다. 이를 위해 1909년 4월 24일 법부령 제3호로 법관전형규칙을 제정하여 법관전형위원에 관한 자격 등 운용원칙을 확정했다.48)

---

45) 統監府, 『第2次韓國施政年報』, 18쪽.
46) 「1908년 7월 23일 법률 제18호 未開廳區裁判所事務處理에 관한 件」, 『舊韓國官報』 융희 2년 7월 27일.
47) 국회도서관 편, 『韓末近代法令資料集(8권)』, 1972, 201쪽. 그러나 법관임용령은 1909년 10월 28일 칙령 제94호로 폐지되었다. 국회도서관 편, 『韓末近代法令資料集(8권)』, 1972, 555쪽.

그리고 4월 24일에는 법부령 제4호로 사법시험규칙을 공포하여 사법시험에 관한 법 규정을 마련했다.49) 1909년 6월 15일에는 제1회 사법시험위원회가 설치되어 적격의 사법관 양성제도가 실시되기에 이르렀다.50) 사법시험위원장에는 판사 中山勝之助가 임명되었고, 위원으로는 법부서기관이었던 淺田賢介, 岡本至德, 판사 山口貞昌, 境長三郞, 水野正之亟, 유동작(柳東作), 검사 菱谷精吾, 법부번역관 이선종(李善鍾) 등이 임명되었다. 제1회 사법시험은 1909년 10월 13일부터 16일까지 경성 광화문 전법관양성소에서 실시되었다.

1907년 재판소구성법에 의해서 재판소 형식이 일본 체제로 전환되고, 사법 인력 수급 방식이 변경되면서, 통감부는 민·형사재판에 필요한 소송 절차 및 법전 편찬에 관심을 갖기 시작했다.51) 1907년 말에 판·검사 및 법부 직원을 조사위원으로 하여 민·형소송규칙안, 『형법대전(刑法大全)』 개정안, 기타 중요한 법령 제정을 추진했다.52)

원래 민사사건은 조리(條理) 및 관습에 기초하여 재판할 수 있었기 때문에 민법 쪽은 잠시 그대로 두었고, 형사법규는 하루라도 없으면 안 되기에 서기관 오카모토 요시노리(岡本至德)를 주임으로 하여 『형법대전』을 개정하기로 했다.53) 『형법대전』은 1908년 7월에 개정되었는데, 이때 총 680조 중에서 270개 조가 삭제되었고 잔존 조항에도 많은 수정이 가해졌다. 그 개정의 대강은 ① 법부대신이 재판의 내용을 지휘·감독하는 규정을 삭제하여 사법권 독립을 확보하고, ② 법리상 민법, 민사소송법 또는 감독칙 등에 속하는 규정을 삭제하여 형벌법의 성격을 명확히 했다. 그 외에 구법조(舊法條)를 보정(補正)하거나 새롭게 설치한 규정 가운데 중요한 것은 다음과 같다. 첫째, 『형법대전』 중에서

---

48) 『舊韓國官報』 융희 3년 4월 26일.
49) 『舊韓國官報』 융희 3년 4월 26일.
50) 『舊韓國官報』 융희 3년 6월 17일.
51) 「伊藤統監演說要領筆記(1908. 6. 13)」, 『總督訓示及法務局長注意訓示事項集』, 1~9쪽.
52) 統監官房, 『韓國施政年報(1권)』, 98쪽.
53) 남기정 역, 『日帝의 韓國司法府侵略實話』, 육법사, 1976, 87쪽.

총칙 규정은 다른 특별법규에 의한 범죄처벌에도 적용하기로 했다. 둘째, 구규정에서 일죄 수죄(一罪數罪)의 구별을 범죄의 종류에 의해 정하도록 한 것을 개정하여, 같은 범죄라도 수회 범한 자는 수범자(數犯者)로 취급했다. 셋째, 구규정에서는 작량감형(酌量減刑)의 감등범위를 일등 또는 이등으로 규정했던 것을 개정하여, 1등에서 7등으로 확장하고 형의 재량에 충분한 여지를 주었다. 넷째, 속죄(贖罪)처분범위를 제한하거나 속죄금의 비율을 높였다. 다섯째, 보방(保放)제도를 폐지하고 새로 가석방제도를 실시했다. 보방(保放)규칙은 단순히 죄인의 사고에 의해서 임시 출옥하도록 했으나 가석방제도는 죄수의 개전(改悛)을 참작하여 임시로 출옥을 허락하는 것이었다.54)

또한 민·형사소송 규정 역시 하루도 없으면 안 되는 것이므로, 시급히 소송 규정을 제정했다. 1895년에 '민·형소송에 관한 규정'이 제정되었고, 1907년에는 법무보좌관들이 규정을 작성하기도 했으나, 1908년 7월 13일에 中村竹藏, 松寺竹雄, 安住時太郎을 기초위원으로 하여 새로 민·형소송규칙을 제정했다.55) 이 소송규칙은 모두 177개 조로 구성되었고, 기왕의 민·형소송 규정 등과는 달리 매우 자세하게 소송절차를 규정했다.56)

위와 같이 한국의 재판제도는 일본인 사법관들이 대거 참여하고 재판소구성법을 일본 재판소 형식으로 공포하면서 근대적 성격을 갖추게 되었다. 그러나 이미 언급했듯이 재판 과정에서 참고할 법전이 없었다. 한국정부는 『형법대전』의 제정 및 개정과 각종 단행법령을 통해 이를 보완하려 했지만, 1894년부터 1905년까지 전통적 법률 체제와 달리 새롭게 제정한 법령은 불과 수십 건이었고, 이 법령들도 대한제국의 이념인 '구본신참(舊本新參)'에서 나타나듯이 과거의 『대명률』 및 『대전회통』 체제를 완전히 벗어난 것이 아니라 구법전들을 수용한 측면이 강했다. 민법의 편찬은 대규모 사업이고 일시에 편찬하는 것이 불

---

54) 統監官房, 『제2차韓國施政年報』.
55) 남기정 역, 『日帝의 韓國司法府侵略實話』, 육법사, 1976, 87~88쪽.
56) 「1908년 7월 13일 법률 제13호 民刑訴訟規則」, 『舊韓國官報』 융희 2년 7월 17일.

가능했기 때문에, 통감부는 형법의 개정과 소송 규정의 제정을 중심으로 입법화를 시도했다.

1907년 말에 추진된 사법제도 개편은 이토 히로부미의 보호국화 정책을 사법의 측면에서 일부 실현하는 것이었으며, 서구 열강의 치외법권 철폐를 목적으로 하고 있었다. 사법의 영역에서 보호국화를 실현하는 수단은 사법제도 개편과 근대적 법전 편찬이었다. 이토 히로부미의 사법구상은 외형상 일본의 치외법권을 포기하는 것까지 포함하고 있었지만, 1907년의 정미 7조약과 재판소구성법 시행에 따라 사실상 한국의 사법권을 일본이 완전히 장악한 상황에서 추진된 것이었다.

3. 일본 재판소 설치 구상과 일본 사법제도로의 편입

1907년 재판소구성법에 의해 설립된 한국 재판소는 일본 재판소와 형식이 동일했고, 주요 재판소장 및 검사장들을 모두 일본인으로 충원했다. 한국 재판소이기는 했으나 사실상 일본이 사법권을 장악했다고 할 수 있다. 이런 상황에도 한국인과 일본인들에 대한 민·형사재판은 각각 다른 방식으로 수행될 수밖에 없었고, 치외법권의 철폐는 법전 편찬 이후로 미루어질 수밖에 없었다.

특히 근대적 법전의 편찬은 단기간에 가능한 일이 아니었기 때문에, 한국 법부에 임용된 일부 일본인 사법관들은 치외법권을 일거에 철폐하는 수단으로서 한국 재판소와는 별도로 일본 재판소를 한국에 설치할 계획을 세웠다. 1907년 1월 5일에 법무보좌관들이 각 임지로 출발하기 직전에 행해진 이토 히로부미 연설의 필기를 보면, 장래 한국의 재판제도를 일본 재판권 아래 통일할 것인지 혹은 일본의 보호 아래에서 한국의 재판권을 그대로 유지할 것인지 아직 결정하지 못하고 있었음을 알 수 있다.[57] 결과적으로 1907년 12월에 재판소구성법을 공포함으로써 이토 히로부미는 일본 재판소로의 전환을 선택하지 않았다. 그러나 아래의 글은 당시까지 통감부의 사법 정책과는 약간 다른 내용이다.

> 한국의 재판제도를 보면, 사(事)가 창설에 속하여 불비부정(不備不整)이 많다는 것은 원래 면하기 어렵지만, 재판소의 구성이 대략 일본의 현제(現制)와 같고, 그 직원의 다수 역시 일본으로부터 빙용(聘用)되었기 때문에, 재판의 실질에서는 반드시 일본의 재판소에 비하기 어려운 것은 아니다. 그러나 한국의 법률은 극히 불완비하기 때문에 재한 일본인을 급격히 한국의 재판권에 복종시키기 어렵다는 것은 말할 것도 없다. 법률의 제정은 용이한 일이 아니므로 적어도 금후 2~3년을 허비하지 않으면 그 완비를 기하기 어렵다. 고로 금일 재한국 일본인에 관한 소송은 한국에 빙용된 일본 법관으로 하여금 일본 재판소를 구성하여 일본의 법률에 따라서 심판하게 한다.58)

당시 한국에는 한국인을 심판하는 한국 재판소가 있었고, 치외법권에 입각하여 각 외국인들을 심판하는 영사재판권이 있었다. 일본인도 치외법권에 입각하여 통감부 이사청(理事廳)과 통감부 법무원이 재판을 담당하고 있었다. 1907년 12월 재판소구성법이 제정된 뒤 일본으로부터 재판소 조직과 사법관을 받아들였지만, 일본인 및 외국인은 재판소구성법 공포 이후에도 여전히 한국 재판소가 아닌 각국의 영사재판권에 복종하고 있었다.

위 인용문은 한국 사법제도의 개선과 근대적 법전 편찬을 통해 일본인과 외국인을 한국 재판권에 편입시키고자 했던 통감부의 사법 정책을 너무 많은 시간이 걸린다는 점에서 비판하고, 그 대안으로 한국에 일본 재판소를 신설하여 한국 재판소에서 근무하는 일본인 사법관을 동시에 일본 재판소의 사법관으로 용빙할 것을 주장하는 내용이다.

이 같은 구상은 한국에 거주하는 일본인에 대한 재판을 일반적으로 이사청에서 처리하고 있었던 상황과 관련이 있다. 이사청은 기관의 성격상 전임재판소가

---

57) 남기정 역, 『日帝의 韓國司法府侵略實話』, 육법사, 1976, 44~45쪽.
58) 「日本裁判所設置意見」, 『倉富勇三郎文書』.

아니었으므로, 한국에 일본인의 재판을 전담할 전임재판소를 설치할 것을 제안했던 것이다. 위 의견에 기초하여 작성된 '한국에서의 재판사무에 관한 건'이라는 법률안 제1조는 "한국에서의 소송사건, 비송사건(非訟事件) 및 검찰사무는 통감부재판소 및 통감부재판소 검사국이 행한다"라고 규정하여, 일본인에 대한 모든 소송 및 비송사건을 통감부재판소에서 처리하려 했다.59)

법부차관 구라토미 유사부로(倉富勇三郞)가 이렇게 새로운 재판소 설치를 고려하게 된 또 다른 이유는, 그것이 한국에서 외국의 영사재판권을 철폐하기 위한 하나의 방법이 될 수 있기 때문이었다.60) 구라토미 유사부로는, 1908년 5월에 미·일정부가 한국에서의 발명, 의장, 상표 및 저작권 보호에 관한 조약에 조인함에 따라 한국에서의 동 권리에 관한 한·미·일 3국민의 사건에 대하여 한국의 일본 재판기관이 관할권을 행사하게 된 예61)를 따라서, 외국의 치외법권을 소멸시키려 했다.

그 구상은 당시 이토 히로부미가 추진하고 있던 보호국화 정책과는 성격이 다른 것이었다. 이토 히로부미는 한국의 사법제도 개편과 한국 법전 편찬을 통해 일본을 포함한 외국의 치외법권도 철폐하여 한국 재판권에 따르도록 하는 것을 목표로 했지만, 구라토미 유사부로는 한국의 사법개혁보다는 직접 일본 재판소를 설치하여 치외법권을 철폐할 것을 추구했다.62)

구라토미 유사부로의 견해에 대해서 우메 겐지로는 약간 의견을 달리했다.63)

---

59) 「韓國ニ於ケル裁判事務ニ關スル件」, 『倉富勇三郞文書』.
60) 「韓國ニ於ケル裁判事務ニ關スル件」, 『倉富勇三郞文書』.
61) 文竣暎, 「帝國日本의 植民地 刑事司法制度의 形成―1985~1912년 臺灣과 朝鮮의 法院組織과 刑事法規를 중심으로」, 『법사학연구』 23, 2001, 124쪽.
62) 일본 재판소 설치에 관한 법안들은 「法律案 韓國ニ於ケル裁判事務ニ關スル件」, 「勅令案 統監府裁判所職員ニ關スル件」, 「勅令案 統監府裁判所繙譯官及繙譯官補官制」, 「勅令案 統監府裁判所職員官等給與令」으로 구성되어 있다. 「韓國ニ於ケル裁判事務ニ關スル件」의 법안 형식이 '법률'로 되어 있고, 부칙 제6조에서 시행일을 1909년 4월 1일로 잡고 있는 것으로 미루어 제국의회에 제안할 계획이었음을 알 수 있다. 제25회 제국의회가 1908년 12월 22일에 소집되었기 때문에 위 문서들은 1908년 11월에서 12월 사이에 작성되었을 것으로 추정된다.
63) 통감부 내의 사법제도 개편에 관한 이견을 일본 민법 강행론과 한국 법전 제정론자로 구분하여 분석하고 구라토미 유사부로를 일본 민법 강행론자로 이해하는 연구도 있다. 鄭鍾休, 『韓國民法

우메 겐지로는 「한국에서의 재판제도 개정에 관한 비견」이라는 문서에서 구라토미 유사부로의 견해에 대해, 만약 지장 없이 이를 시행할 수 있다면 적절하리라고 논평하면서도 몇 가지 이유를 들어 완곡하게 비판했다. 첫째, 경비의 문제, 둘째, 재판 절차의 문제, 셋째, 법령안의 문제 등이었다.64) 이 법률안은 통감부 내부에서 다수 의견이 되지 못했고, 당시 일본정부도 그 입법에 적극적이지 않았던 것으로 보인다. 결국 이 법률안은 공포되지 못했다.65)

그러나 한국의 황제가 일본의 영향력에서 벗어나려는 태도를 강하게 취하고66) 의병 등 항일무장투쟁이 계속 일어나면서, 일본정부 내에서 통감정치에 대한 비판과 대한(對韓)강경론이 전면에 부상했다. 또 야마가타(山縣) 계열의 가쓰라 다로(桂太郞) 내각이 1908년 7월 14일에 발족하여 대한정책의 변화를 모색하기 시작했다. 가쓰라 다로와 고무라 조타로(小村壽太郞)는 1909년 초에 한국병합을 구체적으로 계획했다.

고무라 조타로는 가쓰라 다로와 협의하여, 외무성 정무국장이었던 구라지 데쓰요시(倉知鐵吉)에게 한국병합을 내용으로 하는 의견서를 작성하도록 했다. 고무라는 구라지가 작성한 의견서를 가필하여, 1909년 3월 30일 내각총리대신이었던 가쓰라 다로에게 한국병합에 관한 문서를 제출했다.67) 이 문서에는 즉시 한국병합을 실행하는 것이 아니라 적당한 시기에 병합을 실시하고, 그때까지는 한국정부에 대한 실권을 강화한다는 계획이 서술되어 있다. 한국병합을 실행하기 위한 구체적인 방법으로는 다음의 사항이 거론되었다.

典の比較法的硏究』, 創文社, 1989; 李英美, 『韓國司法制度と梅謙次郞』, 호세이대학출판국, 2005; 손경찬, 「민·형소송규칙의 제정과 의의」, 『법사학연구』 30, 2004.
64) 「韓國ニ於ケル裁判制度改正ニ關スル卑見」, 『梅謙次郞文書』.
65) 일본정부가 보호국화 정책에서 한국병합 정책으로 전환하면서 한국 법부와 재판소를 폐지하고 일본이 재판권을 행사하는 쪽으로 사법 정책이 바뀐 것과 관련이 있는 것으로 보인다.
66) 통감정치에 대한 한국 황제의 반발에 대해서는 다음의 논문 참조. 서영희, 「光武政權의 국정운영과 日帝의 국권침탈에 대한 대응」, 서울대 박사학위논문, 1998.
67) 外務省, 『外交年表竝主要文書(上)』, 1965, 315~316쪽; 外務省, 『小村外交史』, 1966, 834쪽.

① 일본정부는 확정된 방침에 의해 한국의 방어 및 질서의 유지를 담임하고, 그것을 위해 필요한 군대를 한국에 주둔시킨다. 또 가능한 한 많은 수의 헌병 및 경찰관을 한국에 증파하고 충분히 질서유지의 목적을 달성한다. ② 한국의 외국교섭사무는 일본정부가 장악한다. ③ 가능한 한 다수의 일본인을 한국으로 이식하고 우리(일본—인용자) 실력의 근저를 심화시킴과 동시에 한일 간의 경제관계를 밀접하게 한다. ④ 한국 중앙정부 및 지방관청에 주재하는 일본인 관리의 권한을 확장하고 일층 민활하고 통일적인 시정을 행하는 것을 기한다.

1909년 7월 6일에 일본정부는 고무라 조타로의 대한안을 각의에서 결정하고 천황의 재가를 받았다. 각의에서는 병합의 시기를 예측하기 어렵기 때문에 그에 대응할 수단을 정할 필요가 있다고 하여, 병합 결행의 순서와 방법 등의 세목을 확정하기로 했다. 고무라는 7월 6일 각의에서 나온 내용을 기초로 한국병합의 선포, 한국 황실의 처분, 한국 장래의 통치, 대외관계 등의 항목을 상세하게 서술한 의견서를 작성하여 7월 하순에 가쓰라 다로에게 다시 제출했다.

한반도에서의 우리 실력을 확립하고, 아울러 여러 외국과의 조약관계를 소멸시키기 위해 적당한 시기에 한국병합을 단행하기로 한 것은 지난 묘의(廟議)에서 결정한 바이다.
병합실행의 시기 여하는 내외의 상세(狀勢)에 의해서 결정할 문제에 속하고, 현재 그것을 측지(測地)할 수 없음은 물론이지만, 내외의 상세는 날로 추이(推移)함으로써 금후 예견할 수 없는 새로운 사실이 발생하고 언제 병합실행의 기회가 도래할지 헤아리기 어렵고, 따라서 위 실행의 경우에 있어서 우리가 취할 방침 및 조치는 지금부터 강구하여 만일의 위산(違算)이 없는 것을 기할 필요가 있다.[68]

---

68) 外務省, 『小村外交史』, 1966, 841쪽; 大津淳一郎, 『大日本憲政史』, 1927, 540~543쪽.

일본정부는 한국병합의 사유를 조칙(詔勅)으로 선포하고 한국 황실이 정치에 관계하지 못하도록 하여 한국인들이 독립의 뜻을 품지 못하도록 할 것을 계획했다. 또, 만약 한국병합이 조약체결의 형식으로 이루어지지 않을 경우에는 일본정부가 한국에 대해 일방적인 병합선언을 하기로 미리 확정해놓았다.[69]

일단 한국병합 공포와 더불어 한국과 외국이 맺은 조약은 소멸시키고, 법권 및 세권(稅權)은 일본으로 귀속할 것을 확정했다. 반면 일본과 외국이 맺은 조약은 한반도에도 효력이 연장되고, 외국인에 관한 사법사무는 재한 일본 재판소가 취급하도록 했다. 일본정부의 대한정책이 한국병합으로 결정되자, 통감부는 한국 사법제도 근대화와 한국 법전 편찬을 내용으로 하는 보호국화 정책을 폐기하고 한국병합에 부합하는 사법 정책을 새롭게 구상했다.

일본정부의 한국병합에 관한 방침을 확인한 뒤, 이토 히로부미는 1909년 7월 3일에 가쓰라 다로에게 한국 사법 및 감옥사무 수탁(受託)을 제안했다. 이토 히로부미는 가쓰라 다로에게 제안한 문서에서 "한국보호 정책을 관철하고 그 효력을 보급시키려면 치외법권을 철거하지 않으면 안 된다"면서, 조약 개정의 준비작업으로 일본정부가 한국의 사법권을 직접 장악해야 한다고 제안했다.[70] 1909년 7월 12일에 '한국 사법 및 감옥사무 위탁에 관한 각서'가 체결되었는데, 이 각서는 한국의 사법 및 감옥사무가 완비되기까지 사법사무를 일본정부에 위탁한다는 내용을 담고 있다. 이 각서에 의해 설립된 일본 재판소는, 협약 또는 법령에 특별한 규정이 있는 경우는 예외로 하되, 한국 신민에게는 한국 법규를 적용하기로 했다.[71]

한국 사법권이 일본정부에 위임됨에 따라, 일본정부는 1909년 10월 칙령을 공포하여 통감부 사법청을 설치하고 통감 관리 아래 한국의 사법 및 감옥에 관한 행정사무를 담당하게 했다. 동시에 같은 날 공포한 통감부재판소령, 통감부

---

69) 大津淳一郎, 『大日本憲政史』, 1927, 543~544쪽.
70) 「伊藤樞密院議長 → 桂總理大臣 韓國司法及ビ監獄事務ニ關スル件(1909. 7. 3)」, 『韓國倂合史料(3권)』, 1248~1250쪽.
71) 「舊韓國官報(호외)』 융희 3년 7월 24일.

〈표 1-3〉 1909년 통감부재판소 판·검사 및 직원, 변호사

국적별	판사	검사	서기	통역	계	변호사
일본인	192	57	194	52	495	29
한국인	87	7	110	105	309	41
계	279	64	304	157	804	70

출처: 『한국시정연보』

감옥관제 기타 관계 제법규에 기초해 통감부재판소 및 감옥을 설치하고, 1909년 11월 1일부터 한국의 사법 및 감옥사무를 개시하여 식민지 사법 체제를 제도적으로 완성했다(〈표 1-3〉 참조). 통감부 사법청장관으로는 구라토미 유사부로, 통감부 사법청 형사과장에는 마쓰데라 다케오, 민사과장에는 아즈미 도키타로(安住時太郎) 등이 임명되었다.

통감부재판소령에 따라 통감부재판소는 통감 직속으로서 한국에서의 민사·형사재판 및 비송사건에 관한 사무를 맡게 되었다. 통감부재판소는 구재판소, 지방재판소, 공소원 및 고등법원으로 구분되었는데, 1907년 재판소구성법과 비교하면 대심원의 명칭을 고등법원으로 변경한 것 외에는 모두 동일한 내용이 그대로 공포된 것이었다.[72] 구재판소에서는 단독심리제도를 채용했고, 기타 재판소에서는 합의심리제도를 채용했다. 또 통감부재판소의 판사와 검사를 임용할 때는 일본의 재판소구성법에 의해 판사·검사 또는 사법관시보 자격을 갖는 자 중에서 임용하는 것을 원칙으로 했다. 단 구한국 재판소의 한국인 판사 및 검사는 통감부재판소 판사 또는 검사에 임용되었으나, 민사에서는 원고·피고 모두 한국인인 경우에, 형사에서는 피고인이 한국인인 경우에 한하여 그 직무를 수행하게 했다.

일본 재판소가 한국의 사법사무를 담당하게 되면서 각종 분쟁에 적용할 법령이 필요해졌다. 우메 겐지로는 재판소의 절차에 대해서 원칙적으로 일본인이 피고일 때는 일본법을 적용하고 한국인이 피고가 될 때는 한국법을 적용할 것을

---

[72] 「1909년 10월 16일 勅令 제236호 統監府裁判所令」, 『韓末近代法令資料集(9권)』, 2~5쪽.

주장했다.73) 결과적으로 일본 칙령 제238호로 공포된 '한국인이 관계한 사법에 관한 건'에서는 민사원칙으로서 특별한 규정이 없는 한 한국인에게 한국 법규를 적용하기로 결정했다(제1조). 다만 한국인과 비한국인 사이의 민사사건에 대해서는 약간의 변경으로 일본 법규를 적용하기로 했다.74)

이토 히로부미의 한국 보호국화 정책은 사법 및 감옥제도의 위탁으로 인하여 사실상 폐기되었다. 그와 함께 통감부가 1906년에 추진했던 보호국화 정책에 기반한 한국 사법제도의 근대화 및 한국 법전 편찬 계획도 사실상 폐기되었다. 1909년 사법권 위탁은 단순히 외국인의 치외법권 철폐에만 그치는 것이 아니라 한국에 대한 강제병합을 의미하는 것이었다.

---

73)「司法權委任條約ノ實施ニ關スル卑見」,『梅謙次郎文書』.
74)「1909년 10월 16일 勅令 제238호 韓國人에 係한 司法에 관한 件」,『韓末近代法令資料集(9권)』, 9쪽; 「統監府裁判所司法事務取扱令○韓國人ニ係ル司法ニ關スル件○統監府監獄事務取扱ニ關スル件○韓國ニ於ケル犯罪卽決令ヲ定ム」,『公文類聚』·第三十三編·明治四十二年·第十九卷·司法·裁判所·民事(民法~民事訴訟)·刑事(刑法~監獄)(http://www.jacar.go.jp/f_1.htm)

제2장
법전조사국의 관습조사사업과 한국 법전 편찬 구상

1. 한국 법전 편찬 계획과 관습조사사업

 통감부 설치 직후 추진된 일제의 사법 정책은 사법제도를 개편하고 한국 법전을 편찬하는 것이었다. 사법제도 개편은 법무보좌관 용빙, 일본식 한국 재판소 설립을 거쳐 사법권 강탈의 과정으로 진행되었다.
 일본식 한국 재판소의 설립으로 사법과 행정의 분리를 내용으로 하는 사법제도의 근대화가 달성되었으나, 재판제도의 개혁만으로 치외법권을 철폐할 수는 없었다. 1907년 12월 재판소구성법에 의해 충원된 각종 재판소의 일본인 판·검사들은 법적 성격상 모두 한국 재판소 직원이었고, 한국과 열강 간에 맺어진 불평등한 조약 때문에 일본인 판사들은 주로 한국인들을 상대로 재판을 해야 했던 것이다. 외국인과 일본인이 관계된 각종 분쟁은 과거처럼 영사재판 또는 통감부 이사청이나 법무원이 처리하고 있었다. 재판제도를 개혁하여 일본인 판·검사들을 대거 충원했음에도 한국 재판소에 임용된 일본인 판·검사들은 한국 거주 외국인들에 대해서 법적 지배권을 행사하지 못했다. 따라서 각종 민·형사사건에서 외국인들도 복종할 수 있는 근대적인 한국 법전이 필요했다.
 한국사회 내부에서도 각종 분쟁을 해결할 수 있는 근대적 성문법전이 널리 요청되고 있었다. 1894년 갑오개혁 시기부터 민법전 제정의 필요성이 여러 차례 제기되었고, 한국정부도 1905년에 『형법대전』을 제정하는 등 분쟁을 합리적으로 해결하기 위한 나름의 준비를 하고 있었다. 그러나 당시 한국에는 『형법대전』을 비롯한 몇몇 단행법령만이 공포되었을 뿐, 각종 민·형사재판에 관한 근대적인 성문법이 없어 한국 관습이나 일본 법령에 의거하여 재판을 수행하는 실정이었다.

1907년 재판소구성법 공포를 계기로 한국 재판소에 임명되었던 일본인 판·검사들은 한국의 법제와 관습에 대한 이해가 부족했다. 당시 경성공소원 판사였던 야마구치 사타마사(山口貞昌)는 "민사에 관해서 적용하는 법규는 성문법, 조리, 관습으로 되어 있으나 법령으로서는 별로 볼 만한 것이 없었습니다. 『대전회통』이라는 것이 있어 거기에 의거할 규정이 있으면 우선 그것을 표준"으로 했다고 회고했다.75) 당시 한국에서 민·형사 실체법에 해당하는 것으로는 『형법대전』 및 각종 의안 등 개별적으로 공포된 것들이 있을 뿐이었다. 일본인 판사들이 준거할 성문법령은 극히 제한적이었고 관습도 그 실체가 불명확했기 때문에, 일본인 판사들은 주로 일본 민법에 기초하여 재판하는 경우가 많았다. 아래의 인용문은 당시 평양재판소 판사의 발언이다.

> 민사소송 절차는 민·형소송규칙에 의거했지만 실정법으로서는 주로 일본 민법에 기해서 했습니다. 때로는 어려운 사건도 있었으나 대부분은 금전차대, 토지분쟁, 가옥분쟁, 분묘쟁송 등 4종으로 그렇게 어려운 사건은 만난 일이 없고, 일반사건은 극히 용이해서 일본 민법을 알고 있으면 친족관계 사건 외에는 대개 재판할 수 있었습니다.76)

민·형사소송 절차는 한국의 관습과 법제를 고려하여 일본인들이 제정한 한국 법령을 그대로 참고했으며, 실체법규는 일본 민법에 기초하여 재판하는 경우가

---

75) 남기정 역, 『日帝의 韓國司法府 侵略實話』, 육법사, 1976, 120쪽.
76) 남기정 역, 『日帝의 韓國司法府 侵略實話』, 육법사, 1976, 112쪽.

많았다. 그러나 한국정부는 일본 민법으로 재판하는 데 부정적이었다. 1906년 11월 16일에 개최된 시정개선협의회에서 이하영 법부대신은, 일본에서 유학한 자를 임용해도 대부분 성공하지 못한다고 말했다. 유학한 자는 일본의 법률을 적용하려고 하는데 그것이 한국의 법률 관습과 충돌하기 때문에 그 직을 사임하는 것을 예사로 한다는 것이었다.[77]

1906년 4월 19일 시정개선협의회에서 이하영 법부대신은 이토 히로부미(伊藤博文)에게 "한국의 법전을 완비하기 위해 법률가를 용빙할 것"을 제의했다. 이에 대하여 이토 히로부미는 "한국정부에 임시법전조사국 같은 기구를 설치하여 1개 년 2만 원 내외의 경비를 지출하여 23명의 전문가를 위촉하면 1~2년간에 완성할 수 있을 것"이라고 회답했다.[78] 이와 같은 구상의 연장선상에서, 이토 히로부미는 토지소유권에 관한 법률을 정비하고 사법제도를 개혁할 것을 계획했다.[79] 이토 히로부미의 계획에 따라서 1906년 7월 한국 내각에 부동산법조사회가 구성되었고, 우메 겐지로로 하여금 부동산에 관한 법제를 제정하도록 했다. 한국정부는 부동산법조사회의 조사를 기초로 하여 1906년 9월 24일 법률 제5호 이식규례(利息規例)를, 10월 26일 칙령 제65호 토지가옥증명규칙을, 11월 2일에는 법률 제4호 토지가옥증명규칙시행세칙을 제정하고, 12월 26일에는 칙령 제80호 토지가옥전당집행규칙을 제정하여 토지관계법을 정비했다.[80]

이와 함께 통감부는 1907년 12월 23일에 재판소구성법을 새로 공포했다. 동시에 칙령 제60호로 법전조사국(法典調査局) 관제를 공포하고, 경복궁 내에 법전조사국을 설치했다.[81] 법전조사국은 기존의 부동산법조사회와는 달리 한국의 민법, 형법, 민사소송법, 형사소송법 및 부속법령의 기안을 목적으로 설치되었

---

77) 「第12回會議錄韓國施政改善ニ關スル協議會(1906. 11. 16)」, 『統監府文書(1권)』, 263쪽.
78) 「第5回韓國施政改善ニ關スル協議會(1906. 4. 19)」, 『韓國倂合史料(1권)』, 217쪽.
79) 「第6回韓國施政改善ニ關スル協議會(1906. 6. 25)」, 『韓國倂合史料(1권)』, 220쪽.
80) 鄭然泰, 「大韓帝國 後期 不動産 登記制度의 近代化를 둘러싼 葛藤과 그 歸結」, 『법사학연구』, 16, 1995.
81) 『內閣往復文』(奎17755).

〈표 1-4〉 법전조사국 직원

	위원장		
1908	구라토미 유사부로 (倉富勇三郞)	위원	松寺竹雄, 安住時太郞(법부서기관), 膳鉦次郞(검사), 國分三亥(검사), 中村竹藏(판사), 城數馬(판사), 渡邊暢(판사), 유성준(법제국장), 김낙헌(형사국장), 이시영(민사국장)
		조사과	小田幹治郞(사무관, 조사과장), 川崎萬藏(사무관보)
		회계과	山口慶一(회계과장)
			최병상, 고정상, 유진혁, 平木勘太郞(번역관보로 추측됨)
1909	구라토미 유사부로 (倉富勇三郞)	위원	渡邊暢(판사), 中村竹藏(판사), 城數馬(판사), 膳鉦次郞(검사), 國分三亥(검사), 松寺竹雄(서기관), 安住時太郞(서기관), 김낙헌(형사국장), 이시영(민사국장), 유성준(내각 법제국장)
		사무관	小田幹治郞
		서무과	山口慶一(과장), 八田岩吉, 室井德三郞(이상 사무관보)
		조사과	川崎萬藏(과장), 安藤靜, 平木勘太郞, 下森久吉(이상 사무관보), 최병상, 고정상, 유진혁, 김동준, 방한복, 丹羽賢太郞(이상 번역관보)
		회계과	山口慶一(과장), 川原信義, 岩谷武市, 中州政美(이상 사무관보)

출처: 『舊韓國官報』, 『內閣往復文』(奎17755)

다.82) 1907년 12월 31일에는 최병상, 고정상, 유진혁과 일본인 平木勘太郞, 山口慶一 등 8명이 임명되었고, 1908년 1월 1일에는 구라토미 유사부로를 위원장에, 우메 겐지로를 고문에 임명하고 김낙헌, 유성준, 마쓰데라 다케오 등을 위원으로 임명하여 체제를 갖추었다.83) 법전조사국 위원은 〈표 1-4〉와 같이 대부분 일본인 판·검사 출신들로 충원되었다.84)

　법전조사국 고문에 우메 겐지로가 임명된 데는 매우 중요한 의미가 있다. 우메 겐지로는 이토 히로부미가 한국 사법제도 개편과 민법전 편찬을 추진하기 위해 용빙한 인물이었는데, 1906년에는 부동산법조사회 회장으로서 한국의 토지관계법을 정비하는 데 결정적 역할을 했으며, 이후 관습조사사업과 한국정부의 각종 법령을 기안하는 데 주도적 역할을 했다. 우메 겐지로는 앞으로 제정해야 할 법률로 형법, 민법, 호적법, 변호사법, 토지이용법 등을 열거했다. 그중

---

82) 「1907년 12월 23일 칙령 제60호」, 『舊韓國官報』 융희 원년 12월 26일.
83) 정긍식, 「日帝의 慣習調査와 그 意義」, 『改譯版慣習調査報告書』, 한국법제연구원, 2000, 31쪽.
84) 법전조사국 관제는 우메 겐지로가 초안을 작성한 것으로 보인다. 『梅謙次郞文書』에는 법전조사국 관제와 법률조사국 관제가 함께 실려 있다.

〈표 1-5〉 법전조사국의 부서

부서명	주요 업무
서무과	문서의 접수, 발송, 번역, 편찬, 보존에 관한 사항, 보고에 관한 사항, 직원의 신분 및 진퇴에 관한 사항
조사과	법령의 기안 재료 수집에 관한 사항, 위원회에 관한 사항
회계과	예산 및 결산에 관한 사항, 경비의 수지에 관한 사항, 물품의 구입, 사용, 보관에 관한 사항, 사용인의 傭入에 관한 사항

출처: 法典調查局分課規程(『舊韓國官報(1908. 5. 23, 4081호)』)

민법에 대해서는 메모 형식으로 아래와 같이 개략적인 구상을 적어놓았다.

一. 당사자의 일방 또는 쌍방이 일본인 기타 외국인일 때는 일본 민법을 적용하는 것을 원칙으로 하고 토지에 관해서는 한국법에 의하고 신분에 관해서는 본국법에 의하는 것을 본칙으로 할 것
一. 당사자 쌍방이 한국인일 때는 구관에 의할 것
一. 따라서 한국의 관습을 조사하고 간단한 민법을 제정할 것[85]

위에서 언급했듯이, 이토 히로부미를 비롯한 통감부 사법관료가 추진한 한국 법전은 한국인 사이의 민사사건에만 적용되는 것이었다. 한국에 거주하는 외국인과 일본인이 관계된 민사사건에 대해서는, 토지 관련 법규를 제외하고 모두 일본 민법을 적용하기로 했다. 한국 법전이 한국에서 발생하는 모든 민사사건을 규율하는 것이 아니라 한국인에게만 적용된다는 것은, 치외법권이 철거되더라도 한국에서의 주요 법권은 일본이 장악한 채 한국의 완전한 독립을 인정하지 않겠다는 뜻이었다. 법전조사국의 관습조사사업은 통감부의 보호국화 정책과 그 맥락을 같이하고 있었다.

관습조사사업을 계획하고 그 조사방법과 절차 등을 종합적으로 관장했던 우

---

[85] 「今後制定ヲ要スル法律」, 『梅謙次郎文書(호세이대학 소장)』.

메 겐지로는, 관습조사의 범위를 민사 및 상사 관습으로 확정하고 각 조사원이 다양한 관습을 취사선택하는 과정에서 발생할 수 있는 개인의 주관을 피하고 통일적인 조사를 하기 위해서 206개의 조사항목을 작성했다.

　제1편 민법: 총칙 20문, 물권 30문, 채권 54문, 친족 53문, 상속 23문
　제2편 상법: 총칙 4문, 회사 1문, 상행위 11문, 수형(手形, 어음) 1문, 해상 9문

민법에 대해서는 180개 항, 상법에 대해서는 26개 항의 질문사항이 만들어졌다. 상법 부분에 상대적으로 문항의 수가 적었던 것은, 1906년에 부동산법조사회에 의해 상거래에 관한 관습조사와 법령의 정비가 일정하게 완료된 측면과도 관계가 있는 것으로 보인다. 이와 함께 관습조사 문제 범례를 만들어 각 질문에 대해 조사상 유의사항을 자세히 기록하고 이를 인쇄하여 조사원에게 소지하도록 했는데, 그중에서 중요한 사항은 다음과 같다.

① 본편 중에서 부동산법조사회에서 조사한 문제로서 대개 분명한 것이 적지 않지만, 관습이 아닌 것으로 의문되는 것도 많기 때문에 만일 고려할 것이 있으면 이를 언급한다.
② 한국에 존재하는 것으로 인정되는 관습에 대해서 대개 모든 문제를 망라했을지라도 만약 본편에 언급되지 않는 문제에 대해서 참고할 관습을 발견하면 반드시 조사한다.
③ 법률 전문가가 아니면 법률 문제와 덕의(德義, 도덕—인용자) 문제의 구별을 명확히 하는 자가 드물다. 고로 조사원은 특별히 이 구별에 유의하여 조사할 것을 요한다.[86]

---

86) 法典調査局, 『慣習調査問題』, 1908.

위 지침은 법률 문제와 도덕 문제를 구별하여 조사할 것을 강조하고 있는데, 이는 조사원들의 주관이 개입되는 것을 방지하기 위해서였다. 관습조사의 목적은 민사법 제정에 있었기 때문에, 소위 한국의 관습을 객관적으로 조사하기 위해 필요한 방법이었다.

그런데 우메 겐지로가 작성한 '조사 문제'를 보면, 한국 관습에는 존재하지 않는 용어가 많이 사용되고 있다. 예컨대, 한국 관습에는 가독상속(家督相續), 가(家), 은거(隱居), 씨(氏), 거소(居所) 등의 개념이 없었다. 이 용어들은 모두 일본 민법에서 사용되는 것이었는데, 조사 문제에는 이런 용어들이 그대로 사용되었다. 이렇게 한국 관습에 존재하지 않는 용어들을 사용한 것은, 한국 관습과 일본 민법의 이동(異同)을 조사하여 일본 민법과 유사한 법 체제를 갖추기 위해서였다.87) 또 우메 겐지로는 "명칭은 대부분 일본과 한국이 동일하지 않지만, 정확한 조사를 하기 위해서는 일본의 명칭을 기초로 하는 것이 편리하다고 생각하여 본편 중 고의로 일본의 명칭을 사용했다. 그러나 조사원은 한국의 명칭을 조사하고 그 의의도 역시 가능한 한 정확히 조사하는 것을 요한다"88)라고 하여, 일본 민법에서 사용하는 용어로 한국 관습을 조사하는 이유를 분명히 적시하고 있다. 즉 우메 겐지로를 비롯한 당시 일본인 조사자들은 한국 관습과 일본 민법 간의 개념 차이를 알고 있었지만, 조사문항에서는 일본 민법 용어를 사용하고 그에 해당하는 한국 관습을 그대로 조사하는 방식을 취했던 것이다.

그에 따라서 만약 '가독상속' 항목을 가지고 한국 관습을 조사했더라도, 조사 내용에는 한국 관습을 적시하는 방식이 취해졌다. 이런 방식은 한국 관습을 일본 민법의 개념에 따라 해석하고 기록하게 만들었다. 당시 민사관습조사는 한국 관습의 실체를 구명하는 것을 목표로 삼았지만, 조사기법 및 주체로 인해 일본 민법적 개념이 투영된 관습법이 형성될 가능성이 매우 높았다. 이런 방식을 선택한 것은, 일본 민법과 한국 관습의 차이를 인정하면서도 향후 제정될 한국

---

87) 朝鮮總督府中樞院, 『朝鮮舊慣制度調査事業槪要』, 1938, 15쪽.
88) 法典調査局, 『慣習調査問題』, 1908.

법전이 일본 민법전과 유사한 체제를 갖추도록 하기 위해서였다.

법전조사국은 부동산법조사회와 마찬가지로 전적조사(典籍調査)와 실지조사(實地調査)를 병행했는데, 전적조사에서는 조선의 법전류와 예법서, 각종 문기(文記) 등을 조사했다. 법전조사국이 한국의 현행 관습을 조사하면서 조선 재래의 각종 법전류와 예서(禮書) 등을 조사한 이유는, 당시 일부 관습이 명확하지 않은 것이 있어서 과거 법규를 통해 관습의 실체를 명확히 하고, 관습의 연원을 파악하여 규범을 확정하고자 했기 때문이었다.

1910년 『관습조사보고서』를 보면 조사가 이루어진 각종 문헌들을 확인할 수 있다. 『관습조사보고서』는 『경국대전』, 『대전회통』을 비롯한 조선시대 법전류와 예서 및 각종 문서들을 나열하고 있다. 당시 부동산법조사회에 참여했던 아사미 린타로(淺見倫太郎)는 우메 겐지로에게 한국인에 대한 실지조사는 무익하고 실효가 없으므로, 구기문서(舊記文書) 조사를 선행해야 한다고 건의했으나, 우메 겐지로는 기록에 대한 조사를 생략하는 것은 아니라고 간단히 답변했다.[89] 아사미 린타로의 언급을 통해, 당시 법전조사국이 문헌조사보다 실지조사를 중심에 두고 한국 관습을 조사했던 것으로 추정할 수 있다. 『관습조사보고서』에 인용된 각종 법전과 문헌을 보면 아사미 린타로의 지적과 같이 미흡한 느낌이 있다. 조사한 문헌도 법전을 제외하면 4종에 지나지 않는다. 또 전체에 걸치는 것이 아니라 예서에 편중되어 있으며, 특히 청원서·소장·계약서 등 각종 서식을 수록한 『유서필지(儒胥必知)』를 누락시켰다. 법전의 경우 주요 법전은 조사대상에 포함되었지만, 변화하는 관습을 직접 반영하는 수교(受敎) 등이 제외된 것도 한계로 지적할 수 있다. 문서는 법령 양식 포함 71종, 이를 제외하면 59종이 수록되었는데, 이것만으로 당시의 법률생활 실태를 모두 파악하기에는 어려움이 있다.[90]

또 〈표 1-4〉에서 볼 수 있듯이 법전조사국 직원 중에 한국의 고문헌을 정리

---

89) 淺見倫太郎, 「朝鮮法系ノ歷史的研究」, 『法學協會雜誌』 39권 8호, 1921, 33~34쪽.
90) 정긍식, 『韓國近代法史攷』, 박영사, 2002, 239쪽.

할 한국인 학자들의 참여가 없었고, 한국인들은 번역관 역할에 그치고 있었다. 그리고 관습조사기간이 1908년 5월부터 1910년 9월까지 2년 4개월이었기 때문에 치밀한 전적조사를 시행하기 어려운 측면도 있었다.

　실지조사에는 부동산법조사회와 동일한 방법을 사용한 것으로 추정된다. 부동산법조사회는 일본인 이사관과 한국인 관찰사, 부윤, 고로(古老) 등에게 질문하고 답변을 채록하는 방식을 취했다. 법전조사국의 조사 방식을 직접 언급하는 연구는 없지만, 국사편찬위원회가 소장하고 있는 안성지역 조사보고서를 통해 법전조사국의 조사방법을 확인할 수 있다. 안성지역 실지조사는 사무관보 가와하라 노부요시(川原信義)가 실시했고, 1908년 12월 8일부터 12월 27일까지 20일간 매일 3명씩 조사하는 것을 원칙으로 했다. 한국인들을 직접 불러서 질문하고 그 응답을 채록하는 방식이었다.[91] 가와하라는 20일간 모두 60회에 걸쳐 46명의 한국인을 상대로 조사를 벌였다(〈표 1-6〉 참조).

　안성지역의 관습조사를 살펴보면, 관습조사보고서 작성에 참여했던 한국인들의 계층 및 신분을 일정하게 파악할 수 있다. 안성지역에서는 206개 항목에 대하여 조사가 이루어졌기 때문에, 모든 항목에 적절하게 응답할 수 있는 다양한 계층의 인물들이 선택되었던 것으로 보인다. 질문사항 중 상사(商事)에 관한 것은 상인·객주·전당업자 등 직접 상업에 종사하는 사람들에게 질문했고, 민사에 관련된 부분 가운데 친족 및 상속은 유교적 예제에 익숙하고 당시 인민들의 관습을 폭넓게 알고 있었던 군수·면장·이장·중추원의관·참봉·사인(士人) 등에게 질문했던 것으로 추정된다.

　안성은 일반조사지역으로서 조사문제 전체에 관해 조사했는데, 법전조사국은 일반조사뿐만 아니라 특수사항에 관한 조사를 위해서 9개 도 38개 지역을 선정하여 특별조사를 실시했다. 안성지역 조사보고서는 조사문항 전체에 대한 답변자들의 신분을 파악할 수 있게 되어 있지만, 각 문항에 대해서 어떤 계층의 사

---

91) 法典調査局, 『調査報告書』, 1908.

〈표 1-6〉 안성지역 관습조사 응답자 신분

신분	성명	인원	회수
제임(齊任)	趙鐘億, 孫永根(2회), 權明壽,	3	4
객주	金成五(3회), 朴舜瑞, 朴雲三, 金重權(2회)	4	7
상(商)	金天浩, 朴承志(2회), 鄭士弘, 朴舜若, 金重權, 張敬集, 朴桂琬, 柳南秀	8	9
농(農)	崔秉純, 崔元溥, 李龍夏, 南啓恒	4	4
전당업	李基恒, 李圭琬	2	2
면장·이장	李萃榮, 權鐘大, 嚴祐永, 趙秉均, 趙載熙, 李九淳(2회), 金享倍	7	8
군수	李承鉉(前)	1	1
중추원의관	鄭耆朝(前, 2회), 金重權(前), 金泓(前)	3	4
주사	朴勝友(2회), 李瑢儀(前, 2회), 朴弼秉, 李善儀, 李鎬臣	5	7
정위(正尉)	尹錫祐(前)	1	1
참봉	朴泰秉(前, 2회), 李源世(前, 2회)	2	4
사인(士人)	洪在益	1	1
교원	崔弘燮	1	1
수용주(水舂主)	朴承元(2회)	1	2
교관	任成鎬(前)	1	1
객주 및 문학박사	申肅熙(3회)	1	3
출신	李旭薰	1	1
합계		46	60

출처: 法典調査局, 『調査報告書』(안성지역)
비고: 위 인물 중에서 객주와 상(商)의 김중권은 동일인물로, 중추원의관의 김중권은 다른 인물로 처리했음.

람들이 선택되었는지는 알 수 없다는 한계를 지닌다. 공주지역 조사보고서는 각 질문사항에 관한 답변자 신분을 적시하고 있어, 안성지역 조사보고서의 한계를 보완해준다. 우선 특수조사지역은 조사문제 전체를 조사하는 것이 아니라 그중에서 일부 특별조사가 필요하다고 판단된 사항만을 조사했기 때문에 조사의 범위, 대상, 기간에서 차이가 있었다.

〈표 1-7〉 공주지역 조사항목과 답변자

조사 항목	답변자	인원
소작	공주군 주사 李正鉉, 辰頭面 면장 大依鉉, 要堂面 면장 權重大, 城頭面 면장 吳騎善	4
전질 (轉質)	상인 朴星七, 辛乃京, 전당국 閔泳善, 木洞面 면장 李象吉, 南部面 면장 朴永眞	5
입회		
어음 및 수형	南部面 班竹里 이장 金德仁, 東部 江景里 이장 李昌淑, 포목상 成周桓, 상인 朴春又, 군 주사 李正鉉	5
계		
동사 (同事)	공주 읍내 상인 成君鎭, 同 金用佑, 同 金壽聖, 同 朴元直, 牛井面 면장 盧榮	5
영급전		
보	牛井面 雲山里 면장 盧榮, 牛井面 銅川里 이장 朴魯俊, 牛井面 丹坪里 면장 李順素, 牛井面 銅川里 金化實, 同 崔孝根, 同 卞元西, 同 吳正先, 보 관리인 吳鳳洙	8

출처: 法典調査局, 『公州地方ニ於ケル特別調査書』, 1910.

　법전조사국 사무관보 히라케 간타로(平木勘太郎)는 1910년 4월 13일에 충청남도 공주지방의 소작 및 기타 관습에 대한 조사명령을 받고, 4월 22일부터 28일까지 7일간 조사했다. 일반조사에 비해 조사기간이 상대적으로 짧았던 것은 조사항목 수의 차이 때문이었다. 일반조사는 206개 항목 전체를 조사해야 했지만, 특수조사는 1개 혹은 필요한 몇 개의 항목만을 조사했다.

　공주지역에서는 소작, 전질(轉質), 입회(入會), 어음·수형(於音·手形),[92] 동사(同事), 영급전(永給田), 계, 보(洑) 등 8종류에 관한 관습을 조사했다. 공주지역의 관습조사는 주로 농업 및 상사 관습을 중심으로 했기 때문에, 응답자들은 대부분 농민·상인 등 직접 생업에 종사하고 있는 자들이었고, 응답자 규모는 약 42명이었다〈표 1-7〉 참조).[93]

---

92) 어음과 수형은 유사한 기능을 갖고 있었다. 다만 어음은 한국인들이 일반적으로 사용한 것이지만, 수형은 '수형조례(手形條例)'에 의해서 발행되었다는 차이가 있다. 공주지역 조사 당시 수형은 한국인들 사이에서 아직 발행·수수된 적이 없었고, 중국인 및 일본인이 이따금 발행할 뿐이었다. 法典調査局, 『公州地方ニ於ケル特別調査書』, 1910.

각 항목당 조사자 신분을 살펴보면, 조사문항과 직접 관련이 있는 생업의 종사자이거나 이해관계가 있는 계층들이었음을 알 수 있다. 특히 소작에 관해서 응답한 인물들의 계층에 주목할 필요가 있다. 응답자들을 살펴보면 면장이 대부분이고 주사가 1명이다. 당시에 면장 정도의 직책을 수행할 정도라면 해당 지역에서 일정한 규모의 토지를 보유하고 있었다고 추정할 수 있다. 따라서 소작에 관해서는 지주의 입장을 대변하는 응답이 기록되었을 가능성이 있다. 보의 경우도 마찬가지이다. 주로 이장, 면장이 피조사자로 채택되었고 보 관리인은 1명이 선정되었다.

〈표 1-7〉을 보면 모든 관습에 걸쳐 면장, 이장, 주사 등이 상대적으로 많은 수를 점하고 있는데, 그것은 이들이 각종 분쟁을 일반인들보다 쉽게 접할 수 있었고 또 분쟁을 처리하는 데 일정한 역할을 수행했기 때문으로 판단된다.

보에 관한 공주지역 조사보고서를 통해 법전조사국의 관습조사 방식을 일부 엿볼 수 있다. 조사보고서에는 "4월 26일 우정면(牛井面) 면장 및 보의 관리자 등을 소환하여 캐물어보았지만 대강의 개요도 알 수 없었다. 그래서 다음 날 4월 27일 오전 7시부터 공주군 주사 오카다 마사미(岡田雅尾)와 동행하여 공주읍에서 2리 30정(헌병 분견소의 실측 이정표에 의함) 떨어진 곳에 있는 우정면 동천리(銅川里)에 가서 통천보(通天洑)의 관개로 전답을 경작하는 사람 중에 가장 많은 이해관계가 있는 사람, 또 그 마을 내에서 장로(長老)로서 다른 사람의 존경을 받는 사람들을 소환했다. 그들과 함께 그곳에서 대략 30정 떨어진 마곡면(麻谷面)에 있는 통천보의 실지를 답사하는 한편, 보에 대한 여러 가지 조사를 했다"[94]는 표현이 있다. 이를 통해 법전조사국이 특정 조사항목에 대한 피조사자를 선정한 방식과 조사기법을 일부 파악할 수 있다. "통천보의 관개로 전답을 경작하는 사람 중에 가장 많은 이해관계가 있는 사람", 또 "그 마을 내에서 장로로서 다른 사람의 존경을 받는 사람들을 소환", "통천보의 실지를 답사"라는

---

93) 法典調査局, 『公州地方ニ於ケル特別調査書』, 1910.
94) 法典調査局, 『公州地方ニ於ケル特別調査書』, 1910.

〈표 1-8〉 보에 관한 관습조사지역 및 조사인원

조사지	직업	성명	조사지	직업	성명
전남 무안부	부주사	金海雄	전남 광주군아	농업	趙由錫
	부주사	李佝默		농업	朴源奎
	사상공원(士商公員)	金仲善		농업	池應鉉
	농업	金永錫		농업	崔敎永
	농업	朴致完		농업	趙明錫
전남 나주군아	농민	朴潤東	전남 순천군아	군 주사	金孝燦
	전(前) 주사	吳翔學		농업	金齊俊
	지방위원	鄭遇卿		농업	金萬拜
	농업	金鳳魯		농업	鄭瑩奎
	상업	金亨俊		전 주사	南廷學
	상업	張亨允			

출처: 『洑에 관한 조사보고서』, 1910

표현은, 조사항목에 직접 이해관계가 있는 사람과 오랜 경험으로 다양한 이해관계를 조정할 수 있는 사람이 피조사자로 선정되었음을 보여준다. 필요한 경우에는 실지조사를 수행했다는 것도 알 수 있다. 이런 조사방법을 사용한 것은 보에 관한 한국의 관습을 일본인들이 정확히 이해하지 못했기 때문이었다.

이런 사실은 한국의 보에 대해서 체계적인 조사를 실시한 전남지역 조사를 통해 더 자세히 알 수 있다. 전남지역에서 보의 관습을 또다시 조사한 것은 이 지역에 보 관습이 발달해 있었기 때문으로 생각된다. 〈표 1-8〉은 1910년 5월 25일부터 6월 26일까지 한국의 보 관습을 조사한 것이다. 이 조사는 법전조사국 사무관보 이와히 다케이치(岩吹武市)가 작성하여 7월 10일 구라토미 유사부로에게 제출했다.

공주지역의 보 관습 조사는 주로 면장과 이장을 대상으로 이루어졌지만, 전남지역 피조사자의 직업을 보면 농민, 주사가 다수를 차지하고 있다. 보 관습의 내용은 농민이 가장 잘 파악할 수 있었고, 주사는 해당 지역에 대한 이해가 밝

〈표 1-9〉 삼포에 관한 관습조사지역 및 조사인원

조사지역	조사인원
개성 (군아)	삼정국 上林 국장, 齊藤 감시부장, 기타 직원 朴 군수, 李 주사, 馬 주사, 기타 직원 삼업조합원 孫鳳祥, 同 孔聖學, 同 姜福源, 同 金圭章, 同 金瀅植, 同 李彦周, 同 金昌玉 상업회의소원 黃石圭, 同 崔聖求, 同 秦尙炯, 同 鄭在勳, 同 林鎭文 신사(紳士) 李健爀, 同 金祚永, 同 姜福源, 同 金慶琬, 同 朴圭極 한호농공은행출장소 小鹿島지점장 거간 尹東圭 개성구재판소 北條 판사 재무서 閔 서장 금융조합 佐藤 이사
풍덕 (군아)	兪 군수, 申 군주사 기타 직원 면장 金敢植, 이장 高化淳, 金潤榮, 池汝雲, 李性稷, 이장 申鉉重, 면장 李庚植, 申興均
장단 (군아)	李 군수 同 尹 郡主事, 면장 鄭善好, 성균관사업(成均館司業) 朴晋燮, 신사 朴恒默, 두민(頭民) 盧在厚, 면장 金準, 이장 申仁均, 면장 許霧, 同 尹命學, 신사 柳瑢, 李泰榮, 재무서 上部 주사

출처: 『蔘圃에 관한 조사보고서』

고 이해관계가 충돌할 경우 조정할 수 있는 입장이었기 때문이다. 보에 관한 조사는 전라남도 4개 지역에서 이루어졌고, 모두 21명을 대상으로 33일간 진행되었다. 보에 관해서 매우 상세한 조사가 이루어졌음을 추정할 수 있는 조사보고서이다.

한편 영급전과 삼포(蔘圃)에 관한 특별조사보고서도 국사편찬위원회에 소장되어 있어 그 양상을 살펴볼 수 있다. 〈표 1-9〉와 〈표 1-10〉은 삼포와 영급전 특별조사에 관한 것으로, 매우 다양한 계층의 인물들이 등장한다는 점에서 의미가 있다.[95]

각 지역의 관습조사보고서를 보면, 거기 수록된 관습이 매우 다양한 계층들의 답변을 채록한 결과임을 알 수 있다. 일반조사사항에 관해서는 206개 항목에 대해 답변할 수 있는 다양한 계층의 인물이, 특수조사의 경우에는 해당 관습

---

95) 〈표 1-10〉의 영급전에 관해서는 1910년 5월 13일에 법전조사국 사무관보 宝井裕三郎이 구라토미 유사부로에게 보고했다. 조사지역은 개성(開城)·풍덕(豊德)·장단(長湍)·파주(坡州)지방이다.

〈표 1-10〉 영급전에 관한 관습조사지역 및 조사인원

조사지역	조사인원	조사지역	조사인원
개성	군아 朴 군수, 李 주사, 馬 주사, 기타 직원	장단	군아 李 군수, 尹 주사
	삼업조합원 孫鳳祥, 孔聖孝, 李泰周, 金奎章		면장 鄭善好, 金準, 許霧, 尹命孝
	상업회의소원 黃石圭, 崔聖求, 秦尙烱, 鄭在勳, 朴鎭文		신사 朴德默, 柳滄, 李泰榮
	신사 李健爀, 金祚永, 姜福源 金慶琓, 吳景玉, 金得烱, 李圭弘, 姜宗錫, 朴圭植		두민(頭民) 盧在厚
	거간 尹東圭		이장 申仁均
	개성구재판소 此條 판사		성균관사업(成均館司業) 朴晋燮
	재무서 閔 서장		재무서 上部 주사
풍덕	군아 兪 군수, 申 주사, 기타 서기	파주	군아 李 주사, 尹五榮, 愼在喊, 朴薰陽, 趙應奎, 李裕奭, 李洞榮, 且相祖, 金根培, 安東奎,
	면장 金敢植, 高化淳, 金潤榮, 池汝雲, 李性稷, 申鉉重, 李庚植, 申興拘,		

출처:『永給田에 관한 조사보고서』, 1910.

이 발달한 지역에서 직접 관련이 있는 계층의 인물들이 피조사자로 선정되었다. 그와 함께 이해관계인, 권리·의무관계와 관련된 법적인 분쟁을 다룰 수 있는 위치에 있는 사람 혹은 경험자 등이 피조사자로 선정되었다. 특수조사지역의 선정 기준은 조사대상 관습이었던 것으로 추정된다. 그리고 일반조사지역과 특수조사지역이 서로 중복되는 경우가 있는 것으로 볼 때, 시간과 비용의 절약을 위하여 하나의 지역을 조사하면서 여러 관습을 동시에 조사한 경우도 있었던 것으로 보인다.

안성과 공주지역을 기준으로 전국의 조사지역을 확대 추정하면 일반조사지역 13개 도 32개 지역, 중복조사지역 8개 도 16개 지역이 된다. 일반조사지역에서는 2,208명의 한국인을 상대로 2,880회의 조사를 벌였던 것으로 추정된다. 또 특수조사지역은 9개 도 22개 지역, 중복조사지역 8개 도 16개 지역으로, 1,026

〈표 1-11〉 전국 관습조사지역

	일반조사지역	중복조사지역	특수조사지역
경기도	서울, 인천, 안성	개성, 수원	여주, 풍덕, 장단, 파주, 연천
황해도	해주, 황주		재령, 서흥, 안악, 봉산
평안남도	안주, 덕천	평양, 진남포	숙천
평안북도	강계, 영변	의주, 용천	정주
충청남도	예산, 온양, 은진	공주	강경, 연산
충청북도	충주, 청주, 영동		
경상북도	상주, 안동	대구, 경주	성주, 포항
경상남도	진주	부산, 마산, 울산	밀양, 김해, 용남
전라남도	제주	광주, 목포	나주, 법성포, 순천
전라북도	남원	전주, 군산	금산
함경북도	경성, 경흥, 회령, 성진		
함경남도	함흥, 원산, 갑산, 북청		
강원도	춘천, 금성, 원주, 강릉		
	13개 도 32개 지역	8개 도 16개 지역	9개 도 22개 지역

출처: 정긍식 편역, 『改譯版慣習調査報告書』, 한국법제연구원, 2000.

명의 한국인을 상대로 조사했던 것으로 추정된다. 일반조사와 특수조사를 모두 합하면 3,234명의 한국인을 상대로 실지조사를 벌였던 것으로 추정할 수 있다.

피조사자의 사회적 계층도 주목할 필요가 있다. 현재까지 확인된 계층은 군수, 면장, 이장, 주사, 서기, 두민(頭民), 신사(紳士), 삼업조합원(蔘業組合員), 거간, 판사, 재무서장, 금융조합이사, 은행관계자, 농업, 보 관리인, 제임, 객주, 상, 농, 전당업, 중추원의관, 참봉, 정위, 교원, 교관, 객주, 문학박사 등 매우 다양한 계층으로 구성되어 있다. 그중에서 군수, 면장, 이장, 주사 등이 가장 많은 수를 점하고 있고 농업·상업 관련자가 그 다음을 차지하고 있다. 조사지역을 전국적으로 살펴보면 〈표 1-11〉과 같다.[96]

법전조사국은 1908년 5월 말부터 12월 말까지 경기도·충청남북도·경상남북도·전라남북도 등 7개 도의 조사를 완료했고, 1909년에는 황해도·평안남북도·함경남북도·강원도 조사를 마쳐 전국적 조사사업을 일단 마무리지었다. 1910년에 들어와서는 재조사가 필요한 사항 및 특히 상세한 조사를 요하는 사항에 대하여 이른바 '특별조사'를 실시했다.

각 지역의 조사활동은 모두 개별적인 조사보고서로 작성되어 법전조사국 위원장인 구라토미 유사부로에게 보고되었다. 그러나 1910년 9월 법전조사국의 폐지와 함께 조사활동은 중지되었고, 10월에 잔무정리 차원에서 전국에서 취합한 각 지방의 관습조사보고서에 채록된 관습을 분석하여 최종적으로 한 권으로 된『관습조사보고서』편찬이 추진되었다. 1910년 12월에 구라토미 유사부로는 이 조사보고서를 '관습조사보고서'라고 명명하여 데라우치 마사타케(寺內正毅) 총독에게 보고하고 인쇄·배부했다.[97]

2. 일본의 민사관례조사와 한국 관습조사사업의 비교

한국의 관습조사는 우메 겐지로의 주도로 일본인에 의해 수행되었다. 따라서 조사방법과 그 절차에서 일본의 경험을 많이 참조했다. 이런 사실은 일본 본국에서 수행된 민사관례조사의 방법과 그 과정을 살펴보면 알 수 있다. 한국의 관습조사를 좀 더 명확히 이해하기 위해서도 일본과 한국의 관습조사사업을 비교할 필요가 있다.

일본의 관습조사사업도 근대적 법전 편찬의 일환으로 추진되었다. 다만 일본의 경우 민법전 편찬작업에서 관습법의 존재는 큰 비중을 차지하지 못했다.[98]

---

96) 〈표 1-11〉의 일반조사지역은 우메 겐지로가 작성한 206개 질문항목에 대하여 모두 조사하여 그 결과를 채록했고, 특수조사지역은 법전조사국에서 특별히 조사할 필요가 있다고 생각되는 일부 관습에 대해서만 조사했다. 그리고 중복조사지역은 일반조사와 특수조사를 모두 실시한 곳이다.
97) 朝鮮總督府中樞院,『朝鮮舊慣制度調査事業槪要』, 1938, 19쪽.

일본의 민사관례를 기록한 『일본민사관례류집(日本民事慣例類集)』과 『일본상사관례류집(日本商事慣例類集)』[99]은 모두 사법성에서 편찬한 것으로, 다키모토 세이치(瀧本誠一)가 교열을 하여 도쿄에서 단행본으로 간행되었다. 이 책은 해제·범례·본문 등으로 구성되어 있는데, 범례에는 조사지역과 조사자, 피조사자(진술자)가 모두 기록되어 있어 근대 일본 관습조사사업의 양상과 내용을 파악하는 데 좋은 자료가 된다.

민사관례조사는 민법전 편찬 관계위원이 각 부현에 순회 출장을 가서 미리 지방관이 선정해둔 구관고례(舊慣古例)에 암숙(暗熟)한 민간의 고로(古老)를 직접 면담하고 민사관례에 대해 일일이 심문하여 얻은 결과를 찬집(纂輯)한 것임을 밝히고 있다. 이를 통해 민사관례 피조사자는 조사대상지역의 지방관에 의해 선정되었고, 주로 지방의 구관과 고례에 익숙한 고로였음을 알 수 있다.

범례에서는 조사지역의 선정기준을 밝히고 있다. 인구가 많으면 관례도 역시 다양하기 때문에, 조사를 위해 각국 구성(舊城) 소재의 군 등 호구가 조밀한 지역에서 민사관례를 채록하기로 했다. 그리고 신현(新縣)이 설치된 지역 및 개항지와 같이 현재 호구가 조밀하다고 해도 여러 지방의 인민이 새롭게 모여서 구관고례가 없는 경우에는 생략했다. 일본의 민사관례조사지역은 인구가 조밀하다고 선택되는 것이 아니라 오랜 기간에 걸쳐 인구가 집중 거주하여 구관고례를 형성한 지역이어야 했다. 홋카이도에서는 2개 군만을 조사하여 채록했고, 오키나와는 후일 채록하기로 해 당시 구관조사에서 생략되었다.

한편 당시 수행된 구관조사 방법의 한계도 지적되고 있다. 조사지역의 지방관이 고례에 암숙한 사람 중에서 진술자를 미리 선정했으나, 순회위원이 1개 지방에 4~5일밖에 체류하지 못했기 때문에 해당 구관의 사정을 완전히 파악하여 채록하는 것이 불가능했다는 점이다. 이것은 일본의 민사관례조사가 매우 짧

---

98) 정종휴, 「日本民法典의 編纂」, 『법사학연구』 36, 2007.
99) 『日本民事慣例類集』과 『日本商事慣例類集』은 1880년에 간행되었으나 판매본이 아니었기 때문에 1932년에 재간행되었다.

〈표 1-12〉 일본 민사관례조사지역 및 진술자 상황

	국(國)	군(郡)	진술인
기나이(畿內)	5	27	60
도카이도(東海道)	21	42	141
도산도(東山道)	12	28	113
산인도(山陰道)	3	9	31
홋카이도(北海道)	1	2	3
호쿠리쿠도(北陸道)	11	19	78
산요도(山陽道)	2	4	10
난카이도(南海道)	12	32	82
사이카이도(西海道)	7	23	44
총수		186	562

출처: 『日本民事慣例類集』

은 기간에 수행되었고 조사인원과 피조사자의 수도 매우 적었던 것과 관계가 있다〈표 1-12〉참조).

근대 일본의 민사관례조사는 한국에 비해 조사지역이 많았으나 조사기간은 상대적으로 짧았다. 한국에서는 일반조사지역, 특별조사지역, 중복조사지역을 포함하여 모두 86개 군을 대상으로 약 2년 7개월간 조사가 진행되었으나, 일본에서는 186개 군을 대상으로 1876년 5월에 조사가 시작되어 같은 해 11월에 종료되었으므로 약 7개월 동안 조사를 수행한 셈이다. 또 일본의 경우에는 대개 1개 군당 3~4일 정도 조사했지만 한국의 경우 대략 20~30일 정도가 걸렸다.

또한 피조사자의 수도 차이가 있다. 일본에서는 총 562명을 조사했다. 조사대상이 186개 군이었기 때문에 평균적으로 1개 군에 약 3명의 피조사자가 배정되었음을 알 수 있다. 그러나 한국에서는 피조사자가 일본보다 많았던 것으로 추정된다. 민사관례의 조사결과는 단행본으로 발간되었는데, 본문의 목차는 〈표 1-13〉과 같다.

〈표 1-13〉 『일본민사관례류집(日本民事慣例類集)』의 구성

제1편 인사	제1장 신분, 제2장 출산, 제3장 혼인, 제4장 사거(死去), 제5장 실종, 제6장 주소, 제7장 친족, 제8장 양자, 제9장 후견, 제10장 조합
제2편 재산	제1장 재산의 소유, 제2장 가산상속, 제3장 토지
제3편 계약	제1장 계약의 제시(諸事), 제2장 의무의 증(證), 제3장 매매, 제4장 대차, 제5장 부탁(附託), 제6장 서입·질입(書入·質入), 제7장 만득면제(滿得免除)

조사보고서의 구성은 질문사항을 적시하고 그에 대한 응답을 채록하는 형식이었다. 채록의 끝 부분에는 반드시 채록한 지방의 명칭을 적시함으로써 어느 지방의 관례인지를 분명히 했다. 그러나 이 조사보고서는 해당 항목에 관한 특정 지방의 관례를 파악할 수는 있으나 어느 계층의 인물이 응답했는지에 대해서는 파악할 수 없다는 한계가 있다.

조사보고서의 체계는 프랑스 민법의 영향을 받은 법학제요(Institutiones) 방식을 따랐으나 민법논쟁을 거치면서 독일 민법의 영향을 받아 학설휘찬(Digesta; Pandekten) 방식으로 변형되었다. 민법을 시행한 뒤에는 가족법 분야에서 새로운 문제가 많이 발생해, 1911년에 『인사관례전집(人事慣例全集)』을 간행했다. 상법에 대해서도 민법과 마찬가지로 구관조사를 하고, 이에 근거하여 상법전을 기초했다.[100]

이상에서 알 수 있듯이, 한국에서 수행된 관습조사는 일본 본국보다도 규모가 컸다. 그 이유는 한국에 대한 일본의 이해가 높지 않았던 것과 관련이 있다. 일본에서는 일본인이 직접 지방관례조사를 수행했기 때문에 일본의 관례에 대한 이해도가 매우 높았으나, 한국의 관습조사는 대한제국정부가 아닌 법전조사국 소속의 일본인 조사관들에 의해서 수행되었기 때문이다.

통감부 시기의 관습조사사업은 한국인들의 관습을 조사하기 위해 실시되었지만, 조사항목의 작성이나 한국 관습에 접근하는 기본적인 태도는 일본 민법적 개념을 기초로 했다.[101] 따라서 관습조사사업에 의해 파악된 한국 관습은 일본

---

100) 정긍식, 『韓國近代法史攷』, 박영사, 2002, 225~226쪽.

인의 시각에서 조사되고 인식된 관습이었다. 한국 민법전 편찬이 일본인에 의해 주도되었기 때문에, 일본 민법의 체제와 내용이 한국 관습에 투영된 형태로 존재할 가능성이 매우 높았다고 볼 수 있다.

한편 관습조사사업은 근대적 기법으로 실시된 한국 역사상 최초의 전국적 관습조사였다는 점에서 법제사적 의미를 지닌다. 비록 『관습조사보고서』가 우메 겐지로를 비롯한 일본인들에 의해 작성되었고, 조선 재래의 문헌조사에 취약점을 드러내고 있기는 하지만, 조사기법 중 실지조사를 강조하여 대한제국 말기의 현행 관습을 반영하고 있다는 것도 부정할 수 없다. 『관습조사보고서』는 '일본 민법적 시각과 한국 관습', '근대적 법전 체제와 전근대적 관습법' 간의 긴장관계 속에서 확립되었다.102)

원래 법전조사국이 추진했던 한국 법전은 민법과 상법을 하나로 통합한 '민상통일법전(民商統一法典)'이었고, 이 법전을 기초로 형법·호적법·변호사법·토지수용법 등을 제정할 예정이었다.103) 『관습조사보고서』에서 확인된 한국 관습은 한국인들의 법률생활을 지배하게 될 예정이었다.

---

101) 물권, 채권, 능력, 거소, 주소, 가독상속, 후견 등의 용어가 대표적이다.
102) 일본인이 추진했던 관습조사사업의 의의에 대한 심희기의 지적을 주목할 필요가 있다. 심희기는 "조선시대의 관습은 조선사회의 전근대성으로 말미암아 신분적으로나 지역적으로나 균일하지 아니하였으며 조선시대의 국가는 관습의 비균일성, 다양성에 문제의식을 지니고 있지 아니하였다. 그러나 근대 민족국가를 지향하는 일본의 본국정부와 조선총독부는 법의 국가적 통일성과 안정성을 극단적으로 추구하였다. 그런 정책이 반영되어 조선총독부와 조선에 설치된 법원들은 신분적, 지역적으로 편차가 있는 관습을 용인할 수 없었다"라고 지적하고 있다. 이 같은 인식의 연장선상에서 심희기는 조선 관습에 대한 1913년 조선고등법원의 판시가 구지배층의 관습을 하급양반, 무관 출신, 중인, 서인층에게 확장시키는 지나친 일반화였을 뿐만 아니라, 관습법 영역에도 국가적 통일성과 안정성을 추구하는 법 정신이 스며들어 있었음을 보여주는 사례라고 분석했다. 심희기, 「일제강점 초기의 판례와 법학—일제강점 초기 "식민지 관습법"의 형성」, 『법사학연구』 28, 2003, 25~26쪽.
103) 법전조사국이 기안한 법령으로는 민·형소송규칙, 토지·가옥소유권증명규칙, 민사소송기한규칙, 토지·가옥소유권증명규칙시행세칙 및 민적법 등이 있다. 법전조사국은 민사소송법을 기초하고 1909년에 위원회를 개최하여 심의를 마쳤으나 좀 더 강구할 점이 있어서 성안(成案)에는 이르지 못했다. 상법의 제정도 일본 상법의 규정과 실제 관습의 이동(異同)에 대하여 각도의 주요 지역 조사를 마쳤지만 합병과 함께 기안에 이르지는 못했다.

그러나 통감부의 계획은 한국에서 발생하는 모든 민·형사 분쟁을 한국 법전으로 처리하는 것이 아니었다. 우메 겐지로는 한국 법전의 성격에 대해서 "당사자 일방 또는 쌍방이 일본인 기타 외국인일 때는 일본 민법을 적용하는 것을 원칙으로 하고, 토지에 관해서는 한국법에 의하고 신분법에 관해서는 본국법에 의하는 것을 원칙으로 할 것", "당사자 쌍방이 한국인일 때는 구관에 의존할 것", "따라서 한국의 구관을 조사하고 간단한 민법을 제정할 것"104)이라 하여, 이 법이 한국인에게만 적용되는 것임을 분명히 했다.105) 즉 한국 법전이 편찬되더라도 일본인과 외국인은 한국 법전이 아닌 일본 민법에 의해 규율되도록 했던 것이다. 통감부의 의도는, 한국에서 벌어지는 모든 민·형사 분쟁을 한국 법전과 일본 민법이라는 이원 체제로 규율하려는 것이었다.

관습조사사업과 함께 시작된 한국 법전 편찬사업은 1910년 8월 29일에 한국병합이 달성되면서 폐기되었다. 이토 히로부미가 추진했던 보호국화 정책이 일본정부에 의해 부정되고, 완전 식민지화 정책으로 전환되었기 때문이었다. 따라서 형식적으로 독립국 체제를 유지하면서 한국에서 외국의 치외법권을 철폐한다는 이토 히로부미의 '한국 법전 편찬' 구상도 실현되지 못했다.

한국 관습조사사업을 비롯한 사법제도 개편작업은 조선총독부가 설치된 뒤 식민지 법제 정책 수립에 결정적 영향을 미쳤다는 점에서 여전히 큰 의미를 갖는다. 일제는 이토 히로부미 주도로 진행되었던 약 4년 8개월간의 통감부 통치를 통해 한국사회를 지배하는 데 필요한 각종 훈련과 준비를 할 수 있었다. 통감부는 침략 구상을 실천하는 과정에서 한국사회의 구조와 관습, 정체 등을 파악할 수 있었고, 통감부 주도로 진행된 사법제도 개편과 한국 법전 편찬사업의 경험은 식민지 시기 재판제도와 민·형법 제정 과정에서 좋은 참고가 되었다.

---

104) 梅謙次郎, 「韓國の法律制度に就て(下)」, 『東京經濟雜誌』 1514호, 1909, 796쪽(鄭鍾休, 『韓國民法典の比較法的研究』, 創文社, 1989, 42쪽에서 재인용).
105) 梅謙次郎, 「韓國の合邦論と立法事業」, 『國際法雜誌』 8권 9호, 1910, 740쪽.

제3장
식민지 조선의 입법제도와 조선민사령

1. 한국병합기 일본정부의 식민지 법 구상과 조선인 정책

1909년 일본정부가 한국병합을 결정한 이후에는, 앞으로 한국을 어떻게 통치할 것인가를 결정하는 문제가 중요했다. 1910년 5월 30일에 데라우치 마사타케가 제3대 통감이 되어 한국병합을 본격적으로 추진했다. 1910년 6월 3일 각의에서는 '한국에 대한 시정방침'을 결정했는데, 식민지화 이후의 주요 통치방침을 알 수 있다.106)

― 조선에는 당분간 헌법을 시행하지 않고, 대권(大權)에 의해 통치할 것
― 총독은 천황에게 직예(直隷)하고, 조선에 있어서의 일체의 정무를 통할(統轄)할 권한을 가질 것
― 총독에게는 대권 위임에 의하여 법률사항에 관한 명령을 발할 권한을 부여할 것
　단 본 명령에는 별도로 법령 또는 율령 등 적당한 명칭을 붙일 것
― 총독부의 회계는 특별회계로 할 것
付: 헌법의 석의(釋義)
한국병합인 이상 제국헌법은 당연히 그 신영토에 시행되는 것으로 해석한다. 그러나

---

106) 外務省, 『日本外交年表竝主要文書(上)』, 1965, 336쪽.

사실에 있어서는 신영토에 대하여 제국헌법의 각 조장(條章)을 시행치 않음이 적당하다고 인정되어 헌법의 범위에 있어서 제외법규를 제정할 것

일본정부는 "대만 및 사할린에 대해서는 그 통치를 헌법 규정의 범위 내에서 법률로써 그 지역의 법률사항에 관해서 규정했지만, 오직 조선에 대해서만은 종래 정부의 방침과 전연 반대의 견해를 채택하여, 동 반도에 한해서는 대권 직접의 통치로 한다"[107]고 밝혀, 대만과 다른 방식으로 통치할 것을 계획했다.[108]

대만의 경우에도 당초 각의 결정에서는 칙재를 거쳐서 일본헌법을 적용하지 않고 천황의 대권으로 통치하려고 했으나, 제국의회의 협찬으로 1896년에 법률 제63호를 제정하여 대만의 법률사항을 규정하는 것으로 결정되었다. 일본정부는 각의 결정이 있었음에도 그것을 부정하고 제국의회가 새로 입법권을 부여한 선례로 대만의 사례를 들면서, 조선의 경우 각의 결정 방식을 취하지 말고 곧바로 천황의 '조서'에 그것을 언명할 것을 제안했다.[109]

조선에 관한 포괄적인 식민통치안이 확립되면서, 일본정부는 병합 이후의 구체적인 통치방안 작성에 착수했다. 일본정부는 한국병합을 위해 한국 경찰권을 장악했고, 이어서 1910년 6월 하순부터 7월 하순에 걸쳐 수상관저에서 '병합준비위원회'를 개최했다. 병합준비위원회 의장에는 내각 서기관장 柴田家門, 위원에는 법제국장관 安廣伴一郎, 척식국 부총재 後藤新平, 법제국 서기관 中野淸一, 척식국 서기관 宮江木翼, 통감부 회계과장 兒玉秀雄, 통감부 참사관 中山成太郎 등을 선임했다. 병합 이후 국제관계 쪽은 외무성 정무국장 구라지 데쓰요시, 한국 쪽은 통감부 외무부장 고마츠 미도리(小松綠)가 주임이 되어 원안을 작성했고, 이 원안을 병합준비위원회에서 검토했다.[110]

---

107) 「秘合倂後韓半島ノ統治ト帝國憲法トノ關係」, 『寺內正毅文書』.
108) 가쓰라 다로(桂太郎)는 초기에는 사할린에서도 대만과 같은 식민제도를 실시하려 했으나 原敬의 반대로 좌절된 적이 있다. 原奎一郞 編, 『原敬日記』.
109) 「秘合倂後韓半島ノ統治ト帝國憲法トノ關係」, 『寺內正毅文書』.
110) 小森德治, 『明石元二郞』, 1968, 372쪽.

병합준비위원회는 병합 이후 한국에 관한 일반적 통치방침을 확정하여, 7월 8일 각의에 병합안을 넘겼다.111) 7월 8일의 각의에서는 병합조약안, 조칙안, 선언문 등이 최종 승인되었다. 일본정부는 한국의 외교관계 및 다른 문제들에 대해서 구체안을 가지고 있지 않았기 때문에, 별도로 내각 서기관장, 법제국장관, 외무성 정무국장을 위원으로 선임하여 조사했다. 그 결과 위원들은 국칭, 조선인의 국법상의 지위, 조선에서의 사법상의 여러 사항, 조선총독부 설치, 조선에서의 법령의 효력, 외국 거류지의 처분, 거류민단, 외국인의 토지소유권 및 차지(借地)의 장래, 한국 황실 및 공신의 처분 등 총 21개 항목을 갖추어 내각에 복명하고 각의에서 가결했다.112)

병합실행방법세목

第一 국칭의 건

한국을 개칭하여 조선으로 할 것

第二 조선인의 국법상의 지위

一 조선인은 특별히 법령 또는 조약으로써 별단의 취급을 한다고 정한 경우 외에는 전연 내지인과 동일한 지위를 가질 것

二 간도 재주자는 조약의 결과로 현재와 동양(同樣)의 지위를 갖는 것으로 간주할 것

三 외국으로 귀화하여 현재 이중국적을 갖고 있는 자는 국적법이 조선에 행해지기까지 일본의 이해관계에서 일본 신민으로 간주할 것

第四 재판소에서 외국인에 적용할 법률

외국인은 재판상 내지인과 동일하게 취급하고 내지인과 동일한 법규를 적용하기로 한다. 필요한 경우에는 제령을 공포할 것

第十七 입법사항에 관한 긴급칙령안

第十八 조선총독부 설치에 관한 칙령안

---

111) 小森德治, 『明石元二郎』, 1968, 372~373쪽.
112) 小松綠, 『朝鮮併合之裏面』, 1920, 98~106쪽.

第二十一 조선에 있어서 법령의 효력에 관한 제령안

조선총독부 설치에 즈음하여 그 효력을 잃을 제국 법령 및 한국 법령은 당분간 조선총독이 발하는 명령으로서 그 효력을 갖는다.[113]

병합안 중에서 가장 논란이 되었던 것은 한국병합 이후 일본헌법이 조선에도 시행될 수 있는가 하는 문제였다. 데라우치 마사타케는 일본과 사정을 전혀 달리하는 신영토에서 헌법을 시행하는 데 대해 부정적인 생각을 갖고 있었다. 일본헌법을 제정할 당시에는 일본 신민만을 예상하고 영토 규정을 두지 않았는데, 이를 신부인민(新附人民)에게 적용하는 것은 불편할 뿐만 아니라 헌법의 제정정신에 부합하지 않는다는 판단이었다. 병합준비위원회는 이런 인식에 기초하여, 조선총독에게 입법권을 위임하는 것을 내용으로 하는 '입법사항에 관한 긴급칙령안'을 작성했다.

대만 율령의 입법화 과정에서 드러났듯이, 제국의회와 학계는 헌법의 시행구역에 관한 아무 제한이 없기 때문에 신영토가 일본에 편입된 이상 당연히 신영토에서도 헌법이 실시되는 것으로 해석하고 있었다.[114] 그러나 병합준비위원회 내에서 헌법 제정 당시 예상하지 않았던 신영토에 대해서는 별단의 수속을 취하지 않으면 헌법이 시행될 수 없다는 주장이 다수를 점하게 되었고, 특히 당시 책임자였던 데라우치 통감의 의견을 존중하여 헌법 불시행설을 채용하기로 결정했다. 그러면서도 대만의 입법화 과정에서 내각 및 제국의회가 제국헌법의 식민지 시행을 인정한 선례가 있었기 때문에, "이론상 당연히 헌법이 시행되지만 실제에서는 그 조장(條章)을 실행하지 않고 헌법의 범위 내에서 특별법을 제정"하는 방식으로 일본헌법과 식민지 법의 충돌 문제를 해결하려 했다.[115] 일본헌

---

113) 小松綠, 『朝鮮併合之裏面』, 1920, 98~106쪽.
114) 대만의 율령권에 대한 헌법 논쟁에 관해서는 다음의 논문 참조. 春山明哲, 「近代日本の植民地統治と原敬」, 『日本植民地主義の政治的展開 1895~1934年』, アジア政經學會, 1980; 江橋崇, 「植民地における憲法の適用─明治立憲體制の一側面」, 『法學志林』 82권 3·4호, 1985.
115) 小松綠, 『朝鮮併合之裏面』, 1920, 94~96쪽.

법의 식민지 시행 문제는 조선인의 법률적 지위와도 밀접한 관계가 있었다.

> 조선이 제국의 판도로 귀속된 이상, 이론상 헌법이 미친다는 것은 당연한 것에 속한다. 그러나 조선의 사정이 자못 내지와 다른 바가 있어서, 현재 제국헌법을 실시하여 조선인의 권리·의무 규정을 모두 법률로써 하는 것은 사실상 도저히 실행할 수 없기 때문에, 제국정부는 1910년 7월 12일 각의에서 한국병합 이후 제국헌법은 당연히 신영토에 시행되는 것으로 해석하지만 사실상 신영토에 대해서 헌법의 각 조장을 시행하지 않는 것을 적당하다고 인정하여, 헌법의 범위에서 제외법규를 제정하기로 했다.[116]

조선을 일본의 영토로 편입했으면서도 일본헌법과 일본 본국의 법령을 그대로 연장하여 시행하지 않은 것은, 조선과 일본의 사정이 매우 다르다는 현실인식에서 비롯되었다. 조선이 일본과 객관적으로 차이가 있기 때문에 일본헌법의 각 조장을 그대로 조선에 시행하려 하지 않았지만, 그럴 경우 대만의 입법경험에서 확인되었듯이 식민지에도 일본헌법이 적용된다는 원칙과 모순이 발생하게 되었다. 외형상 이 모순을 해결하기 위해 헌법의 범위 내에서 예외법규를 제정하기로 했다.

조선에 특수입법이 필요하다는 인식은 관습, 인정 등에서 조선과 일본이 현격한 차이를 지니고 있다는 인식 때문이기도 했지만, 조선인의 법적 지위와도 관련이 있었다. 일본정부는 조선인의 권리와 의무에 관한 사항을 일본인과 똑같이 규율하는 것이 가능하지 않다고 판단했기 때문에, 권리·의무에 관한 법률을 조선에 그대로 시행하지 않으려 한 것이다.

1910년 7월 8일의 각의 결정에서 "조선인은 특별히 법령 또는 조약으로써 별단의 취급을 한다는 것을 정한 경우 외에는 전연 내지인과 동일한 지위"를

---

116) 「朝鮮施政方針及施設經營」, 『寺內正毅文書』.

갖는 것으로 국법상 지위가 규정되었고, 또한 외국으로 귀화하여 이중국적을 가진 조선인에 대해서도 국적법이 조선에 행해지기까지 일본과의 이해관계에 있어서는 일본 신민으로 간주한다고 결정되었다. 그러나 여기에서 "내지인과 동일한 지위" 혹은 "일본 신민으로 간주"한다는 표현은 매우 다른 의미를 내포하고 있었다.

> 종래 한국 신민이었던 자는 병합에 의하여 당연 일본 국적을 취득하지만, 그렇다고 한국인이 일본인과 완전히 동일하지는 않고 단지 외국에 대해서 일본 국적을 취득한 것에 불과하다는 것을 주의해야 한다.117)

조선인은 외국에 대해서는 일본 국적을 보유한 일본인으로 규정되지만, 일본 국내법에서는 일본인과 법적으로 다른 존재였다. 일본정부는 조선지역에 일본의 법령과 제도를 그대로 연장(延長)하지 않는 것을 원칙으로 했기 때문에, 조선에 거주하는 조선인들은 일본에 거주하는 일본인들과 향유하는 법령이 달랐다. 조선인들은 조선총독이 제정하는 제령(制令)의 규정을 받았다. 또 일본인은 각종 법령에서 권리와 의무가 구체적으로 규정되었으나 조선인에게는 이와 같은 법령이 그대로 적용되지 않았다.

국제법학자인 야마다 사부로(山田三郎)는 "일본이 한국을 병합한 이후 조선인과 일본인에게 공법상(公法上) 어떤 차별을 설치할 것인가는 국법상의 문제"라고 말했다.118) 이 언급은 조선인이 대외적으로 일본 국적을 취득하긴 하지만 일본 국내법상의 차별적 법제는 일본정부의 정책적 판단에 따라서 운용할 수 있다는 뜻으로 해석할 수 있다. 일본정부는 한국병합 이후 조선인들은 단지 외국에 대해서만 일본 국적을 취득한 것이고, 국내법상으로는 일본인과 동등한 존재로 취급되지 않는다는 점을 법적으로 확인한 것이다.

---

117) 山田三郎, 「1910년 7월 15일 併合後ニ於ケル韓國人ノ國籍問題」, 『寺內正毅文書』.
118) 山田三郎, 「1910년 7월 15일 併合後ニ於ケル韓國人ノ國籍問題」, 『寺內正毅文書』.

이와 동시에 이미 외국 국적을 취득한 한국인에 대한 정책도 수립되었다. 청과의 협상에 따라 간도에 거주하는 한국인들은 일정한 지위를 갖는 것으로 해석되었지만 한국인의 외국 귀화는 전면 부정되었다. 이와 같은 견해는 대한제국 당시의 한국정부 및 통감부와는 약간 다른 시각이었다. 1905년 을사조약에 의해 한국의 외교권이 일본정부로 위임되었기 때문에, 당시에는 통감부가 대외정책을 결정하고 있었다. 1907년 4월 9일 시정개선협의회에서 이토 히로부미는 한국인의 외국 귀화와 관련하여 "러시아, 프랑스 등으로 귀화했다고 칭하는 한국인, 예컨대 이인영을 한국정부에서 외국인으로 인정할 것인지" 여부를 국법으로 정할 것을 요구했다.[119] 1907년 4월 무렵에는 한국인의 외국 귀화에 대한 통감부의 방침이 아직 확립되지 않은 상태였다.

그러나 1907년 11월에 일제의 입장이 대체로 확정되기 시작했다. 11월 26일 소네 아라스케(曾彌荒助) 통감 명의로 일본 외무성에 한국인의 귀화 문제에 대한 조회가 이루어졌다.[120] 이에 일본 외무성은 "한국에는 종래 귀화에 관한 법제가 없을 뿐만 아니라 현재까지도 자국 신민의 외국 귀화를 공인하지 않기 때문에 가령 한국 신민으로서 외국 국적을 취득했다고 칭하더라도 감히 한국 국적을 상실하는 것은 아니다. 또 한국인이 한국 영토 내에 있는 한 한국 국법으로 관할하는 것은 원래 당연하다"고 회답했다. 그리고 속히 국적에 관한 법규를 제정하고 외국으로 귀화하는 자는 정부의 인가를 받을 것을 제안했다.[121]

이상과 같은 일본정부의 입장은 1908년 초에 한국정부에도 전달되었던 것으로 보인다. 1908년 통감부는 "러시아에 귀화했다고 칭하더라도 한국 영토 내에 있는 이상 한국 국법으로 관할"하도록 했다.[122] 통감부의 이런 결정에 대한 표

---

119) 「第14回韓國施政改善ニ關スル協議會(1907. 4. 9)」, 『韓國併合史料(1권)』, 452쪽.
120) 「1907년 11월 26일 機密統發第489號 韓國人歸化ノ件(統監 → 外務大臣)」, 『統監府文書第(4권)』, 3쪽.
121) 「1907년 12월 23일 機密送第51號 韓國人 露國歸化問題에 대한 回答件(外務大臣 → 統監)」, 『統監府文書(제4권)』, 3~4쪽.
122) 「1908년 5월 9일 접수 제497호」, 『統監府來文』(奎17849).

면상의 이유는, 한국정부가 한국인의 외국 귀화를 공인한 사례가 없기 때문에 한국인이 임의로 다른 나라의 국적을 취득해도 한국 국적을 상실하는 것이 아니라고 해석했던 것이었다. 그러나 실질적인 이유는 "자칭 귀화 러시아인을 러시아 신민으로 인정하면 그들에게 치외법권을 인정"123)해야 하기 때문이었다. 위 통감부의 해석에 기초하여, 한국에 거주하는 러시아 국적의 한국인들은 모두 한국 국법의 적용을 받는다는 한국 법부의 방침이 확정되었다.124) 통감부가 한국인의 외국 귀화를 인정하지 않은 것은, 만주 및 중국지역에 거주하는 조선인을 이용하여 대륙침략의 발판을 마련함과 동시에, 조선인이 외국 국적을 취득하여 독립운동을 펼치는 것을 강력히 저지하기 위함이었다.125) 요컨대 치외법권에 입각한 법적 보호를 받지 못하도록 하기 위해서였다.

그리고 병합 직후 조선에 실시할 민·형사 관련 법제의 원칙도 대강 확정되었다. 일본정부는 "조선총독부 설치에 즈음하여 그 효력을 잃을 일본 법령 및 한국 법령은 당분간 조선총독이 발하는 명령으로써 그 효력을 갖는다"라고 하여, 1909년 사법권 위탁 당시의 민·형사 정책을 그대로 유지했다. 이와 같은 방침은 조선총독이 곧바로 조선인에 적합한 민·형사 법제를 제정할 수 없었기 때문에 임시로 통감부의 사법질서를 유지한 것이었다. 따라서 앞으로 조선에 적합한 민·형사 법제를 어떻게 제정할 것인가 하는 점이 조선총독부 법제 정책의 과제로 남게 되었다.

2. 조선총독의 입법명령과 이법지역

1910년 8월 22일과 29일에 '한국의 병합에 관한 조약'이 각각 체결·공포됨

---

123) 「1908년 6월 13일 伊藤演說」, 『日帝의 韓國司法府 侵略實話』, 97쪽.
124) 「照會秘 第244號(1908. 5. 11)」, 『內閣法部來去文』(奎17763); 統監官房, 『韓國施政年報』, 87쪽.
125) 『寺內正毅文書』.

으로써 한국은 일본에 편입되었다. 일본정부는 1910년 7월 각의 결정에서 확립한 조선에 관한 식민통치안을 법적으로 추진하기 위해 각종 일본 칙령을 발했다. 원래 일본헌법에서 법률로 제정할 사항 및 긴급재정처분을 요하는 사항은 제국의회의 협찬사항이었으나, 일본정부는 한국에 대한 각종 법령이 신속과 기밀을 요한다고 판단하여, 일본헌법 제8조 및 제70조 규정에 의거해 의회의 협찬을 기다리지 않고 12건의 긴급칙령을 공포하여 일체의 행정 및 재정 문제를 해결하려 했다.

칙령 제318호에서는 한국을 조선으로 개칭했고, 칙령 제319호에서는 조선총독부를 설치하고 조선총독의 법적 지위를 확립했다. 여기에서는 총독의 조선 관할권과 위임의 범위 내에서 육해군 통솔권이 인정되었다. 그리고 한국정부에 속한 관청 가운데 내각과 표훈원을 제외하고는 모두 조선총독부 소속관서로 간주하여 당분간 존치시켰다.[126] 따라서 통감부재판소는 한국병합 이후에도 여전히 조선총독부 소속관서로 존치되었고, 소속직원들도 모두 조선총독부 직원으로 승계되었다. 재판제도는 이미 통감부 시기부터 일본 재판소 성격을 갖추고 있었기 때문에, 통감부재판소를 그대로 유지해도 큰 문제는 없었다. 통감부재판소는 조선총독에 직속하고, 조선에서의 민사·형사재판 및 비송사건에 관한 사무를 담당하게 되었다.

또 조선총독은 "천황에 직예하여 제반의 정무를 통할하고 내각총리대신을 거쳐 상주 및 재가"를 받는 독자적 권한을 얻게 되었다. 조선총독은 천황에게만 책임을 질 뿐, 각 성 대신의 감독이나 지시를 받지 않았다.[127] 조선총독은 조선에 관한 행정 및 사법권한뿐만 아니라 입법권까지 장악했다는 점에서 전제적 성격을 띠고 있었다.

위 칙령들과 함께 공포된 긴급칙령 제324호는 조선의 입법과 관련하여 매우 중요한 사항을 규정하고 있다. 한국병합에 의해 한국이 소멸되고 일본에 편입되

---

126) 「1910년 8월 29일 勅令 제319호 朝鮮總督府 설치에 관한 건」, 『朝鮮總督府官報』.
127) 「1910년 9월 30일 칙령 제314호 朝鮮總督府官制」, 『朝鮮總督府官報』.

었으면 일본의 제반 법규와 제도가 한국으로 이식되어야 했지만, 아래와 같이 긴급칙령 제324호에 의해서 일본 법령은 조선에 직접 적용될 수 없었다.

> 제1조 조선에서 법률을 요하는 사항은 조선총독의 명령으로 규정할 수 있다.
> 제2조 전 조의 명령은 내각총리대신을 거쳐 칙재를 청할 수 있다.
> 제3조 임시긴급을 요하는 경우에 조선총독은 곧바로 제1조의 명령을 발할 수 있다. 전 항의 명령은 발포 후에 곧바로 칙재를 청해야 한다. 단, 칙재를 얻지 못한 때는 조선총독은 곧바로 그 명령이 장래에 효력이 없음을 공포해야 한다.
> 제4조 법률의 전부 또는 일부를 조선에 시행하는 것을 요하는 것은 칙령으로 정한다.
> 제5조 제1조의 명령은 제4조에 의하여 조선에 시행한 법률 및 특히 조선에 시행할 목적으로 제정한 법률과 칙령에 위배할 수 없다.
> 제6조 제1조의 명령은 제령(制令)이라고 칭한다.[128]

제1조에서 알 수 있듯이 조선에서의 법률사항은 조선총독의 명령인 제령으로 규정하는 것이 원칙이었다. 일반적으로 '법률'[129]은 일본의 통치권이 미치는 곳에서는 당연히 시행되는 것이 원칙이었으나, 긴급칙령 제324호 제1조에 의해서 조선은 일본의 영토이면서도 법적으로는 일본 본국의 법률이 통용될 수 없었다. 조선에서는 '법률'이 특수한 경우를 제외하고는 당연히 시행되지 않았다.[130] 조선총독의 제령이 조선에서 시행되는 일반법령이었고, 칙령과 법률은 특수한 경우에 한정하여 시행되었다.[131]

조선에 '법률'의 전부 또는 일부를 시행하는 것은, 칙령 혹은 제령으로 조선 시행을 규정했을 경우에만 가능했다. 이와 같이 일본 법령의 조선 시행을 위해

---

128) 「1910년 8월 29일 긴급칙령 제324호」, 『朝鮮總督府官報』.
129) '법률'은 제국의회의 협찬을 거쳐 천황의 재가를 거쳐서 결정되지만, 제령은 조선총독의 행정명령이라는 점에서 다르다.
130) 山崎丹照, 『外地統治機構の研究』, 1943, 306쪽; 中村哲, 『植民地統治法の基本問題』, 1943.
131) 김창록, 「식민지 피지배기 법제의 기초」, 『법제연구』 8, 1995, 69~70쪽.

서는 '칙령' 혹은 '제령'이라는 절차가 필요했으나, 일단 조선지역에서 시행되는 경우에는 제령보다 우위에 있었다. 즉 제5조에 의해 제령은 조선에서 시행되는 법률과 칙령을 위배할 수 없는 한계를 지니고 있었다.

한편 칙령과 법률이 제령을 거치지 않고 조선에서 직접 시행되는 경우도 있었다. 그것은 제국의회가 조선에만 적용되는 특수법률을 제정했거나, 칙령으로 조선에만 통용되는 법령을 공포했을 경우였다. 이 경우 법률과 칙령의 적용대상 및 범위는 모두 조선지역만으로 국한되었다. 이와 같이 긴급칙령 제324호에 의해 조선은 원칙적으로 일본 본국 법령의 효력이 미치지 않는 지역이 되었고, 법률을 요하는 사항은 조선총독의 명령으로 정한다는 원칙이 확립되었다.[132] 일본정부가 한국을 병합했음에도 일본 법령을 그대로 연장하지 않고 식민지의 특수상황에 상응하는 법 체제를 유지하기로 했던 것은, 인정·풍속·관습 등에서 조선과 일본은 현격한 차이가 있다는 인식과 더불어, 일본헌법과 법률을 조선인과 모두 공유하지 않으려 했기 때문이었다.[133]

긴급칙령은 공포 이후 제국의회의 승인을 얻어야 효력을 유지할 수 있으나, 긴급칙령 제324호는 제국의회의 협찬을 얻지 못했기 때문에 장래에 효력을 상실하게 되었다.[134] 제국의회가 긴급칙령 제324호에 반대한 것은 조선총독에게 입법권을 위임한 주체가 제국의회가 아니었기 때문이었다. 당시 일본의 입법권은 일반적으로 제국의회가 협찬하고 있었기 때문에, 입법권의 일부를 긴급칙령으로 위임한 것에 대해 제국의회 의원들은 불만을 품고 있었다. 따라서 제국의회는 긴급칙령 제324호를 승인하지 않는 대신 조선총독에게 직접 입법권을 부여하는 방식을 선택했다. 이로써 긴급칙령 제324호와 동일한 내용의 법안이 1911년에 법률 제30호로 통과되었다.[135]

---

132) 松村眞一郎, 「共通法案ニ付テ」, 『法學志林』 20권 2호.
133) 山田三郎, 「1910년 7월 15일 倂合後ニ於ケル韓國人ノ國籍問題」, 『寺內正毅文書』; 「朝鮮施政方針及施設經營」, 『寺內正毅文書』.
134) 「明治43年勅令第324號ノ效力ヲ將來ニ失ハシムルノ件」, 『外地法制誌(제9권)』, 58쪽.
135) 「1911년 3월 25일 법률 제30호」, 『朝鮮總督府官報』.

3. 동화(同化)형 민사법으로서의 조선민사령

법률 제30호에서 조선에서의 입법사항을 조선총독의 명령으로 규정할 수 있도록 했기 때문에, 일본 법령과 구한국 법령은 법적 효력을 잃을 상황이었다. 그러나 조선지역을 규율할 민사법을 제령으로 공포하지 않은 상황에서, 일본 법령 및 한국 법령을 곧바로 폐기할 수는 없었다. 그래서 조선총독부는 8월 29일에 제령 제1호를 발하여 "조선총독부 설치에 즈음하여 효력을 잃을 일본 법령 및 한국 법령은 당분간 조선총독이 발한 명령으로 그 효력을 갖는다"[136]라고 함으로써 대한제국기에 공포된 일본 법령과 한국 법령을 그대로 법인했다.[137] 제령 제1호에 의해 1909년 10월 16일에 공포된 일본칙령 제238호 '한국인이 관계한 사법에 관한 건'이 효력을 유지함으로써, 조선인에게는 한국 법령 및 관습을 적용하고 일본인에게는 일본 법령을 적용한다는 통감부 시기의 민사원칙도 그대로 유지되었다.[138] 따라서 한국병합 직후에도 통감부 시기 공포되었던 한국 법령과 일본 법령은 모두 효력을 유지하고 있었고, 민·형사와 관련된 각종 법제는 통감부 시기의 연장상태에 있었다고 할 수 있다.

제령 제1호는 식민지 조선의 법제를 확정하지 못한 상태에서 조선사회를 임시적으로 운용하기 위한 조치에 불과했다. 조선총독부는 제령 제1호를 통해 조선사회를 임시적으로 유지하면서, 긴급한 민사 및 형사법규에 관한 기본 정책을 수립하기 시작했다. 조선의 민사 법제에 관한 조선총독부의 입장은, 1910년 9월 30일 및 10월 1일에 공포된 각종 관제와 조선총독부재판소령 공포를 계기로 드러났다.

식민지 초기 조선총독부는 법전조사국이 주도했던 한국 법전 편찬사업을 승

---

136) 「朝鮮ニ於ケル法令ノ效力ニ關スル件(1910. 8. 29)」, 『朝鮮總督府官報』.
137) 「1910년 8월 29일 韓國倂合ニ付各理事廳理事官ニ對スル訓示」, 『朝鮮統治三年間成績附錄 總督諭告及訓示』, 7쪽.
138) 국회도서관 편, 『韓末近代法令資料集 (9권)』, 1972, 9~10쪽; 「朝鮮施政方針及施設經營」, 『寺內正毅文書』, 204~205쪽.

계하지 않는다는 것을 분명히 했다. 한국 법전 제정을 위한 기초사업이었던 관습조사사업이 1910년에 완료되었고 민사소송법은 초안까지 작성되었으나139) 데라우치 마사타케는 구한국정부가 진행했던 한국 법전 편찬사업을 중지시켰다. 다음 인용문은 데라우치 마사타케가 1918년 제국의회에서 발언한 것이다.

> 이토 공이 통감정치를 행하고 있을 때는 조선에서 조선의 풍속, 습관, 인정에 적합하도록 모든 법률을 만들려는 생각이 있었다. 조선에 적당한 것을—그것은 알고 있듯이 우메(梅) 박사가 담임(擔任)을 했고, 거의 구관 기타 조사를 하고 대부분 안도 완성된 상태였다. 그리고 내가 병합을 실행했고, 그 당시 우메 박사의 업무는 계속되고 있었는데 (…) 나는 이 법전 편성작업을 중지시켰다. 실은 일본이 조선을 통치하는 이상은 가능한 한 법률관계도 내지의 제도를 사용하는 것이 적당하고, 그렇다면 다시 법전을 작성할 필요가 없다.140)

한국병합 이후 조선총독부는 조선인에게만 적용되는 민법의 제정을 추진하지 않았다. 독자적 민법전 구상은 보호국 체제에 적합한 것이었고, 완전한 식민지가 된 조선의 경우에는 불필요했던 것이다. 또한 한국 법전 편찬의 주된 목적 중 하나가 외국의 치외법권을 철폐하기 위해서였는데, 한국병합으로 인해 치외법권은 당연히 소멸된 상태였다.141)

조선총독부는 독자적 민법전 제정을 부정했으나, 그렇다고 해서 일본의 법령을 조선에 직접 시행하는 방식도 선택하지 않았다.142) 데라우치 마사타케는 제

---

139) 민사소송법 초안은 우메 겐지로가 1908년 2월부터 작성하기 시작하여 동년 4월 통감부에 제출했다. 전체 577개 조로 구성되어 있고 일본의 민사소송법(메이지 23년 4월 21일 법률 제29호)보다 간단하다. 민소법안은 법전조사국에서 조사하여 1908년 7월 1일부로 공포될 예정이었지만 연기되었고, 그 뒤 강구할 점이 있다고 하여 확정안에 이르지 못했다. 한국 민소법은 일본 민소법을 참작하여 작성되었지만 내용상 매우 큰 차이가 있다. 민사소송법 초안은 국립중앙도서관에 소장되어 있으며 정종휴가 『법사학연구』 제10호에 원문과 더불어 해제를 소개했다.
140) 「共通法案委員會議錄(7회)」, 『帝國議會衆議院速記錄』, 50쪽.
141) 「1910년 9월 2일 國際宣言(휘보관청사항)」, 『朝鮮總督府官報』.

국의회에서 "조선은 대만과 달리 일개의 나라를 이루어 수천 년의 역사가 있는 나라이다. 물론 그 인구도 1,000만 이상이기 때문에, 일본의 법률을 곧바로 시행하는 것은 당시 생각하지 않고 있었다"고 말했다.143)

식민지 초기 조선총독부는 조선총독의 제령권을 발해 조선의 실정에 맞는 민사법을 제정하려 했다. 1910년 9월에 조선총독부가 기안한 민사법은 일본 법령의 조선 적용을 가급적 축소하려는 방향이었다.

조선민사령(안)(1910. 9)
제1조 민사에 관한 사항은 민법, 상법 (…) 및 그 부속법률에 의한다. 부속법률은 조선총독이 지정한다.
제2조 부동산에 대한 권리에 관하여는 민법 제2편 (…) 의 규정에 의하지 않고 종래의 예에 의한다.
제3조 조선인 간의 민사에 관하여는 제1조의 규정에도 불구하고 종래의 예에 의한다.
부칙(附則)
본령(本令)은   일(日)부터 시행한다.144)

위 조선민사령(안)은 1910년 9월 30일과 10월 1일에 공포된 '조선총독부 관제 및 조선총독부재판소령'과 함께 공포될 예정이었다고 추정된다. 조선총독부재판소를 새로 설치하고 재판에 필요한 민·형사법을 공포하려 했던 것이다. 조선민사령(안) 제1조에서 민사에 관한 사항은 민법, 상법 및 부속법률에 따른다고 한 것은, 일본의 민법과 상법 등이 조선에서 시행되는 기본법임을 천명한 것이었다. 다만 제2조 부동산에 관한 권리와 제3조 조선인 상호간의 민사에 관해서

---

142) 「明治43年勅令第324號(承諾ヲ求ムル件)外11件委員會議錄(第3回)」, 『帝國議會衆議院委員會議錄』, 18~19쪽.
143) 「共通法案委員會議錄(7회)」, 『帝國議會衆議院速記錄』, 51쪽.
144) 「犯罪卽決例民事爭訟調停ニ關スル件及辯護士規則ヲ定ム」, 『公文類聚』(1-2A-011, 類1108) (http://www.jacar.go.jp/f_1.htm)

는 종래의 예를 따르도록 했다. 여기에서 "종래의 예"는 관습 및 한국 법령을 의미한다. 조선인에게는 조선 관습을 적용한다는 취지와, 조선인과 일본인·외국인 사이의 사법에 대해서는 일본 민법을 적용한다는 취지는, 1909년 일본칙령 제238호와 동일한 정신에서 비롯된 것이라 할 수 있다.

조선민사령(안)의 이유서에서는 "한국병합의 결과 조선에서는 민사에 관해 일반적으로 내지의 예에 의하도록 하는 것이 당연하지만, 다음의 사항은 예외로 한다"고 하고, 그 예외로 "① 토지에 관한 권리, ② 조선인의 친족 및 상속, ③ 조선인 사이의 문제는 당분간 내지의 예에 의하는 것보다는 차라리 종래 그대로 하는 것이 시의에 적절하다고 인정"했다.[145]

1910년 9월의 조선민사령(안)은 내용상으로 우메 겐지로가 구상했던 한국 법전 구상을 일정하게 계승하고 있다. 우메 겐지로가 구상했던 한국 법전은 ① 토지에 관해서는 한국 법에 의하고, ② 신분법(친족 및 상속, 호적)에 관해서는 본국 법에 의하며, ③ 한국인 사이의 분쟁에는 한국 법규를 적용한다는 것이었다. 조선민사령(안)의 이유서에서 거론하는 것과 거의 일치한다. 비록 한국 법전 편찬사업은 한국병합과 함께 폐기되었으나 그 핵심 내용은 일정하게 승계되고 있었다.

이런 민사 체제는 당시 일본 식민 법제의 기본원칙이었다. 1908년 8월 28일에 공포된 대만민사령에서도 유사한 원칙이 관철되었다. 조선민사령 제1조는 대만민사령 제1조와 동일한 내용이고, 제2조와 제3조도 거의 유사한 내용이다.[146] 당시까지만 해도 조선총독부는 대만의 법과 유사하게 조선의 법을 제정

---

145) 「犯罪卽決例民事爭訟調停ニ關スル件及辯護士規則ヲ定ム」, 『公文類聚』(1-2A-011, 類1108) (http://www.jacar.go.jp/f_1.htm)
146) 「1908년 8월 28일 律令 제11호 臺灣民事令」, 『外地法制誌(4권)』, 149~150쪽. 대만민사령의 내용은 다음과 같다.
  제1조 민사에 관한 사항은 민법, 상법, 민사소송법 및 그 부속법률에 의한다. 부속법률은 대만총독이 지정한다.
  제2조 토지에 관한 권리에 대해서는 민법 제2편 물권의 규정에 의하지 않고 구관에 의한다. 단 토지에 관해 특히 정한 규정의 효력을 방해하지 않는다.

하려 했음을 알 수 있다. 1908년 대만민사령과 1910년 9월의 조선민사령(안)은 조선인 및 대만인에 대한 일본 민법 적용을 원칙으로 하지 않고 구관을 원칙으로 하고 있다는 점에서 서로 동일한 법 체제였다.

그러나 조선민사령(안)은 일본정부와 조선총독부의 협의 과정에서 폐안되었다.147) 이는 일본정부가 1910년에 들어 더 이상 구관주의를 원칙으로 하는 민사법 체제를 유지하지 않고 동화주의 법제를 확립하려 했던 것과 관련이 있다.

조선총독부는 1910년 9월에 입안된 조선민사령(안)이 내각에 의해서 거부되자, 곧바로 새로운 민·형사법 제정에 착수했다. 당시 관제상 법령 제정과 관련이 있던 곳은 사법부와 취조국이었다. 특히 취조국은 1910년 9월 30일에 한국 법전 편찬을 주도했던 법전조사국을 폐지하고 "조선의 각반의 제도 및 일체의 구관을 조사할 것, 총독이 지정한 법령을 입안 및 심의할 것, 법령의 폐지·개정에 대해 의견을 구신(具申)할 것"148)을 목적으로 설치되었다. 원래 취조국은 조선 사법제도의 개선, 특히 민사 법령 제정을 전제로 조선의 제도 및 구관조사, 법령의 입안 심의를 위해 설치되었으나,149) 취조국의 직원은 서기관 2명, 사무관 4명에 불과했고 위원은 30명 이내였다. 위원은 모두 조선인으로 충원하도록 했으며, 제도 및 구관에 관한 조사를 맡았다.

민사법을 주도적으로 제정할 위치에 있었던 조선총독부 사법부 쪽 인사들이 참여하지 않았기 때문에, 취조국이 조선민사령 기안을 담당할 수는 없었다. 따

    제3조 본도인 및 청국인 사이의 민사에 대해서는 다음의 규정을 제외하고 민법, 상법 및 그 부속법률에 의하지 않고 구관에 의한다.
     1. 민법 제240조(유실물의 습득―인용자) 및 제241조(매장물의 발견―인용자)
     2. 민법 제494조 내지 제198조(공탁―인용자)
    제4조 제1조에 의해 의거할 법률 중 구재판소 직무는 지방법원, 주무대신의 직무는 대만총독이 행한다.
    제5조 본령에서 정한 것 외 특별한 사항은 대만총독이 정한다.
    제6조 이식제한규칙 및 민사소송특별수속은 그 효력을 갖는다.
147) 당시 제령은 조선총독의 상주 → 척식무대신 경유 → 내각 법제국 심의 → 각의 결정 → 내각총리대신 → 천황 재가 후 공포되었다.
148) 「1910년 9월 30일 칙령 제356호」, 『朝鮮總督府官報』.
149) 田保橋潔, 『朝鮮統治史論稿』, 成進文化社, 1972, 67쪽.

라서 조선총독부는 취조국 국원 외에 따로 위원을 임명하여 식민지 법제 제정에 착수했고,150) 취조국은 법령 작성의 기초가 되는 각종 관습조사 자료들을 제공하는 정도로 역할분담이 이루어졌던 것 같다.

조선총독부는 조선민사령(안)이 폐안된 직후 '법률취조위원회'를 조직했는데,151) 위원으로는 倉富勇三郎(사법부장관), 有吉忠一(총무부장관), 松寺竹雄(검사), 安住時太郎(총독부 민사과장), 渡邊暢(고등법원장), 松井茂(검사), 膳鉦次郎(검사), 小松綠(총무부 외사국장), 兒玉秀雄(총무부 회계국장) 등이 확인된다.152) 위원들 중 사법부 쪽 인사들은 통감부재판소 시절부터 한국의 사법과 민·형사 법제 제정에 참여했던 이들로서, 통감부 사법청장관, 민사과장, 형사과장, 고등법원장, 판사 및 검사 등을 역임하면서 한국의 사법제도에 깊이 관여했으며, 한국의 사법 현실에 대해서도 상당히 이해가 깊었다.

조선총독부는 1910년 10월부터 11월 사이에 긴급하게 요청되는 법제들의 대강을 작성했고, 일본 중앙정부와 법안 초안에 관해 협의에 나섰다. 법률취조위원회가 1910년 11월 10일에 개최되었는데, 구라토미 유사부로는 조선의 입법사무에 관하여 법제국과 교섭하기 위해 12월 6일까지 도쿄에서 사법관회의에 참석하고 있었다.153)

고등법원에서 법률취조위원회를 개(開)ᄒᆞ고 倉富 위원장, 渡邊 고등법원장, 膳·松寺 양 검사, 安住 민사과장 등 위원이 연일 출석ᄒᆞ야 각 법규의 초안을 심의ᄒᆞ는 중인대 목하 동위원회에 부(付)ᄒᆞᆫ 중요법규는 조선인에게 적당할 민사 문제라 (…)154)

1910년 11월부터 12월 초까지 구라토미 유사부로 사법부장관이 내각 법제

---

150) 朝鮮總督府法務局, 『朝鮮の司法制度』, 1936, 73~74쪽.
151) 『每日申報』 1910. 10. 20; 朝鮮總督府, 『朝鮮總督府所屬官署職員錄』.
152) 『每日申報』 1910. 11. 11; 朝鮮總督府, 『朝鮮總督府所屬官署職員錄』.
153) 『每日申報』 1910. 12. 6.
154) 『每日申報』 1910. 12. 21.

국과 협의를 벌였던 사항은 조선인의 외국귀화법, 민적법(民籍法), 민적준거법(의회의 협찬을 거칠 것), 이왕가직제(李王家職制), 수산장규칙(칙령으로 발포될 것), 토지수용법, 지방비회계규칙, 보안규칙, 삼림법, 회사법, 광업법, 도로수축법(道路修築法), 도로규칙(제령) 등이었다. 위 기사를 통해, 조선총독부가 조선인의 외국귀화에 대한 법률적 허용을 검토하고 있었음을 알 수 있다. 조선총독부는 조선인의 외국귀화법을 비롯해 민적법, 민적준거법 등을 심의하여 내각에 제출하기로 했지만, 모두 법제화되지 못했다.155) 특히 조선인의 외국귀화법의 경우 조선총독부는 관련된 외국 사례조사까지 실시했는데도 결국 승인을 얻지 못했다.156) 일본정부가 조선인이 외국으로 귀화한 뒤 다시 돌아와 외국인의 권리와 의무를 행사할 경우 단속에 어려움이 있을 것을 염려하여, 이미 한국병합 이전부터 조선인의 외국 귀화를 허용하지 않기로 결정하고 있었기 때문157)이었다고 추측된다. 또 민적법과 민적준거법 등도 조선인의 법률적 지위와 관련된 문제였기 때문에 쉽게 결정할 수 있는 문제가 아니었다.

1910년 11월부터 12월 사이에 도쿄에서 개최된 전국사법관회의에 참석한 구라토미 유사부로는, 단행법령뿐만 아니라 조선민사령 등에 관한 입안방침도 일본정부와 협의했다.158) 일본정부와 조선총독부가 민사법에 관해 협의하는 과정에서 1910년 9월 조선민사령(안)의 민사취지와는 다른 내용이 발표되었다.

> 민사·형사에 관한 법규는 원칙상 내지에서 시행되고 있는 것과 같은 제국 법령을 적용하고, 특수한 사정이 있는 경우에 제외례(除外例)를 설치한다는 것은 제국정부가 이미 결정한 방침이다. 단 그 세목에 섭(涉)해서는 실제의 상황에 비추어 편부(便否)를 짐작할 것이 적지 않다.159)

---

155) 1910년 12월 말경에 조선총독부가 입안했던 초안을 법제국으로 회부했으나, 결국 제정되지 못했다. 『每日申報』 1910. 12. 25; 1910. 12. 27.
156) 「歸化法ノ大體ニ就テノ意見」, 『倉富勇三郎文書』.
157) 「朝鮮施政方針及施設經營」, 『寺內正毅文書』.
158) 『每日申報』 1910. 12. 20.

한국병합 직후에는 조선인 사이의 민사사건에 조선 관습을 적용한다는 방침이 있었으나, 1911년에는 조선인에게도 일본 법령을 적용하는 쪽으로 논의가 이루어지고 있었다. 다만 친족·상속·부동산에 관해서는 일본 민법을 적용하는 데 매우 신중한 입장이었고, 민사소송 및 형사소송 절차에 관해서도 일본 법령을 그대로 적용하려고 하지 않았다. 당시 구라토미 유사부로 사법부장관은 "황은에 욕(浴)한 내지와 신부(新附)의 조선은 같은 입으로 논할 수 없을 뿐만 아니라, 내지에서 발생한 맹아를 일일이 조선에 이식하여 그것을 배양"하지 않겠다고 했다.160) 조선에 일본 민법을 획일적으로 적용하지 않겠다는 뜻을 분명히 한 것이다.

이와 같이 일본민법주의를 원칙으로 하면서 조선인에 관한 특례사항을 일부 설치하는 방식으로 민사법을 제정하려 한 것은, 대만의 민사법과는 다른 각도에서 조선의 민사법을 제정하려 했음을 의미한다. 다만 일본의 친족법·상속법을 그대로 의용하면 조선인의 법률적 처분에서 매우 곤란한 문제들이 발생하기 때문에, 이 영역에 관해서는 특례사항을 설치하려 했다. 당시 일제는 조선인과 대만인들을 일본 국적민으로 취급하긴 했지만, 일본 국민이라면 당연히 누려야 할 헌법 및 각종 법률상의 권리는 부여하지 않았다. 일본정부와 조선총독부가 서로 합의한 조선민사령은 사법부장관이 1911년에 언급했던 제외례 중에서 '능력'이 추가되는 것으로 최종 확정되었다.

1912년 3월 18일 제령 제18호 조선민사령
제1조 민사에 관한 사항은 본령 기타의 법령에 특별한 규정이 있는 경우를 제외하고는 다음의 법률에 의함(이하 생략).
제10조 조선인 상호간의 법률행위에 대해서는 법령 중 공공의 질서에 관계없는 규정

---

159) 「山縣政務總監演述筆記(1911년 3월)」, 『(裁判所及檢事局監督官會議)總督訓示及法務局長注意事項集』, 10쪽.
160) 「倉富法部長官演述筆記(1911년 3월)」, 『(裁判所及檢事局監督官會議)總督訓示及法務局長注意事項集』, 89쪽.

과 다른 관습이 있는 경우에는 그 관습에 의한다.

제11조 제1조의 법률 중 능력, 친족 및 상속에 관한 규정은 조선인에게 이를 적용하지 않는다. 조선인에 관한 전 항의 사항에 대해서는 관습에 의한다.

제12조 부동산에 관한 물권의 종류 및 효력에 관하여는 제1조의 법률에 정한 물권을 제외하고는 관습에 의한다.

1912년 조선민사령은 원칙적으로 민법, 상법, 민사소송법 기타 일본의 현행법에 의하도록 했지만, 조선의 현상에 비추어 일본 법령에 의할 수 없는 것, 또는 일본 법령에 의하는 것이 불편하다고 인정되는 것에 대해서는 적당한 제외례를 설치하거나 종래의 예에 따르게 했다.161) 원래 민사에 관해서 일본인에게 적용하는 실체법규는 영사재판 시대부터 일본법에 의거해오고 있었기 때문에, 조선민사령은 대체로 당시까지의 사실을 법적으로 확인한 것이었다. 그러나 당시 조선인에게 적용되었던 실체법규로는 조선회사령(朝鮮會社令), 이식제한령(利息制限令), 수형조례(手形條例) 등이 있었을 뿐, 기타는 조선의 관습에 의한 것이 많았는데, 조선민사령 제정 이후에는 민법, 상법, 민사소송법 등 일본 법령을 적용하는 것으로 전환되었다.162) 한국병합 이후에도 조선지역 내에서 일어난 각종 법률행위에는 당사자에 따라 서로 다른 법규가 적용되었다. 1912년 조선민사령에 이르러 일본인, 조선인 및 외국인을 각각 구별 없이 동일한 법률로 규율하는 것이 일반적인 원칙이 되었다.163) 조선민사령의 입법 인식은 아래와 같았다.

조선의 법규를 통일하는 것에도 원래 일정한 방법이 있는 것은 아니다. 예컨대 특히

---

161) 「1912년 3월 22일 司法官ニ對スル訓示」, 『朝鮮統治三年間成績附錄總督諭告及訓示』 62쪽.
162) 「朝鮮施政方針及施設經營(1915. 11)」, 『寺内正毅文書』.
163) 「朝鮮民事令要旨」, 『倉富勇三郎文書』; 「朝鮮民事令ヲ定ム」, 『公文類聚』 第三十六編 明治四十五年~大正元年第十六卷衛生・人類・獸畜,願訴,司法・裁判所~刑事)(http://www.jacar.go.jp/f_1.htm)

조선에만 시행하기 위해 새롭게 법규를 제정하는 것도 하나의 방법이고, 조선을 위한 특별법규를 설치하지 않고 내지의 법규에 의준(依準)하는 것도 역시 하나의 방법이다. 만약 내지와 조선 사이에 비상한 사정의 차이가 있어서 절대로 내지의 법규에 의하기 어렵다면 처음부터 조선을 위해 특별법규를 설치하지 않으면 안 되지만, 내지와 조선은 이와 같은 사정의 차이가 없다. 때문에 신령(新令)에서는 민사·형사도 대체로 내지의 법규에 의하고 그 법규 중에서 조선의 사정에 적합하지 않다고 인정하는 것에 한하여 특별규정을 설치했다.164)

1912년의 조선민사령은 첫째, 조선과 일본은 근본적인 차이가 없으며, 둘째, 조선에 특수한 사정이 있을 때는 특별규정을 설치한다는 법 인식을 기초로 제정되었다. 이런 원칙에 의해서 1910년 9월 조선민사령(안)의 "조선인 상호간에는 관습을 적용한다"는 방침은 부정되었고, 대신 조선과 일본 사이에 특수한 차이가 있는 경우에만 특별규정을 설치하는 쪽으로 민사법이 확립되었다.

1912년 조선민사령은 조선인 사이의 민사사건에 대해서도 일본 민법을 적용한다는 일본민법주의가 관철된 형태였다. 이는 1910년 9월의 조선민사령(안)에 비해 관습의 적용범위가 크게 축소된 것이다. 따라서 조선의 민사 법제는 조선 독자의 특별법규형태가 아니라 일본의 민법을 그대로 의용하는 것으로 결정되었고, 의용범위 내에서는 조선과 일본의 법제가 동일한 내용을 갖게 되었다.

그러나 일본 민법과 조선 관습에 객관적인 차이가 있었던 능력, 친족, 상속, 부동산물권 등에 관해서는 일본 민법이 아니라 조선의 구관을 인정했고, 조선 재래 구관은 성문법이 아닌 관습법을 그대로 유지하는 방식으로 조선민사령에 흡수되었다. 이와 같은 형식으로 조선민사령이 제정된 것은, 조선총독부와 일본 정부의 조선인 법제 정책이 일본민법주의를 근본원칙으로 설정하고 조선 관습을 일부 영역에 국한하여 법인하는 방식으로 변화했기 때문이었다.

---

164) 「朝鮮司法事務ニ關スル新制度ノ梗概」, 『倉富勇三郎文書』.

민사령 중 일반의 법률행위에 관한 규정과 그 취지를 달리하기 때문에 민법에서는 만 20세를 성년으로 한다. 하지만 조선에서 보통 15세를 성년으로 하는 관습이 있다면, 조선인에 대해서는 15세를 성년으로 할 수 있다. 또 일본 민법에서 6친등 내의 혈족, 배우자, 3친등 내의 인족(姻族)을 친족이라 하지만, 조선인에 대해서는 오복친(五服親), 무복친(無服親)을 친족으로 할 수 있다. 민법에서는 사자(死者)를 위해 양자를 하는 것을 허락하지 않지만 조선인에게는 사자의 양자를 인정한다. (…) 조선민사령은 역시 조선의 관습을 존중하여 민법에서 정한 물권 외에 관습상 물권으로 인정하는 것이 있다면 그 관습에 의하는 것으로 했다.165)

구라토미 유사부로의 위 언급은 민사에 관한 일본 실체법규의 적용을 유보하고 조선민사령에서 변경을 가한 사항의 개요이다. 조선민사령에서 특례사항으로 거론되었던 능력·친족·부동산물권 등에 관한 관습이 일본 민법과 다르다는 인식은, 법전조사국이 실시했던 관습조사사업을 통해 획득된 것이었다. 한국병합에 의해 법전조사국 주도의 법전 편찬은 폐지되었지만, 그 부산물인 관습조사사업은 조선민사령 제정에 결정적 영향을 미쳤던 것이다.166) 부동산물권의 종류와 효력에 관해서는 1906년부터 조사가 시작되었고, 한국 민사 관습에 대해서는 1908년부터 민법전 제정을 위해서 조사가 이루어졌다. 조선총독부는 이와 같은 조사를 기초로, 조선민사령의 특례사항을 확정할 수 있었다.

1912년 조선민사령은 일본정부와 조선총독부가 서로 합의했던 조선통치안의 핵심이었다. 내용상으로는 제1조에서 일본 민법을 의용함으로써 일본 민법적 원리가 조선 법제의 기본원칙으로 확립되는 계기가 되었고, 조선민사령 제10~12조 영역에서 조선의 관습을 적용함으로써 구관주의도 일부 인정했다. 요컨대 조선민사령에는 일본민법주의적 원리와 조선구관주의적 원리가 서로 결합되어

---

165) 「朝鮮司法事務ニ關スル新制度ノ梗槪」, 『倉富勇三郎文書』.
166) 朝鮮總督府中樞院, 『慣習及制度調査沿革起稿狀況』; 『朝鮮總督府參事官分室關係書類(一) 事務關係書類』.

있었다. 법형태상으로 볼 때, 일본 민법이 의용되는 범위에서는 성문법을 확립했고, 또 한편 조선 관습을 법인함으로써 관습법 체제도 용인하는 방식을 택했다. 이로써 일본 민법과 조선 관습이 병존하는 이원적 체제가 갖춰졌다.

제4장
조선민사령 제11조 '관습'의 법인과 관습조사사업

1. 조선민사령 제11조 '관습'의 의미와 법인화

1912년 조선민사령은 민사에 관한 사항을 제1조 규정에 의해 민법·상법 등의 실체법과 민사소송법, 인사소송수속법, 비송사건수속법 등의 절차법에 의거하도록 했다. 다만 절차규정에서 일부 특별규정을 설치했고, 실체법에도 조선 관습의 효력을 인정하는 예외조항을 설치했다. 그에 따라 조선인 상호간의 법률행위에 대해서는 법령 중 공공의 질서에 관한 규정에 따르거나 다른 관습이 있는 경우 관습에 의거할 수 있도록 했고(제10조), 능력·친족·상속 등에 관해서도 조선 관습에 따르도록 했으며(제11조), 일본 민법상의 물권과 더불어 관습법상의 부동산물권도 동시에 인정했다(제12조). 그러나 조선민사령 제10조부터 제12조까지의 관습은 적용되는 범위와 대상에서 약간의 차이가 있었다.

조선민사령 제10조는 "조선인 상호간의 법률행위에 대해서는 법령 중 공공의 질서에 관계없는 규정과 다른 관습이 있는 경우에는 그 관습"에 의거하도록 했는데, 우선 제10조의 '관습'은 조선인 상호간의 법률행위에 국한하여 적용되는 것이었다. 예컨대 일본인과 외국인의 법률행위 및 이들과 조선인 사이의 법률행위에는 관습이 적용되지 않는다. 또한 제10조의 규정은 공공의 질서에 관계되는 법규,167) 즉 강행법규에 위배되지 않을 것을 전제로 한다. 이와 같은 법 해석을 엄격히 하면, 강행법규가 존재하는 부분에서는 관습법이 효력을 갖지 못하게 되는 것이다. 따라서 사회 변화에 따라 민법·상법 등 강행법규에 속하는 규정이 조선에 적용되면, 그 법규가 적용되는 부분에서는 과거 법적 효력이 있던 조선 관습이었다 해도 법적 효력을 상실하게 된다.168) 조선민사령 제10조는 일본 민법 제92조 규정169)에 상당하는 것으로, 강행법규를 보완하는 의미를 갖고 있었다. 일본법례 제2조는 공공의 질서 또는 선량한 풍속에 반하지 않는 관습은 법령의 규정에 의해 인정되는 사항 및 법령의 규정이 없는 사항에 관해서 법률과 동일한 효력을 갖도록 했다. 따라서 조선인 상호간의 법률행위에 관한 관습 가운데 법령 중 공공의 질서와 관련되지 않는 규정, 즉 임의규정과 다른 관습 및 선량한 풍속에 반하지 않는 관습은 법원(法源)으로 인정되었다.170)

조선민사령 제11조에서는 조선인의 능력, 친족 및 상속에 관해서 일본 민법이 아닌 조선 관습에 의할 것을 규정했다. 조선민사령은 제1조와 제11조를 병존시킴으로써, 친족 및 상속에 관해서는 민족에 따라 다른 법규를 적용했다. 일본 민법의 친족편 및 상속편은 조선에 거주하는 일본인에게 적용되는 것이었고, 조선인에게는 조선 관습이 적용되었다. 이 영역에서는 조선인과 일본인 간의 법률관계에도 제10조와 달리 조선 관습이 법적 효력을 발휘했다.

위 조선민사령 제10조와 제11조의 관습은 일정한 범위 내에서 제령과 동일한 효력을 부여받았다.171) 제10조는 강행법규를 보완하는 성격이었지만 제11조는 공공의 질서에 관한 강행법규에 속했기 때문에, 당사자의 의사와는 무관하게 조선 관습이 법적 효력을 지니게 되었다. 그러나 조선민사령 제11조는 친족

---

167) 공공의 질서에 관한 법규는 당사자 의사 유무를 불문하고 준수되기 때문에 강행법규이다. 관습법은 원칙적으로 공공의 질서와 관련되지 않는 법규이지만, 조선의 친족 및 상속에 관한 관습법은 강행법에 속한다. 임의법규는 각 인이 그것을 따르고 따르지 않는 것이 본인 자유에 달려 있다. 近見繁造, 『朝鮮戶籍法規詳解』, 1924, 87~88쪽.
168) 近見繁造, 『朝鮮戶籍法規詳解』, 1924, 88쪽.
169) 일본 민법 제92조는 당사자가 관습에 의한다는 의사를 갖는 경우에 한하여 관습에 의할 수 있다는 취지를 정한 것이다.
170) 吉田平治郎, 「朝鮮に於ける慣習と民事法規との關係」, 『司法協會雜誌』 2권 4호, 1923, 4~5쪽.
171) 吉田平治郎, 「朝鮮に於ける慣習と民事法規との關係」, 『司法協會雜誌』 2권 4호, 1923, 4~5쪽.

및 상속에 관한 실체적 내용을 구체적으로 규정한 것이 아니라 포괄적으로 조선 관습을 법원으로 인정한 것이었다. 따라서 법적 효력을 갖는 관습이 과연 무엇인가를 확정하는 것은 또 다른 문제였다.

이와 같은 조선민사령의 특례조항은 조선총독부로 하여금 당시 조선 관습의 실체를 명확히 규정하도록 요구하는 것이었다. 원래 관습은 성문이 아닌 불문(不文)의 형식을 띠고 있고, 사회적 감정을 반영하고는 있지만 구체적 내용이 대단히 불명확하다.172) 그런데 조선민사령 제11조는 조선인의 친족·상속에 관해서 관습에 의한다는 것만을 명시하고 있을 뿐, 관습법이 형성되는 방식과 확정의 주체에 대해서는 언급하지 않았다. 당시 조선총독부에 의해 법인된 관습은 『관습조사보고서』에서 조사된 관습에 큰 영향을 받았다. 『관습조사보고서』가 관습법 천명의 기초자료가 될 수 있었던 것은, 관습을 체계적으로 조사한 결과를 수록하고 있기 때문이었다. 1907년까지 한국의 관습은 한국정부에 의해서도 체계적으로 정리·조사된 적이 없었고, 근대적인 법전을 제정하지도 못한 상태였다.

『관습조사보고서』는 그 자체가 관습법을 선명(宣明)하지는 않았으나 법원의 판결 및 총독부 통첩, 회답을 결정하는 데 우선적인 참고사항이 되었다. 실제로 재판소 판례 및 통첩, 회답 등을 살펴보면 대부분 『관습조사보고서』를 인용하여 결정하고 있다. 그러나 『관습조사보고서』에 수록된 관습은 구체적인 사건에 적용될 법원으로서의 관습은 아니었다. 이를 위해서는 다시 관습의 법적 승인 과정, 즉 법인의 절차가 필요했다.173) 조사된 관습이 법원으로 인정되는 법인화 과정을 살펴보면, 식민지 시기에 정립된 관습법의 성격을 이해하는 데 참고가 될 수 있다.

조선민사령 제11조와 관련된 분쟁이 있을 경우, 관습의 법적 규범력을 확인하는 것은 크게 네 가지 방식으로 이루어졌다. 첫째는 정무총감·법무국장이 발

---

172) 南雲幸吉, 『現行朝鮮親族相續法類集: 喜頭兵一의 序』, 1935, 1~2쪽.
173) 정긍식, 『韓國近代法史攷』, 박영사, 2002, 234쪽.

하는 통첩 및 회답에 의한 방식이다. 재판 혹은 민적사무에서 관습법의 내용을 둘러싸고 분쟁이 일어났을 경우, 정무총감 및 사법부장관의 명의로 관습법의 존재를 확인해주었다. 법무국장은 조선총독의 입법권을 대행하고 법원 등을 감독했으며,174) 정무총감은 조선총독을 보좌하여 조선총독부 전반에 걸쳐 책임을 졌기 때문에, 이들에 의한 회답과 통첩은 관습에 관한 조선총독부의 공식입장이 될 수 있었다. 또한 조선 관습에 관해 포괄적인 입장 표명이 필요할 때는 관통첩의 형식으로 발하는 경우도 있었다.

둘째는 취조국, 중추원 등 조사국 기관장의 회답이다. 조사국 기관장의 회답이 직접적으로 법적 성격을 부여한다고는 할 수 없지만, 『관습조사보고서』와 유사하게 관습법 해석에서도 이들의 의견을 1차적으로 고려할 수밖에 없었다. 재판소 및 민적 담당자가 각종 조사기관장에게 조회하는 경우, 그 회답은 재판소 판결과 민적처리에 직접 영향을 미쳤다.

셋째는 조선고등법원의 판결이다. 조선고등법원은 최종심재판소로서 법 해석의 통일, 민·형사재판의 조화, 법과 사회규범의 조화 등에 관한 의견을 표시했는데, 고등법원의 의사표시는 사실상 하급심을 구속하는 힘을 갖고 있었다. 고등법원의 판결은 하급심 법원 판결에 길을 제시했기 때문에, 사회의 규범, 특히 조선 친족·상속법규 역시 고등법원 판결에 의해 최종 결정되었다고 볼 수 있다.175)

넷째는 구관심사위원회 등의 심의 및 결의에 의한 것이었다. 1910년대에는 일반적으로 조선총독부 당국이 직접 관습법을 선명하는 방식이었다면, 1920년대에 접어들면서는 구관심의회 등 각종 심사회 결의가 나타나고 있다. 구관심사위원회, 구관급제도조사위원회(舊慣及制度調査委員會), 사법협회, 호적협회 등의 결의도 관습법을 선명하는 기능을 했다. 각종 심의 및 결의는 1920년대 새로 관습법을 정립하거나 특정한 목적으로 조선 관습을 재정립할 필요가 있을 경우

---

174) 정광현, 『韓國家族法研究』, 서울대출판부, 1967, 24쪽.
175) 朝鮮總督府法務局, 『朝鮮の司法制度』, 1936, 29쪽.

에 사용되었다.

위에서 나열한 관습 법인의 방식은 서로 영향을 미쳤다. 재판소 판결에 의해 회답 및 통첩이 영향을 받거나, 회답 및 통첩에 의해 재판소 판결이 영향을 받는 등, 서로 밀접한 관련을 맺으면서 관습법이 정립되었다. 일부에서는 정무총감, 법무국장 등의 회답 및 통첩과 각종 결의, 재판소 판결 등의 우열을 가지고 관습법 변경에 관한 조선총독부의 입장을 설명하는 연구가 이루어지기도 했다.176)

그러나 관습법의 내용 변화를 기관의 우열을 통해 설명하기에는 곤란한 측면이 있다. 조선 관습의 법인에서 변화가 일어났던 이유는, 관습법의 내용을 어떻게 확립할 것인가, 혹은 조선 관습의 변화를 어떻게 반영할 것인가 하는 인식의 변화에서 찾아야 한다.177) 예컨대 초기 관습조사에서는 협의 이혼 및 재판상 이혼을 부정했으나, 재판소 및 사법부장관 회답에서는 인정하는 경향이 나타나기 시작했고, 이와 같은 재판소 입장을 1921년 구관급제도조사위원회에서 수용하고 있기 때문이다. 또 양호주(養戶主) 파양을 둘러싸고 정무총감과 재판소가 서로 논쟁을 벌인 적도 있다. 관제상으로 보면 정무총감의 회답이 관습법 내용으로 채택되어야 했지만, 1910년대 정무총감과 재판소는 서로 다른 내용의 관습법을 발했고, 결국 조선고등법원의 판결에 의해 양호주 파양 금지가 관습법으로 채택되었다.178)

조선의 관습법을 선명하는 방식은 재판소의 판결, 각종 통첩 및 회답, 구관심

---

176) 정광현, 『韓國家族法研究』, 서울대출판부, 1967.
177) 정광현은 구관급제도조사위원회 결의가 정무총감 및 법무국장의 회답 또는 통첩을 변경할 수 없다고 보고 있다. 그 예로 1921년에 미혼남자의 분가를 인정하지 않는 결의가 있었지만 그 이전인 1916년과 1917년 사법부장관의 회답에서는 미혼남자의 분가를 인정했다는 것을 근거로 제시하고 있다. 정광현, 『韓國家族法研究』, 서울대출판부, 1967, 24쪽.
178) 정긍식 역, 『改譯版慣習調查報告書』, 한국법제연구원, 2000; 「1912년 12월 11일 政務總監回答」, 『民事慣習回答彙集』, 114쪽; 「1923년 1월 25일 舊慣及制度調查委員會決議」, 『民事慣習回答彙集』附, 50쪽; 「1933년 5월 19일 朝鮮高等法院判決」, 『司法協會雜誌』 12권 6호, 1933, 82쪽.

의 관련기관의 결의 등 다양했으나, 형식상으로는 조선고등법원의 최종심 판결이 법적 구속력을 지니고 있었다. 다만 관습법은 조선 관습의 내재적 변화와 함께 조선총독부의 입법 정책에 의하여 내용의 변화를 보였다.

2. 조선총독부의 관습조사사업

통감부 주도의 관습조사사업은 한국 법전을 편찬하기 위하여 추진되었다. 그러나 한국병합 이후 조선총독부가 추진한 관습조사는 조선민사령 제10조, 제11조 및 제12조에서 법인된 관습의 구체적 내용을 확인하고 관습법 정책을 수립하기 위하여 추진된 측면이 강했다. 1910년 『관습조사보고서』는 관습법 선명에 결정적인 자료가 되었으나, 조선 관습의 변화와 조선총독부의 관습법 정책 등을 새롭게 반영할 필요가 있었기 때문에, 한국병합 이후에도 관습조사사업은 계속되었다.

지금까지 관습조사사업 연구에 이용된 자료는 1938년에 조선총독부 중추원이 발행한 『조선구관제도조사사업개요(朝鮮舊慣制度調査事業槪要)』이다. 이 자료는 통감부 시기부터 1938년 관습조사사업이 종료되기까지의 과정을 요약한 것으로서, 일제가 한국에서 수행한 관습조사사업의 모든 과정을 연혁적으로 소개하고 있으나 관습조사사업의 방법 및 과정 등을 상세히 파악할 수 없는 한계가 있다. 필자는 이런 한계를 일부나마 보완하기 위해 관습조사사업 관련 공문서류를 활용했다. 조선총독부는 『조선구관제도조사사업개요』를 편찬하기 위해 『조선구관급제도조사연혁의 조사(朝鮮舊慣及制度調査沿革ノ調査)』라는 초안을 18책으로 작성했다. 제1책부터 제17책까지는 각 세부목차에 해당하는 부분을 상세히 기술하고 있다. 현재 남아 있는 『조선구관제도조사사업개요』는 전 18책을 1책 분량으로 요약하여 발행한 것이다. 그중에서 현재 필자가 그 소재를 확인한 것은 제2책과 제18책뿐이다. 제18책은 세부목차를, 제2책은 취조국 시기를 기

〈표 1-14〉 『조선구관급제도조사연혁의 조사』 목차

대분류	중분류	부책번호
한국정부 시기	부동산법조사회, 법전조사국	제1책
취조국·참사관 시기	취조국	제2책
	참사관관장	제3책
	참사관관장	제4책
중추원 시기	구관조사를 중추원으로 이관한 사정	제5책
	민사관습조사, 상사관습조사	제6책
	제도조사, 제도조사, 자료수집	제7책
	풍속조사	제8책
	풍속조사	제9책
	조선반도사의 편찬	제10책
	조선인 사서(辭書)의 편찬	제11책
	구관심사위원회	제12책
	조선사회사정 조사, 조선지명사서의 편찬 조선역사지리의 편찬, 조선지지(朝鮮地誌)의 편찬	제13책
	구관급제도조사위원회	제14책
	조선사편찬위원회	제15책
	중추원회의와 구관 자문	제16책
	중추원회의와 구관 자문 구관급제도조사비, 중추원연혁의 경개(梗槪)	제17책
	목차	제18책

출처: 『朝鮮舊慣及制度調査事業沿革ノ調査(第18冊)』

술한 것이다. 따라서 나머지 분책이 발견된다면 관습조사사업에 대한 좀 더 진전된 연구가 가능하리라 생각된다.

「관습급제도조사연혁기고상황(慣習及制度調査沿革起稿狀況)」이라는 문서를 통해서는 『조선구관급제도조사연혁의 조사』 초안의 상황을 시기별로 파악할 수 있고, 『조선구관제도조사사업개요』를 작성하면서 조선총독부가 참고로 했던 각종 문서 164책의 목록을 파악할 수 있다. 〈표 1-14〉는 각 분책과 목차를 소개한 것이다.

또 구관심사위원회의 활동양상을 알 수 있는 회의록과 회지(會誌), 회의안(會議案)을 통해 당시 관습조사사업과 구관심사위원회의 관계, 신관습법의 정립방향 등을 일부 소개할 수 있을 것이다. 현재까지는 구관심사위원회와 1921년 조선민사령 제11조 개정 과정의 관계를 분석한 연구는 없으나, 조선총독부의 관습 성문화 계획에서 양자는 매우 밀접한 관련을 지녔다고 생각된다.

취조국 단계의 관습조사사업은 『조선구관급제도조사연혁의 조사(제2책)』를 중심으로, 참사관실 단계의 관습조사사업은 서울대 도서관에 소장된 『조선총독부참사관분실관계서류(朝鮮總督府參事官分室關係書類)(一)』을 중심으로 정리했다. 그리고 중추원 시기는 국사편찬위원회에 소장되어 있는 『중추원의 연혁조사(中樞院ノ沿革調査)』(MF A지수172), 『중추원 관제개정에 관한 자료(中樞院官制改正ニ關スル資料)』(中B12B-20) 등을 통하여 보완했다.

1) 취조국(1910. 10 ~ 1912. 3) 및 참사관실 단계(1912. 4 ~ 1915. 4)

한국병합 직후인 1910년 9월 30일에 조선총독부는 법전조사국을 폐지하고 취조국을 설치했다. 취조국은 ① 조선의 여러 제도 및 일체의 구관을 조사하고, ② 총독이 지정한 법령의 입안 및 심의, ③ 법령의 폐지·개정에 대해 의견을 구신(具申)하는 것을 목적으로 설치되었다.[179] 1910년 10월 1일에 취조국장관으로 石塚英藏을 임명했고 서기관 겸 참사관에 中山成太郎, 사무관에 塩川一太郎과 小田幹治郎을 임명했고 속(屬)으로는 吉田英三郎·安藤靜·小田信殆·宮定平·時永浦三·田邊八郎을, 통역생으로는 園木末喜, 사무관에 佐竹義準을 임명했고 속에 有賀啓殆郎과 長野虎太郎을 임명했다. 또한 조선인이 임명되는 위원

---

[179] 「1910년 9월 30일 칙령 제356호」, 『朝鮮總督府官報』.

에는 11월 10일에 김돈희·박종렬·이범익·김한목·정병조·최홍준이, 1911년 1월 17일에 박병조·송영대·유맹·이시영·구희서 등이 임명되었고, 촉탁으로는 2월 16일 千葉昌胤이, 2월 28일에 통역생 目良德太 등이 임명되었다.180)

취조국은 관습 및 제도조사와 법령의 입안, 심의를 담당할 목적으로 설치되어 관제상 법전조사국과 유사한 기능을 갖고 있었다. 그러나 취조국의 인원 구성상 한국병합 이후에 필요한 일련의 식민 법제를 취조국이 담당할 수는 없었다. 직원은 서기관 2명, 사무관 4명에 불과했고, 취조국 위원은 30명 이내로 두도록 했으며 위원은 모두 조선인으로 충원하여 주로 제도 및 구관에 관한 조사를 담당하게 했다. 그래서 조선총독부는 법률취조위원회를 따로 구성하여 식민 법제 제정에 돌입했고,181) 취조국은 관습 및 제도조사를 주로 담당했다.

그에 따라 취조국은 "① 행정상 각반의 시설에 자료를 제공하고, ② 사법재판의 준칙이 될 만한 관습을 제시하고, ③ 조선인에게 적합한 법제의 기초를 확립하기 위해 조선 전토에 걸쳐 각지의 관습을 조사하고 전적(典籍)을 섭렵하여 제도 및 관습의 연원"을 밝히는 업무를 담당했다.182) 취조국은 조선 관습의 조사를 위해 조선인 학자 30여 명을 대거 충원했는데, 이는 인원 구성상 법전조사국과 크게 대비되었다. 법전조사국에서는 전적조사보다 실지조사에 중심을 두어 조선인들이 단순히 통역관 역할에 그치고 있었던 반면, 취조국은 전적조사를 위해 조선인 학자들을 대거 충원했던 것이다. 취조국은 한국병합의 결과 구제도 및 관습 등을 조사할 필요가 더욱 절실해졌기 때문에 종래 법전조사국에서 실시했던 관습조사의 범위를 확장하고 아래와 같이 조사항목을 확정했다.

1. 토지제도, 2. 친족제도, 3. 면(面) 및 동(洞)의 제도, 4. 종교 및 사원의 제도, 5. 서방(書房) 및 향교의 제도, 6. 양반에 관한 제도, 7. 사색(四色)의 기인(起因) 연혁 및

---

180) 『朝鮮舊慣及制度調査沿革ノ調査(第2冊)』.
181) 朝鮮總督府法務局, 『朝鮮の司法制度』, 1936, 73~74쪽.
182) 『朝鮮舊慣及制度調査沿革ノ調査(第2冊)』.

정치상 사회상에서의 세력관계, 8. 사례(四禮)제도, 9. 상민의 생활상태, 10. 조선의 구빈제도, 11. 조선에서 행해진 중요 구법전의 번역, 12. 조선의 농가경제, 13. 조선의 통치에 참고할 구미각국의 속령지 및 식민지의 제도 연구, 14. 구(舊)법전조사국의 조사사항의 정리 15. 지방제도, 16. 관개에 관한 구관 및 제도, 17. 압록강 및 두만강에 관한 조사, 18. 조선어사전의 편찬

취조국은 위 조사사항 중 지방제도, 소작관행, 수리의 설비 등에 대한 조사 결과를 등사판으로 만들어 관계부국에 참고자료로 제공하고, 법전조사국이 간행한 『관습조사보고서』를 교정하여 재판을 발행했다. 그리고 병합과 동시에 한국정부가 소장하고 있던 도서를 보관·정리[183]하고 『대전회통』의 번역에 착수했으며, 조선어사전의 편찬을 계획하고 조선 도서의 해제 편찬에 들어갔다.[184]

1912년 3월 18일에 조선민사령이 공포되자 조선총독부는 취조국을 폐지하고 1912년 3월 27일에 칙령 제22호로 조선총독부관제를 개정하여 참사관이 조선의 제도 및 구관조사를 관장하도록 했다.[185] 참사관실에서는 법령의 심의 입안에 관한 사항과 법령의 해석·적용과 중요한 처분의 심의에 관한 사항 및 조선의 제도와 구관, 그 밖의 특령에 의한 조사에 관한 사항을 관장하도록 했다.

참사관실에서는 구관 및 제도의 조사는 범위가 매우 넓고 조사사항이 대단히 복잡하기 때문에 모든 관습에 대해서 동시에 조사에 착수할 수 없다고 판단하여 시급을 요하는 사항부터 우선 조사하기로 했다.[186]

참사관실은 민사 관습을 조사하기로 하고, 별도로 법제조사 세목 및 관습조사 세목을 작성했다. 조사방법은 전적조사 및 실지조사 두 종류로 하고, 조선에 존재하는 특종의 관습을 선명하는 것을 취지로 했다. 1912년 3월에 조선민사령

---

183) 대한제국정부가 생산한 공기록 및 규장각 소장도서의 정리에 대해서는 다음의 저서 참조. 박성진·이승일, 『조선총독부 공문서』, 역사비평사, 2007.
184) 『朝鮮舊慣及制度調査沿革ノ調査(제2책)』.
185) 「1912년 3월 27일 칙령 제22호」, 『朝鮮總督府官報』.
186) 朝鮮總督府, 『朝鮮總督府參事官分室關係書類(一)』.

이 제정되면서 능력, 친족·상속, 부동산물권 등에 국한해 조선 관습이 법적 효력을 갖게 되었기 때문에, 참사관실에서는 조사 범위가 조선민사령 규정에 의해 관습 적용을 받는 사항을 벗어나지 않도록 조사 범위를 아래와 같이 제한했다.

1. 조선인의 능력 및 무능력자의 대리에 관한 관습
2. 조선인의 친족에 관한 관습
3. 조선인의 상속에 관한 관습
4. 조선 내 부동산에 관한 권리의 종류 효력 및 그 득상변경에 관한 특별 관습
5. 조선인 외에 관계없는 사항에 대해 공공의 질서와 관계없는 규정과 다른 관습

참사관실에서는 위 5개 사항에 대해서 미리 조사항목을 작성하고 조사를 진행하기로 했다. 이 방법은 조사의 통일성을 도모하고 각 지방의 관습을 비교할 수 있다는 점에서 편리한 방법으로 평가되었다. 만약 조사원에게 일임하여 마음대로 조사를 하게 하면 필요한 사항을 누락하는 경우가 생길 수 있고, 그것 때문에 재조사를 하는 등 조사의 진행이 방해될 우려가 있었다. 따라서 자세한 조사항목을 작성하여 조사를 하고, 문제 이외에 조사를 필요로 하는 사항이 있을 때는 적당히 조사하여 문제점을 보완하려 했다. 법전조사국은 일본 민법 및 상법의 규정을 기초로 조사항목을 작성했지만, 조사 결과 일본과 조선이 서로 사정을 달리하고 있고 전혀 필요가 없는 항목이 있기도 하여, 참사관실에서 조사항목을 일부 생략하거나 추가했다. 참사관실에서 결정한 조사항목의 대강은 〈표 1-15〉와 같다.

참사관실은 지방마다 약간씩 관습에 차이가 있는 것으로 판단했다. 조사사항 중에는 전국에 걸쳐 조사해야 할 관습과 특정 지방에 국한하여 조사해야 할 관습이 있었기 때문에, 과거 경험에 의거하여 1개 도 내에서 2~3개 지방의 조사를 수행하면 대략 충분하다고 판단했고, 조사지역은 미리 48개 소를 선정했다.

한편 전적에 의한 법제조사에는 실제의 관행과 대조할 수 있는 장점이 있었

〈표 1-15〉 참사관실의 실지조사항목

능력에 관한 사항	유자(幼者)의 행위능력, 심신에 이상있는 자의 행위능력, 불구자의 행위능력, 처·첩의 행위능력, 낭비자의 행위능력, 무능력자의 행위 효력 및 그 추완(追完), 행위능력의 보충 및 제한의 제각(除却), 무능력자의 대표 및 재산의 관리(8항 64문)
친족에 관한 사항	친족의 범위, 호주 및 가족, 혼인, 친자, 부양, 친족회, 상식(喪式) 및 상복(7항 51문)
상속에 관한 사항	제사상속, 재산상속, 호주상속, 상속의 승인 및 포기, 상속의 정지, 상속인의 광결(曠缺), 상속의 회복, 폐가·절가 및 폐절가 재흥(10항 51문)
유언에 관한 사항	유언, 유증(2항 11문)
물권에 관한 사항	소유권, 지상권, 영소작권, 지역권(地役權), 입회권, 유치권, 선취특권, 전당권, 특종의 물권(9항 38문)
채권에 관한 사항	다수 당사자의 채권, 다수 당사자의 채무, 불가분 채권 및 불가분 채무, 보증채무 및 채무의 인수, 채권의 양도, 채권의 소멸, 계약의 성립 및 해제, 매매, 교환, 채대차(債貸借), 소비대차(消費貸借), 사용대차, 고용, 청부, 위임, 기탁, 조합, 정기금 채권, 화해, 사무관리, 부당이득, 불법행위, 이식(利息), 손해배상(24항 62문)
기타 사항	법인(法人)에 관한 사항, 기간에 관한 사항, 부녀에 관한 사항, 승려에 관한 사항, 비복(婢僕)에 관한 사항, 특종부락에 관한 사항(6항 21문)

출처: 『朝鮮舊慣及制度調查沿革ノ調查(第18冊)』

다. 또한 실제 관행의 연원을 법제에서 참작할 수 있고, 법령의 규정이 실제 관행에 기초한 것도 있었으므로, 이러한 사항을 조사하기 위해 주로 중국 및 조선의 전적을 섭렵하고 조사사항과 관계있는 것을 발췌하여 기술하도록 했다. 그리고 출장조사는 도청 또는 부·군청에 가서 조사항목을 대답하기에 적합한 자를 선발 소집하여 관습과 실례를 청취하는 것으로 했다.

조사 결과는 부분조사서와 총괄조사서로 나누어 편찬하기로 했는데, 부분조사서 편찬은 법제조사서와 관습조사서로 다시 구별하고, 각 사항에 대한 법제 및 관습을 밝혔다. 총괄보고서 편찬은 법제 및 관습에 대한 부분조사서를 기초로 기술하고, 대략 일본 민법 및 상법의 순서에 따라 편찬하기로 했다. 1912년부터 1914년까지 참사관실에서 조사한 것을 요약하면 〈표 1-16〉과 같다.

참사관실에서 작성한 조사보고서는 실지조사, 즉 출장조사에 의한 보고서가 123책, 전적조사에 의해 발췌한 조사자료는 83책에 이른다. 특히 법전·친족·상속·유언·호구·전폐·호패·노비·양역·제전·공부·세제·관혼상제 등에 관련된

〈표 1-16〉 참사관실의 관습조사 상황

	조사지역	조사항목
1912년	경성 외 도청소재지 12지역, 기타지역 12지역	실지조사: 능력, 친족, 상속, 유언(1913. 4 종료) 전적조사: 조선 및 중국의 예의와 법제를 섭렵 발췌
1913년		실지조사: 물권, 채권, 기타 사항 및 친족, 상속(1913. 4~1915. 4), 능력 외 28건 전적조사: 조선, 중국, 일본 전적의 초록 및 보고서 편찬
1914년		실지조사: 미완료사항 조사, 민사사항 외 제도, 구관조사 전적조사: 분재(分財)에 관한 사항 외 11항목

출처: 朝鮮總督府, 『朝鮮總督府參事官分室關係書類(一)』

사항의 색인을 편성했고, 『조선왕조실록』은 귀중한 문헌이므로 항상 찾아볼 수 있도록 색인을 편성하여 활용하도록 했다. 이상의 각 사무 중에서 관습조사는 순차적으로 보고서 정리를 마쳤고, 『조선의 사법(朝鮮ノ私法)』을 편찬하여 일반인도 참고할 수 있도록 제공했으며, 구한국의 법제와 관습에 대한 기록을 남기려 했다. 사업의 종료는 이후 2년을 예상했는데, 각 부분 탈고에 따라 수시로 휘보에 게재하거나 일편을 완성할 때마다 인쇄할 예정이었다.[187]

2) 중추원 단계(1915. 5. 1 ~ 1938)[188]

1915년 4월 30일 칙령 제62호로 중추원 관제가 개정되어 구관 및 제도에 관한 조사는 참사관실에서 중추원으로 이관되었다.[189] 1915년 5월 1일부터 구관 제도조사는 중추원 소관이 되었지만, 참사관실에서 추진했던 『조선의 사법』 편찬은 아직 종료되지 못한 상태였다. 중추원은 완결하지 못한 부분을 계속 조사하여 정리하기로 하고, 고래의 법제 및 관습을 적당하게 분류하여 기술하고

---

187) 朝鮮總督府, 『朝鮮總督府參事官分室關係書類(一)』.
188) 중추원 단계의 관습조사 서술은 특별한 인용이 없을 경우 1938년에 중추원이 발행한 『朝鮮舊慣制度調查事業槪要』를 참고한 것이다.
189) 「1915년 4월 30일 칙령 제62호」, 『朝鮮總督府官報』.

그 연원 및 변천의 자취를 밝히며 필요한 해설을 붙여서 『조선의 사법』을 완성할 것을 계획했다. 특히 제도 및 사법 이외의 구관에 대해서는 종래 필요에 따라 일부 조사했지만 아직 전반적인 조사가 이루어지지 못했기 때문에, 중추원에서 다시 계획을 세워 백반의 제도를 조사함과 동시에 행정상 및 일반의 참고가 될 풍속 관습을 모두 조사하기로 하고 다음과 같은 방침을 세웠다.

① 사법(私法)에 관한 관습의 조사를 완결하고 편찬할 것
② 널리 구래의 제도를 조사할 것
③ 행정상 및 일반의 참고가 될 풍속 관습을 조사·편성할 것[190]

참사관실은 조사 범위를 조선민사령 제10~12조로 국한했지만, 중추원은 이를 풍속 관습을 비롯한 구래의 제도로 확장했다. 그리고 구관조사 관련사업으로 『조선반도사』 편찬, 『조선인명휘고』(이후 『조선인명사서(朝鮮人名辭書)』로 개칭) 편찬, 조선사회사정 조사, 『조선지지(朝鮮地誌)』 편찬, 부락조사 등 사업의 영역을 확대했다. 1915년부터 1919년까지의 활동을 요약하면 〈표 1-17〉과 같다. 〈표 1-17〉을 통해 조선총독부 중추원이 각종 사항에 관해 집중적으로 전적 조사를 실시했음을 알 수 있다. 물론 실지조사도 병행했으나, 1917년부터는 실지조사 경비가 대폭 축소되어 전적조사를 중심으로 진행되었다. 1919년에 1차로 조사를 완료했는데, 1919년 당시에는 조선민사령 제11조 개정이 진행 중이었고, 또 다른 한편 구관심사위원회가 설치되어 조선 관습을 심의하고 있었다. 이런 상황에서 1919년에 조선 관습에 대한 전적조사를 일부 마친 것은 법제화를 위한 상당한 기초가 마련된 것으로 볼 수 있다.

1920년부터는 제2차 실지조사를 하고 각도마다 조사구(1도 내의 각 군을 참작하여 3~4개 구로 나눔)를 정하여 전도에 걸쳐 보충 조사를 하기로 했다. 중추원

---

[190] 朝鮮總督府中樞院, 『朝鮮舊慣制度調査事業槪要』, 1938, 61쪽.

〈표 1-17〉 중추원의 관습조사 활동(1915~1919)

	전적조사	실지조사
1915년	역둔토 및 각 궁장토에 관한 사항 외 17항 실록 중에서 법전 외 12항	합천 외 12개 지방(특별사항) 강원도·함북(물권 및 채권)
1916년	위와 같이 계속 조사	위와 같이 계속 조사
1917년	양자·입후에 관한 사항 외 22항	실지조사 경비가 대폭 축소되어 예정과 같이 수행 못함
1918년	구관심사위원회 활동	구관심사위원회 활동
1919년	완료한 전적조사 279건	

출처: 朝鮮總督府中樞院, 『朝鮮舊慣制度調査事業槪要』, 1938.

은 제1차 조사에서 실지조사가 취약했기 때문에 1920년부터 이를 강화하려 했던 것으로 보인다. 중추원은 종래 조사했던 조사보고서를 정리하고, 각지 관습의 이동(異同)을 쉽게 파악할 수 있도록 관습이동표(慣習異同表)를 작성하려 했으나, 중도에 또 방침을 변경하여 해당 사업을 중지했다. 대신 종래 조사한 보고서 및 전적조사에 의해 얻은 조사자료를 편찬하고, 자료가 부족할 경우 전적을 조사하거나 수시로 지방 출장을 통해 자료를 수집하기로 하고 이를 속(屬) 4명에게 분담시켰다. 참사관실에서 입안했던 조사 문제 강목에 대해서는 1919년에 조사가 완료되었기 때문에 조사서 정리 및 보고서 편찬에 착수했고 연말까지 인쇄를 완료할 예정이었다. 당시에 탈고한 것과 일단 자료조사를 마친 항목은 〈표 1-18〉과 같다.

〈표 1-18〉에서 알 수 있듯이, 1920년에 편찬 완료된 조사보고서가 6종, 자료 정리를 완료한 것이 24종으로, 친족·상속 및 상거래에 관한 중요한 관습을 조사했다. 조선총독부가 1918년부터 조선민사령 제11조 개정에 착수한 것을 생각하면, 제11조 영역에 관한 전반적인 조사가 진행되고 있었음을 알 수 있다. 위 조사항목 가운데 소작에 관한 관습, 친족의 범위, 분가, 양자 및 이이(離異, 이혼—인용자)의 경우에 배우자, 직계비속의 전적(轉籍) 등에 관한 것은 1918년부터 1919년 사이에 일정하게 심의를 마쳤고, 1921~23년에는 '가(家)', 결혼

〈표 1-18〉 1920년 자료조사항목 현황

조사보고서 편찬을 완료한 것	자료 정리를 완료한 것
토지소유권의 연혁, 전당권, 소작권, 보증채권, 객주, 능력(법인 제외)	지상권(地上權), 지역권, 입회권, 유치권(留置權), 선취특권, 연대채무, 채무양도, 매매, 가, 친족의 명칭, 친족의 범위, 친등, 친족관계의 발생과 소멸, 결혼(연령, 종류, 제한), 친자, 친족회, 부양의무, 상속, 거간, 위탁, 중개, 수형, 운송, 해상(海商)

출처: 朝鮮總督府中樞院, 『朝鮮舊慣制度調查事業槪要』, 1938.

및 이혼, 친족(회), 양자, 상속 관습 등에 대한 심의를 마쳤다. 이 당시 위 항목에 관해서 조사보고서가 작성되지는 않았지만 회의록, 결의안 형태로 남아 있다.

1921년에는 민사 관습·상사 관습·제도·풍속 등 네 가지로 구분하여 조사했고, 1923년 초에는 새로 민사 관습 조사항목을 편성하고 이 방침에 기초해 조사를 완료하기로 했는데, 민사에 관해서는 대체로 일본 민법의 편별을 모방하고 조선의 특종의 사항을 참작하여 입안하기로 했다. 그중 친족·상속에 관한 것만 소개하면 다음과 같다.

제6장 친족

제1절 친족의 명칭, 제2절 친족의 종류, 제3절 친족의 범위, 제4절 친계 및 친등, 제5절 친족관계의 발생 및 소멸, 제6절 가, 제7절 성명 및 본관, 제8절 혼인, 제9절 이혼, 제10절 변례혼인, 제11절 친자, 제12절 후견, 제13절 부양의무, 제14절 친족회.

제7장 상속

제1절 총설, 제2절 제사상속, 제3절 재산상속, 제4절 호주상속, 제5절 상속의 승인 및 포기, 제6절 상속재산의 분리, 제7절 상속인의 광결, 제8절 유류분.

제8장 유언

제1절 총설, 제2절 유언의 방식, 제3절 유언의 효력, 제4절 유언의 집행, 제5절 유언의 무효 및 취소.

종래의 전적조사에서는 인원·경비 등의 이유로 실록, 일기, 등록 등의 기록을

〈표 1-19〉 민사관습조사보고서 기술 예정 기간

명칭	기술착수 연월	기술완료 연월	인쇄종료 연월	보고서 쪽수
친족에 관한 사항	1934. 4	1935. 12	1936. 6	1,500
상속에 관한 사항	1933. 1	1934. 12	1935. 6	1,000
물권에 관한 사항	1936. 7	1937. 6	1937. 12	500

출처: 朝鮮總督府中樞院, 『朝鮮舊慣制度調査事業槪要』, 1938.

철저히 조사할 수 없었다. 그러나 당시 자료만으로 조사보고서를 기술하기는 자료가 부족하다고 판단되어, 조사보고서 기술을 중지하고 중요기록 등의 자료를 수집하여 자료를 보완한 뒤에 기술하기로 했다. 그리고 1923년에는 행위, 능력 외 61항을 일단 탈고했다.

1924년과 1925년에는 전년의 방침에 따라 조사하여 1926년까지 실록조사계에서 조사·분류한 것 중 필요한 자료를 발췌하고, 한편으로 조선학자가 저술한 예법서를 조사하는 등 자료의 수집에 노력했다. 특히 당시 관습법으로 적용되었던 친족·상속에 관한 자료는 대체로 등사·발췌가 완료되었기 때문에, 그것을 정리하고 동시에 일시 중지한 보고서 편찬에 착수했다. 1927년에는 경상북도 및 평안북도 관내 7개 군에 대한 출장조사를 하고 전적조사는 조선시대의 자료를 수집했는데, 인원이 부족하여 보고서의 작성에 착수하지 못했다. 1928년에 계속 전적조사를 하고 기술한 것은 ① 경성에서의 외국인 잡거의 연혁, ② 조선에서의 외국인 토지소유권의 연혁 및 현행법령과의 연락, ③ 폐사(廢寺) 재산의 귀속, ④ 결혼요건 등이었다. 그러나 조사보고서의 기술이 예정과 같이 진행되지 않았기 때문에 1930년에 접어들면서는 민사관습조사보고서 편찬을 계획했다. 1932년 8월에는 〈표 1-19〉와 같이 사무진행계획을 수립했다.

1933년도부터 민사 관습 중 일본 법규의 적용을 받는 사항에 대해서는 조사를 일시 중지하고 현재 관습법으로 적용되는 사항에 대해서만 조사하기로 방침이 바뀌었다. 이에 1933년 9월에 편찬 및 출판 계획을 세워 친족편의 구관조사

〈표 1-20〉 민사관습조사서 편찬 및 출판 계획

연도	명칭	장정	판종	총 쪽수
1934년도	친족편	양장	국판	700
1935년도	친족편	위와 같음	위와 같음	800
1936년도	상속편	위와 같음	위와 같음	600
1937년도	물권편	위와 같음	위와 같음	500
1938년도	채권편	위와 같음	위와 같음	600
1939년도	총칙	위와 같음	위와 같음	300

출처: 朝鮮總督府中樞院, 『朝鮮舊慣制度調査事業槪要』, 1938.

기술은 기토 효이치(喜頭兵一), 상속편은 와타나베 나리시(渡邊業志), 특종물권은 노무라 조타로(野村調太郞) 등에게 담당하게 했고, 1933년 9월 15일에 나이토(內藤), 후지타(藤田), 기요미야 시로(淸宮四郞) 등 3명을 임명하여 종래 수집한 자료를 사항별로 정리하여 기술하도록 했다. 12월 6일에는 정무총감, 법무국장, 고등법원장 등과 함께 보고서 편찬에 관하여 협의하는 등, 조선총독부 차원에서 관습 및 제도조사가 진행되고 있었다(〈표 1-20〉 참조).[191]

〈표 1-20〉의 사항 중 1936년까지 탈고된 것은 토지소유권의 연혁 및 현행 법령과의 관계, 계(契), 호적, 성명 및 관(貫), 결혼요건 등이었다. 민사 관습에 관한 각종 조사보고서로는 『소작에 관한 관습조사서』(1930), 『민사관습회답휘집』(1933), 『이조의 재산상속법』(1936), 『조선제사상속법론서설』(1939) 등이 차례로 편찬되었다. 조선총독부에 의해 추진된 관습조사사업은 1938년에 『조선구관제도조사사업개요』를 발간하면서 마무리되었다.

---

191) 朝鮮總督府中樞院, 『慣習及制度調査計劃』.

3. 구관심사위원회와 구관급제도조사위원회의 관습법 결의

1918년과 1921년에 각각 설치된 구관심사위원회(舊慣審査委員會)와 구관급제도조사위원회(舊慣及制度調査委員會)는 기존의 관습조사기관과는 성격이 달랐다. 과거 취조국·참사관실·중추원 등은 조선 관습을 조사하는 기관이었으나, 위원회는 기존에 조사했던 조선 관습을 새롭게 심의·결정할 것을 목적으로 설치되었다.192) 따라서 위원회에서 심의·의결한 내용은 그대로 관습법으로 채택될 가능성이 매우 높았다.

1910년대 관습법 선명의 주된 방식이었던 정무총감 및 사법부장관 회답이나 조선고등법원의 판결 등이 단일 사안에 대한 것이었다면, 구관심사위원회 결의는 조선 관습에 대한 포괄적 심의를 목표로 했다.193) 특히 두 위원회는 『관습조사보고서』의 관습 인식을 일정부분 승계하면서도, 1910년대 조선 관습법의 변화와 조선총독부의 관습법 정책을 일부 반영하고 있었다. 이와 같은 관습법 재정립은 당시 조선사회의 객관적 변화에 기인하는 측면도 있었지만, 1918년부터 추진된 조선총독부의 친족·상속 관습의 성문화 계획과도 관련이 깊었다.

구관심사위원회 설치 계획안은 1918년 9월 5일에 기안되었고, 9월 26일에 결재를 받아 설치되었다. 조선민사령에서 조선인 간의 문제는 조선 관습에 의하도록 했기 때문에, 중추원이 조사하는 제도 및 구관이 직접 재판상의 준거가 되었고, 조선인에 관한 입법에서는 관습을 기초로 하거나 참작하여 규정을 설치하는 경우가 많았다. 기타 일반행정에도 종전의 제도 및 관습을 참고할 필요가 있었다. 구관심사위원회는 제도 및 관습의 조사 결과에 대하여 전문적으로 내용을 심사하고 취사(取捨)를 결정하는 것이 필요하다고 생각하여 설치한 기관이었다.194) 여기에서 심의·의결하는 것은 ① 법령에서 효력을 인정하거나 법령에

---

192) 朝鮮總督府中樞院, 『慣習及制度調査沿革起稿狀況』.
193) 「朝鮮施政要綱(1919. 6)」, 『齋藤實文書(1권)』.
194) 朝鮮總督府中樞院, 『朝鮮舊慣制度調査事業槪要』, 1938, 74쪽.

의해 당연히 적용할 관습, ② 법령의 제정 및 개정의 기본 또는 참고할 제도·관습, ③ 행정의 참고가 될 제도 및 관습 등이었다.

1918년 10월 16일 구관심사위원장에 세키야 데이자부로(關屋貞三郞, 총독부 내무부 학무국장)가 임명되었고 위원으로는 永沼直方(고등법원 판사), 田中芳春(경성지방법원부장), 山口貞昌(총독부 사무관), 喜頭兵一(경성복심법원 판사), 萩原彦三(총독부 참사관), 小田幹治郞(총독부 사무관), 어윤적, 김한목이 임명되었다. 1918년 11월 1일 오후 3시부터 구관심사위원회에 관한 회의를 개최하여 구관심사위원회의 방침과 활동에 대해서 결정했던 것으로 보인다.195)

구관심사위원회가 조선민사령이 개정되었는데도 여전히 구관이 적용되고 있는 사항부터 심사하기로 한 것을 볼 때, 구관심사위원회의 안건으로 올라 있던 관습은 일단 조선민사령 개정에서 제외된 것들이었던 듯하다. 그리고 "조선인을 위해 제정하는 법령은 구관에 비중을 두는 것이 물론 당연하고 특히 재판상 안건에 대해서 불문법으로서 법령의 효력을 갖는 경우가 많기 때문에, 구관의 진상을 제정하고 또 구관을 사회 변화"196)에 조화시키기 위해 관습법을 새롭게 정립할 필요가 있었다. 또 조선민사령급민적법개정조사위원회가 추진했던 관습성문화와 관련하여 조선 관습의 실태와 변화상을 미리 확정할 필요도 있었다. 〈표 1-21〉은 구관심사위원회의 심의 내용을 소개한 것이다.

구관심사위원회의 심의 결과는 향후 친족·상속제도 개편에도 상당한 영향을 미쳤을 가능성이 높았다. 구관심사위원회 위원으로 참가하고 있었던 오다 간지로(小田幹治郞), 야마구치 사타마사, 하기와라 히코조(萩原彦三)는 동시에 개정조사위원이기도 했다.

구관심사위원회는 최초 계획으로는 모두 14회를 개최하기로 예정되었지만 제8회까지만 열렸다. 제1회부터 제4회까지는 조선민사령 제12조 부동산물권에 관한 조선의 관습을 확정하기 위한 것이었는데, 1919년 2월 13일에는 의안을

---

195) 朝鮮總督府中樞院, 『舊慣審査委員會誌』.
196) 朝鮮總督府中樞院, 『朝鮮舊慣制度調査事業槪要』, 1938, 76쪽.

〈표 1-21〉 구관심사위원회 안건 일정표

	개회		의안 및 심의 결재		위원회 회의록 배부	총독 보고
	예정	회일	예정	심의 결재		
1	제3 목요일	1918. 11. 22.	개간소작 대동군(大同郡) 내 원도지(元賭地) 전도지(轉賭地)	개간 소작 심의	1918. 12. 12.	1918. 12. 23.
2	제2 목요일	12. 12.		심의 결재	1919. 1. 14.	
3	상동	1919. 1. 14.		대동군내 원도지 전도지 심의결재	2. 8.	2. 22.
4	상동	2. 13.	신의주군에서의 중도지 등등	심의 결재	3. 13.	3. 25.
5	상동	3. 13.	친족의 범위	심의(미완료)	5. 19.	
6	상동	4. 10.	분가양자 및 이이의 경우 배우자 직계비속 등의 전적	심의 결재	5. 19.	4. 22.
7	1919. 5. 19.	5. 19.	상혼의 제한	친족범위 심의(미완료)		
8	6. 16.	6. 20.	양자			
9	7. 17.		양자			
10	8. 18.		친족회			
11	9. 15.		친족의 범위			
12	10. 20.		가의 종류			
13	11. 17.		재산의 상속			
14	12. 15.		상속인의 광결폐가 및 절가			

출처: 『舊慣審査委員會誌』
비고: 이이(離異)는 이혼을, 상혼(相婚)은 동성동본혼을 뜻한다.

모두 심의·의결했고, 이 중에서 소작에 관한 결의사항은 중추원이 발행한 『소작에 관한 관습조사서』에 수록되었다.

1919년 3월 13일에는 제5회 위원회를 개최하여 친족의 범위를 심의했다. 여기에서는 대체로 유복친을 친족의 범위로 결정하고, 그 취지에 의해서 원안을 만들려 했지만 심의를 마치지 못했다.[197] 『형법대전』이나 이를 그대로 인용했던 『관습조사보고서』와는 달리, 친족의 범위를 축소하려 했음을 알 수 있다.[198] 1919년 4월 10일 제6회 위원회에서는 "분가, 양자, 파양 및 이이의 경우에 배우자 직계비속 등의 전적"과 함께 재판소 조회·회답을 심의하고 가결했다. 이 의안에 대한 결의사항은 다음과 같다.

> 가족이 분가로 인하여 일가를 창립한 경우, 가족 또는 호주가 양자가 되어 타가(他家)에 들어간 경우 및 파양으로 인하여 양자가 친가로 복적하는 경우에는 그 가에 있는 그자의 처자는 당연히 그를 따라서 분가, 양가 또는 친가로 들어가는 관습으로서, 만약 그 자(子)에게 처자가 있을 때는 그 처자도 역시 부(夫) 또는 부(父)를 따라 가를 옮기는 것으로 한다.[199]

위 규정은 전적(轉籍)에 관한 것으로, 일본 민법과는 내용이 매우 다르다. 즉 전적의 경우 조선에서는 처 및 직계비속은 당연히 그 부(父) 또는 부(夫)를 수반하여 '가'를 옮기지만, 일본 민법에서는 그렇지 않았다. 분가에 관해서는 기존의 관습을 크게 변경하려고 하지 않았음을 알 수 있다.

1919년 5월 19일 제7회 위원회를 개최할 때, 원래는 상혼(相婚)의 제한이 의안으로 예정되었으나 실제로는 제5회 위원회에서 완료하지 못한 친족의 범위에 대해서 심의했다. 1921년 4월까지 완료한 사항은 9개 항목이었고, 구관심사위원회는 폐지되었다. 구관심사위원회는 1921년 4월까지 존속되었지만 심의는 1919년 5월 19일까지만 진행되었다. 따라서 구관심사위원회가 상정했던 양자, 친족회, '가', 재산상속, 폐절가 등의 사항은 심의하지 못한 채 중단되었다.

1921년 4월 30일에는 구관급제도조사위원회가 설치되어[200] 구관심사위원

---

197) 朝鮮總督府中樞院, 『舊慣審查委員會會議錄』.
198) 朝鮮總督府中樞院, 『舊慣審查委員會會議案』.
199) 朝鮮總督府中樞院, 『舊慣審查委員會會議錄』.
200) 「1921년 4월 30일 朝鮮總督府訓令 제25호 舊慣及制度調査委員會規程」, 『朝鮮舊慣制度調査事業概要』, 80쪽.

회의 사업을 그대로 계승했다. 구관심사위원회는 중추원 산하에 설치되었으나 구관급제도조사위원회는 조선총독부 산하에 개설되었고, 1921년 6월에 위원장에 정무총감 水野鍊太郎, 부위원장에는 중추원 서기관장인 松永武吉, 위원에는 유성준 외 18명이 임명되었다.201) 구관심사위원회는 조선총독부가 조선민사령 제11조의 개정을 추진하던 1918년부터 1919년까지 활동했지만, 구관급제도조사위원회는 조선총독부의 관습 성문화방침이 내각 법제국에 의해 좌절된 1921년 4월 30일에 설치되었다. 조선총독부는 사이토 마코토(齋藤實) 총독 취임 이후에 구관조사를 확충하여 관습 제도 및 민정의 조사를 하여 시정개선의 자료를 정비할 계획을 세우고 1920년 말에 실시안을 결정했다. 현행 시설에 대해서 직접 이용할 수 있는 조선의 제도, 관습에 관한 조사를 실시하기로 하고, 1921년 4월에 조사 및 심의기관으로 구관급제도조사위원회를 설치한 것이었다.202)

> 조선의 제도 및 구관(舊慣)을 조사ᄒᆞ야 시정의 참고에 공(供)흠은 통치상 최(最)히 긴요흔 사(事)라 구관에 취(就)ᄒᆞ야는 총독부 설치 이래 취조국 및 중추원에서 차(此)를 속행ᄒᆞ던 것으로 조사서류 보고서 등은 상당히 성립되얏스나 차를 참고로 흠에는 상(尙) 일층(一層) 조사의 범위를 확장ᄒᆞ고 차(且) 그 진보(進捗)를 도(圖)ᄒᆞ야 동시에 그 조사와 각반 시정과 연락을 취흠이 필요흠으로 금회는 조직을 신(新)히 ᄒᆞ야 인원을 충실케 ᄒᆞ야 대(大)히 그 진보를 도(圖)ᄒᆞ기로 되나라.203)

내용상 구관급제도조사위원회는 구관심사위원회가 심의를 마치지 못한 사항을 그대로 승계했는데, 이 위원회는 조선인의 친족·상속에 관한 사항만을 심의

---

201) 朝鮮總督府, 「朝鮮舊慣及制度の調査機關設置」, 『朝鮮』 78호, 1921, 165~166쪽. 위원을 소개하면 다음과 같다. 유성준(兪星濬), 유맹(劉猛), 五孫子勝, 水野正之丞, 小田省吾, 小田幹治郎, 守屋榮夫, 原正鼎, 蓧原英太郎, 渡邊豊日子, 牛井淸, 萩原彦三, 김한목(金漢睦), 박이양(朴彛陽), 박종렬(朴宗烈), 小田內通敏, 김돈희(金敦熙), 大原利武.
202) 朝鮮總督府, 『朝鮮に於ける新施政』, 1922, 88쪽.
203) 『每日申報』 1921. 4. 30.

〈표 1-22〉 구관급제도조사위원회 의안

	개최일	의안	심의·의결
제1회	1921. 8. 6.	친족·혼인에 관한 관습	
제2회	1921. 8. 17.	전회 의안의 나머지 가결	가결
제3회	1921. 10. 13.	양자에 관한 관습	일부 수정 가결
제4회	1921. 12. 1.	가·친자·친족회·부양에 관한 관습	가에 관한 사항 일부 수정 가결
제5회	1921. 12. 5.	친자·친족회·부양의 정리안 가결	
제6회	1923. 1. 25.	상속에 관한 관습	원안 가결

출처: 朝鮮總督府中樞院, 『舊慣制度調査事業槪要』, 1938.

했다는 점에서도 주목할 만하다. 또한 1921년 4월은 조선민사령 개정을 둘러싸고 조선총독부와 내각 법제국이 서로 갈등한 끝에 조선총독부가 기안했던 구관주의적 민사령안이 폐안되던 무렵이었다. 조선총독부는 조선민사령 제11조 개정안에 관해서 일본 민법 의용 원칙을 수용하는 대신, 구관급제도조사위원회는 조선총독부가 초기에 구상했던 관습법을 새로 정립하는 방향으로 나아갔던 것으로 보인다(〈표 1-22〉 참조).

구관급제도조사위원회의 결의사항도 조선총독에게 보고되었다.204) 결의안의 내용은 조선총독부 중추원이 발간한 『민사관습회답휘집(民事慣習回答彙集)』 부록에 그대로 실려 있어, 관습법 내용을 모두 확인할 수 있다. 조사위원회 결의사항은 구관심사위원회의 연장선상에서 이해할 필요가 있다. 우선 구관심사위원회는 친족의 범위를 대략 유복친으로 정했지만 아직 최종 결정은 하지 못했다. 구관급제도조사위원회는 1921년 8월 6일과 17일 결의에서 "조선에서 친족의 범위는 매우 넓지만, 그중 특히 유복친족(有服親族)을 근친으로 하기 때문에 법령에서 유복친족을 친족의 범위로 간주"한다고 하여 유복친을 친족으로 설정하는 수정을 가했다. 이로써 친족의 범위에 관해서는 그 기준을 유교적 예제에

---

204) 『慣習及制度調査沿革起稿狀況』.

입각하여 복제(服制)로서 설정했음에도,『형법대전』이나『관습조사보고서』와는 다른 친족 범위가 설정되었다. 이와 같은 위원회 결의는 1921년 이후의 판례와 조사회 결의를 통해 그대로 수용되었다.205)

또 결혼에 관해서도 중요한 결정이 내려졌다. 조선인의 결혼요건 및 효력에 관해 1910년대에 정립된 관습법을 그대로 확인했다. 결혼연령에 관해서는 법원이나『관습조사보고서』에서 결혼연령의 제한이 없다고 파악했던 것을 그대로 인용했고, 다른 한편으로 민적취급과 관련해서는 등재를 거부했던 조선총독부의 정책도 모두 인정하여 수록했다. 그러나 이혼 관습에 대해서는 1910년『관습조사보고서』의 견해를 채택하지 않았다.『관습조사보고서』에서는 협의 이혼 및 재판상 이혼 관습이 없는 것으로 파악되었으나, 결의에서는 재판소 판례 및 회답을 인용하여 재판상 이혼을 인정했다. 이혼의 경우 현실적으로 조선인들이 일부에서 협의 이혼 및 재판상 이혼을 요구하고 있었고, 1917년에 실시한 관습조사에서도 일부 새로운 이혼 관습이 조사되었기 때문이다.206)

또한 '가', 호주권, 호주상속 등에 관해서는 일본 민법의 개념을 도입하여 해석함으로써 조선 관습에 일본 민법의 요소가 가미된 신관습법을 재확인했다. '가' 및 '호주'에 관한 구관급제도조사위원회 결의는 1909년부터 지속적으로 추진했던 조선총독부의 행정적 규제를 반영한 것이었다. 예컨대 동거집단으로서 조선 재래의 '호'가 일본 민법 개념의 친족집단으로 전환되었다. 조선 재래의 '호'에서 편성 기준이 '동일가옥의 거주자'였다면, 일본 민법상의 '가'는 동거 여부가 아니라 호주에 부속된 친족집단으로 정의되었다.

또 조선에서는 호주신분을 상속대상으로 파악하지 않았으나 일제는 상속의 종류를 제사상속, 호주상속, 재산상속으로 정하여 호주 지위도 상속의 대상으로 정했다. 그리고 조선 재래의 제사상속을 근본개념으로 설정함으로써 일본 민법

---

205) 「(1924년 刑上 제106호) 1924년 12월 4일 朝鮮高等法院判決」,『朝鮮高等法院判決錄』11권, 43~47쪽,「1924년 11월 19일 判例調查會決議」,『司法協會雜誌』4권 1호, 1925, 35쪽.
206) 朝鮮總督府中樞院,『婚姻ニ關スル事項(1917. 6. 21)』.

의 가독상속 개념과도 다른 상속제도를 확립했다. 따라서 '가'의 승계와 상속은 일본 민법과 같이 외형상으로는 호주를 중심으로 이루어졌으나 호주 지위 상속의 순서를 조선 재래의 봉사자(奉祀者) 상속의 순위와 일치시킴으로써 조선의 특성을 일부 반영했다.

이 결의는 1919년부터 1921년까지 조선총독부가 실행한 구관심사 가운데 중요한 심사였으나, 1920년대에는 관습법 정책의 변화에 따라 수정되었다. 예컨대 양자제도, 미혼남자의 분가, 결혼연령 등에 대한 조선총독부 관습법 정책이 수정됨에 따라 결의가 관습법으로 채택되지 못한 경우도 있었다.

제2부

조선총독부의 관습 성문화 정책과 조선민사령 제11조 개정

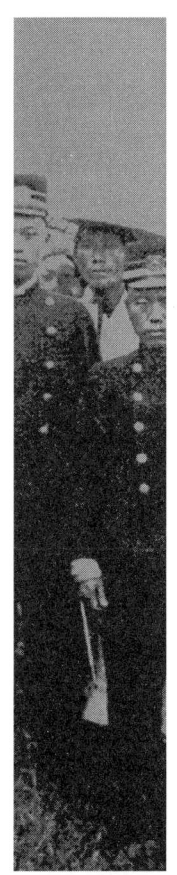

도론

　제2부의 목적은 조선민사령 제11조 개정 및 조선호적령의 입법 과정을 분석하여, 조선총독부가 어떤 방향으로 식민지 법령 체계를 개편하려 했고 조선총독부의 입법 추진에 대해 일본정부는 어떻게 대응했는지 살피는 것이다. 조선민사령 제11조 개정에 관한 기존의 연구는 동화 정책의 관점에서 조선총독부가 조선 관습을 부정하고 일본 민법을 시행했다고 분석하고 있다. 이 연구들은 1921·22년 조선민사령 제11조 개정의 결과를 충실히 분석하고 일본 민법이 의용되는 방식과 그 법제적 의미를 소개하는 성과가 있었지만, 조선민사령 제11조가 개정되는 복잡한 입법 과정을 분석하지 못함으로써 식민 정책의 수립에 관여한 다양한 변수를 포착하지 못한 한계가 있었다.
　조선민사령은 1912년에 조선총독부와 일본정부가 합의하여 제정한 것이었으나 매우 불안정한 성격을 띠고 있었다. 그 이유는 조선민사령이 일본민법주의-조선구관주의, 성문법-관습법이라는 모순적 원리로 구성되었고, 또 향후 식민지 관습의 입법을 둘러싸고 조선총독부가 일본정부와 다른 방향으로 법 정책을 추진했기 때문이다. 1910년대 조선인의 친족 및 상속에 대한 신규 입법과 민적법을 대체할 새로운 호적법규의 제정은 조선총독부가 해결해야 할 가장 중요한 입법사항의 중 하나였으며, 입법 방향은 향후 식민지 법 체제의 개편을 초래할 가능성이 있었다.

1918년 공통법을 계기로 조선총독부는 식민지 법령 체계를 개편하는 방향으로 법 정책을 본격적으로 추진했다. 조선총독부가 개편을 추진한 식민지 법 체제는 1912년 조선민사령에서 확립된 일본 민법-조선 관습법의 이원 체제를 부정하고, 일본 민법-조선 관습법-조선 성문법 체제로 이행하는 것이었다. 그러나 조선총독부가 당초 입안했던 조선민사령 개정안에 대해서 내각 법제국이 법제 일원화를 주장하면서 강하게 반대하여, 조선민사령 제11조는 일본 민법을 의용하는 방식으로 개정되었다.

　그러나 이 같은 입법의 의미를 동화주의의 일방적 관철로 해석하는 데는 신중할 필요가 있다. 왜냐하면 첫째, 일본정부가 친족 및 상속에 관해 조선구관주의 자체를 부정한 것은 아니었고, 둘째, 내각 법제국이 법제 일원화 주장을 하면서 조선총독부가 입안한 조선민사령 개정안에 반대했으나 법제 일원화 논리를 조선 법제 전 영역에 실현할 의사는 없었기 때문이다. 당시 상황에서 전면적 법제 일원화 주장은 일본정부의 조선통치 방식이었던 조선총독에 의한 대리통치를 법적으로 부정하는 것이었고, 1912년에 일본정부와 조선총독부가 합의했던 조선민사령 체제를 부정하는 것을 의미했다. 법제국이 주장했던 일원화는 일본 민법 이외의 다른 성문법령을 허용하지 않겠다는 소극적인 자세로 이해해야 한다. 내각 법제국이 선호했던 것은 조선 관습을 성문법화하는 것이 아니라 조선의 관습을 그대로 관습법으로 법인하는 것이었다.

　조선총독부도 겉으로는 내각 법제국의 입장에 동조했으나 조선민사령 제11조 개정의 범위를 오히려 축소하고 관습법 체제를 유지하는 쪽을 선택함으로써 일본 민법이 광범위하게 의용되는 것을 제한했다. 따라서 1921·22년 조선민사령 제11조 개정안은 1910년대에 이미 조선총독부가 일본 민법 조항을 의용하기로 결정했던 것과, 조선의 관습 중 그 내용이 명확하지 않은 것, 또는 조선 관습이 변화한 것(관례·통첩·회답 등으로 확립된 것)만을 선별하여 확정되었다.

　이와 같은 조선민사령 제11조 개정 과정은 조선인의 호적법규에도 큰 영향을 미쳤다. 1912년의 조선민사령에는 호적에 관한 규정이 없었으나 1922년 조선민사령 제11조를 개정하면서 호적에 관한 일부 규정이 조선민사령 제11조에 새로 설치되었다. 이는 조선총독부가 입안한 조선민사령 제11조 개정안이 일본정부의 반대로 인해 폐안되자, 조선총독부가 일본정부의 간섭을 줄이는 방향으로 조선호적령을 제정하기 위해 제령이 아닌 부령(附令)으로 제정한 것과 관련이 있다. 입법기술상 호적사건에 관한 주요 벌칙사항은 조선인의 권리·의무에 관한 입법사항이기 때문에 제령으로 공포되어야 했으나, 조선호적령이 부령으로 공포되면서 입법사항에 관한 일부 규정이 불가피하게 조선민사령 제11조로 이관된 것이다.

제1장
일본 식민지 법 체제의 모순과 법적 정비

1. 식민지 법 체제의 모순

1911년에 제정된 법률 제30호 '조선에 시행할 법령에 관한 법률'에서는 조선의 입법사항을 조선총독의 명령으로 정할 수 있도록 했고, 다만 '법률'의 전부 혹은 일부를 조선에 시행할 필요가 있을 때는 제령 또는 칙령으로 정하도록 했다. 이 법률에 따라서 일본의 법령은 조선에 연장되어 직접 실시되는 것이 아니라 제령 또는 칙령의 형식으로 실시되었고, 이로 인하여 조선과 일본은 서로 법령의 형식과 내용을 달리하는 이법지역(異法地域)이 되었다.

조선의 민사 및 형사에 관한 일반법령인 조선민사령과 조선형사령에서는 민법과 형법을 포함하여 일본 법령을 의용(依用)할 것을 규정했다. 일본 민법과 형법은 내용상으로는 조선에서 시행되었으나 법률이 아닌 제령의 형식으로 시행되었다는 특징이 있었다.[1] 이로 인하여 조선에서의 법률행위는 법 형식이 다른 일본에서 그대로 효력이 유지되지 않았다. 또 조선민사령은 조선에 거주하는 조선인, 일본인, 외국인을 적용 대상으로 규정하여 국적에 관계없이 규율할 것을 명시했으나 예외적으로 제11조에서는 그 대상을 조선인으로 한정했으며, 적용 법규도 일본 민법이 아니라 조선 관습법이었다. 조선민사령 제11조 영역에서는

---

1) 實方正雄, 『共通法』, 1938, 14~15쪽(日本評論社, 新法學全集 시리즈, 1938).

법령의 형식뿐만 아니라 내용도 달랐다.

일본, 조선, 대만 등은 각각 법령을 달리하는 별개의 지역을 구성하고 있었고, 각 지역의 법령은 그 시행구역이 서로 달랐기 때문에, 이법역 법령의 효과를 다른 지역에 미치게 하기 위해서는 별도의 규정이 필요했다.2) 그러나 1917년까지는 각 지역 상호간의 공통연락을 규율하는 법규가 없었기 때문에 일본 법의 효력이 일반적으로 식민지에 미칠 수 없었고, 식민지 법의 효력도 일본에 미치지 못했다. 예컨대 대만, 조선, 관동주에는 내용상 일본 형법이 통용되었으나, 서로 법령의 형식이 달랐기 때문에 다른 지역에서 일어난 범죄를 처벌할 수 없었다. 대만, 조선, 관동주는 형법 적용상 일본국으로 간주하기 어려웠고 외국도 아니었기 때문이다. 외국에서의 범죄는 일본에서 처벌할 수 있지만 오히려 식민지에서의 범죄는 처벌할 수 없는 상황이었다.3)

민사의 경우에도 비슷한 상황이 발생했다. 예를 들면 외국회사는 그 성립을 인정하여 일본회사와 똑같이 사권(私權)을 향유할 수 있지만, 식민지에 설립한 회사는 일본 상법상의 회사가 아니고 외국회사도 아니었기 때문에 그 설립을 인정하거나 사권을 향유할 법률상의 근거가 없었다. 따라서 다른 지역으로 본점을 이전하거나 다른 지역의 회사와 합병하는 것도 불가능했다.4) 또 조선의 관습법 적용을 받는 부동산물권에 관한 문제가 일본 재판소에서 분쟁하는 경우 어느 지역의 법률을 적용할 것인지, 그리고 대만에서 체결된 조선인 사이의 이자계약 이행지를 일본으로 정했을 경우 일본, 조선, 대만 중에서 어느 곳의 이

---

2) 山田三郎, 「共通法案ニ就テ」, 『法學協會雜誌』 36권 4호, 1918, 68쪽.
3) 1911년에 법률 제52호로 '사법사무공조법(司法事務共助法)'이 제정되어 사법행정에 관해서 식민지 상호간의 연락관계가 형성되었다. 이 법률은 ① 소송서류의 송달, 증거조(證據調), 영장의 발부 및 집행, 범죄의 수사 위촉, ② 민사판결의 집행력이 있는 정본(正本)에 기초한 강제집행, 가압류 또는 가처분 명령의 집행, ③ 사형, 태형을 제외한 형의 집행 위촉을 주요 내용으로 하고 있다. 이 법률은 법역 간 공통연락관계를 형성하기 위한 것이 아니라, 사법행정의 공조를 수행하기 위한 것이기 때문에 이법역의 소통 문제의 해결을 목적으로 하지 않고 있었다. 이 문제에 관해서는 다음의 논문 참조. 田中隆一, 「帝國日本の司法連鎖」, 『朝鮮史研究會論文集』 38, 2000.
4) 山田三郎, 「共通法案に就て」, 『法學協會雜誌』 36권 4호, 1918, 68~70쪽.

식제한법(利息制限法)에 따를 것인지, 계약당사자인 조선인의 법률행위 능력의 유무는 어떻게 판단할 것인지 등의 문제가 발생할 수 있었다.

특히 조선인과 일본인 사이의 친족 문제는 복잡하게 전개되었다. 예를 들어 첫째, 조선인 남자가 일본인 여자와 결혼하는 경우 결혼 성립의 요건과 효력은 어떤 법률에 의하여 판단하고, 또 이혼은 가능한가. 조선인 부(父)가 일본인 사생자를 인지(認知)하는 경우 혹은 조선인이 일본인의 양자가 되는 경우에, 이와 같은 행위가 법적으로 가능하며 그 요건에 대하여 준거할 법률이 있는가. 둘째, 호적에 관해서는 일본, 조선, 대만 등이 그 형식과 내용을 완전히 달리하고 서로 호적상 이동에 관한 규정도 없었는데, 이러한 상황에서 결혼, 이혼, 입양, 사생자 인지 등을 원인으로 하는 송적(送籍), 입적(入籍), 제적(除籍)이 가능한가 등의 문제가 발생할 수 있었다.5)

1910년 한국병합 이후 조선과 일본 간에 사회·경제적 교류가 증가하면서 조선인과 일본인 간의 상호행위를 규율할 법령의 필요성도 제기되었다. 외국도 이법지역이라고 할 수 있으나 일본은 '법례(法例)'를 제정하여 외국과 일본 간의 법률적 소통에 관한 규정을 마련했다. 그러나 식민지와 식민 본국, 즉 조선과 일본은 이법지역임에도 불구하고 양자가 외국이 아니었기 때문에 '법례'의 적용대상도 아니었다. 결과적으로 조선과 일본은 법률적 소통이 외국보다 더 어려운 관계였다. 식민지인이나 식민지 법인(法人)은 외국인 혹은 외국 법인보다도 열등한 지위에 놓여 있었고, 또한 외국인은 일정한 절차에 의해 일본인으로 귀화할 수 있었으나, 조선인은 일본 국적자이기 때문에 귀화할 수도 없었고, 전적(轉籍) 금지 정책에 따라서 일본호적을 취득하여 일본인이 될 수도 없었다.6)

---

5) 實方正雄, 『共通法』, 1938, 2~3쪽. 당시 일제의 식민 정책에서는 조선인의 일본으로의 전적, 취적(就籍), 분가, 친족입적 등이 불가능했다.
6) 조선인, 일본인, 대만인들은 모두 일본 국적자이면서 각각의 호적(地域籍)을 갖고 있었기 때문에 법적으로 서로 구별되는 존재들이었다. 이와 같이 본적을 기준으로 법제적으로 민족이 결정되면 서로 전적을 금지하여 다른 지역으로의 법률적 이동을 엄격히 금지했다. 金英達, 「創氏改名의 制度」, 『創氏改名』, 학민사, 1994; 金英達, 『創氏改名の研究』, 未來社, 1997; 坂元眞一, 「敗戰前 日本國における朝鮮戶籍の研究」, 『靑邱學術論集』 10, 1996; 이승일, 「일제 시기 朝鮮人의 日

일본정부는 조선인이 일본으로 이적(移籍)하거나 일본인이 조선으로 이적하는 것을 공식적으로 금지했기 때문에 이적에 관한 절차 규정을 마련할 필요는 없었으나, 조선인과 일본인 사이의 결혼과 입양까지 법으로 규제할 수는 없었고, 1910년 이후부터 소수지만 결혼과 입양이 행해지고 있었다.

조선인이 혼인 또는 입양으로 인하여 내지인 가(家)로 입(入)코ᄌ ᄒᄂᆞᆫ 경우에ᄂᆞᆫ 호적법 제104조 또는 제90조에 의ᄒᆞ야 내지인 되ᄂᆞᆫ 부(夫) 또는 양친의 본적지 호적리(戶籍吏)에 계출ᄒᆞ고 부 또는 양친의 가에 입흠을 득(得)ᄒᆞ나, 내지인이 동상(同上)의 원인으로 조선인의 가에 입코자 ᄒᆞᄂᆞᆫ 경우에ᄂᆞᆫ 아즉 조선에 호적법의 실시가 무(無)ᄒᆞ고 또 친족법상의 관계에 재(在)ᄒᆞ야도 아즉 해결키 난(難)ᄒᆞᆫ 점이 유ᄒᆞ와 별(別)로 규정을 설(設)ᄒᆞ기까지 입적 절차를 정지ᄒᆞ라시ᄋᆞ기에 자에 의명통첩흠.7)

이 통첩은 조선인이 일본인과 결혼하거나 일본인의 양자가 되는 경우에 일본 호적법의 규정에 의해 입적 절차를 수행하도록 했으나, 일본인 여자가 조선인 남자와 결혼하는 경우에는 특별한 규정을 설치하기 전까지 입적 절차를 정지할 것을 요구하는 내용이다. 이 같은 내용은 1909년 통감부 시기와는 다른 입장이다. 통감부 시기에도 1911년과 마찬가지로 민적의 입적 및 제적에 관한 규정이 미비했으나, 1909년 민적조사를 실시하면서 일본인과 한국인이 결혼하거나 입양한 사실이 밝혀졌을 때는 일정한 사항을 적어서 민적부에 등록하고 처(妻) 혹은 기타 신분을 민적부에 기재하도록 했다.8)

이 통첩은 조선인 여자가 일본인 남자와 결혼했을 경우에 일본 호적법의 절차에 의해 일본 호적으로 입적하는 것에 대해서 공시하고 있으나 원래의 조선 민적에서 제적되지는 않는 것으로 보았다.9) 이 경우 조선인 여자는 내지적(內地

本國民化 연구—戶籍制度를 중심으로」, 『한국학논집』 34, 2000.
7) 「內地人과 朝鮮人 間에 在ᄒᆞᆫ 婚姻 又ᄂᆞᆫ 養子緣組에 因ᄒᆞᆫ 戶籍上 處理에 關ᄒᆞᆫ 件(1911년 5월 2일 警收第 3211號의 2)」, 『日鮮對照朝鮮民籍要覽』, 237~238쪽.
8) 「1909년 10월 8일 民籍課長通達」, 『日鮮對照朝鮮民籍要覽』, 235쪽.

籍)10)을 획득하면서 동시에 조선적(朝鮮籍)도 유지하는 이중적(二重籍) 상태가 되었다.11) 조선인이 일본인의 양자가 되는 경우에도 내지적에 편입될 수는 있었지만 조선의 민적에서 제적되지는 않았다.12)

일본인 여자가 조선인 남자와 결혼하는 경우 입적 절차를 정지시킨 것에 대해서, 표면적으로는 호적법이 아직 조선에 시행되지 않고 있었고 민적법은 조선인에게만 적용되는 것이라는 이유를 들고 있다.13) 일본인에게는 조선적으로의 편입 자체를 허용하지 않았기 때문에 이중적 문제가 발생하지는 않았지만, 반면에 결혼 등의 사회적 현상들을 법적으로 전혀 반영하지 못하는 문제가 있었다.

원래 일본의 호적제도는 1인 1본적주의를 채택하고 있었기 때문에, 이중적은 일본에서는 거의 찾아보기 어려운 현상이다. 그럼에도 식민지 초기 이중적을 용인했던 것은 식민지인들을 일본인으로 편입시키는 것에 관한 정책이 아직 수립되어 있지 않았기 때문이다. 일본정부는 일본인이 조선적으로 편입하는 것에 대해서도 일본인 보호를 위해서 망설이고 있었으나 이중적은 일시적인 것이었고 법적으로 정비하지 않으면 안 되는 문제였다.

조선총독부는 일본인의 조선적으로의 입적과 이중적 문제의 해결에 적극적이었다. 1915년 7월 27일에 조선인 남자가 일본인 여자와 결혼했을 경우에는 "조선인 간의 혼인과 같이 입적 절차를 하고, 그 출생자는 적출자로 취급"14)하도록 했다. 다만 일본인 여자가 조선인 또는 대만인 남자와 결혼하여 조선의 '가(家)' 또는 대만의 '호(戶)'로 입적할 수는 있지만, 일본의 호적에서 제적되지는 않았다.15) 일본인 여자의 제적 문제는 일본정부가 해결해야 할 사항이었으나

---

9) 細谷定, 『日鮮對照朝鮮民籍要覽』, 1915, 65쪽.
10) 이 책에서 내지적(內地籍)은 일본호적을, 조선적(朝鮮籍)은 조선호적을 의미한다.
11) 細谷定, 『日鮮對照朝鮮民籍要覽』, 1915, 85~86쪽.
12) 細谷定, 『日鮮對照朝鮮民籍要覽』, 1915, 80~81쪽.
13) 細谷定, 『日鮮對照朝鮮民籍要覽』, 1915, 65쪽.
14) 朝鮮總督府法務局, 「1915년 7월 27일 京畿道長官伺司法部長官回答」, 『民籍例規』, 1922, 207~208쪽.
15) 호적의 경우 조선인은 민적법, 일본인은 호적법의 적용을 받고 있었으나 민적법과 호적법은 서로 공통연락 규정을 결여하고 있었다. 따라서 조선인과 일본인이 결혼이나 입양을 할 경우에는

당시까지 일본정부는 이런 문제에 대하여 특별한 조치를 취하지 않았다. 그러나 조선총독부의 조치에 따라 조선인과 일본인의 결혼이 이루어진 경우에 일본인도 조선호적으로 입적할 수 있게 된 것이다.

앞에서 언급했듯이, 조선인과 일본인 사이에 호적에 관한 사건이 발생하는 경우에 조선총독부가 적절하게 대응하지 못한 이유는 관련 법규가 없다는 것이었다. 한국을 병합한 이후 조선총독부는 조선인에게 적용하는 호적법을 제정하지 못한 채 1909년에 제정한 민적법과 민적법집행심득 등의 법규로 호적사건을 임시로 규율하고 있었다. 민적법과 민적법집행심득은 한국인의 호적제도를 일본 호적제도로 개편하기 위해 충분한 조사를 수행하지 않고 호주 및 법률상의 '가'제도 등을 중심으로 제정한 매우 간단한 법령이었다. 따라서 조선인과 일본인 사이의 결혼과 입양 등에 대한 규정이 미비했을 뿐만 아니라 조선인 간의 입적, 제적 등의 규정도 설치되지 않은 상황이었다. 조선총독부는 민적제도 정비를 위해 1915년 8월 7일 관통첩 제240호를 발하고 관련 규정을 일부 보완했다.16) 이 관통첩은 민적의 말소를 공식적으로 규정하여 이중적 상태를 해소할 수 있는 행정적 근거를 마련했다는 점에서 주목할 만하다.

> 혼인, 양자, 이혼, 파양, 입가, 일가 창립, 기타 사유로 인하여 일호(一戶)의 전원 또는 일인 혹은 수인을 민적에서 제할 때는 그 사유를 기재하고 민적의 전부 또는 일부를 말소할 것17)

호적 처리상 문제를 일으킬 수 있었다. 원래 각 이법지역 간에는 전적을 허용하지 않았고, 또 결혼 기타 친족관계로 인해 다른 지역의 '가'에 들어가는 경우에도 입적 또는 제적을 인정하지 않았다. 특히 대만에서는 일본인 또는 조선인과의 결혼 또는 연조를 금지하는 법령은 없었지만, 그 절차법규가 없다는 이유로 신고를 접수하지 않았기 때문에 실제로 금지하는 것과 다를 바가 없었다. 따라서 만약 그 사이에 자식이 태어나면 사생자로서 대만호적 또는 일본호적을 취득하는 것에 불과했다.

16) 1915년 8월 7일 관통첩 제240호는 각 사항에 걸쳐 민적사무취급의 준칙을 정한 것으로, 민적법과 대응하여 조선에서의 민적수속의 근원을 구성했다. 각종 통첩, 회답은 모두 관통첩 제240호를 보족 및 설명하는 것으로 볼 수 있다. 朝鮮總督府法務局, 「凡例」, 『民籍例規』, 1922.
17) 朝鮮總督府內務局, 「1915년 8월 7일 관통첩 제240호」, 『民籍例規集』, 1917, 31쪽.

이 규정으로 민적의 말소를 공식적으로 규정하여 이중적 상태를 해소할 수 있는 행정적 근거가 마련되었다. 그와 함께 내선인(內鮮人)의 결혼에 관해서는 "조선인 여자가 결혼으로 인해 내지인의 '가'에 들어갔을 때는 그 취지를 민적의 사유란에 기재하고 말소할 것"이라고 규정하여, 조선인 여자가 조선적을 말소하고 일본호적을 취득할 수 있는 법적 근거가 마련되었다.

반면에 동일한 관통첩에서 "조선인이 내지인을 처로 했을 때는 결혼으로 인한 입적 취급을 할 것"이라고 규정했다. 이 규정에서 주목할 것은 입적에 관한 언급은 있으나 제적에 관한 언급이 없다는 점이다. 따라서 조선인 남자가 일본인 여자를 '처'로 맞았을 경우, 일본인 여자는 조선의 민적에 편입될 수 있었으나 일본호적에서는 제적되지 않았다. 조선총독부가 일본인 여자의 제적에 대해 언급할 수 없었던 것은 조선총독의 입법권한이 조선지역에 국한되었기 때문이다. 일본인 여자의 제적에 관한 사항은 일본정부가 해결해야 하는 성질의 문제였다. 그리고 조선총독부는 조선인 남자가 일본인 여자와 입부혼인을 하거나 입양되는 경우에 조선호적에서 제적시키지 않았다.[18]

> 조선인 남자가 양자 또는 서양자 연조로 인하여 내지인의 '가'에 들어갔을 때는 그 취지를 민적의 사유란에 기재하고 민적에서 제외하지 말 것[19]

위 규정은 일제가 조선인 남자가 완전한 일본인으로 전환되는 것을 허락하고 있지 않았음을 보여준다. 조선총독부와 일본정부는 일본인과 조선인의 전적을 엄격히 금지함으로써 민족에 기초한 법제적 구분을 고수했고,[20] 이적의 유일한 수단이었던 결혼과 입양 등과 관련해서도 조선인 남자를 조선호적에서 제적시

---

18) 일본인 남자는 조선의 관습법상 입부혼인, 입양 등으로 조선인 가에 편입될 수 없었다.
19) 朝鮮總督府內務局, 「1915년 8월 7일 관통첩 제240호」, 『民籍例規集』, 1917.
20) 「1924년 6월 12일 海州地方法院長稟伺法務局長回答」, 『朝鮮戶籍例規(1933)』, 498쪽; 「1925년 9월 11일 撫順警察署長伺出ニ對スル在奉天總領事問合法務局長回答」, 『朝鮮戶籍例規(1933)』, 500쪽.

키지 않았다.

1915년 관통첩 제240호는 내선인 간 결혼 및 입양에 관한 규정을 정비했으나 결혼 및 입양으로 인해 파생되는 문제까지 해결하지는 못했다. 예컨대 ① 일본인 여자가 조선인 남자와 결혼하는 경우 일본인은 조선인의 '가'에 입적할 수 있으나 일본의 호적에서 제적되지는 않기 때문에 이중적 상태가 되고, 그 사이에서 출생한 자식은 조선에서는 적출자(嫡出子) 신분을 얻지만, 일본에서는 호적상 사생자(私生子)로 취급된다. ② 조선인 남자가 일본인과 입부혼인을 하는 경우 일본인 '가'에 입적할 수 있지만, 조선호적에서 제적되지 않기 때문에 이중적이 되고, 그 자식은 일본에서는 적출자 신분이 되지만 조선에서는 서자(庶子)가 된다. ③ 일본인 여자가 낳은 사생자를 그 부(父)인 조선인 남자가 인지했을 때는 서자로서 조선인의 '가'에 입적하지만, 일본에서는 여전히 사생자로 취급된다.21)

1910년대 조선총독부와 일본정부는 내선인 간에는 1인 2본적을 일부 용인함으로써 민족 및 혈통에 기초한 접근을 유지했다. 그러나 이와 같은 엄격한 구분은 조선인과 일본인이 서로 교류하는 현실을 법적으로 반영할 수 없었다. 조선총독부는 1915년 사법부장관 회답과 관통첩 등으로 내선인 간의 호적사건에 일정하게 대응해나갔으나, 근본적으로는 일본정부의 법 정비가 필요했다. 조선총독부가 행사할 수 있는 법적 수단은 조선지역에 제한되었으므로 식민지와 식민본국 간의 법제를 조선총독부 독자적으로 제정할 수는 없었기 때문이다.

이상에서 알 수 있듯이, 일본이 한국을 병합한 뒤에도 여전히 한국을 이법지역으로 취급했기 때문에 이법지역 상호간의 법률행위를 규율할 법령이 객관적으로 요청되었다. 이에 일본정부는 공통법을 제정하여 이중적 문제를 포함한 식민 본국과 식민지 간의 상호 연락관계를 규정하는 법령을 정비했고, 조선총독부는 공통법 제정을 계기로 새로운 민사법 정책을 강력히 추진했다.

---

21) 國分三亥,「共通法に就て」,『朝鮮彙報(6월)』, 1918, 9~10쪽.

2. 공통법의 제정과 주요 내용

조선총독부는 1911년에 공통법을 제정할 것을 일본정부에 제안했다. 일본정부는 조선총독부의 제안을 수용하여 척식국의 주도로 1912년 3월에 15개 조항으로 구성된 제1안과 16개 조항으로 구성된 제2안을 제정했다. 그러나 초안을 심의한 결과 내용이 불완전하다고 판단한 사이온지(西園寺) 내각은 1912년 4월에 오카노(岡野) 법제국 장관의 상신(上申)에 기초해 내각에 '공통법규조사위원회'를 설치하고 위원장 및 6명의 위원을 임명하여 체계적으로 법률안 제정에 들어갔다. 공통법규조사위원회의 위원장은 법제국장관, 위원은 법제국 참사관 2명, 척식국 고등관 1명, 사법성 고등관 2명, 대학교수 1명으로 충원했다. 이후 1917년 1월에 전문 19개로 구성된 법안을 완성했고[22] 1918년 1월 19일에 제국의회에 제출했다.[23]

공통법은 1918년 4월 17일 법률 제39호로 공포되었고, 5월 17일 칙령 제145호에 의해 제3조를 제외하고는 1918년 6월 1일부터 시행되었다. 공통법 제3조는 1921년 칙령 제283호에 의해 1921년 7월 1일부터 시행되었다.[24]

공통법
제1조 본법에서 지역이라 함은 내지, 조선, 대만 또는 관동주를 말한다. 전 항의 내지에는 사할린을 포함한다.
제2조 민사에 관해 일지역(一地域)에서 다른 지역의 법령에 의할 것을 정한 경우에는 각 지역에서 그 지역의 법령을 적용한다. 2개 이상의 지역에서 동일한 다른 지역의 법령에 의할 것을 정한 경우에 그 상호간 역시 동일하다. 민사에 관해서는 전 항의 경우를 제외하고 법례를 준용한다. 이 경우에는 각 당사자가 속

---
22) 『倉富勇三郎文書』에 제19조 전문이 실려 있다.
23) 이상의 공통법 제정 과정에 대해서는 다음의 논문 참조. 山田三郎, 「共通法ニ就テ」, 『法學學會雜誌』 36권 4호, 1918, 82~84쪽.
24) 實方正雄, 『共通法』, 1938, 12쪽.

한 지역의 법령을 그 본국법으로 한다.

제3조 일지역의 법령에 의해 그 지역의 가에 들어가는 자는 다른 지역의 가를 떠난다. 일지역의 법령에 의해 가를 떠날 수 없는 자는 다른 지역의 가에 들어갈 수 없다. 육해군 병적(兵籍)에 있지 않은 자 및 병역에 복무할 의무가 없게 된 자가 아니면 다른 지역의 가에 들어갈 수 없다. 단 징병종결처분을 거쳐 제2국민역에 있는 자는 이러한 제한에 있지 않다. (이하 생략)

공통법은 일본, 조선, 대만, 관동주 상호간의 민사 및 형사의 교섭사항에 관한 법률이다.[25] 제1조에서 규정했듯이 조선, 일본, 대만 및 관동주는 각각 독립된 '지역'을 구성하고 "일지역"의 법령은 다른 지역에서 시행되지 않기 때문에 상호교섭의 사항을 규정할 법규가 필요하게 되었다. 외국과의 교섭관계에 대해서는 법례, 국적법 등의 관련 법규로 처리할 수 있었으나 국내관계인 각 지역 간 교섭상의 문제는 오히려 해결할 수 없었던 것이다. 이에 일본정부는 1918년에 공통법을 제정하여 동년 6월부터 전적에 관한 제3조 규정을 제외한 채 시행했다. 공통법은 식민지 간 법규의 통일을 위해 제정된 것이 아니라, 법령의 효과를 이법지역 간에 상호연장하기 위해 설치된 규정이었다.[26]

공통법은 성격상 크게 네 종류의 조항으로 구성되었다. 첫째는 공통법 제1조로, 지역에 관한 규정이다. 공통법에서의 지역은 이법지역, 즉 법령을 달리하는 지역을 뜻한다. 따라서 공통법은 위 지역 상호간의 공통연락에 관한 규정이라고도 할 수 있다. 둘째는 민사에 관한 규정인데, 공통법 제2조부터 제12조까지가 이에 해당한다. 셋째는 형사에 관한 규정으로, 공통법 제13조부터 제19조까지이다. 넷째는 시행에 관한 규정이다. 이 네 종류 중에서 검토할 것은 민사에 관한 규정인데, 그 가운데 내선 간 친족 문제에 관한 제2조와 제3조가 주된 검토 대상이다.[27]

---

25) 松村眞一郎, 「共通法案ニ付テ」, 『法學志林』 20권 2호, 1쪽.
26) 『每日申報』 1917. 11. 27.

공통법은 내용상 크게 민·형사법의 적용 원칙을 규정하는 부분과, 민·형사법의 공통연락을 목적으로 하는 부분으로 구분할 수 있다. 전자는 이법역 간 법률 충돌(저촉)의 사안에 대하여 그 사이의 적용범위를 확정하는 적용규범의 성질을 갖는다. 따라서 그 법적 효과는 "조선법에 의한다" 또는 "일본법에 의한다"라는 식으로 소위 준거법을 확정하는 데 있고, 사안의 실체법적 해결에 있지 않다. 실체법적 해결을 위해서는 다시 조선법 혹은 일본법의 적용이라는 제2단계 과정이 필요하다. 이와 같은 성질을 갖는 조항은 공통법 제1조와 제2조이다. 예컨대 내선인 간의 결혼·입양사건 등은 조선과 일본이 모두 관련이 있기 때문에 사건의 해결을 위해서는 일단 각 당사자에게 어느 지역의 법률을 적용할지 결정해야 한다. 이 문제를 해결하는 원칙으로 "민사에 관해서 일지역에서 다른 지역의 법령에 의할 것을 정한 경우에는 각 지역에서 그 지역의 법령을 적용"하고, 이 조항 외에는 모두 '법례'를 준용하도록 했다. 법례에서는 결혼, 입양, 친족입적 등에 관해서는 각 당사자가 속한 지역의 법령에 의거하도록 했으므로 이 사항에 관련해서 일본인은 일본 민법, 조선인은 관습법에 따르게 되었다.

이에 반해서 후자는 역외 교섭성을 갖는 법률사건에 대해서 실체법적 효과를 직접 확정하는 것을 목적으로 하고 있다.[28] 이와 관련된 조항은 연락규칙으로, 섭외적 성질을 갖는 법률관계를 확정하는 실질법적인 성질을 갖는다. 연락규칙에 속하는 조항은 제3조, 제4조, 제5조, 제6조, 제7조 1항, 제9조, 제10조, 제11조, 제12조 등을 들 수 있다.[29] 민사공통법의 대부분은 연락규칙이라고 할 수 있고, 대표적으로는 형식과 내용을 달리하는 호적 문제를 들 수 있다.

이미 언급했듯이, 호적에 관해서 조선에는 민적법, 대만에는 호구규칙 등의

---

[27] 이하 공통법에 관한 내용은 다음의 논문들을 요약·정리한 것이다. 實方正雄, 『共通法』, 1938 (日本評論社, 新法學全集 시리즈, 1938); 山田三郎, 「共通法案ニ就テ」, 『法學協會雜誌』 36권 4호, 1918; 國分三亥, 「共通法に就て」, 『朝鮮彙報(6월)』, 1918; 松村眞一郎, 「共通法案ニ付テ」, 『法學志林』, 20권, 2호.
[28] 實方正雄, 『共通法』, 1938 참조.
[29] 공통법 전문은 이 책의 부록 참조.

법규가 있었으나 해당 법규들은 다양한 호적사건을 규율하기에는 관련 규정이 소략했고, 특히 일본 호적법과의 소통 규정이 없다는 문제가 있었다. 예컨대 대만에는 일본인 또는 조선인과의 결혼이나 입양을 금지하는 법령은 없었지만 절차법규가 따로 없었기 때문에 사실상 그것을 금지하는 것과 다를 바가 없었다. 만약 그 사이에서 출생한 자식이 있으면 사생자로서 대만적(臺灣籍) 또는 내지적을 취득하는 것에 불과했다. 조선에서는 일본인과 조선인 사이의 결혼 또는 입양의 성립을 인정했다. 1915년 7월부터 조선인이 일본인을 처로 맞아 결혼신고를 했을 때는 조선인 간의 결혼과 똑같이 입적을 했고, 그 자식도 적출자로 인정했다. 또 조선인 여자가 결혼으로 인해 일본인의 '가'에 들어갔을 때는 그 취지를 기재하고 민적에서 제외했다. 그러나 조선인 남자가 입양으로 인해 일본인 '가'에 들어간 경우에는 그 취지를 민적부에 기재했을 뿐 민적에서 제외하지는 않았다.

공통법 제3조는 "일지역의 법령에 의해 그 지역의 '가'에 들어간 자는 다른 지역의 가를 떠난다"라고 규정하여, 한쪽의 입적은 다른 쪽의 제적의 원인이 된다는 취지를 밝혔다. 따라서 조선인과 일본인이 결혼, 입양 등으로 인해 다른 지역의 '가'에 입적하게 되면 기존의 호적에서는 제적되어 이중적 문제가 해소될 수 있는 계기가 마련되었다.30)

---

30) 한편 일지역에서 공익상 필요에 의해 그 '가'를 떠나는 것이 허락되지 않는 자는 가령 다른 지역의 법령에서 그 지역의 '가'에 들어갈 수 있는 경우에도 입적을 허용하지 않기 때문에 제3조 제2항은 제1항을 제한하고 이러한 당사자는 다른 지역의 '가'에 들어갈 수 없었다. 예를 들면 일본민법 제744조에서 규정된 법정추정가독상속인(法定推定家督相續人)은 일본에서도 다른 '가'에 들어갈 수 없기 때문에 다른 이법지역의 '가'에도 당연히 들어갈 수 없다. 또 공통법 제3조 제3항에 "육해군의 병적에 있지 않은 자 및 병역에 복무할 의무가 없게 된 자가 아니면 다른 지역의 '가'에 들어갈 수 없다"고 규정한 것은 일본인에게만 적용되는 조항이었다.

제2장
조선총독부의 관습 성문화 정책과 일본정부의 대응

1. 조선총독부의 관습 성문화 정책 추진

공통법은 법률의 성격상 식민지에도 당연히 효력이 미치기 때문에, 식민지법은 공통법의 입법취지에 맞게 개정되어야 했다.31) 공통법 제3조는 "일지역의 법령에 의해 그 지역의 가(家)에 들어가는 자는 다른 지역의 가를 떠난다"라고 규정했다. 조선의 민적법과 일본의 호적법에는 내선결혼(內鮮結婚) 및 입양을 원인으로 하는 입적·제적·송적 규정이 없었기 때문에, 공통법 제3조의 실시는 곧 일본 호적법과 조선 민적법 개정을 동반했다.32)

식민지 초기 조선총독부는 공통법 실시와 무관하게 민적법의 개정을 계획한 적이 있었다. 1909년에 공포된 민적법은 불과 8개 조항으로 구성된 간략한 법규였기 때문에 복잡한 민적 분쟁에 효과적으로 대처할 수 없었고, 조선인들을 호적에 등록·관리하는 데 제도상 많은 문제가 있었기 때문이다.

1915년 3월에 다테이시 고레이치(立石惟一)가 일본의 민법과 호적법에 기초하여 새로운 호적법규를 제정할 것을 제안했으나, 조선 관습의 권위자였던 오다 간지로가 구관주의적 입장에서 반대했고, 또 오쓰카 쇼사부로(大塚象三郎)도 절

---
31) 「朝鮮施政要綱(1919. 6)」, 『齋藤實文書(1권)』; 朝鮮總督府, 『第40回 帝國議會說明資料』, 1917.
32) 『每日申報』 1918. 1. 27.

차법규인 민적법 개정 이전에 실체법규인 조선 관습의 법제화가 선행되어야 한다고 주장하여 민적법 개정이 실현되지 못했다.33) 오쓰카 쇼사부로는 민적의 기본법인 친족 및 상속에 관해 구관주의적 입장을 유지하고 있던 상황에서, 민적법규만 일본 호적법에 입각하여 개정하는 것을 반대했다. 조선총독부는 민적법 개정에 관한 논쟁을 통해 민적사무가 "친족 및 상속에 관한 실체법규와 밀접한 관계가 있음"34)을 확인하고, 친족 및 상속 관습의 법제화 이후에 민적법을 개정하기로 방침을 정했다.

그에 따라 조선총독부는 1915년 8월 7일에 관통첩 제240호를 발하여 민적 관련 규정을 정비하기로 했다. 관통첩 제240호에서는 조선 관습에 기초하여 민적 규정을 크게 보완하면서, 조선 관습에서 허용하지 않는 현상들에 대해서도 민적절차를 규정했다. 예컨대 조선인의 결혼연령을 남자 17세, 여자 15세로 제한하고 조혼의 경우 민적 접수를 거부할 것을 규정했으며, 『관습조사보고서』에서 협의 이혼 및 재판상 이혼 등에 관한 관습이 없는 것으로 조사되었음에도 관통첩에 절차 규정을 설치했다. 이 규정들은 일본 민법상의 조항들을 일부 도입한 것이었다. 관통첩 제240호는 민적분쟁 해결을 위한 준거 규정이었지만 친족 및 상속의 법제화 방향을 알 수 있다는 점에서 중요한 의미가 있다. 아래의 인용문은 1910년대 중반에 작성된 것으로 보이는 자료로, 조선총독부의 시정방침이 잘 드러나 있다.

> 민사령에서는 대체로 민법 및 민사소송법을 적용하고, 능력·친족·상속 등에 관해서는 종래의 관습을 인정했다. 조사결과에 의하면 민사령에서 내지법을 적용한 사항은 반드시 특별법을 필요로 하지 않고, 또 능력에 대해서는 내지법에 의하게 하는 것을 감히 방해하지 않지만, 친족 및 상속에 대해서는 내지와 다른 관습이 있기 때문에 곧바로 내지법을 적용할 수 없는 사정이 있었고, 또 강하게 내지법을 적용할 필요가

---

33) 남기정 역, 『日帝의 韓國司法府侵略實話』, 육법사, 1976, 133~134쪽.
34) 「1915년 4월 1일 朝鮮總督府訓令 제21호」, 『民籍例規集』, 16~18쪽.

없기 때문에 장래 친족·상속에 대해서는 조선인을 위한 특별 법제를 필요로 한다. 따라서 호적법에 대해서도 특별법을 제정할 필요가 있다.35)

위 인용문에서 "조선인을 위한 특별 법제", "호적법에 대해서도 특별법을 제정"한다는 표현은 중요한 의미가 있다. 조선총독부가 조선인의 친족·상속에 관해서 새로운 입법을 추진하겠다는 뜻이기 때문이다. 1912년 조선민사령을 제정할 당시에는 일본 민법과 다른 조선인의 관습을 관습법의 형식으로 법인(法認)했을 뿐, 친족·상속에 관한 특별법을 제정할 의도는 없었다.

그러나 조선총독부는 1910년대 중반부터 친족·상속에 관한 관습법 체제를 부정하고 성문법을 제정하려고 했다. 특히 각종 민사분쟁에서 직접 재판을 수행해야 했던 조선총독부 사법관들은 불문(不文)의 관습법으로 각종 분쟁에 대응하는 것이 곤란했기 때문에, 재판의 안정성을 위해 관습법 영역을 축소하고 성문법령을 설치해야 한다고 요구하고 있었다.36) 1917년 10월에 조선총독부는 모두 8개 항목의 자문사항을 마련하여 사법관의 의견을 구했다. 당시 사법관들은 법령의 제정 및 개폐에 대한 의견에서 "공통법규의 제정, 조선인의 능력·친족·상속에 관한 법규의 제정" 등을 건의했다.37) 특히 함흥지방법원검사정은 "조선인의 인사에 관한 일반의 관계를 명확히 할 필요가 있을 뿐만 아니라, 금치산·준금치산에 관한 제도, 결혼연령의 제한에 관한 제도"를 속히 마련할 것을 요구했다. 조선총독부는 사법관들의 의견을 수렴하여 1917년 12월경에 공통법 제정에 따른 개정 항목과 일반방침을 결정했다.

一. 민사령 중 조선인의 능력·친족·상속에 관한 규정의 개정
二. 호적에 관한 법령의 제정38)

---

35) 「朝鮮施政方針及施設經營」, 『寺內正毅文書』.
36) 朝鮮總督府, 『司法官會議諮問事項答申書』, 1917, 31·84쪽.
37) 朝鮮總督府, 『司法官會議諮問事項答申書』, 1917, 31·68·84·133쪽.
38) 朝鮮總督府, 『第40回 帝國議會說明資料』, 1917.

위 사항에 대해서 조선총독부는 "① 조선인의 능력에 대해서는 민법과 같은 규정을 설치한다. ② 결혼·입양 등에 대해서는 내지와 같이 신고주의를 채용하고, 기타 친족·상속에 관한 사항은 가능한 한 내지 제도와 동일하게 한다. ③ 호적에 관해서는 현행 민적법을 근본적으로 개정하고, 동시에 국적법을 조선에 시행하여 외국과의 관계를 명정(明定)한다"는 방침을 세웠다.39)

위 방침에서는 조선인의 친족·상속과 관련된 문제에 관해서는 일본 민법을 그대로 적용하는 것이 불가능하다는 인식이 여전히 유지되고 있었으나, 능력에 관해서는 일본 민법과 동일한 규정을 설치하려 했다. 친족·상속에 관해서는 가능한 한 일본 제도와 동일하게 한다고 표현하고 있으나 '능력'과 같이 명확한 방침을 정하지는 않았다. 그것은 조선총독부가 일본 민법과의 통일을 염두에 두고 있으면서도 다른 한편으로 조선 관습을 반영한 법령을 제정하려 했기 때문이다. 이와 같은 조선총독부의 입장은 일본민법주의도 아니면서 관습법 형식의 구관주의를 유지할 의향도 없었다는 점에서 1912년 조선민사령과는 다른 법제적 틀을 계획하고 있었음을 보여주고 있다.

한편 조선총독부의 방침 중 "신고주의를 채용"한다는 표현에서 알 수 있듯이, 호적에 관해서도 중요한 개정을 추진했다. 당시까지 조선총독부는 신고주의를 채택하지 않았기 때문에 친족법상의 각종 신분행위는 민적의 등재 여부와 법적으로 관계가 없었다. 그러나 이후로는 신고주의 채용을 통해 각종 신분상의 변화는 민적 등재를 통해서만 법적 효력이 발생하도록 할 것을 계획했다.40)

또 "호적에 관한 법령의 제정"은 민적법을 개정한다는 의미가 아니라 완전히 새로운 호적법령을 제정하는 것을 의미했다. 1915년 민적법 개정을 둘러싼 논쟁에서 확인되었듯이, 새로운 호적법령의 제정은 곧 친족 및 상속 관습에 관한 법제화를 전제로 가능한 것이었다. 원래 호적 문제에 관련하여 공통법은 내선인 간의 결혼 및 입양을 법적으로 승인하는 것이 목적이었기 때문에 그에 따른 민

---

39) 朝鮮總督府, 『第40回 帝國議會說明資料』, 1917.
40) 「朝鮮施政要綱(1919년 6월)」, 『齋藤實文書(1권)』.

적의 절차 규정을 설치하기만 하면 문제가 없었지만, 조선총독부는 조선민사령 제11조와 민적법을 근본적으로 개정하려 했다.

1918년 1월 제국의회에 공통법이 상정되자 조선총독부는 곧바로 대응작업에 들어가 조선민사령급민적법개정조사위원회(朝鮮民事令及民籍法改正調査委員會, 이하 '조사위원회')를 설치했고,41) 1918년 1월 23일에 총 10명의 조사위원을 아래와 같이 선정했다.42)

위원장 國分三亥 사법부장관43)
위원
조선총독부 판사 楠常藏, 前澤成美
조선총독부 참사관 大塚常三郎
조선총독부 사무관 山口貞昌, 小田幹治郎, 澤田豊丈, 工藤壯平, 立石惟一
조선총독부 경무관 國府小平
부속서기 조선총독부 속 黑岩覺一, 橫山富之助, 鈴木義衛

조사위원회는 제령안을 심의·결정하는 업무를 수행하고, 그 산하에 여러 개의 주사위원회(主査委員會)를 설치했다.44) 주사위원회에서는 각각 할당된 안건을 결의(決議)하고 조사위원회에 제안할 심의 초안을 작성·제출하는 업무를 맡았다. 조사위원회는 약 5개월간의 준비 활동을 거쳐서 1918년 7월 초에 대강의 초안을 작성했고, 이 초안을 주사위원회로 회부하여 주사위원회의 의결을 거쳐 주사위원회안이 작성되었으며, 다시 조사위원회의 심의안으로 제출되었다.45)

---

41) 朝鮮總督府, 『朝鮮總督府施政年報』, 1918.
42) 『朝鮮總督府官報(敍任及辭令)』 1918. 1. 25.
43) 고쿠부 미쓰이(國分三亥)는 총독부 제2대 사법부장관으로서 공통법 제정 과정에서 일본정부와 협의하고, 1918년 조선민사령급민적법개정조사위원회를 실질적으로 주도하고 초기 방침을 정한 인물이다. 또 1910년대 조선 관습법이 정립되는 데 중요한 사법방침을 확립한 인물이기도 하다.
44) 위원장 國分三亥를 뺀 3명씩 모두 3개 주사위원회(主査委員會)가 설치되었을 것으로 추측된다.
45) 『每日申報』 1918. 7. 14. 조선민사령급민적법개정조사위원회 최종안은 다음과 같은 단계를 거

조사위원회가 작성한 초안을 구체적으로 확인할 수는 없으나, 중추원이 조선민사령 개정에 대비하여 1917년 11월에 전국의 도장관들에게 조선인의 결혼연령에 관해 조사할 것을 요청한 사실을 통해 추정할 수 있다.[46] 이 조사는 단순히 관습조사를 목적으로 한 것이 아니라, 조선민사령 개정에 즈음하여 조선 관습을 재차 확인하기 위해 수행된 것이었다. 이에 대해서 각도장관들은 모두 1918년 2월부터 7월 사이에 조사보고서를 제출했다. 또한 1917년 6월에는 조선인의 결혼 및 이혼 관습에 대한 새로운 조사를 완료했다. '혼인에 관한 사항'은 이마이(今井)가 조사한 것으로, 결혼요건·종류·방식·이혼·부부재산제 등 조선인의 결혼과 관련된 거의 대부분의 사항이 기록되어 있다.[47] 이 자료들은 조선민사령 개정안 작성을 위해 기초자료로 제출되었던 것 같다. 아래의 인용문은 친족·상속에 관한 조선총독부의 입법방향을 잘 보여주고 있다.

종래 됴션의 민적법이 극히 불완젼ᄒᆞ야 결혼의 등록에 의ᄒᆞ야 부부의 관계를 셩ᄒᆞᄂᆞᆫ 것으로 인뎡은 ᄒᆞ나 이에 의지ᄒᆞ야 법률상의 효과ᄂᆞᆫ 아모것도 업셧슴으로 민젹에 등록된 것은 오직 한 징거가 됨에 지나지 안이ᄒᆞ야 그즁에는 비상ᄒᆞᆫ 결함이 잇셧다. 더욱이 됴션의 민젹법을 개뎡ᄒᆞ기 젼에 민져 민사령을 개뎡ᄒᆞᆯ 필요가 잇스며 이것을 개뎡ᄒᆞᄂᆞᆫ 됴사령이 작년 ᄉᆞ월에 시작되야 벌셔 이십 회의 위원회를 여럿ᄂᆞᆫ대 아직 구톄뎍의 셩안을 세우지 못ᄒᆞ엿다. 민젹법이 개뎡되는 날이면 내션인의 혼인이 법률상에 인뎡될 터이며 따라서 등록명부라는 것은 비샹히 귀즁ᄒᆞᆫ 것이 될 터이고 (…)[48]

조선총독부는 조선민사령 개정을 통해 신고주의를 확립하고 이와 관련된 조

쳐서 공포될 예정이었다. 주사위원 기초안 → 주사위원회 심의·결의 후 주사위원회 초안 → 민사령급민적법개정조사위원회 심의·결의 후 최종성안 작성 → 척식국 경유 → 법제국 심의 → 각의 결정 → 내각총리대신 → 천황의 재가 후 공포

46) 「朝鮮人婚姻年齡取調ノ件」, 『婚姻年齡調査表(경기)』.
47) 朝鮮總督府中樞院, 『婚姻ニ關スル事項(1917. 6. 21)』.
48) 『每日申報』 1919. 1. 13.

선인의 결혼 관습을 성문화하는 친족법 및 상속법을 제정하려고 했다.49) 1918년 8월 8일에 제1회 조사위원회가 개최된 이래,50) 1919년 초까지 초안이 조사위원회에 상정되어 20회 이상의 심의를 거치면서 개략적인 초안이 마련되었다.

그러나 친족·상속에 관한 조선총독부의 법제화방침이 상당히 구체화된 1919년 3월 말에 일본 사법성은 시모야마(霜山) 참사관을 조선총독부로 파견했다.51) 1912년 조선민사령을 비롯한 초기 식민지 법제는 일본정부와 조선총독부가 긴밀히 협의하여 제정했으나, 조선민사령 제11조 개정에 관한 조선총독부의 작업이 상당히 진전된 시점에 갑작스럽게 참사관이 파견된 것이다. 시모야마 참사관은 조사위원회가 기안하고 있던 조선민사령 개정안을 파악하고 그 내용을 사법성에 보고했던 것 같다. 원래 제령은 조선총독의 입법명령으로서 형식상 내각이나 제국의회의 승인을 받지 않는 것이었고, 또 조선총독부의 제령안이 최종 결정되지도 않은 상황에서 사법성이 참사관을 파견한 것은 이례적인 일이었다.

조선민사령 개정안에 관해 보고를 받은 사법성은 1919년 4월경 오다 간지로에게 조선총독부가 추진하는 친족법 및 상속법안에 대해 공식 조회했다. 그의 인터뷰를 통해 사법성이 조회한 내용과 그 취지 등을 일부 확인할 수 있다.

> 사법성(司法省)에서 조선친족법병상속법(朝鮮親族法並相續法) 기안(起案)에 착수흔 사(事)에 취(就)호야 小田 중추원 서기관에게 질문흔 바, 씨는 왈 (…) 원래 조선의 법령은 총독부가 입안하고 총독의 명령으로 공포하는 것이니 사법성이 관계하는 바가 아니라. 특히 조선인의 친족·상속과 같은 것은 종래의 관습도 유(有)하여 현재 민사령에도 민법의 규정에 의하지 않고 이를 관습에 일임한 터인즉 내지에서 이 성문법의 기안을 하는 것은 실제 불가능의 일이라. 요컨대 이 문제는 민사령의 개정과 리(離)치 못홀 일이니 민사령 개정 시에 어떤 정도로 민법의 통일을 견(見)할가는 별문제이며

---

49) 『每日申報』 1919. 3. 26.
50) 『每日申報』 1918. 8. 9.
51) 『每日申報』 1919. 3. 26.

(…) 그 기안은 사법부에서 할 것이라.52)

일본 사법성의 조회에 대하여 조선총독부는 첫째, 조선의 법령은 조선총독부가 입안하고 공포하는 것이므로 사법성이 관여할 바가 아니라는 점, 둘째, 조선인의 친족·상속에 관해서는 관습법으로 규율하고 있으므로 일본의 성문법을 적용하는 것은 불가능하다는 점을 들어 부정적으로 반응했다. 특히 조선민사령 개정 시에 일본 민법과의 통일을 어느 정도로 할 것인가에 대한 판단도 조선총독부가 결정할 사안임을 분명히 했다. 조선총독부가 사법성의 요구를 거부하고 당초의 계획대로 조선민사령 개정사업을 추진했음을 알 수 있다.

조선민사령 제11조 개정은 일본 사법성의 간섭뿐만 아니라, 1919년에 발생한 3·1운동을 계기로 조선총독이 경질되고 조선총독부 관제를 비롯하여 조선의 통치기구가 개편되면서 그 영향을 받게 되었다. 계획상으로는 공통법 제3조 시행에 대응하기 위해 민적법을 개정하고 1919년부터 시행하기로 했었지만, 그 기본법인 조선민사령 중 친족·상속 관련 규정에 복잡한 문제가 있어 쉽게 해결하지 못한 사정이 있었을 뿐만 아니라, 3·1운동 등이 일어나면서 심의가 계속 늦어졌던 것이다.53)

그러나 새로 취임한 사이토 마코토 총독은 '조선 본위'로 통치할 것을 공표하는 등54) 조선 관습에 대한 기존의 방침을 계승할 것을 밝혔다. 그리고 관제개혁에 즈음하여 개정위원 중에서 민간인 3명을 추가로 선임했는데,55) 그중에서 2명은 조선인이었다. 사이토 총독은 조선민사령과 민적법 개정에 대한 기존의 방침을 변경하지 않았고, 오히려 조선의 특수성을 반영하려는 입장을 승계했다.

조선총독부는 사이토 마코토 총독이 취임한 직후 장래에 실현할 제도로 여덟 가지 항목을 거론했는데, 주요 내용은 하세가와 요시미치(長谷川好道) 총독 시기

---

52) 『每日申報』 1919. 4. 20.
53) 朝鮮總督府, 『第42回帝國議會說明資料』, 1919.
54) 『每日申報』 1919. 9. 3.
55) 「朝鮮施政ノ改善」, 『齋藤實文書(2권)』.

에 계획된 것을 그대로 계승하고 있다. 즉, ① 관리에 대한 조선어 장려, ② 감찰관의 설치, ③ 지방제도 개정, ④ 학제 개혁, ⑤ 위생기관의 충실, ⑥ 개간기본조사, ⑦ 구관조사의 확장, ⑧ 민사령 및 민적법의 개정(내선인 간의 결혼을 쉽게 한다는 취지도 포함)56) 등이었다. 사이토 총독 시기에도 조선민사령 개정 항목 가운데 내선통혼(內鮮通婚)에 관한 법제의 정비에 가장 주목했음을 알 수 있다. 그리고 구관조사를 확장한다는 계획은 기존의 폭력적 무단통치에서 벗어나 조선인의 관습과 제도를 소위 '객관적'으로 이해하여 통치하려는 문치적 입장에서 비롯되었다. 사이토 총독의 법 정책은 기존과 큰 차이가 없었고, 관습조사의 범위가 이전보다 확장되었다.

> 조선인은 민법상 권리·의무에 관한 법률상의 규정이 무(無)ᄒ야 취급상 비상한 곤란을 감(感)ᄒ며 차 일반의 법률행위에 대ᄒ야도 비상히 불리한 지위에 재(在)ᄒ얏도다. 이러한 결점을 보(補)ᄒ기 위ᄒ야 민사령개정위원을 임명ᄒ야 예의 그 개정에 착수ᄒ얏셧는대 최초의 계획으로는 조선인의 민사령에 관한 사항을 전부 조사하여 일시에 개정할 조항의 전부를 발포할 예정이었으나 여사(如斯)히 하면 그 발표를 볼 때까지 장구한 시일을 지날 터인 고로 현재 우선 그 급속을 요하는 권리의무에 관한 것과 친족법 상속 등의 조항을 개정코자 ᄒ는데 이 친족법 중 혼인에 관한 것도 개정ᄒ야 일선인(日鮮人)의 혼인을 법률상으로 인정하게 하고자 (…) 종래 불완전한 민사령의 규정에 종(從)ᄒ던 조선인도 이제 원만히 권리의무를 행사ᄒ게 될 터이오 일선인 융화에 대관계가 유(有)한 통혼 문제도 해결됨이 단시일에 할 터인 바, 요는 시세의 진운과 민지(民智)의 계발에 종(從)ᄒ야 완전한 민법을 제정코자 홈에 재(在)ᄒ도다.57)

위 인터뷰 기사를 보면 조사위원회 방침의 변화를 이해할 수 있다. 원래 최초의 계획은 조선민사령 제11조 영역에 관한 사항을 포괄적으로 조사하여 조선민

---

56) 「新總督ノ施設」, 『齋藤實文書(2권)』.
57) 『每日申報』 1920. 5. 14.

사령을 전부 개정하는 것이었으나, 관련 조사가 충분히 진행되지 못했기 때문에 공통법 시행에 필요한 항목을 중심으로 추진하기로 했다. 이 기사에서 조선총독부가 조선민사령의 문제점으로 지적하고 있는 것이 크게 ① 민법상 권리·의무에 관한 법률상 규정의 미비(능력 조항), ② 조선인의 친족·상속에 관한 규정 등인데, 특히 내선통혼과 관련한 문제를 중요시하고 있었다.[58] 1910년대에는 내선통혼에 대한 법적 규정이 미비하여 호적법규 운용상 많은 문제가 발생했고, 조선인의 일본인으로의 동화를 제도적으로 보완할 필요도 있었다.[59]

또 위 인용문에는 조선민사령 개정의 궁극적 방향이 언급되고 있다. 즉 "완전한 민법을 제정한다"는 표현이 그것이다. 이는 1912년 조선민사령에서 확립된 일본 민법과 관습법 체제를 부정하고, 일본 민법과 조선 민법으로 전환하겠다는 것을 의미한다. 그러나 조선총독부는 모든 관습법을 일시에 성문법화하는 것을 잠시 유보하고 단계적으로 추진하는 쪽으로 방향을 잡았다.[60] 이 같은 방침에 따라 조선총독부는 1921년 1월 31일에 "조선인의 결혼성립요건"에 관한 관습을 성문화한 제령안을 최종 확정했다. 1월 31일의 제령안은 1910년대 중반부터 추진된 조선총독부 법 정책의 연장선상에 있으면서도, 관습법으로만 존재하던 친족 및 상속에 관한 일부 규정이 성문법으로 바뀌게 되었다는 점에서 조선총독부 관습법 정책의 큰 전환점이 되는 법안이라고 볼 수 있다.

2. 조선 관습 성문화의 좌절과 일본 민법의 의용

1921년 1월 31일 개정조사위원회가 조선인의 결혼성립요건에 관한 성안(成

---

58) 『每日申報』 1920. 4. 27. 조선인과 결혼한 일본인 여성이 일본으로 귀국한 뒤 다시 결혼해도 법적으로는 문제가 없었다.
59) 대만인과 일본인의 자유결혼 문제와 호적령 개정 문제는 『每日申報』 1920. 8. 20.
60) 대만의 경우 1914년에 일시에 성문법령들을 공포하려 했으나 일본정부의 반대에 부딪혀서 좌절된 경험이 있었다. 王泰升, 『臺灣日治時期的法律改革』, 聯經, 1999, 316~317쪽.

案)을 최종 확정하자, 조선총독부는 곧바로 일본정부와 협상에 착수하기로 했다.61) 조선총독부는 일본의 사법성 및 법제국과 협의할 인물로 당시 조선총독부 법무국 민사과장 하라 마사카네(原正鼎)를 지정했다.62) 하라는 1월 31일의 조사위원회 성안을 가지고 1921년 2월 4일 오전 시모노세키에 도착했다.63)

하라는 법제국과 약 한 달간 협의할 예정으로 도쿄 출장을 갔지만 4월이 되도록 법제국과 조선민사령 개정안에 대해 합의하지 못했고, 조선총독부와 내각 사이의 이견이 드러나기 시작했다.

> 조선 내에서는 경(更)히 제령으로써 그 수속법(手續法)을 제정홀 필요가 유(有)ᄒ야, 과반래(過般來) 총독부에서는 상당한 성안(成案)을 구ᄒ야 법제국과 심의중이더니, 조선인의 결혼에 관한 관습의 인정 정도로 법제국에 종종 이론이 유(有)ᄒ니, 즉 결혼연령에도 내지법에 의ᄒ면 남자 만 17세 여자 만 15세이고, 남자 만 30세 여자 만 25세에 지(至)ᄒ면 친권자의 승낙이 무(無)히 자유결혼을 인(認)ᄒ나, 조선의 구관으로는 자유결혼과 여(如)홈은 무(無)ᄒ며 선량ᄒ 풍속을 문란ᄒ는 것이라 ᄒ야, (…) 시등(是等)의 점에 관ᄒ야 경(更)히 수정안을 작제키로 위ᄒ야 상경 중인 법무국 민사과장은 급거 귀선(歸鮮)ᄒ얏는대 (…)64)

위 인용문을 보면 법제국이 조선총독부 측의 예상과 달리 조선총독이 상주한 제령안에 반대했음을 알 수 있다. 법제국이 반대한 이유를 기록한 문서가 남아있지 않기 때문에 정확히 알 수는 없으나, 위 기사를 통해서 법제국이 반대한 이유가 조선 관습의 인정 범위와 관련되어 있음을 추정할 수 있다. 법제국이 수정을 요구한 것 중에는 "혼인연령도 내지법(內地法)에 의하면"이라는 표현이 있다. 결혼연령을 남자 17세, 여자 15세로 제한하는 문제에 관해서는 조선총독

---

61) 『每日申報』 1921. 2. 3.
62) 『每日申報』 1921. 2. 3.
63) 『每日申報』 1921. 2. 7.
64) 『每日申報』 1921. 4. 7.

부가 반대했다고 볼 수 없다. 조선총독부는 이미 1915년에 관통첩 제240호를 발하여 남자 17세, 여자 15세 미만의 결혼신고는 접수를 거부하도록 결정한 바 있기 때문이다.

그러나 결혼요건 가운데 결혼연령을 제외한 나머지 부분에 대해서 조선총독부는 일본 민법 의용을 고려하지 않았다. 예컨대 남자 30세, 여자 25세가 되어도 친권자의 승낙 없이 결혼하는 것은 조선 관습에서 허용되지 않기 때문에, 이 조항에 관해서 일본 민법을 의용하는 데는 부정적이었다. 조선총독부는 당시 상황에서 일본 민법을 그대로 도입하는 것은 "선량한 풍속을 문란"케 하는 것이라 주장하면서 일본정부의 입장에 반대했다. 결국 법제국과 직접 협상했던 하라는 조선민사령 제11조 개정안에 합의하지 못하고 조선으로 돌아갔다.

> 내선인통혼법(內鮮人通婚法)의 경과에 취ᄒᆞ야 세상에 혹은 난산이라 전ᄒᆞ는 바 유(有)ᄒᆞ나 소호(少毫)도 그런 일 업스니 (…) 조선 측에서는 처음 우(右)에 대응ᄒᆞᆯ 수속 규정 외에 차제 혼인에 관ᄒᆞᆫ 실체적 규정도 제정ᄒᆞᆷ이 상당ᄒᆞᆷ으로 인ᄒᆞ야 성안을 득(得)ᄒᆞᆫ 후 법제국의 심의에 부(附)ᄒᆞ얏스나 실체적 규정을 설(設)ᄒᆞᆷ에 취ᄒᆞ야는 동국에서 의론이 유(有)ᄒᆞ야 용이히 그 결정을 견(見)치 못ᄒᆞᆷ으로써 조선에서도 내지동양호적에 관ᄒᆞᆫ 수속 규정만을 설ᄒᆞ기로 ᄒᆞ고 (…)[65]

조선총독이 상주한 제령에 대해 내각 법제국의 반대가 확고하자, 조선총독부는 기존의 입법방침을 수정했다. 원래 조선총독부는 결혼에 관하여 '실체 규정 작성 → 절차 규정 작성'의 순서로 공통법의 시행에 대응하려 했으나, 법제국과의 이견 때문에 실체법규 제정이 늦어지면서 조선인의 결혼에 관한 실체 규정의 입법을 잠시 유보하고 조선인의 관습을 기초로 내선통혼에 관한 조선 측의 민적절차만을 규정하는 쪽으로 입장을 변경했다.

---

65) 『每日申報』 1921. 4. 8.

이런 입장 변경은 일본정부가 1921년 4월 17일에 호적법을 개정하고 6월에는 일본칙령 제283호를 공포하여 공통법 제3조를 1921년 7월 1일부터 시행[66] 하도록 한 것과 관계가 있다. 공통법 제3조의 시행은 조선의 민적법규 개정을 강제하는 것이었기 때문에, 조선총독부는 '공통법 제3조에 대응할 임시적 민적법규 제정 → 조선민사령 제11조 개정 → 호적법규 제정'의 순서로 법제화방침을 전환했던 것이다. 1921년 5월 7일에는 내선통혼을 위한 임시적인 민적법규 개정안이 작성되어 정무총감 및 조선총독의 결재만 남겨두고 있었다. 이 법령은 제령이 아닌 부령 형식으로 공포될 예정이었고,[67] 5월 29일에는 이미 초안이 확정된 상태였다.[68]

민사령 개정의 뜻이 기(起)하여 민사령개정조사위원회라는 것이 설치되어 제종 관습을 조사하여 금일에 이른 것이다. 그러나 전부를 완성하기까지는 자못 용이치 아니하여 작년 내선통혼령(內鮮通婚令)이 제안되어 내지의 법제국과 협의하고 연락을 취하기로 하였는데 그 수속법은 1921년 4월 17일로 발포된 터이며 그 실체법에 대해서는 법제국의 의견도 유(有)ᄒᆞ야 발포치 아니ᄒᆞ얏으나 시등(是等)의 사(事)는 ○○과 연락을 취ᄒᆞᆯ 필요가 유(有)ᄒᆞᆫ 후(後)로 급(急)하는 결정키 난(難)ᄒᆞ며 (…) 급을 요ᄒᆞᆯ 것은 능력의 문제라 그리ᄒᆞ야 금회는 능력에 관ᄒᆞ야 제정ᄒᆞᆯ ○를 중추원회의에 제출ᄒᆞᆯ 것인대 (…)[69]

위 인용문은 1921년 5월 9일 기사인데, 조선총독부가 ① 내선통혼에 관한 실체법규를 서둘러 법제화하지 않겠다는 입장을 공식적으로 밝혔다는 점과, ② 1921년 조선민사령 제11조 개정의 내용이 내선통혼에서 능력·무능력자를 위한 친족회 문제 등으로 변화했다는 것을 보여준다.

---

66) 「共通法第3條ノ規程及戶籍法中改正法律施行期日」, 『朝鮮司法提要』, 1923, 6쪽.
67) 『每日申報』 1921. 5. 7.
68) 『每日申報』 1921. 5. 29.
69) 『每日申報』 1921. 5. 9.

조선민사령 제11조 개정안의 주요 내용은 1921년 5월 6일 제2회 중추원회의에 자문사항으로 제출되었다. 1921년 5월 6일 자문사항은 능력·친자·친족회·성년 등의 규정이다.70) 제2회 중추원 자문사항이 조선민사령 개정과 밀접한 관련이 있다고 보는 이유는 중추원 위상의 변화 때문이다. 중추원은 조선총독의 자문에 응하는 기관으로 출발했지만, 1918년까지 자문사항도 없는 유명무실한 기관에 불과했다. 그러나 1919년부터 조선의 구관과 관련된 사항에 대해 조선인에게도 자문을 구하기 시작했다. 당시 사법부장관이었던 고쿠부 미쓰이(國分三亥)는 중추원의 기능상의 변화를 촉구한 바 있었다. 즉 고쿠부는 중추원이 갖는 총독의 자문기관이라는 성격을 유지하면서도, 운영상 "조선인에게 직접 관계있는 제령, 부령의 제정에 대해서도 자문"할 것을 권고했다.71) 그리고 중추원의 구성원 중에서 약 반수를 퇴진시키고 조선인 가운데 소장 지식계급으로 분류되는 사람들을 새로 선임할 것을 주장했다. 이렇게 신구(新舊) 양파의 의견을 청취하여 시정에 참고하면 실익도 많고 민심을 수습하는 데 기여할 수 있다고 보았기 때문이다. 비록 고쿠부의 의견은 관제에 반영되지 않았지만, 현실 운용상 상당부분 수용되어 중추원회의에서 제령 혹은 조선시정방침과 관련된 중요한 사항들이 논의되기 시작했다.72)

제2회 중추원회의에서는 능력제도와 관련하여 다음의 5개 사항을 확정했다. 첫째, 성년(成年)제도를 확정했다. 당시까지 조선의 관습에는 성년에 관한 구체적 규정이 없었지만, 만 20세를 성년으로 정하고 20세 미만자를 미성년자로 하

---

70) 朝鮮總督府中樞院, 『本院會議に於ける總督訓示竝議長挨拶』, 1929.
71) 國分三亥, 「總督施政方針ニ關スル意見書(1919년 5월)」, 『齋藤實文書(13권)』.
72) 위와 같은 중추원 권한에 관한 國分三亥의 견해는 1919년 조선인들의 독립운동에 영향을 받았다. 1919년 직후에 조선총독부는 조선인들의 사회적·정치적 요구들을 일정하게 수렴하기 위해서 중추원에 관한 조선인 측의 의견을 폭넓게 수렴했는데, 이때 조선인들이 주로 요구했던 것이 "제령 및 부령의 제정 및 개폐, 총독부 예산 및 결산, 기타 중요 시설사항" 등에 대해서 반드시 자순할 것, 또한 중추원을 "결의기관으로 할 것, 중추원에 건의권을 부여할 것, 진정조례를 제정하고 그것을 취차할 위원회를 설치할 것, 인민의 청원을 심의할 것" 등이었다. 朝鮮總督府中樞院, 『中樞院官制改正ニ關スル參考資料』.

여, 미성년자가 매매대차(賣買貸借)와 같은 법률상 행위를 하기 위해서는 친권자 또는 후견인의 동의를 얻도록 하고, 만약 동의를 얻지 않고 행한 행위는 본인 또는 친권자, 후견인 등이 취소할 수 있도록 했다. 또 친권자와 후견인 등에게 미성년자 행위를 대리할 자격을 부여했다.

둘째, 금치산제도를 확정했다. 광인(狂人)과 같이 정신에 이상이 있는 자는 재판소에 청구하여 금치산자로 선고하고(재판소는 그것을 관보에 공고), 금치산자가 행한 법률상의 행위는 후견인이 대리하도록 했다.

셋째, 준금치산자제도를 확정했다. 농아(聾啞), 맹인(盲人), 또는 낭비가 상습적인 자 등에 대해서 재판소에 청구하여 준금치산자로 선고하도록 하고(재판소는 그것을 관보에 공고), 준금치산자가 차재(借財)하거나 부동산을 매매하는 등 중요한 법률상의 행위를 하기 위해서는 보좌인의 동의를 얻도록 했다.

넷째, 처(妻)의 능력을 확정했다. 처가 법률상의 중요한 행위를 하기 위해서는 부(夫)의 허가를 받도록 하고, 만약 허가를 받지 않고 행한 행위는 '부' 및 '처'가 그것을 취소할 수 있도록 했다.

다섯째, 친권자·후견인·보좌인·친족회 등의 제도를 확정했다. 미성년자·금치산자·준금치산자 등을 보호하기 위해 미성년자의 부(父) 또는 모(母)를 친권자로 하고 금치산자 및 친권자가 없는 미성년자에게는 후견을 두며 준금치산자에게는 보좌인을 두도록 했고, 이를 감독하기 위해 친족회의 설치를 결정했다.

중추원회의는 능력에 관하여 일본 민법상의 제도를 그대로 도입했다. 조선총독부가 일본 민법과 동일한 규정을 설치하기로 한 것은 당시 조선총독부가 내선 법제 일원화(內鮮法制一元化)를 고려하지 않으면 안 되는 상황에 처해 있었기 때문이다. 아래는 요코타 고로(橫田五郎) 법무국장의 인터뷰 기사이다.

친족·상속은 고치(姑置)하고 이의 능력에 관흔 사항에 대하야ᄂ 기(既)히 민사령 공포 당시에 재(在)하야 민법주의를 채용흠이 상당하다 사료하얏셧는바 황(況) 시세가 진전된 현시에 재하야 조선에서도 민법과 동일주의하에 능력에 관흔 제도를 확립흠은 조

선 구관의 본의와 하등 저촉됨이 업슬 뿐 안이라 일면 내선 법률제도의 통일상 지대
흔 편익을 반(伴)흘 것으로 (…)73)

'능력'에 관한 법규는 근대적 사법 운용의 기초이고, 또 일본제국의 헌법통치 하에 있는 개인들의 법률행위와 밀접하게 관련된 것이었기 때문에, 일본 민법과 동일한 규정을 설치하기로 했다.74) 요코타 고로의 언급을 통해 내선 법률 통일(內鮮法律統一)이라는 관점이 조선민사령의 특례조항에도 일정하게 개입되기 시작했음을 알 수 있다.

조선총독부가 조선민사령 개정에서 '민법과의 통일'을 공개적으로 표명한 것은 협상 파트너의 교체와도 관련이 있었다. 법제국과 초기에 협상했던 하라 마사카네를 귀국시키고 5월 19일부터는 조선총독부 법무국장이 직접 협상에 나섰다. 요코타 고로의 인터뷰에 따르면 당시 법제국은 "내지와 조선의 법률관계를 통일하는 것을 최대 중요 문제"로 보고 노력하고 있었다.75) 위 요코타 고로의 인터뷰를 계기로 조선민사령 개정에 관한 조선총독부 법무관련 인사들의 발언에 "민법(民法)과의 통일"이 등장하기 시작했다.76) 그 이전까지는 주로 '내선통혼' 혹은 '내선연락(內鮮連絡)'이 주된 키워드였으나 이때부터 "민법과의 통일"이 전면에 등장하기 시작했던 것이다. 이와 같은 주장은 내각 법제국과 사법성이 초기부터 주장했던 것으로서, 조선총독부에서도 위와 같은 방침을 일단 수용했던 것으로 보인다.

다만, 조선총독부가 수용한 "민법과의 통일"은 매우 제한된 의미로 해석되어야 한다. 조선총독부는 친족·상속에 관해 전반적인 통일주의를 수용한 것이 아니었고, 기술적 규정인 능력조항 등 일부 규정에 한정하여 시행하고자 했다. 즉 능력에 관한 일본 민법의 도입이 조선 구관과 충돌하지 않는다는 것을 밝히고

---

73) 『每日申報』 1921. 5. 30.
74) 『每日申報』 1921. 5. 27.
75) 『每日申報』 1921. 5. 22.
76) 『每日申報(原正鼎法務局民事課長談)』 1921. 5. 28.

있으며, 일본 친족법상의 서양자제도를 도입하는 것에 대해서는 "재래의 관습을 타파ᄒ고 신제도를 실시홈은 도(徒)히 감정을 해(害)홀 뿐"77)이라 하여 조선 관습을 인정하는 태도를 취했던 것에서도 알 수 있다.

내각 법제국도 구관주의 자체를 부정한 것은 아니었다. 1912년 조선민사령에서 이미 친족·상속·부동산물권 등에 관해 관습법주의를 채택했고, 1908년에 제정된 대만민사령도 대만인의 민사를 관습법으로 규율한다고 규정하고 있었다. 문제는 조선총독부가 조선인의 친족·상속제도를 관습법이 아닌 성문법으로 전환하려 했다는 점에 있었다. 조선총독부와 내각 법제국 간 갈등의 핵심은 조선 관습의 법인 여부가 아니라 조선 관습의 입법 방향에 대한 견해 차이였다.

조선총독부가 추진한 관습 성문화 정책은 일본정부의 식민지 법 정책과는 다른 것이었다. 조선민사령 제11·12조는 조선 재래의 관습을 법인했을 뿐, 성문법화를 인정한 것은 아니었다. 내각 법제국이 조선총독부가 입안한 1921년 1월 31일 제령안을 반대한 이유는 그것이 1912년 조선민사령의 일본 민법-조선 관습법 체제를 부정하고 일본 민법-조선 관습법-조선 성문법 체제로 이행하려 했기 때문이었다. 법제국이 반대한 이유에 대해 당시 총독부 법무국 민사과장 하라 마사카네는 다음과 같이 회고했다.

> 당시 법제국은 민사법규, 특히 친족·상속 등에 관해서는 국내통일주의를 이상적으로 견지하고 있었고, 민법과 특이한 관습을 고정하여 성문화하는 데 극력 반대하여 관습은 관습으로 그대로 존치하고 오히려 그 추이성을 유도하여 내지법으로 융합귀일케 해야 한다고 했다.78)

위 인용문에서 법제국이 민사법규에 대해 '국내통일주의'를 지향했다는 것은 1912년 조선민사령 체제 외에는 성문법을 용인하지 않겠다는 의미였다. 조선총

---

77) 『每日申報』 1921. 5. 22.
78) 原正鼎, 「戶籍令制定當時의 回顧」, 『戶籍』 3권 7호, 1943, 5쪽.

독부가 추진했던 조선 관습의 성문화에 대해 내각 법제국은 1912년 조선민사령 체제를 준수할 것을 요구했고, 조선총독부는 1912년 조선민사령의 구조를 벗어나지 않는 범위에서 조선민사령 제11조를 개정했다.

3. 조선총독부령 제99호와 자제된 일본민법주의

조선총독부와 법제국이 조선민사령 개정안을 둘러싸고 협의하고 있을 무렵, 일본정부는 조선총독부를 압박하는 법령을 통과시켰다. 1921년 6월 22일 칙령 제283호를 공포하여 공통법 제3조가 1921년 7월 1일부터 시행되도록 했던 것이다.[79] 일본에서는 이미 1921년 4월 17일에 호적법을 개정하여 공통법 제3조에 대응하는 법 체제를 확립했고, 칙령 제283호를 공포함으로써 조선총독부에게 법 정비를 시급히 요구했다.

이미 언급했듯이 1921년 1월 31일 조선민사령 개정안이 제령으로 공포되지 못하고 폐안되자, 조선총독부는 법제국과 협의하여 내선통혼[80]에 관한 절차 규정만을 임시 마련하는 쪽으로 입법방침을 바꾸었다.[81] 이 같은 논의의 결과가 1921년 6월 7일 조선총독부령 제99호 '조선인과 내지인 간 혼인의 민적수속에 관한 건'이다.[82] 부령 제99호는 조선인의 결혼에 관한 실체 규정은 과거와 같이 관습에 의거하기로 하고, 단지 내선통혼에 관한 조선 측의 민적절차만을 규

---

79) 「共通法第三條ノ規定及大正十年法律第四十八号戶籍法中改正法律施行期日ノ件」.
80) 1921년 조선총독부령 제99호에 관해서는 거의 밝혀진 바가 없다. 다만 김영달이 내선통혼 정책의 관점에서 연구했다. 김영달의 연구는 내선통혼에 관한 최초의 체계적인 연구지만 제99호에 내선통혼이라는 관점에서만 접근하고 있는 한계가 있다. 부령 제99호는 조선 관습의 성문법화 과정에서 임기응변적으로 등장한 과도적 법령이라는 관점도 필요하다. 부령 제99호는 조선호적령의 제정으로 폐지되었다. 金英達, 「日本の朝鮮統治下における'通婚'と'混血'—いわゆる'內鮮通婚]の法制・統計・政策ついて」, 『人權問題研究室紀要』 39, 關西大學, 1997.
81) 『每日申報』 1921. 5. 7.
82) 「1921년 6월 7일 朝鮮總督府領 제99호 朝鮮人ト內地人トノ婚姻ノ民籍手續ニ關スル件」, 『民籍例規』, 1922, 20~22쪽.

정한 것이었다.83)

부령 제99호 시행 이후 내선인이 결혼하면 어느 지역의 법을 적용할 것인지를 판단해야 했다. 이 점에 대해서 공통법 제2조 2항은 민사에 관해 준거법을 달리하는 각 지역 간의 법률사건에 대해서는 법례(1898년 법률 제10호)를 준용하도록 했다. 법례에서는 결혼성립요건은 각 당사자가 속한 지역 법령에 의거하고, 그 방식은 결혼 거행지의 법령에 따르며, 효력은 부(夫)가 속한 지역의 법령에 의한다고 정했다. 이 규정을 내선인의 결혼에 적용하면, 먼저 결혼성립요건과 관련해서는 당사자 중 일본인은 민법, 조선인은 관습에 따른다. 그 방식은 결혼 거행지가 일본일 때는 민법을 따르게 되어, 이 경우 결혼의 의사표시를 하고 결혼신고를 했을 때 비로소 결혼 효력이 발생한다. 그러나 만약 거행지가 조선일 때는 조선 관습법이 준거가 되기 때문에 결혼의 의사표시를 행하고 관습상 인정된 의식을 거행함으로써 바로 결혼의 효력이 발생한다.84)

이처럼 내선인 간 결혼의 실체법에 대해서는 법례에 의해 일본 민법 및 조선 관습을 각 당사자의 준거법으로 설정하여 현행 제도 그대로 법규를 운용하는 것이 부령 제99호의 입법취지였다. 그러나 규정을 따로 설치하지 않으면 해결하기 곤란한 문제가 있었다. 그것은 내선 양 지역 간의 송적절차였다. 즉 '처'가 결혼으로 인해 '부(夫)'의 '가'에 들어가는 것은 조선과 일본의 호적제도에서 일반적인 규정이었지만, 조선과 일본 상호간의 송적에 관해서는 절차 규정이 없었다. 일본인 여자가 조선인 남자와 결혼하여 결혼신고를 해도 일본인 여자는 일본의 호적에 남아 있게 되고, 식민지 초기에는 조선인 여자도 일본인 남자와 결혼을 신고하더라도 기존 부(父)의 호적에 남게 되었던 것이다.85) 이 문제를 해결하기 위해 부령 제99호의 제9조86)에서는 내선인이 일본에서 결혼하여 일

---

83) 일본에서는 호적법 제42조의 2를 추가하여 송입적(送入籍)에 관한 규정을 새로 설치했다.
84) 原正鼎, 「內鮮人通婚民籍手續に就いて」, 『朝鮮』 79, 1921, 95~98쪽.
85) 『每日申報』 1921. 6. 10.
86) 제9조는 다음과 같다. "민적법 제5조의 2 내지 제5조의 6 규정은 결혼 또는 이혼으로 인해 조선의 가를 떠난 자 및 일본의 가를 떠나 조선의 가에 들어간 자의 민적의 기재수속에 대해 준용한

본 민법에 의해 호적법상의 신고를 했을 때 이를 접수한 시정촌장은 호적법 제42조의 2에서 정한 소정의 절차를 하고, 조선인의 본적지 부윤 또는 면장은 이에 대응하여 입적 및 제적의 절차를 하도록 했다. 또 조선에서 결혼하고 본령 소정의 절차에 따라 신고했을 때는 이를 접수한 부윤 또는 면장은 제9조 소정의 절차를 수행하고, 당사자인 일본인 본적지의 시정촌장은 이에 대응하여 입적 및 제적의 절차를 한다.[87] 또 본령은 내선인 간의 결혼에 대해서 신고 의무자, 신고지, 신고 장소, 신고 기간, 신고 방법 및 신고 사고 등에 대해서 제1조부터 제8조까지 상세히 규정을 설치하여 현행 민적법의 문제점을 보완했다.

이와 같이 조선총독부는 부령 제99호를 통해 공통법 제3조 실시에 대응했으나, 1921년 7월 5일 법무국장 통첩을 발하여 "동 부령(조선총독부령 제99호—인용자)에 의한 신고 및 신출(申出)에 대해서는 일반의 취급과 취지를 달리하는 점이 적지 않을 뿐만 아니라 민법 및 관습의 조사에 대해 신중을 요하는 것이 있기 때문에 당분간 부윤 또는 면장이 위 계출 또는 신출을 수부(受附)했을 때는 일단 사출(伺出)의 형식으로 해당 서류를 당국(조선총독부 법무국—인용자)에 회송하여 그 지령을 기다려 민적의 기재 기타 수속"을 하도록 했다.[88] 조선총독부는 공통법 제3조 및 부령 제99호를 통한 내선인 간의 소통에 대해서 매우 신중한 입장을 취하고 있었다. 그러나 공통법 제3조와 조선총독부령 제99호, 호적법 제42조의 2를 통해 당시까지 이중적 문제는 완전히 해소되었다.

내선통혼에 관한 법령안은 개안할 겨를이 없게 되어 이번에는 조선인의 혼인에 관한 성립요건은 의연 관습에 의하게 하고, 그것에는 손대지 말고 단지 위 관습을 기준으로 내선통혼에 관한 조선 측의 민적 절차만을 규정하여 부령(府令)으로 1921년 7월 1일 공통법 제3조 이지역(異地域) 간 입제적(入除籍)에 관한 규정의 시행과 동시에 그

다."
87) 『每日申報』 1921. 6. 11.
88) 「1921년 7월 5일 法務局長通牒民第9號各道知事宛」, 『民籍例規』, 1922, 23쪽.

것을 시행하여 법률상 유효한 내선통혼의 길을 소통시킨 것이다. 한편 이 문제의 절충 경위에 비추어 조선인의 능력 및 친족·상속에 관한 조사입안에 관한 위원회의 기정(旣定)의 방침도 역시 근저부터 대변혁을 가하지 않으면 안 되게 된 것은 어쩔 수 없게 되었지만, 위원회로서는 실은 쉽지 않은 상태였다.89)

위 인용문은 조선총독부령 제99호를 계기로 조선민사령 제11조의 개정범위 및 방향이 크게 축소·변질되었음을 단적으로 보여주는 것이다. 즉 조선총독부는 내선 간 연락관계만을 법제화하는 방향으로 후퇴했고, 조사위원회에서 작성한 "종전의 입안은 모두 폐안(廢案)하고, 조선 관습 중에서 민법과 대동소이한 것, 혹은 민법에 의하는 것이 적당하다고 인정되는 것"만을 법제화하기로 방침을 전환했다.90)

위 방침에 기초하여 조선총독부는 1921년 11월 14일 제령 제14호로 조선민사령 제11조의 제1차 개정안을 공포하여 능력에 관해서 일본 민법 의용을 확정했다. 그리고 1921년 1월 31일 조사위원회가 기안했던 '결혼성립요건'에 관한 법령도 법제 일원화 원칙을 준수하는 쪽으로 변경되었다. 조선총독부의 이와 같은 입장은 1921년 12월 15일·16일 중추원 자문사항에서도 재확인되었다.

1. 남자는 만 17세, 여자는 만 15세에 이르지 않으면 혼인할 수 없다는 규정을 설치할 것
2. 부부는 협의로 이혼할 수 있고, 또 민법 제813조의 원인이 있는 경우 그 일방으로부터 이혼의 소(訴)를 제기할 수 있게 하고, 재판소에 의해서 이혼시키는 규정을 설치할 것91)

---

89) 原正鼎, 「戶籍令制定當時の回顧」, 『戶籍』 3권 7호, 1943, 6쪽.
90) 原正鼎, 「戶籍令制定當時の回顧」, 『戶籍』 3—권호, 1943, 6쪽.
91) 朝鮮總督府中樞院, 『本院會議に於ける總督訓示竝議長挨拶』, 1929.

위 자문사항은 모두 일본 민법의 내용을 그대로 도입하는 방식으로 결정되었다. 그러나 이미 살펴보았듯이, 남자 만 17세, 여자 만 15세를 결혼연령으로 정하는 정책은 이미 조선총독부가 1915년부터 채택하고 있었다.[92] 또한 협의이혼과 재판상 이혼도 각종 회답 및 재판소에서 판례법으로 확립되어 있었다.[93] 1921년 중추원에서 결정한 것은 조선 관습에서 이미 신관습으로 확립되었거나 조선총독부가 내부적으로 도입을 추진하고 있던 사항에 대하여 일본 민법 의용 형식으로 도입하는 것에 불과했다.

1921·22년 조선민사령 제11조 개정도 외형상으로는 일본 민법을 그대로 의용하는 방식을 취했다는 점에서 일본민법주의가 관철되고 있었다고 볼 수 있다.[94] 그러나 조선총독부는 외형상으로 내각 법제국의 입장에 동조하면서도, 조선민사령 제11조 개정의 범위를 축소하고 오히려 관습법을 광범위하게 유지하는 쪽을 선택함으로써 내용상 일본 민법의 확대 적용을 제한하는 절충적 입장을 취했다. 따라서 1921·22년 조선민사령 제11조 개정안은 외견상 내선 법제 일원화 관철이었지만, 식민 법제를 둘러싼 조선총독부와 내각 법제국의 타협의 산물이라고 이해하는 편이 오히려 사실적이다.

내각 법제국도 조선 법제 전 영역에서 법제 일원화를 실현할 의사는 없었다. 당시 상황에서 전면적 법제 일원화 주장은 일제의 조선통치 방식이었던 '조선총독에 의한 대리통치'를 법적으로 부정하는 것이었기 때문이다. 법제국이 주장했던 일원화의 의미는 일본 민법 이외의 다른 성문법은 허용하지 않겠다는 소극적인 자세로 이해해야 한다. 따라서 법제국이 선호했던 것은 조선 관습을 성문법화하는 것이 아니라 구래의 관습을 법인하거나 일본 민법의 조항을 그대로 의용하는 것이었다. 따라서 1921년과 1922년의 조선민사령 제11조 개정이 기술적 규정인 능력·결혼연령·이혼 등에 한해 매우 소규모로 일본 민법을 의용한

---

[92] 「1915년 8월 7일 관통첩 제240호」, 『民籍例規』, 1922.
[93] 「(1915년 民上 제140호) 1915년 7월 6일 朝鮮高等法院判決」, 『朝鮮高等法院判決錄』 3, 215~225쪽; 「1918년 4월 11일 京城覆審法院判決」, 『現行朝鮮親族相續法類集』, 1935, 167쪽.
[94] 『每日申報』 1922. 12. 18.

것에 대해 내각이 반대할 이유가 전혀 없었던 것이다.

내각 법제국이 주장한 국내법통일주의는 조선민사령 개정 과정에서 나타난 것이 아니라, 대만의 친족령·상속령에 관한 협의 과정에서 이미 확립된 것이었다. 따라서 조선총독부 쪽의 요구를 내각 법제국이 수용하는 것은 대만과의 형평상 불가능하기도 했다.[95] 그러나 대만총독부가 대만친족령·상속령을 포기하고 관습법의 변경을 통해 일본 민법상의 제도를 도입했던 것과는 달리, 조선총독부는 조선민사령 제11조 개정을 통해 성문조항을 설치하는 상이한 대응을 했다. 이것은 조선총독부와 대만총독부가 구관에 대한 입법화 정책에서 서로 차이가 있었음을 보여준다.

조사위원회는 1922년 12월 7일 조선민사령 제11조가 개정되고 1922년 12월 조선호적령이 제정되면서 1922년 12월 22일에 공식 해소되었다. 조사위원회의 폐지에 관한 훈령은 없었지만, 그 대신 위원장을 비롯한 전 위원의 직책을 면하는 조치를 취했다.[96] 이로써 공통법 실시를 계기로 추진된 조선총독부의 조선민사령과 민적법 개정작업은 일단 마무리되었다.[97]

---

95) 대만총독부의 친족령·상속령 추진에 대한 간략한 서술은 다음의 저서 참조. 王泰升, 『臺灣日治時期的法律改革』, 聯經, 1999, 303~369쪽.
96) 1922년 12월 22일 직책 해소 당시의 위원들을 소개하면 다음과 같다(『朝鮮』 1923. 1).
　위원장 橫田五郎 법무국장
　위원
　조선총독부 사무관 小田省吾, 石黑英彦, 諸留勇助, 宮本元
　조선총독부 참사관 矢鍋永三郎, 萩原彦三
　조선총독부 감독관 時實秋穗
　조선총독부 재무국장 和田一郎
　중추원 서기관장 小田幹治郎
97) 朝鮮總督府, 『朝鮮總督府施政年報』, 1923, 405쪽.

제3장
조선민사령 제11조 개정안과 조선총독부의 관습법 정책

1. 1921년의 조선민사령 제11조 개정안

　1921년 11월 14일 제령 제14호로 개정된 조선민사령 제11조[98]는 친권, 후견, 보좌인 및 무능력자를 위해 설치하는 친족회 등에 관해 일본 민법을 의용하는 것을 내용으로 했다.[99] 제73조의 개정[100]은 제11조 개정에 따른 결과였다. 이는 조선총독부가 1917년 12월에 일본 민법 적용을 계획했던 사항들로, 조선의 관습이 분명하지 않거나 혹은 제도적으로 보완할 부분이 있던 것이었다.[101]
　조선총독부는 조선인의 '능력'에 관한 관습을 일찍부터 조사했다. 참사관실에서는 "유자(幼者)의 행위능력, 심신에 이상 있는 자의 행위능력, 불구자의 행위능력, 처 및 첩의 행위능력, 낭비자의 행위능력, 무능력자의 행위의 효력 및 그 추완(追完), 행위능력의 보충 및 제한의 제각(除却), 무능력자의 대표 및 재산

---

[98] 조선민사령 제11조는 다음과 같이 개정되었다. "조선인의 친족 및 상속에 관해서는 제1조의 법률에 의하지 아니하고 관습에 의한다. 단 친권, 후견, 보좌인 및 무능력자를 위하여 설치하는 친족회에 관한 규정은 이러한 제한에 있지 않다."
[99] 「原民事課長談大正十年制令第十四號朝鮮人ノ能力及無能力者ノ保護機關制定ニ就テ」, 『朝鮮新聞』 1921. 11. 14(南雲幸吉의 『現行朝鮮親族相續法類集』에 수록됨).
[100] 제73조 "'실종(失踪)'을 친권의 상실, 재산관리권의 상실, 실권(失權)의 취소, 금치산·준금치산자 및 실종"으로 고침.
[101] 朝鮮總督府, 『司法官會議諮問事項答申書』, 1917, 31쪽, 84쪽.

의 관리"102) 등 여덟 가지로 세분하여 조선인의 관습을 조사했으며, 이후 지속적으로 조사사업을 벌여 1920년에는 능력에 관한 조사보고서를 편찬했다. 조선총독부의 조사결과를 항목별로 살펴보면 다음과 같다.

① 능력: 일본 민법에서 법률행위는 '능력자'만이 완전히 행할 수 있다. 무능력자의 경우 법률행위를 할 수는 있지만 완전한 효과를 발생하는 것은 아니라고 보았다. 따라서 일본 민법에서는 능력요건을 구체적으로 규정했고, 무능력자에 대해서는 일정한 기관을 설치하여 보호하는 방도를 마련하고 있었다.

조선에서도 관습상 종래 능력이 완전한 자와 완전하지 못한 자를 구별하고 있었고, 능력이 완전하지 못한 자의 행위는 법률상 효과가 나타나지 않는 것으로 조사되었다. 그러나 과연 어떤 기준으로 능력자와 무능력자를 판단할 것인가에 대해서는 조선의 관습에 명확하게 나타나지 않았다. 또한 무능력자를 위해 설치하는 보호기관도 대체로 관습에 존재하지만103) 일본 민법의 규정 등에 비해 그 보호가 아직 충분하지 않다고 파악했다.104)

> 한국의 과거의 법률에는 행위능력에 대한 일반규정은 없고 1895년 법부령 제3호 '민·형소송에 관한 규정' 제2조에 "미성년자는 즉 20세 이하니 호후인(護後人)이 유(有)혼 경우에는 호후인이오, 호후인이 무(無)혼 경우에는 친척 중의 성년혼 자로 대소(代訴)하게 홈이 가홈.105)

위와 같이 대한제국 시기에는 일부 법 규정에서 성년과 미성년을 구분하고 있었으나 실제는 거의 실행되지 않았던 것으로 조사하고 있다. 『관습조사보고

---

102) 朝鮮總督府中樞院, 『朝鮮舊慣及制度調査沿革ノ調査(제18冊)』.
103) 조선총독부는 종중과 문중을 친족회의 일종으로 파악했다. 정긍식 편역, 『改譯版慣習調査報告書』, 한국법제연구원, 2000, 343~345쪽.
104) 「橫田法務局長談大正十年制令第十四號朝鮮人ノ能力及無能力者ノ保護機關制定ニ就テ」, 『京城日報』(南雲幸吉의 『現行朝鮮親族相續法類集』에 수록됨).
105) 정긍식 편역, 『改譯版慣習調査報告書』, 한국법제연구원, 2000, 89쪽.

서』에는 일반적으로 한국의 관습상 남자는 관례(冠禮)를 하고 여자는 계례(笄禮)를 한 자를 성인이라고 칭하여 아동과 구별했던 것으로 보았다. 따라서 관례와 계례를 한 자는 행위능력자로 인정해야 하지만, 조선인의 경우 세속이 조관(早冠)을 다투어 연령의 제한을 지키는 자가 거의 없고, 또 장년이 되어도 관례를 하지 않는 자가 있기 때문에 관례의 여부가 반드시 행위능력의 유무를 구별하는 기준이 될 수 없다는 것이다. 또 과거 남자의 경우에는 일정한 연령이 되면 호패(號牌)를 착용해야 하는 제도가 있었는데, 그 연령은 병역의무의 개시년(丁年)이고 아울러 공법상 성년의 표준이었다.

> 남자는 15세에 비로소 관(冠)을 써야 하고 또 근래에 이르러서는 정년(丁年)을 15세로 하는 것에서 관습상 행위능력에 대한 성년을 15세로 한다. 그러나 15세 이상자(물론 정신이상자는 제외)로서 오히려 행위능력이 인정되지 않고 보호자가 그를 대표하는 자가 없지 않다. 그러므로 15세로 성년을 삼는 것은 오직 행위능력자임을 인정하는 임시 표준에 그치고 일률적으로 판단할 수 없다. 과연 행위능력자인가 아닌가는 한편으로는 연령을 표준으로 하고 다른 한편으로는 보호자의 유무를 표준으로 하지 않을 수 없다. 즉 15세 이하자와 15세 이상자로서 보호자가 있는 자는 행위무능력자이고, 15세 이상자로 보호자가 없는 자를 행위능력자로 볼 수밖에 없다. 또 소송행위에 대해서는 1908년 법률 제13호 '민·형소송규칙' 제67조에 "재판소는 당사자가 소송을 행홀 능력이 무홈으로 소(訴)홀 시(時)는 그 대표자를 지정홈을 득홈"이라고 규정하여 그 판단을 재판소의 권한에 위임한 것이므로, 그 자체가 예외이다.106)

이와 같이 『관습조사보고서』는 15세를 기준으로 행위능력자를 파악하고 있으면서도, 보호자 유무에 따라서 능력자와 무능력자로 파악하는 등 일관된 기준이 없었던 것으로 파악했다. 1908년 민·형소송규칙에서 소송능력을 언급하고

---

106) 정긍식 편역, 『改譯版慣習調査報告書』, 한국법제연구원, 2000, 99~100쪽.

는 있으나, 민·형소송규칙도 한국적 전통 속에서 도출된 것이라기보다는 당시 한국의 사법제도를 근대화하기 위해 나카무라 다케조(中村竹藏), 마쓰데라 다케오, 아즈미 도키타로 등이 한국의 관습과 제도를 참작하여 제정한 것이었다.[107] 조선고등법원에서도 조선인의 행위능력요건을 관습에 의하기로 결정했고, 『관습조사보고서』의 조사결과를 그대로 인용하여 판결했다. 식민지 초기 재판 과정에서 능력자와 무능력자는 개별 사건의 사실관계에 기초하여 판단했다. 예컨대 소송사건에서 신체·지능 발육의 상태를 재판소가 심사하여 능력의 유무를 판정하고 있었다. 그러나 이와 같은 방식에서는 각 사건마다 상대방의 능력을 심사해야 했고, 법률행위를 하는 자의 판단과 만약 분쟁을 낳는 경우에 재판소 판단이 서로 일치하지 않을 수도 있었다.

> 조선인의 능력에 대해서는 조선민사령 제11조 제2항에 따라 관습에 따르기로 한다. 그러나 조선에서는 성년이 되는 연령에 대한 관습이 없고, 일반적으로 완전한 능력을 구비하는가 아닌가는 사실상의 판단에 의해 정한다. 관습에 따라 능력의 유무는 해당 법률행위를 하는 것에 대한 이해득실을 판단할 수 있는 지능을 구비했는가 아닌가를 심사하여 정한다.[108]

조선고등법원도 조선인의 능력에 관해 관습에 따르기로 했고, 조선 관습상 능력의 유무에는 표준적 기준이 있었던 것이 아니어서 각각의 법률행위에 대해 개별적으로 판단했다. 이는 1912년 조선민사령 제11조에서 능력에 관해 관습법주의를 채택하기 이전부터 이미 조선고등법원이 취했던 입장이었다. 1911년 8월 21일 판결에서도 "조선인의 행위능력의 유무는 오로지 재판소의 사실판단에 속한다"[109]라고 하여 사실주의·관습법주의를 채택했고, 조선인의 능력에 관

---

107) 남기정 역, 『日帝의 韓國司法府侵略實話』, 육법사, 1976, 87~88쪽.
108) 「(1913년 民上 제75호) 1913년 5월 2일 朝鮮高等法院判決」, 『朝鮮高等法院判決錄(2권)』, 193~195쪽.
109) 「(1911년 刑上 제91호) 1911년 8월 21일 朝鮮高等法院判決」, 『朝鮮高等法院判決錄(1권)』,

한 관습은 표준적 기준을 갖고 있지 않았던 것으로 판단했다.110)

그러나 1921년 조선민사령 제11조 개정에서 능력에 관한 일부 조항이 일본 민법을 의용함으로써, 조선인의 경우에도 만 20세를 성년으로 하여 성년에 달한 자는 특별히 무능력의 요인이 없는 한 모두 완전한 능력자로 했고, 만 20세에 달하지 않는 자는 미성년자라고 칭하여 모두 법정대리인(친권자 또는 후견인)에 의하거나 또는 법정대리인의 동의를 얻지 못하면 완전한 법률행위를 할 수 없도록 했다. 신제도는 성년제도를 확립하여 미성년자의 보호, 상거래의 안전, 재판절차 간소화 등의 측면에서 관습법에 비해 진전된 것으로 평가되었다.

다만 성년제도 시행에서 주의를 요하는 것은 1921년 12월 1일 현재 20세 미만일 때는 신제도에 의해서 무능력자가 된다는 점이었다. 따라서 이러한 자가 신제도 시행 전부터 소송의 당사자가 되고 시행 즈음에 소송이 계속되고 있을 때는 소송절차가 중단되었다. 그러나 상술한 미성년자가 신제도 이전부터 독립하여 상업을 운영하고 있는 경우 신제도 시행과 함께 하루아침에 무능력자가 되기 때문에, 부칙에서 신제도 시행 후에도 상업에 관하여 성년자와 동일한 능력을 갖는다는 취지를 규정했다.

② 후견·보좌인: 조선민사령 제11조 개정안에서는 미성년자 외에 무능력자의 금치산제도를 인정하여 연령에 관계없이 심신상실 상황에 있는 자, 즉 아자(啞者)이면서 지능이 불충분한 자에게는 보호인을 붙이는 제도를 설치했다. 그와 함께 신체·정신상 이상이 없어도 재산을 낭비하는 성벽을 갖고 있어 가산을 탕진하고 일가(一家)를 비참한 지경에 빠뜨리는 자에 대해서는 행위능력을 제한하고 그에게 보호인을 붙여 재산보전을 강구할 길을 열어둔다는 취지에서 준금치산자 선고를 요구할 수 있었고, 또한 보좌인의 동의가 없는 준금치산자의 행위는 거래 상대방에 대하여 임의로 취소할 수 있도록 했다.

161~165쪽.
110) 「(1916년 民上 제180호) 1916년 12월 26일 朝鮮高等法院判決」, 『朝鮮高等法院判決錄(3권)』, 1018~1031쪽.

한국에서는 미성년자 또는 정신병자에게는 특히 보호자를 정하는 예가 있는데 필경 후견에 지나지 않는다. '민·형소송에 관한 규정'에는 '호후인(護後人)'이라는 용어를 사용한다. 그렇지만 관습상 일정한 명칭이 없으므로 임시로 후견인이라고 해야 할 것이다(조선에는 '뒤를 돌보아주는 사람'이라는 말이 있다). 후견인을 선정하는 것은 미성년자, 정신병자가 호주인 경우에 한정하며, 친권을 행사하는 모(母)가 있으면 선정하는 예는 없다.[111]

조선에서도 일본 민법상의 금치산·준금치산자를 위한 보호인제도가 있었다. 조선의 경우 후견인은 부모의 유언이 있으면 유언으로 지정된 자가 맡지만, 유언이 없으면 일반적으로 백숙부 가운데 연장자가 맡았다. 만약 그에 해당하는 사람이 없으면 친족이 서로 협의하여 근친 중에서 적임자를 선정했다.[112] 다만 조선에서는 무능력자의 보호기관에 대해서 그 자격, 권한, 사무의 집행 등이 명확하지 않았다. 따라서 조선 관습을 보완한다는 취지에서 무능력자를 위해 후견과 보좌인제도가 도입되었다. 후견은 무능력자 보호의 방법으로, 무능력자의 신체 및 재산을 보호 감독하거나 무능력자를 대표하는 등 친권의 연장이라고도 할 수 있는 제도이다. 과거 조선의 관습에서는 미성년자 또는 정신병자에 대해서 친족 가운데 보호자를 정해 무능력자의 신체 및 재산을 보호 감독하도록 했으나 명확한 규정이 없었기 때문에 일본 민법의 후견조항을 도입한 것이다. 한편 과거 조선에서는 심신모약자(心神耗弱者), 농자(聾者), 아자(啞者), 맹자(盲者) 및 낭비자를 법규상 보호할 방법이 없어, 이런 사람을 준금치산자로 판단하여 보호기관으로 보좌인제도를 설치하게 되었다.

요컨대 신제도는 보호기관으로서 친권자·후견인·후견감독인·보좌인·친족회를 인정하고 그 자격·구성·권한·사무의 집행 등을 상세히 규정함으로써 무능

---

111) 정긍식 편역, 『改譯版慣習調査報告書』, 한국법제연구원, 2000, 340쪽.
112) 「(1919년 民上 제214호) 1919년 10월 30일 朝鮮高等法院判決」, 『朝鮮高等法院判決錄(6권)』, 371~372쪽.

력자 보호를 강화했다. 또 조선민사령 개정에 따라 친권의 변경, 후견인, 보좌인의 취직 경질 또는 그 임무의 종료를 민적에 기재하여 명확히 할 필요가 있었으므로, 당사자는 이런 사항의 발생을 부윤·면장에게 신고하도록 했다.113)

1921년 조선민사령 제11조 개정은 조선의 관습에 명확한 규정이 없어 법률 시행에 문제가 있었던 '능력' 조항과, 조선의 관습에 존재했지만 그 권한과 범위가 불명확했던 무능력자를 위한 보호기관, 즉 친족회만을 일본 민법의 의용 방식으로 도입한 것이었다. 능력에 관한 규정이 일본 민법의 내용으로 의용됨으로써, 근대적 의미의 법률행위에 관한 제도가 최초로 도입되었다.

2. 1922년의 조선민사령 제11조 개정안

조선총독부는 1922년 12월 7일 제령 제3호로 조선민사령 제11조를 다시 개정했다. 개정안에서는 "결혼연령(민법 제765조), 재판상 이혼(제813조 내지 제836조), 사생자 인지(제827조 내지 제836조), 친족회(제944조 내지 제953조), 상속의 승인(제1023조 내지 제1037조) 및 재산의 분리(제1041조 내지 1050조)에 관한 규정"을 조선민사령 제11조에서 제외하여 일본 민법의 적용을 받게 했다. 또 "분가, 절가 재흥(絶家再興), 결혼, 협의상 이혼, 연조 및 협의상 파양 등 신분상의 법률행위는 부윤 또는 면장에게 신고"함으로써 효력을 발생하도록 규정하여 신고주의를 확립했다.

1922년의 개정은 1921년 1월 31일 개정안의 내용인 결혼과 이혼을 중심으로 진행되었다. 1922년 조선민사령 제11조 개정에도 "내선 법제의 통일"이라는 방침이 관철되기는 했으나,114) 앞에서 언급했듯이 개정안의 내용은 이미

---

113) 이상은 「原民事課長談大正十年制令第十四號朝鮮人ノ能力及無能力者ノ保護機關制定ニ就テ」, 『朝鮮新聞』(南雲幸吉의 『現行朝鮮親族相續法類集』에 수록).
114) 朝鮮總督府, 『朝鮮總督府施政年報』, 1922, 398쪽.

1910년대에 조선총독부에서 관습의 변화를 인정하여 판례법으로 확정한 것이나 민적취급상 제도화를 추진하고 있었던 것들만 선별한 것이었다. 이 절에서는 결혼연령과 이혼을 중심으로 1910년대 관습법 정책의 추이와 조선민사령 제11조 개정안을 서로 비교하도록 하겠다.

1) 결혼연령에 대한 조선총독부의 입장과 조선민사령 개정

조선총독부가 일찍부터 관습 성문화를 계획했던 것은 결혼연령 문제였다. 당시 조선에서는 일본 민법이 규정하는 결혼연령 미달자 간의 결혼이 일반적으로 행해지고 있었기 때문이었다.115) 식민지 초기의 조혼(早婚)은 조선 재래의 결혼 경향과도 관련이 있었다. 1894년에는 남자 20세, 여자 16세를 결혼이 가능한 최저 연령으로 규정했고,116) 1907년 8월에는 남자 17세, 여자 15세 이상으로 결혼연령을 규정했다.117) 그러나 대한제국 정부에 의한 법 규제는 잘 지켜지지 않았고 식민지 시기에도 조혼이 상당히 많이 행해지고 있었다.

〈표 2-1〉에서 알 수 있듯이 1912년부터 1915년까지 조선인의 조혼 비율은 약 15~19%를 점하고 있었다. 조선총독부는 조선인의 친족·상속에 관해서 관습 법인 정책을 취하고 있었기 때문에 조혼도 법적인 효력을 인정받았다. 1911년 8월 21일 조선고등법원은 조선인의 경우 결혼연령과 관계없이 법적 효력이 성립하는 것으로 판시했다.118) 또 1922년 12월 조선민사령 제11조 개정안이 확정되기 이전인 1921년 8월 구관급제도조사위원회에서도 "고등법원에서 이미

---

115) 小田幹治郎, 「婚姻に關する朝鮮の習俗」, 『朝鮮彙報』 6월, 1920.
116) 「開國 503년 6월 28일 議案」, 『韓末法令資料集(1권)』.
117) "詔曰人生三十而有室二十而嫁난 古昔三代盛法이어늘 輓近 早婚의 弊가 國民의 病源이 莫甚 故로 年前禁令이 有ᄒ되 (…) 今日에 維新의 秋를 際ᄒ야 風俗을 改良흠이 最是急務라 不容 不參古酌今ᄒ야 男年滿十七 女年滿十五以上으로 始許婚娶ᄒ야 (이하 생략)" 細谷定, 「朝鮮人의 早婚과 慣習의 效力」, 『朝鮮彙報』 5월, 1915, 145쪽.
118) 高等法院書記課, 「(1911년 刑上 제91호) 1911년 8월 21일 朝鮮高等法院判決」, 『朝鮮高等法院判決錄(1권)』, 161~165쪽.

〈표 2-1〉 조선인 여자의 결혼연령

	15세 미만	15~20세	21~24세	25~29세	30~34세	35~39세	40~60세	법정결혼연령 미달자 비율(%)
1912년	21,654	61,437	20,856	9,839	3,863	2,200	2,112	17.6
1913년	24,344	64,127	25,405	10,086	4,657	1,910	956	18.5
1914년	17,992	60,348	20,882	8,781	4,228	1,917	1,514	15.5
1915년	20,050	50,277	13,460	6,203	4,151	3,021	4,326	19.6
1920년	9,114	86,723	32,184	7,518	3,029	1,492	1,024	6.4
1921년	10,469	92,450	37,832	8,848	3,432	1,525	1,002	6.7
1922년	13,401	112,694	48,807	11,437	4,311	1,802	1,402	6.9
1923년	11,748	152,829	66,007	17,117	6,129	2,551	1,732	4.5

출처: 『朝鮮總督府統計年報』
비고: (1) 1916~1919년까지의 법정결혼연령 미달자 통계는 『통계연보』에 없음.
　　　(2) 남자의 법정결혼연령 미달자 통계는 1920년부터 나타남.

연령에 제한이 없다는 취지의 판결을 한 사실이 있었을 뿐, 이후 관습이 실제의 취급과 같이 고쳐진 사실을 인정한 판례는 나오지 않았다"고 결의함으로써 조선 관습에 변화가 없음을 공식적으로 확정했다.

그러나 조선총독부는 1915년부터 결혼연령 미달자의 결혼을 행정적으로 제한하는 조치를 취하고 있었다. 즉 법원에서는 조선인들의 조혼을 '관습법'이라는 명목으로 사실상 인정했지만, 민적절차상으로는 1915년 8월 7일 관통첩 제240호 '혼인에 관한 사항'에서 "남 17세 미만, 여 15세 미만인 자의 혼인신고를 수리하지 말 것"이라고 하여 제한을 가하기 시작했다. 민적상 이러한 취급은 결혼의 법률적 효력과는 무관하게 민적 등재만을 거부한 것으로서, 결혼관계 자체를 부정한 것은 아니었다.[119]

법원에서 인정한 결혼에 대해 민적상 결혼신고를 접수하지 않게 되자 새로운 문제가 발생했다. 그것은 결혼연령 미달자 간의 결혼으로 생긴 자식의 신분관계

---

119) 朝鮮總督府內務部, 『民籍例規集』, 1917, 57쪽.

였다. 법원에서 인정한 결혼을 민적상 인정하지 않게 되자, 민적상 반드시 기재해야만 하는 출생아 신분의 규정이 불명확해졌다. 조선총독부는 "남자 17세 미만, 여자 15세 미만인 자의 사이에 출생한 자(子)는 그 남녀가 결혼식을 거행한 경우라 하더라도 서자로 취급할 것"이라고 했다.[120] 이는 1915년 10월 12일 강원도장관의 질의에 대한 사법부장관의 답변에서도 재확인되었다. 강원도장관이 "정식으로 결혼식을 거행했으나 결혼연령에 달하지 않은 남녀 간에 출생한 자식을 부모 중 한 명이 사망하여 결혼신고를 하지 못함과 동시에 종래 서자로 등록된 자식을 적출자의 신분으로 정정할 방법이 없어 가독상속(家督相續) 및 재산상 분쟁이 일어날 우려가 있는데, 이러한 경우 어떻게 취급해야 하는지"라고 조회하자, 사법부장관은 "1915년 8월 7일에 내려진 관통첩 240호에 따라서 적자가 아닌 서자로 취급해야 한다"고 회답했다.[121] 이렇게 결혼연령 미달자 간에 낳은 자식을 서자로 취급함으로써 자식의 신분관계에 중요한 영향을 미쳤을 뿐만 아니라 상속을 둘러싼 복잡한 법률적 소송을 야기할 가능성이 생겼다.[122]

그러나 위의 관통첩 제240호는 조혼을 직접 규제한 것이 아니라 그 자식을 통해 간접적으로 규제한 것으로, 조혼 문제에 대한 조선총독부의 갈등을 잘 표현하고 있다. 조선총독부는 조혼에 대해 상당히 거부감을 갖고 있었지만, 그것이 조선의 일반적인 관습이었기 때문에 곧바로 부정하지는 못했다. 대신 조선총독부는 1915년 관통첩과 민적을 통해 간접적으로 규제했던 것이다. 그러나 법원의 판결과 민적취급상의 괴리는 1922년에 조선민사령 제11조 개정안에서 결혼연령의 일본 민법 의용과 신고주의가 확립됨으로써 해소되었다.

1910년대 이와 같은 조선총독부의 모순된 정책은 결혼연령에 관한 조선 관습과 정책의 괴리를 보여주며, 또 조선총독부가 궁극적으로 결혼연령에 관해 어

---

120) 朝鮮總督府法務局, 『民籍例規』, 1922, 32쪽.
121) 朝鮮總督府法務局, 『民籍例規』, 1922, 160쪽.
122) 결혼연령 미달자가 결혼했을 때는 결혼신고를 거부했으나, 이들이 성혼연령에 도달하면 결혼신고를 받아들였을 뿐만 아니라 자식의 신분도 서자에서 적출자로 변경이 가능했다. 「1915년 8월 7일 관통첩 제240호」, 『民籍例規』, 1922, 32쪽.

떤 입장을 취하려 했는지 보여준다. 1922년 조선민사령 제11조 개정안은 1915년 이래 결혼연령에 관한 조선총독부의 정책을 반영한 것이기도 하고, 조선총독부의 규제에 의해 조선 관습이 일정하게 변화하고 있었던 것과도 관련이 있었다. 〈표 2-1〉에서처럼 1920년부터는 조혼 비율이 약 6~7% 정도로 낮아졌기 때문에, 관습의 변화에 따라 일본 민법 의용을 결심했던 것으로 보인다.

또한 조선총독부는 조선민사령 개정을 추진하기로 결정한 직후 조선인들의 결혼 관습에 대한 새로운 보고서를 작성했다. 1917년 6월 21일에 발간된 『혼인에 관한 사항』은 조선인의 결혼요건·종류·방식·제한·효과·무효·취소·이혼 등에 관하여 폭넓게 재조사했다.123) 이 보고서가 인용하고 있는 것은 1910년의 『관습조사보고서』를 비롯해 『대만사법』, 『대전회통』, 『조선휘보』, 『고려사』, 『문헌비고』, 『신조사보고서』, 『신구형사법규대전(新舊刑事法規大全)』 등이었다. 1917년 보고서는 한국병합 이후 계속된 관습조사의 결과를 보충하고 있다는 점에서 사회 변화를 반영하려고 했다. 특히 결혼요건 중에서 문제가 되었던 조선인들의 결혼연령에 대해서도 전국적으로 조사하여 그 결과를 성문법령 작성에 참고했다. 조선인의 결혼연령에 관한 조사는 1917년 11월 12일 날짜로 중추원에서 전국 도장관들에게 조사를 완료하여 중추원으로 송부하도록 했다.124) 1922년 조선민사령 제11조 개정에서 결혼연령에 관한 일본 민법 의용을 결정하게 된 데는, 1915년 관통첩 제240호를 통한 정책적 규제와 새로운 관습조사 과정에서 1915년 이후 조선인의 조혼 비중이 점차 낮아지고 있던 사실을 확인한 배경이 있었다.

2) 이혼 관습의 변화와 조선민사령 개정

조선 재래의 법적인 이혼은 부(夫)의 일방적 의사에 의한 기처(棄妻), 출처(出

---

123) 朝鮮總督府中樞院, 『婚姻ニ關スル事項』. 1917.
124) 『婚姻年齡調査表』(충남, 충북, 함남, 함북, 경기, 강원, 경북, 경남).

妻)에 불과했다.125) 이혼을 강제할 수 있는 권리는 국가 또는 남편에게만 허용되어 있었고, 처에게는 합법적으로 이혼을 요구할 권리가 없었다. 1905년 『형법대전』에 따르면, 처가 이혼할 수 있는 것은 부가 ① 처첩(妻妾)의 조부모·부모를 구타하거나 백숙부모나 고(姑)나 외조부모를 구상(毆傷)한 경우, ② 처첩의 모(母)를 간음(姦淫)한 경우 등이었다(제579조). 이러한 이혼사유는 처가 이혼할 수 있는 권리를 인정한 것이라기보다는, 유교사회에서 용납될 수 없을 만큼 가족질서를 저해한 경우 국가에 의한 강제의절의 성격이 짙었다고 볼 수 있다. 이는 부의 원출(遠出) 또는 수금(囚禁)이나 빈곤을 이유로 처첩이 도망가는 것을 엄격하게 금하고 있던 점(제581조)에 비추어보면 알 수 있다.126) 따라서 1905년 『형법대전』단계까지도 처가 제기하는 재판상 이혼은 물론, 부처(夫妻) 간 합의에 의해 성립하는 협의 이혼도 제도화되어 있지 않았다.

『관습조사보고서』도 협의 이혼 및 재판상 이혼 형태가 조선에 존재하지 않는 것으로 파악하고 있었다.127) 이와 같은 관습 인식은 1914년 경성지방법원장과 정무총감 간의 회답을 통해 관습법으로 정립되었다. 경성지방법원장 조회에 대해 1914년 4월 9일 정무총감은 "조선에는 협의 이혼을 인정하는 관습이 없고, 따라서 협의 이혼에 대해 부모의 동의를 요하는지 그렇지 않은지에 대하여도 하등의 관습을 볼 수 없다"는 답변만을 보내고 있다. 이는 조선총독부 행정당국이 협의 이혼 관습의 존재를 공식적으로 부정한 최초의 회답이다.128)

그러나 경성복심법원 민사제일부재판소장의 조회에 대해 1915년 4월 19일 정무총감은 "조선에서는 부부가 협의상 이혼을 할 경우 부(夫)의 부모가 있을 때는 그 동의를 얻어야 하고 연령과 행위능력 여하를 묻지 않는다. 하지만 처의 부모의 동의를 얻을 필요는 없다"라는 요지의 답변을 보내 협의 이혼의 요건을 규정했고 따라서 협의 이혼을 사실상 인정했다.129) 이후 유사한 결정이 계속

---

125) 장병인, 『조선시대 혼인제와 성차별』, 일지사, 1997, 225~237쪽.
126) 鄭東鎬, 「開化期의 家族法規範에 關한 一考察」, 『論文集』 13, 1979.
127) 정긍식 편역, 『改譯版慣習調査報告書』, 한국법제연구원, 2000, 323~326쪽.
128) 朝鮮總督府中樞院, 『民事慣習問答彙集』, 1938, 177쪽~178쪽.

내려지는데, 1916년 8월 21일 강원도장관이 "조선에는 종래 협의 이혼을 인정치 아니한 관습이 있는 바, 근래는 협의상의 이혼이란 이유로 이혼신고를 하는 자가 있으니 이상의 신고를 수리해야 하는지" 조회하자 사법부장관은 이를 수리할 것을 지시했다.130)

이와 같은 이혼 관습에 대한 조선총독부의 변화는 1915년부터 예견되고 있었다. 1915년 4월 19일 정무총감 회답에서 협의 이혼을 인정한 바 있었고, 특히 1915년 8월 7일 관통첩 제240호에서 이혼에 관한 민적상 처리 방식을 설치하게 되기 때문이다. 관통첩 제240호를 통해 일부 조선인들이 요구하는 이혼에 관해서 민적처리를 규정함으로써 당시의 민적 문제를 해소하려 했다.131) 그러나 1915년 시점에서 이혼 관습의 변화를 공식적으로 인정하고 있었다기보다는, 조선인들의 요구에 대응하여 민적처리방침을 규정한 것이라 할 수 있다.

> 조선의 관습에 의하면 부부는 부(夫)의 부모의 동의에 의하여 협의상 이혼을 할 수 있다. 그렇지만 그 의사표시에 관하여 아무런 방식을 요하지 않는다.132)

위의 1918년 조선고등법원 판결에 등장하는 '관습'의 실체는 『관습조사보고서』 단계의 '관습'과 질적으로 다른 내용이다. 1914년 정무총감의 회답과 『관습조사보고서』는 조선의 관습에 협의 이혼이 존재하지 않았다고 파악했지만, 위의 자료에서는 협의 이혼이 조선의 관습으로 파악되고 있다. 이와 같은 관습 인식은 1915년·1916년의 회답 내용과도 약간 논조를 달리하고 있다. 즉 1916년에 협의 이혼을 인정한 것은 조선인 부부들이 협의 이혼이라는 명목으로 이혼신청을 했기 때문이었지만, 1918년에 들어서는 협의 이혼이 '조선의 관습'이기 때문에 인정한다는 것으로 내용이 바뀐 것이다. 이렇게 조선총독부가 협의

---

129) 朝鮮總督府中樞院, 『民事慣習回答彙集』, 1938, 228쪽.
130) 朝鮮總督府法務局, 『民籍例規集』, 1917, 96쪽~97쪽.
131) 「1915년 8월 7일 관통첩 제240호」, 『民籍例規』, 1922.
132) 「1918년 4월 11일 京城覆審法院判決」, 『現行朝鮮親族相續法類集』, 1935, 167쪽.

〈표 2-2〉 확정판결을 받은 조선인의 연도별 이혼유형

	협의 이혼	부(夫)가 제기한 재판상 이혼	처(妻)가 제기한 재판상 이혼	총 이혼 건수
1908년	불명	불명	불명	불명
1909년	불명	불명	1	불명
1910년	3,869	1	9	3,879
1911년	5,596	1	24	5,621
1912년	9,019	2	37	9,058
1913년	9,871	3	41	9,915
1914년	8,918	3	55	8,976
1915년	7,915	7	73	7,995
1916년	9,668	9	84	9,761
계	54,856	26	324	55,205

출처: 司法府法務課,「朝鮮人間の離婚訴訟」,『朝鮮彙報』 2월, 1918.
비고: (1) 총 이혼 건수에서 1건의 차이가 나는 것은 1909년의 총 이혼 건수가 발표되지 않았기 때문임.
(2) 위의 이혼소송 사건 중 확정판결을 받은 것은 약 30%이고 재판소에서 기각되거나 자진 取下한 경우는 약 70% 정도임.

이혼에 관해서 태도를 전환한 것은 이혼 관습의 변화와 관련이 있었다.133)

〈표 2-2〉에 의하면 협의 이혼은 1910년에 이미 3,869건이나 인정되었다. 그리고 이후 지속적으로 증가해서 1916년에는 9,668건으로 2.5배에 이르는 수치를 보이고 있다. 이 결과는 정무총감이 이혼에 관한 신관습의 형성을 공식적으로 인정한 1915년 이전에 이미 수천 건의 협의 이혼이 행해졌음을 알려주고 있다. 위의 자료를 통해 유추하자면, 한국병합 이전에도 수천 건의 협의 이혼이 행해졌을 가능성이 있다고 생각된다.

또 1940년에 법무국장이었던 미야모토 하지메(宮本元)는 도쿄대 법리연구회 강연에서 조선의 협의 이혼이 메이지 말기부터 행해졌다고 말한 바도 있다.134)

---

133) 司法府法務課,「朝鮮人間の離婚訴訟」,『朝鮮彙報』 2월, 1918.
134) 宮本元,「壻養子,異姓兩者及氏制度に關する朝鮮民事令の改正に就て」,『司法協會誌』 19권

사법부 법무과에서 발행한 통계자료와 미야모토의 발언을 통해 1900년대 중·후반경에 협의 이혼이 이미 관행으로 성립하기 시작했음을 알 수 있다. 또 1910년대에는 이미 조선 재래의 구관습과는 다른 새로운 이혼 관습이 광범위하게 형성되었고, 법원에서도 이런 관행을 사실상 인정했음을 보여준다.

1910년대에 관습조사 결과와 법원 판결이 일치하지 않는 것은 『관습조사보고서』의 조사가 부정확했다기보다는 안정된 관습이 부재했음을 의미한다고 해석할 수 있다. 당시는 사회 변동에 따라서 구관습이 점진적으로 해체되고 신관습이 정립되는 초기 단계였다. 이러한 구관습과 신관습의 병존상태 속에서 『관습조사보고서』 담당자들은 조사 당시인 1908년 5월부터 1910년 9월까지는 신관습이 조선사회의 보편적 관습으로 성립하지 않았기 때문에 구관습을 존중하는 방향으로 조사사업을 마쳤을 가능성이 크다. 그러나 사회 변동의 결과 관습이 지속적으로 변화를 일으키고, 한국병합 이후 계속 진행된 조사사업을 통해 신관습의 존재를 확인하게 되면서, 법원의 판결과 관습조사사업 간의 불일치 현상이 줄어들게 되었던 것이다.135) 이처럼 사회의 변화에 따른 관습 자체의 변화는 신관습에 법적 효력을 부여하는 방향으로 조선총독부의 입장을 변경시켜갔으며, 조선총독부는 일본 민법을 적용하는 방식으로 이를 해결했다.136)

한편 재판상 이혼을 인정한 최초의 사례는 1909년에 한 건 등장한다.137) 당시 협의 이혼이 수천 건 인정되었던 것과 비교하면, 재판상 이혼은 한국병합 시기까지 조선인의 이혼 관습으로 자리 잡지 못했음을 알 수 있다. 『관습조사보고서』도 "조선의 습속에는 처가 부에게 이혼을 요구하는 것이 도의에 반(反)하는 것이므로 가령 부에게 비행이 있을지라도 처는 이혼을 요구할 수 없다. 따라서 처의 친가 부모 호주 등도 그 권리를 갖지 않는다"라고 판단하고 있었다.138)

3호, 1940, 6~7쪽.
135) 「1921년 8월 6일·17일 舊慣及制度調査委員會決議」, 『民事慣習問答彙集』 附, 19~20쪽.
136) 일본 민법 제808조에는 '부부는 그 협의로써 이혼을 할 수 있다'라고 되어 있다. 置鮎敏宏, 『朝鮮法律判例決議總攬』, 1927, 334쪽.
137) 司法府法務課, 「朝鮮人間의 離婚訴訟」, 『朝鮮彙報』 2월, 1918.

사법부 법무과에서 조사한 통계자료에도 확정판결을 받은 재판상 이혼은 1909년에 1건, 1910년에 10건으로 나타나고 있어, 한국병합 시기에는 재판상 이혼이 보편적 관습으로 성립하지 않았음을 알 수 있다.

> 1908년에 이르러 처로부터 그 부에 대한 이혼청구의 소송이 1건 재판소에서 제기되었고 1909년에는 이혼청구 소송이 8건이 제기되었다. 그중 6건은 처가 제기한 것이다. 소송결과는 8건 중 처가 제기한 것 1건이 인정되었다. 다른 것은 사실상의 이유로 기각되었거나 또는 취하에 따라서 종료되었지만 인정된 이 1건은 미미한 무명의 부부 간의 이혼사건에 불과하지만 법률상 실로 중요한 가치를 갖고 있다.139)

위의 글은 하라 마사카네 민사과장의 것인데, 1909년에 처가 제기한 재판상 이혼의 인정을 법률상 매우 중요한 가치로 평가하고 있다. 하라는 그 이유로, 당시까지 처가 부(夫)에 대해서 이혼을 청구하는 관습이 없었고, 또 이혼을 위해 관청에 원출(願出)하는 것은 당시까지 유례가 없었기 때문이라고 했다.140) 이 같은 언급에서, 1909년 전후부터 조선 재래의 관습과는 달리 처가 부를 상대로 이혼소송을 제기하는 사례가 매우 드물기는 했지만 조금씩 등장하기 시작했음을 알 수 있다.

이와 같은 '신관습'의 실체와 해석을 둘러싼 조선총독부의 입장은 1915년 4월 2일 경성복심법원의 판결에 잘 나타난다. 판결 내용은 친정 모친을 구타하여 부상시킨 부를 상대로 처가 이혼을 청구하자 법원에서 이를 인정한 것으로, 부는 이에 불복·상고하여 "조선의 관습상 여자는 일단 출가한 이상 여하한 사실이 있든지 부에 대하여 이혼을 청구할 수 없는 특이한 전례가 있음에도 불구하

---

138) 朝鮮總督府中樞院, 『慣習調査報告書』, 1913, 312쪽~314쪽.
139) 「原民事課長談大正11年制令第13號朝鮮人ノ親族相續ニ關スル事項ノ改正ニ就テ」, 『現行朝鮮親族相續法類集』, 1935, 8~9쪽.
140) 「原民事課長談大正11年制令第13號朝鮮人ノ親族相續ニ關スル事項ノ改正ニ就テ」, 『現行朝鮮親族相續法類集』, 1935, 9쪽.

고 처의 직계존속에 대하여 학대 또는 중대한 모욕을 가했다는 것만을 이유로 판결한 것은 조리(條理)상 적당치 않으며 또 관습과 전례를 무시한 판결이다"라고 주장했다. 그러나 고등법원은 1915년 7월 6일 "조선인 간에도 이혼을 청구할 수 있는 정당한 원인이 있을 때는 부(婦)도 역시 부(夫)에 대하여 이를 청구할 권리가 있는 것은 본원이 시인(是認)하여 온 바이다"라고 판시했다.141) 이상의 판결에서, 부는 조선민사령 제10조의 선량한 풍속과 제11조의 관습법주의에 입각하여 처가 제기하는 이혼소송의 부당함을 주장했지만, 법원에서는 이러한 구관습을 부정하고 새로운 관습을 채택했던 것이다. 재판상 이혼에 관한 조선총독부의 입장은 1915년에 사법부장관이었던 고쿠부 미쓰이의 글에서 잘 확인할 수 있다.

> 인사(人事)에 관한 소송은 주로 이혼사건이고 또 그 많은 것은 처로부터 부에 대한 소송이다. 따라서 그 사건은 연년 비상한 세로서 증가하고 또 주의할 하나의 현상임을 놓쳐서는 안 된다.142)

당시 인사사건의 대부분이 이혼사건이라는 설명은, 재판상 이혼을 요구하는 조선인이 상당히 많이 있었음을 알려준다. 당시 데라우치 총독은 이혼소송에 대해서 "소송은 많은 것이 골육 간의 쟁송에 관계하고, 재판의 당부는 풍교(風敎)에 미치는 영향이 적지 않을 뿐 아니라, 그 곡직(曲直)의 판단이 주로 관습에 의거하는 것이 필요하지만, 이러한 관습은 아직 명확하다고 말할 수 없기 때문에 인사소송의 심판은 특히 신중한 조사를 하고 공공의 질서, 선량한 풍속에 반(反)하지 않는 관습"을 존중하고 판결에 주의할 것을 주문했다.143)

위의 글이 발표된 1915년에 재판상 이혼은 모두 80건이 확정판결을 받았다.

---

141) 高等法院書記課, 「(1915년 民上 제140호) 1915년 7월 6일 朝鮮高等法院判決」, 『朝鮮高等法院判決錄(3권)』, 215~225쪽.
142) 國分三亥, 「司法事務上より觀たる社會的事物の變遷」, 『朝鮮彙報』 5월, 1915, 4쪽.
143) 「寺內總督訓示(1915. 6)」, 『(裁判所及檢事局監督官會議)總督訓示及法務局長注意事項集』, 29쪽.

확정판결을 받은 전체 수는 수십 건에 불과하지만, 조선인 부부가 이혼소송을 제기한 경우는 더욱 많았다. 〈표 2-2〉를 보면 1908년부터 1916년까지 확정판결을 받은 재판상 이혼이 총 350건으로 나타나지만, 같은 시기 제기된 이혼소송의 건수는 모두 1,260건이었다. 이 중에서 처가 이혼소송을 제기한 경우는 1,135건으로 전체의 90.1%를 차지한다. 확정판결을 받은 것 중에서도 처가 제기한 경우가 전체의 92.5%로 기존의 이혼 관습과는 다른 면모를 보이고 있다.144) 기존의 이혼 관습에서는 부의 일방적 의사로 처를 이출(離出)하는 것이 일반적이었지만, 1910년 이후의 재판상 이혼은 대부분 처가 부에 대해 소송을 제기한 경우라는 점에서 관습이 변화하고 있음을 알 수 있다.145)

특히 1910년대 후반에 접어들면서 재판상 이혼이 일반화되기 시작했다. 이 같은 사실은 조선민사령 개정안의 참고자료로 사용하기 위해 작성된 「구관조사위원회심사서(舊慣調査委員會審査書)」의 통계를 보면 알 수 있다. 「구관조사위원회심사서」는 1908년부터 1921년까지 13년간의 재판상 이혼을 조사해서 발표한 것인데, 이 기간 동안 재판상 이혼은 총 2,650건이다.146) 1908년부터 1916년까지의 재판상 이혼이 350건이므로 1917년부터 1921년까지 5년간은 2,300건인 셈이다. 1910년대 전반에 비해 1910년대 후반에 6.5배 이상 증가한 것이다. 재판상 이혼의 증가는 결국 관습의 변화를 의미한다. 이것을 볼 때 재판상 이혼도 1910년대 후반에 이르러 하나의 보편적인 관습으로 정착했음을 알 수 있다. 불과 10여 년 사이에 재판상 이혼은 관습에 존재하지 않던 사실에서 법적 효력을 지닌 관습으로 성립했던 것이다. 이러한 신관습의 출현은 관습조사사업을 통해서도 인지되었다.

부처(夫妻) 일방의 의사에 의한 이혼에 관하여는 종전에는 일정한 원인에 의하여 부

---

144) 司法府法務課, 「朝鮮人間の離婚訴訟」, 『朝鮮彙報』 1918년 2월, 111~116쪽.
145) 1915년 8월 7일 관통첩 제240호는 이미 협의 이혼 및 재판상 이혼에 관한 민적절차를 규정하고 있다.
146) 善生永助, 「朝鮮の結婚離婚趨勢」, 『朝鮮』 152호, 1928, 52~54쪽.

의 의사로 처와 이혼하는 것을 인정했지만 처가 부에 대하여 이혼을 요구하는 것을 허용하지는 않았다. 다만 근년에 와서 이혼의 소를 제기하는 자가 왕왕 있고, 상당한 이유가 있는 경우는 법원에서 그 요구를 시인하고 재판으로 이혼을 선고하기로 했다.147)

위의 자료를 통해서도 재판상 이혼에 관한 신관습은 바로 이혼소송 주체들에 의해 성립하고 있었음을 알 수 있다. 특히 1915년의 법원 판결은 기존 관습에 대한 부정이자 새로운 관습의 법적 효력을 인정한 행위였다. 이와 같은 신관습의 법인(法認)은, 이미 언급했듯이 조선총독부 관습법 정책의 일부였다. 조선총독부는 구관습과 신관습의 병존 상황에서는 신관습에 법적 효력을 부여하는 입장을 갖고 있었다.

따라서 당시 친족·상속에 관한 관습은 단순히 구관만이 아니라 새롭게 형성되는 관습으로 확대되고 있었다. 특히 신관습에 대한 조선총독부의 관심은 이후 관습 영역의 일부를 성문화하려는 계획과 연결되어 중요한 의미를 갖고 있었다. 이런 입장에서 법무국장은 구관을 직접 채용하는 데 주의할 것과, 관습의 변천을 고려하여 새로운 관습이 형성 및 출현했을 때 그것을 채용하고 제도화할 것을 지시했다.148) 결국 조선총독부는 신관습과 구관습의 병존 상황에서 구관습을 부정하고 신관습에 법적 효력을 부여하는 입장과, 관습법 형태를 부정하고 성문법 체제로 이행하려는 태도를 갖고 있었다고 볼 수 있다.

이상에서 알 수 있듯이 조선민사령 제11조는 조선총독부의 초기 계획과는 다르게 개정되었으나, 결과적으로는 조선총독부의 사법 정책을 이행하기 위한 것과 1910년대에 이미 신관습법으로 정립되어 있는 것을 법규화한 것이었다. 따라서 조선총독부가 내선 법제 일원화를 수용하여 개정한 조선민사령 제11조는 사실상 ① 조선 관습이 불명확하여 근대적 사법 운용이 불편했던 것(능력), ②

---

147) 「1921년 8월 6일·17일 舊慣及制度調査委員會決議」, 『民事慣習問答彙集』 附, 20쪽.
148) 「法務局長注意事項(1923)」, 『司法協會雜誌』 2권 5호, 1923, 25쪽.

이미 1910년대에 조선고등법원과 회답, 통첩 등에서 관습의 변화를 추인했던 것(이혼, 인지), ③ 조선총독부가 행정적 차원에서 관습의 변화를 유도했던 것(결혼연령), ④ 1921년 조선민사령 개정에 따른 기술적 규정(친족회 잔여 규정) 등이었다.

3. 1910~20년대 조선총독부의 관습법 정책

1912년 조선민사령은 조선에서의 민사사건에 관해서 민법을 비롯한 일본 법령으로 규율하는 것을 원칙으로 하고, 다만 조선의 실정에 비추어 일본 법령을 적용하는 것이 불가능한 경우 예외적으로 조선 관습법을 인정함으로써, 내용상 일본민법주의-조선구관주의, 형식상 성문법-관습법의 구조로 구성되어 있었다.

조선민사령에서 일본 법령을 의용한 영역은 법적 안정성을 확보할 수 있었으나 친족 및 상속에 관해서는 관습법으로 규율하도록 했기 때문에 관습법의 속성상 매우 불안정할 수밖에 없었다. 1910년대 중반부터 조선총독부는 법적 안정성 확보를 이유로 관습법을 성문법으로 전환하려고 했고, 1918년 공통법 제정을 계기로 관습법 영역을 축소하는 방향으로 조선민사령 개정을 추진했다. 이같은 관습법 정책은 일본정부가 구상했던 식민지 법 체제와 충돌했고, 결국 일본정부와 조선총독부가 타협할 수 있는 지점에서 조선민사령 제11조가 개정되었다.

사실 조선총독부와 일본정부 간의 갈등은 1912년에 제정된 조선민사령의 법적 구조에 의해 이미 발현될 가능성이 충분히 내포되어 있었다. 조선민사령의 일반원칙이었던 일본민법주의와 조선민사령 제11조의 원칙이었던 조선구관주의는 제한된 범위에서 공존할 수 있었다. 일본의 법 논리에 따르면 친족 및 상속에 관한 영역도 강행법규에 속했으나, 조선인에게는 관습법을 적용하여 조선총독부로 하여금 새로운 관습법 정책을 펼 수 있도록 가능성을 남겨두었던 것

〈그림 2〉 조선 관습의 성문화 방향

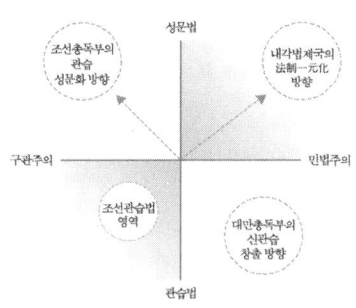

이다. 대만민사령에서 대만인 사이의 민사사건은 아예 모두 구관에 의하도록 한 것과는 달랐다. 〈그림 2〉는 조선총독부와 일본정부의 조선 관습에 대한 정책 방향을 표시한 것이다.

그림에서 알 수 있듯이, 일본정부는 1912년 조선민사령의 구조와 같이 성문법(일본 법령)-관습법(조선 구관) 체제를 유지하고자 했으나 조선총독부는 일본 법령-조선 성문법으로 개편할 것을 계획했다. 따라서 1921·22년 조선민사령 제11조 개정은 단순한 동화주의의 관철이 아니라 조선 관습의 성문화 방식을 둘러싼 조선총독부와 일본정부의 정책상의 차이라는 측면에서 접근해야 한다.

1921·22년 조선민사령 제11조 개정안이 외형상 법제 일원화 관철로 보이지만, 내용상으로는 사실 법제 일원화가 매우 자제된 것이었다. 따라서 1921·22년 조선민사령 제11조가 외형상 일본 민법 의용 형태로 개정되었다는 것을 근거로 이를 동화 정책의 일환으로만 분석하는 현재의 연구는 재고할 필요가 있다.[149] 1921·22년 조선민사령 제11조 개정안을 동화주의 논리에 입각해 있는 것만으로 설명하게 되면 조선총독부의 법 정책의 핵심인 관습 성문화 정책을 파악할 수 없으며, 조선인 차별 정책의 확고한 유지라는 입장도 잘 드러나지

---

[149] 이상욱,「韓國相續法의 成文化過程」, 경북대 박사학위논문, 1986; 鄭鍾休,『韓國民法典の比較法的研究』, 創文社, 1989; 정긍식,『韓國近代法史攷』, 博英社, 2002.

않는다.

현재 한국 법사학계에서 조선총독부의 법 정책을 설명하기 위해 활용하는 '동화주의'150)라는 개념은 한국사학계의 식민 정책 연구결과를 토대로 하고 있으며, 유용한 분석틀이다. 다만 일본 식민 정책의 이중적 실태를 파악하기 위해서는 법적인 동화와 사회적 동화로 구분하는 것도 유용하지 않을까 생각된다.

법적인 동화는 당시 식민지의 법적 표현이었던 이법역 체제를 일국 일법역(一國一法域)으로 전환하여, 조선을 일본의 일개 지방과 동일하게 취급하려는 지향으로 설명할 수 있다. 동법역화(同法域化)는 형식상으로 ① '조선에 시행할 법령에 관한 법률'을 폐지하여 조선총독의 입법권을 박탈하고, ② 조선총독부재판소가 대심원을 최고재판소로 하는 계통으로 통합됨으로써 일본의 재판소구성법이 조선에도 연장 시행되어 조선총독의 사법권을 박탈하고, ③ 조선총독부의 권한이 중앙정부에 대해 분립적이었던 것을 폐지하여 보통의 지방관서와 같이 중앙정부의 감독하에 있는 행정기관의 계통에 속하게 하는 것을 의미했다.151) 원칙적으로 법역의 통합은 각 이법역에 거주하는 사람들의 법적 평등도 수반하기 마련이다. 그러나 이러한 의미에서의 '동화(同化)'는 일본정부의 식민 정책에 근본적 변화가 없는 한 불가능한 것이었고, 다만 천황의 조서와 조선총독의 유고 및 훈시 등에 이념적 형태로만 존재할 뿐이었다. 일본정부가 한국병합을 강제하면서도 조선을 이법역으로 설정(異化)함과 동시에 각 지역 간 호적의 이전을 허용하지 않은 것은, 조선인을 일본인과 평등하게 대우하지 않겠다는 의지를 법적으로 표현한 것이었다. 식민지 시기 내내 조선총독부를 비롯하여 일본정부는 법적 평등을 의미하는 동화는 전혀 고려하지 않았다.

반면 이법지역 체제에 조응하는 각종 현실통치안이 바로 '법적인 동화'와 대비되는 사회적 동화책이었다고 할 수 있다. 식민지 시기 일제가 현실적으로 추

---

150) 동화주의 연구경향에 대해서는 다음의 논문 참조. 권태억, 「동화 정책론」, 『역사학보』 172, 2001; 류승렬, 「한국의 일제강점기 '동화'론 연구에 대한 메타분석」, 『역사와 현실』 65, 2007.
151) 松岡修太郎, 『朝鮮行政法提要』, 1944, 15쪽.

진한 사회적 동화책은 법적 평등을 수반하지 않으면서 일본인의 정신과 문화, 소양, 각종 제도를 갖추는 것이었다. 공통법을 실시하여 이법역 간의 소통관계를 확립하거나, 제한된 범위에서 내선인 간의 이적 규정을 설치한 것이 대표적인 사례이다.

따라서 일본의 일부 법령이 조선인과 조선사회에 시행되었던 것을 법적 동화의 완결로 이해해서는 안 된다. 조선에서 시행된 일본 법령은 대개 법률 형식이 아닌 조선총독의 제령 형식으로 시행되었기 때문이다. 조선민사령에서 각종 일본 법령을 의용하기로 결정한 것은 조선인과 일본인의 법적 평등을 수반하지 않으면서 동화적 경향을 일부 보여주는 것이기도 하다.

다만 일본 식민 정책에서 '동화'와 '차별(이화)'의 개념을 절대적 대립관계로 설정하여 어느 한쪽만을 강조할 필요는 없다. 일본헌법 체제 속에 식민지 현상이 어떻게 반영되고 있었는가 하는 관점으로 동화와 이화에 접근해야 한다. 일본정부는 조선 역시 일본헌법이 당연히 시행되는 지역이라고 파악하면서도, 헌법의 각 조장(條章)은 실시하지 않는 것으로 취급했다. 그리고 제령권을 조선총독에게 부여하여 조선을 일본 본국과는 다른 이법지역으로 설정했으면서도, 다른 한편으로 1910년 9월에 조선총독부가 입안한 구관주의적 조선민사령(안)을 부정하고 일본민법주의를 원칙으로 하는 조선민사령을 제정했다. 대만의 경우 구관주의를 원칙으로 하는 대만민사령이 제정된 것과 비교하면, 1912년 조선민사령은 일본정부가 기왕에 채택했던 식민지 법 정책의 중요한 전환을 보여주는 것이다.[152]

1912년 조선민사령에서 예외적으로 친족 및 상속에 관해 조선의 관습법을 일부 법인한 이유는, 일본 민법과 조선 관습의 객관적 차이뿐만 아니라 조선인

---

152) 대만에서는 법률 제3호에 의해 일본의 법률을 시행하는 것을 원칙으로 하고 대만의 특수한 사정이 있는 경우에는 특례를 설치하여 시행하는 것으로 전환되었다. 그리고 1923년에 구관주의적 대만민사령이 폐지되고, 민법·상법·민사소송법 등이 일부를 제외하고 대만에도 시행되었다 (「民事ニ關スル法律臺灣ニ施行スルニ付改廢要スル律令ニ關スル件」). 中村哲, 『植民地統治法の基本問題』, 1943, 133~154쪽 참조.

차별 정책의 추진과 밀접한 관련이 있었다. 1910년 일본정부가 조선인과 조선 사회의 특수성에 기초하여 일본 본국의 법제를 그대로 연장·시행하지 않고 조선총독에게 입법권을 부여한 것과 똑같은 이유로, 조선민사령에서도 구관주의가 잔존하게 되었던 것이다. 이와 함께 일본정부는 조선민사령 제1조에서 열거된 일본 법령만을 조선에 시행했듯이 조선인의 법적 지위와 관계가 있는 주요 법령들은 조선에 시행하지 않았다. 따라서 일본정부의 동화 정책을 설명하기 위해서는 '법적인 동화'와 각 식민지의 특수성이 반영된 '사회적 동화'를 구분하는 것이 효과적이라 생각한다.

식민 정책적 측면에서 법적인 동화와 사회적 동화는 내용상 일부 모순적이기는 하지만 서로 공존하고 있었다. 이와 같은 모순적 공존은, 영토로서는 식민지를 영원히 일본국으로 편입하려 하면서도 그 지역에 다수 거주하고 있던 식민지인은 원하지 않았던 상황에서 비롯되었다. 일본정부는 조선인들을 곧바로 일본인·일본사회로 편입시키기보다는, 혈통적 혼혈과 일본적 교화를 우선하면서 조선인에게 일본인의 소양과 제도를 따르도록 요구했던 것이다.

이와 같은 동화주의는 1919년 3월 1일 독립운동 직후 하세가와 요시미치 총독이 상주한 문서에서 드러난다. 여기에서 하세가와는 1910년 한국병합 이래 일본의 조선통치안이 동화주의였으며 앞으로 "동화의 방침을 고집하고 더욱 그 달성에 노력할 것"을 주장했다.

> 조선과 내지의 관계는 열강과 그 식민지의 관계와 다르다. 오히려 정치적으로 그것을 관찰하지 않으면 안 된다. 말할 것도 없이 조선은 우리 대륙발전의 근거지로서 또 실로 본토의 외벽이다. 혼연융화하여 그 결합을 혁고히 하는 것은 실로 제국의 존재 요건이고 가령 동화에 많은 곤란이 있어도 정진하여 달성을 기하는 것은 일본민족의 광영이고 노력이라고 하지 않으면 안 된다. (…) 오히려 그들에게는 수천 년의 역사와 전통적 민족성이 있다. 동종동문(同種同文)이라도 그것을 하루아침에 동화를 완료하는 것은 신법(新法)의 세위(勢威)로서 하여도 전혀 불가능의 일이다. 고로 통치의 방

침은 동화주의를 따르지만 파괴주의는 아니고 점진주의가 되는 것을 요한다.153)

하세가와는 조선을 일반적인 식민지와 구별하면서 독자적인 역사와 문화를 가지고 있다고 파악했다. 당시 조선군 사령관이었던 우쓰노미야 다로(宇都宮太郎)는 조선의 독립분리를 절대로 허용하지 않으면서, 먼 장래에는 대략 내지와 같은 부현제를 실시하고 종국에는 제국헌법도 실시하는 것을 조선통치의 귀착점으로 삼을 것을 제안하고 있다.154) 이미 언급했듯이 법제적 측면에서의 '동화'는 제국헌법의 전면적 실시와 조선지역에 대한 입법권·사법권·행정권을 일본정부가 행사하는 것을 뜻한다.

그러나 1919년 무렵에는 역사와 전통, 민족성 등에서 객관적 차이가 있기 때문에 조선을 일본사회로 직접 통합하는 것은 불가능하다고 보았다. 이와 같은 상황에서 하세가와가 추진한 동화 정책은 ① 내선인 사이의 경제적 관계의 밀접화, ② 학교 및 사회교육의 진흥, ③ 내선인 공학(共學)의 방법 강구, ④ 국어(일본어) 보급, ⑤ 내지 이민 장려, ⑥ 잡혼의 길 개방 등이었다. 하세가와가 제시한 여섯 가지 정책은 현실통치에 충분히 활용할 수 있는 동화책(同化策)이었다. '동화주의'는 조선인과 일본인의 법률적 평등을 추구한 것이 아니라, 이법역에 기초한 특수 법제를 그대로 유지하면서 조선인과 일본인 사이의 소통관계를 확립하는 것이 주요 내용이었다. 하세가와의 조선통치안은 제2대 사법부장관이었던 고쿠부 미쓰이의 의견서를 통해 확인할 수 있다.

총독시정의 근본주의를 대별하여 두 가지로 할 수 있다. 즉 조선을 내지의 연장으로서 거의 4국 9주와 같이 순연한 제국의 일부로서 혼일체(渾一體)로 하든가, 장래 영구히 신부영토의 특별지역으로 할 것인가에 있다. 전자는 내선인을 혼연융합(渾然融合)할 것을 목적으로 하고 동화주의를 집(執)하여 나아가지 않으면 안 된다. 후자는 조선

---

153) 「騷擾善後策私見」, 『齋藤實文書(1권)』, 331~335쪽.
154) 宇都宮太郎, 「朝鮮時局管見(1919. 5. 17)」, 『齋藤實文書(13권)』.

고유의 풍속 습관을 훼손하지 않고 그 주민에게 문명을 고취 선전하여 특수한 발전을 수(遂)하게 하는 것을 요한다. 전자에서는 장래 민중의 지식 및 도덕의 진보 향상하는 것에 따라서 조선인에게 참정권을 부여하고 제국의 정치에 참여케 할 필요를 낳을 수 있고, 후자에서는 그 개발진전과 더불어 민족에게 완전한 자치를 부여하지 않으면 안 된다.155)

조선총독부는 조선을 일본 본국과 동일시하지 않으면서도, 조선지역을 특별통치구역으로 설정하여 자치화하려는 움직임에는 반대했다. 고쿠부는 조선에 자치를 허락하게 되면 반드시 조선 독립으로 끝난다는 것을 각오해야 한다고 경고하고, 일본정부가 선택해야 할 식민통치안은 "영구히 조선의 독립을 허락하지 않을 것"을 기초로 입안되어야 한다고 주장했다.

고쿠부가 표방한 동화주의에도 '법적인 동화'와 '현실통치안으로서의 사회적 동화'가 서로 착종되어 있다. 즉 그는 동화주의방침의 성패가 일본 국민의 결심과 인내에 달려 있다고 보면서, 일본 국민의 단점을 '첩급(捷急)'이라고 비판하고 있다. 이는 조선인에 대해 법제적 동화를 급하게 추진하거나 강제해서는 안 된다는 것을 의미했다. 고쿠부는 ① 내선통혼, ② 일본어 장려, ③ 일본인의 이민 장려 등을 주된 정책 내용으로 하고 있었다. 이와 같은 관점에서 내선통혼에 관한 법제상의 장애를 제거하는 것이 주요한 정책 목표로 설정되었다. 그리고 고쿠부는 사이토 마코토 총독에게 제출한 의견서에서 "동화 정책의 제1방법으로서 가장 효과 있는 것은 내선인의 결혼에 있다"고 주장하고 동화 정책의 연관성 속에서 조선민사령을 개정할 것을 제안한 바 있다.156)

조선인의 결혼에 관해서는 조선 관습이 법적 효력을 가지고 있었으므로, 내선통혼의 법제화는 곧 관습법에 대한 조선총독부의 정책 전환을 의미했다. 특히 관습법은 임시적·가변적 성격을 띠고 있으며 그 실체가 명확하지 않고 사회 변

---

155) 國分三亥,「總督施政方針ニ關スル意見書(1919. 5)」,『齋藤實文書(13권)』.
156) 國分三亥,「總督施政方針ニ關スル意見書(1919. 5)」,『齋藤實文書(13권)』.

화에 따라 스스로 변화하는 성질을 갖고 있기 때문에, 조선총독부는 조선 관습의 변화와 식민지 법 정책을 반영할 수단이 필요했다. 조선총독부는 동화 정책을 추진하고 친족 및 상속의 영역에서 법적 안정성을 확보하기 위한 수단으로 관습의 성문화 정책을 추진했다.

원래 1910년대 조선의 관습법은 각종 통첩, 취조국장 및 중추원 서기관장, 정무총감, 사법부장관 회답 등의 형태로 확인되었다.[157] 그 방식은 첫째, 1910년 『관습조사보고서』를 비롯한 각종 관습조사 결과를 그대로 인용하여 법인하는 것이었다. 이 방식은 1910년대 친족·상속에 관한 조선총독부 법제 정책의 기본원칙을 구성하고 있었던 것으로, 조선고등법원의 판결과 각종 통첩 및 회답에 결정적 영향을 미쳤다. 당시 관습법을 선명하는 경로는 일반적으로 조선고등법원의 판결, 정무총감 및 법무국장의 회답, 관통첩 등이었는데 이와 같은 것들은 대부분 『관습조사보고서』를 법원(法源)으로 했다.

둘째, 법적 효력에서는 『관습조사보고서』 및 관습조사 결과를 인정하면서도 행정적 차원에서 제한을 가하는 방식이 있었다. 이 방식은 결혼연령에 관한 조선총독부의 태도에서 잘 드러나는데, 구관주의와 조선총독부 법제 정책 간의 갈등관계를 잘 표현하는 것이었다. 즉 민적상 결혼연령을 제한했으면서도 법적 측면에서는 여전히 결혼관계의 효력을 인정하는 방식이다. 이는 조선의 관습을 조선총독부의 법제 정책에 조응하도록 행정적으로 규제하는 방식이었다고 할 수 있다.

셋째, 조선사회의 내부적 변화에 대응하는 것으로서, 조선 관습 내부의 모순관계를 이용하는 방식이 있었다. 이 방식은 조선 관습이 구관습과 신관습으로 분화된 상황에서 신관습에 법적 효력을 부여하는 것이었다. 이 방식이 두드러지게 채택된 것은 이혼 관습 및 차양자(次養子)와 관련된 문제였다. 이와 같은 방식은 당시 조선총독부가 새로운 관습법을 정립하는 데 선택할 수 있는 방식이

---

157) 1920년대 이후에는 사법협회 결의, 판례조사회 결의, 호적협회 결의, 구관급제도조사위원회 결의 등도 관습법을 확인하는 역할을 수행했다.

었다. 관습은 원래 고정적 형태를 유지하지 않는 것으로 이해되고 있었기 때문에 조선총독부에서는 조선 관습의 변화를 근거로 새로운 법제 정책을 수행할 때 활용할 수 있는 방식이었다.158)

넷째, 일본 민법 내용의 관습법 정립이다. 예컨대 양호주 파양을 둘러싼 조선총독부 내부의 논쟁과 조선고등법원에 의한 1933년 제사상속 관념의 부정은, 조선 관습 내부의 변화를 수용했다기보다는 일본 민법 내용으로 조선 관습을 흡수하려는 것이었다.

이상의 관습법 정책 중에서 조선총독부가 기본 정책으로 취했던 것은 첫 번째 방식이었고, 관습의 변화를 추인하는 방식은 두 번째와 세 번째였는데, 1919년 5월에 당시 사법부장관 고쿠부 미쓰이가 제출한 의견서에 잘 나타나 있다.

> 민사령(民事令) 및 민적법(民籍法)의 개정이 필요하다는 것은 전술했고, 장래 이러한 제법령을 제정하는 것에 대해서 크게 고려할 것이 있다. 다름이 아니라 조선에서의 법률적 관습은 공공의 질서 또는 선량한 풍속에 반하지 않는 이상 가능한 한 그것을 존중하여 급극(急劇)하게 파괴하지 않을 것을 요하는 것은 말할 것도 없는 바이다. 그러나 그것을 존중한 결과 관습을 고정시키는 것을 또한 피하지 않으면 안 된다. 즉 시세의 추이에 따라 점차 그 일각부터 파괴하고 일본의 관습으로 동화·일치시키는 것을 필요로 한다. 조선에서의 수구가(守舊家)는 조선의 관습을 존중하고 그것을 고집하는 것과 동시에 신진인사는 조선의 관습을 준수하는 것을 고통스러워하고 있다는 것은 사실이기 때문에, 관습을 존중하여 급극한 변역을 피하고 시세의 추이에 순응하여 점차 그것을 붕괴하는 동시에 일면 신진자(新進者)가 관습에 반하는 행위를 했을 때는 그것에 대해서 법률상의 효과를 인정하는 방침으로 내는 것을 가장 중요한 것이라고 믿는다.159)

---

158) 1921·22년 조선민사령 제11조 개정과 같이 친족·상속에 관해서 일본 민법을 의용하는 방식도 있으나, 이 방식은 관습 법인이 아니라 성문법화이기 때문에 관습법 선명 방식에서는 제외했다.
159) 國分三亥,「總督施政方針ニ關スル意見書」,『齋藤實文書(13권)』.

고쿠부의 의견서에 나타난 조선총독부의 관습법 정책은 ① 조선에서의 법률적 관습은 공공의 질서 또는 선량한 풍속에 반하지 않는 이상 존중하는 것을 기본원칙으로 하지만, ② 조선 관습을 고정화하는 것도 추구하지 않으며, 시세의 추이에 따라 조선 관습을 부정하고 일본 관습으로 동화시키며, ③ 조선 관습 내부에 변화가 있을 때는 구관습을 부정하고 신관습을 채택한다는 것이다. 구관습과 신관습의 분화에 착목하여 신관습을 법인한다는 방침은 1912년 조선민사령 체제를 그대로 유지하면서『관습조사보고서』에서 조사된 관습과는 다른 신관습을 법인하는 데 논리적 기반을 제공할 수 있었다.

고쿠부가 제안한 방식은, 조선 관습에 대한 조선총독부의 과도한 개입은 자제하면서도 조선 관습의 변화를 일본 민법 내용으로 전환하는 하나의 방안으로 설정될 수 있었다. 이와 같은 조선총독부의 관습법 정책은 1912년 조선민사령 체제를 벗어나지 않고 조선 관습 내부의 변화를 법제적으로 반영하면서 조선 관습의 내용을 일본 민법적 개념으로 전환시킬 수 있는 방법도 될 수 있었다. 이 같은 신관습 정립 방식은 1921·22년 조선민사령 제11조 개정 이후에 본격화되었는데, 그 법적 논리는 고쿠부의 의견서에서 도출되었다. 1923년 5월 12일 사법관회의 석상에서 주요 사법관들은 조선 관습의 채택에 대해 다음과 같이 언급했는데, 모두 고쿠부와 같은 인식을 기초로 하고 있다는 점에서 주목할 만하다.

조선에서의 특종의 관습은 그것을 존중하는 것이 필요하지만, 현하 과도기에는 끊임없이 그 변천을 고찰하여 내지법률과의 융합을 도모하는 것에 유의할 것[160]

개정법령(조선민사령 제11조 개정—인용자)을 해석하는 데 있어서는 일면 관습과의 연락조화를 고찰하지 않으면 도저히 이 법의 원만한 운용을 기할 수 없고, 또 관습의

---

160) 「裁判所監督官ニ對スル橫田高等法院長訓示(1923년 5월 12일 사법관회의 석상에서)」,『司法協會雜誌』2권 5호, 1923, 37쪽.

확정에 대해서는 신중한 고려를 요하는 것이 있다. 원래 관습이 고정적인 것이 아니고 사회의 진보 발달에 수반해서 추이 변천하는 본질을 갖는 것이라면, 특정 사항에 대해 박인방중하여 구관(舊慣)을 천착할 수 있지만, 구관이라고 해서 그것을 바로 채용하는 것은 잘못된 것이다. 마땅히 그 변천 추이를 살펴 제도화하여 현하의 시세에 순응하는지 아닌지를 재사(再思)해서 후에 그 채부(採否)를 결정할 것을 요한다.161)

위 인용문은 각각 조선고등법원장과 법무국장의 발언으로, 관습이 고정적인 것이 아니라 변화하는 것이라고 강조했다는 점에서 의견이 일치했다. 다만 조선고등법원장이 조선 관습의 변화를 일본 민법으로 융합하여 통일하려는 경향이 강했다면, 법무국장은 구관이라고 해서 곧바로 채용하는 것에 대해 부정적이었음에도 일본 민법의 통일이라는 용어를 사용하지 않고 있다. 이 같은 견해는 조선 관습에 따른 신관습의 채택에 주목할 것을 제안하는 것이다. 조선 관습에 대한 두 접근은 신관습 창출이라는 측면에서는 동일했으나, 구관주의적 신관습 창출과 일본 민법적 내용을 갖는 신관습 창출이라는 점에서 차이가 있었다.162)

이와 함께 조선총독부는 각 재판소로 하여금 조선인의 친족·상속에 관한 분쟁은 반드시 법무국에 보고하도록 지시하는 등163) 관습법 정책에서 좀 더 적극적인 자세를 취하기 시작했다. 고쿠부 미쓰이가 추진했던 관습법 정책은 조선사회의 변화에 대한 인식과 더불어 식민통치상에서 다음과 같은 이해를 기초로 하고 있었다.

장래의 통치방침은 정책상 주로 중류의 지식계급을 중심으로 백반의 시설을 하는 것이 필요하다. 저 쇠잔한 양반·유생 기타 ○○자는 그 회포(懷抱)한 사상이 진부하여

---

161) 「法務局長注意事項(1923)」, 『司法協會雜誌』 2권 5호, 1923, 25쪽.
162) 조선총독부는 조선 특수 관습의 성문법화를 추진하면서 신관습법 정립에도 관심을 갖기 시작했다고 볼 수 있다. 신관습 창출을 통한 일본 민법의 도입은 대만총독부 쪽에서 주로 사용한 방식이었고 조선에서는 매우 제한된 범위에서 시행되었다.
163) 「朝鮮總督府報告例第3號ノ第4ニ關スル件」, 『司法協會雜誌』 2권 8호, 1923, 24~25쪽.

시세의 진운에 따르지 않는 바가 멀고, 민심을 움직이는 힘이 없고 또 하층계급의 자는 의식에 영(營)하는 데 여념이 없어 지도가 마땅함을 얻지 못한다. (…) 오로지 중류의 지식계급은 세계적 사조의 파동을 받아들이기 쉽고, 움직이면 정치의 변혁을 기도할 위험이 없다. 그래도 군중을 통솔할 힘이 있기 때문에 그들의 향배는 곧바로 일반 민심에 파급할 수 있다. 고로 통치 정책의 성부(成否)는 이들을 우리 편으로 할 것인가 장차 적으로 할 것인가에 의해서 정해진다.164)

고쿠부의 위 의견은 매우 중요한 의미를 띠고 있다고 생각된다. 조선 재래의 친족·상속 관습이 유교적 예제에 입각해 있었기 때문이다. 고쿠부는 유교적 친족제도를 관습법으로 인정하고 있던 상황에서 양반과 유생을 쇠잔한 세력으로 파악하고 있다. 물론 쇠잔한 양반 및 유생이라는 표현이 법제적 의미에서 유교적 친족 관습을 부정하려 한 것은 아니었지만, 장래 친족·상속에 관한 법제화에도 영향을 미칠 수 있는 근거를 마련하고 있다는 점에서도 중요한 의미가 있었다. 고쿠부는 유교적 친족제도를 고수하고 있던 양반 및 유생을 쇠잔한 세력으로 보았으며, 구관습을 옹호하는 세력으로 판단했다. 따라서 이후 조선총독부는 근대적 교육을 받은 중류의 지식계층을 기반으로 신관습을 창출할 가능성이 높았다.

1921·22년 조선민사령 제11조 개정 이후, 조선 관습에 관한 조선총독부의 정책은 외형상 '일본 민법조항 의용+구관습 유지+신관습 창출+관습 성문화'라는 방향으로 전개되고 있었다. 조선민사령 제11조 개정안은 일본 민법을 의용했기 때문에, 그 영역에 관해서는 법적 안정성을 확보할 수 있었다. 그러나 그 이외의 친족·상속 관습에 대한 조선총독부의 정책은 신관습과 구관습의 분화라는 사회적 변동을 이유로 구관습을 부정하고 신관습을 법인하는 방식을 취하기 시작했다. 다만 조선총독부는 신관습법 창출에는 적극적이지 않았는데, 조

---

164) 國分三亥, 「總督施政方針ニ關スル意見書」, 『齋藤實文書(13권)』.

선 관습이 일본 민법적 내용으로 변화하지 않은 것이 주된 이유였고, 또 하나는 신관습법도 본질적으로 관습법이라는 한계를 벗어날 수 없다는 점 때문이었다. 조선총독부는 조선민사령 제11조를 개정하여 조선인에게만 적용할 친족법 및 상속법을 제정하는 것이 궁극적인 목적이었다.

제4장
한국 호적에서 일본식 호적으로의 개편

해방 이후 2006년까지 약 60여 년간 시행된 한국인의 호적제도는 조선총독부가 1922년에 제정한 조선호적령에 토대를 두고 있다.[165] 조선호적령은 1909년에 공포된 민적법과 민적법집행심득을 제도적으로 보완한 것으로, 일본식 호적제도를 형식상 전폭 수용한 제도이다. 민적법은 일본 민법의 '가(家)'제도를 이식하여 일본식 호적제도를 도입했으나 불과 8개 조항으로 구성된 매우 간단한 법령이었고, 친족법과 같은 실체법은 조선 관습을 기초로 하고 있었다.

민적법은 한국병합 이후에도 법적 효력을 유지했으나 각종 호적사건에 효과적으로 대응하지 못하는 등 조선인을 체계적으로 등록·관리하는 법령으로는 제도적으로 많은 문제가 있었다. 특히 조선인과 일본인 사이의 호적사건에 대한 관련 규정이 전혀 없었다. 조선총독부는 민적 분쟁에 대응하기 위해 각종 통첩, 회답, 예규 등을 발하여 민적법을 보완했지만 이는 임시 조치에 불과했다. 민적법의 개정은 한국병합 이후 친족 및 상속 관습의 성문화와 맞물려 조선총독부의 중요한 과제 중 하나였다.

---

[165] '민법'이 개정(법률 제7427호 2005. 3. 31. 공포·시행)되어 2008년 1월 1일부터 민법상 호주제가 폐지됨에 따라 호적제도를 대체할 새로운 가족관계 등록제도가 시행되었다. 더불어 「가족관계의 등록 등에 관한 법률(법률 8435호, 2007. 5. 17)」이 제정되어 국민의 출생·혼인·사망 등 가족관계의 발생 및 변동사항에 관한 등록과 그 증명에 관한 사항을 규정하게 되어 기존의 호적제도는 폐지되었다.

한국병합 직후부터 조선총독부 내부에서는 민적법을 개정해야 한다는 주장이 제기되었다. 그런데도 상당한 기간 동안 민적법이 존속할 수 있었던 것은 각종 통첩과 부령, 회답 등을 통해 민적법규를 보완한 결과이기도 했지만, 좀 더 근본적인 이유는 조선민사령 제11조에 대한 조선총독부의 법제화 방향이 아직 결정되지 않았기 때문이었다.

조선호적령은 민적법과 각종 통첩 및 회답의 형식으로 존재했던 식민지 조선인들의 호적법규를, 조선 관습을 기초로 하면서도 일본 호적법의 조항을 대폭 이식하여 재구성한 체계적인 법령이었다. 민적법과 조선호적령은 모두 일본인에 의해 제정되었지만, 일본식 호적제도의 이식은 일제의 식민 정책에 의해 그 내용과 형식이 결정되었다.

이와 같은 문제의식에서 첫째, 한국 호적의 특징은 무엇이며 어떤 과정을 거쳐 일본식 호적제도로 이행했는지, 둘째, 민적법은 어떤 과정을 거쳐서 제정되었는지를 살펴보려고 한다. 또한 셋째, 조선호적령은 어떤 과정을 거쳐 제정되었고 법적인 특징은 무엇이었는지 살펴볼 것이다. 이 중에서 조선호적령의 법적 특징에 주목할 필요가 있다. 예컨대 조선호적령이 왜 제령이 아닌 부령 형식으로 공포되었는지, 1912년에 공포된 조선민사령 제11조에는 없었던 호적관련 조항이 1922년 조선민사령 제11조 개정안에는 왜 추가되었는지, 조선민사령 제11조 개정과 조선호적령 제정은 어떤 관계에 있었는지 등에 주목하려 한다. 이러한 의문에 대한 해결은 조선호적령의 법적 특징과 조선총독부 법제 정책의 이해를 위한 중요한 단서를 제공한다는 점에서도 의미가 있다.

1. 대한제국의 호적제도와 '호'의 성격

대한제국의 호적제도는 1896년 호구조사규칙을 공포함으로써 성립했다.[166] 호구조사규칙은 조선 후기의 호적제도를 일부 계승한 것이었지만, 국가에 의한 개인의 통제라는 측면에서는 상대적으로 강화된 장치였다. 예컨대 조선시대의 호적은 3년에 1회 호적조사를 통해 개적(改籍)했으나, 신호적은 매년 1월에 호구를 조사하여 새롭게 편적(編籍)함으로써 주민에 대한 통제를 더욱 강화했다. 대한제국의 호적은 모든 개인을 등록하려 했을 뿐만 아니라, 개인이 거주하는 가옥도 동시에 등록함으로써 통제의 대상과 범위를 명확히 했다.

또한 조선시대와 달리 호구조사규칙에서는 호적의 양식을 규격화한 호적표(戶籍表)를 인쇄하여 내용을 기재하도록 했다. 호적에 기재되는 사항은 상당 부분 과거의 호적을 계승했지만, 사회 변화에 따른 몇 가지 새로운 점도 나타나고 있다. 거주지를 표현하는 방식으로 작통제(作統制)를 여전히 사용하거나 호주와 관련된 항목에 성명, 연령, 본관, 사조(四祖) 등을 기재하는 것은 구제도와 같았지만, 신제도에서는 호구 외에 가택의 상황에 대해서도 기재하도록 했다. 예컨대 기유(己有)와 차유(借有) 및 와즙(瓦葺), 칸수를 구분 기재하도록 했고, 호의 현존 인구의 남녀별 통계까지 호적에 기재하도록 했다. 그리고 호적으로부터의 누탈과 중복 등재를 방지하기 위해 분적(分籍)과 개적을 할 때는 반드시 원적(原籍)을 조빙(照憑)토록 했으며, 호패(戶牌)제도를 새로 실시하여 호주의 성명과 통호번호(統戶番號) 및 직업 등을 써서 가옥의 앞에 게시하도록 했다.[167]

호구조사규칙은 조선 재래의 호적제도를 일부 수용하면서 갑오개혁 이후 제기된 근대화의 과제를 일정 부분 수행하기 위한 법령이었다고 볼 수 있다. 그러나 호구조사규칙은 한국인들을 모두 등록하여 관리하지는 못했으며, 특히 1년에 1회 조사하여 편적했기 때문에 그 사이에 일어난 각종 변화를 호적에 반영하지 못하는 제도적 문제점도 있었다.

대한제국의 호적은 친족관계 중심이 아니라 동거자 중심으로 편제되어 있었기 때문에, 부모자식 사이라도 동거하지 않으면 같은 호적에 등재하지 않았다. 이러한 사실은 개인의 거주지 표기 방식과 호의 성격을 통해 확인할 수 있다.

---

166) 「1896년 9월 1일 칙령 제51호 戶口調査規則」, 「1896년 9월 8일 내부령 제8호 戶口調査細則」.
167) 이상은 다음의 저서 참조. 최홍기, 『韓國戶籍制度史硏究』, 서울대출판부, 1997, 180~187쪽.

이를 위해 대한제국 시대에는 개인의 거주지를 어떤 방식으로 표기했고, 그 표기의 대상이 무엇이었는지 살펴볼 필요가 있다. 대한제국 시대의 거주지 표기 방식을 구명함으로써, 이 시기의 호적식(戶籍式) 첫머리와 호패에 기재되어 있는 '○○面洞第○統第○戶', 즉 통호번호와 거주지의 연관성 및 호적상 호의 실체가 무엇이었는지 살펴보기로 한다. 이를 위해 대한제국정부 관원의 이력서에서는 거주지를 어떻게 표기했으며, 이력서의 거주지 표기 방식과 그 당시 호적은 어떤 관계에 있었는가를 중심으로 살펴보겠다.

『대한제국관원이력서』(이하『이력서』)는 1900년부터 1910년 사이에 작성된 관원의 이력서로, 100개 성(姓) 3,150여 명이 수록되어 있다.168) 이 『이력서』는 대한제국정부의 관원이 스스로 자신의 경력을 진술한 것이므로 상당한 정확성을 갖고 있다고 판단된다. 여기에서 주목되는 것은 각각의 이력서에서 자신의 거주지를 표현하고 있는 방식이다. 『이력서』를 보면, 광무년간에는 일반적으로 '주(住)', '현주[現住(地)]', '현주재(現住在)', '거(居)', '거지(居地)', '거지(居址)', '주지(住址)', '지(址)', '지소(住所)' 등으로 개인의 거주지를 표현했다.169) 그러나 1907년 8월 20일에는 최초의 규격화된 이력서식이 등장했고170) 관원들은 모두 이 서식에 따라서 기재사항을 정부에 제출했다. 그 형식의 일부를 소개하면 다음과 같다.

```
隆熙    年    月    日
履歷書
貫
居住 漢城何署何坊何契何洞 幾統幾戶
        何      道何郡何面何里
```

---

168) 국사편찬위원회 편, 『大韓帝國官員履歷書』.
169) 『舊韓國官報』에 수록되어 있는 각종 이력서식에서도 동일한 표현을 볼 수 있다.
170) 『舊韓國官報』 1907. 8. 24.

과거 거주지를 표현했던 다양한 용어들이 1907년부터는 공식적으로 '거주(居住)'라는 용어로 고정되기 시작했음을 알 수 있다. 물론 위 서식에 따르지 않고 개인이 직접 필사한 이력서에는 기존의 '주', '주지' 등의 표현이 여전히 사용되기는 했지만, 국가에 의해 공인된 이력서식은 일단 '거주'라는 용어를 공식화하고 있었다.

광무년간의 거주지 용어는 약간씩 차이가 있었으나, 거주지를 표기하는 내용에서는 일관된 모습을 보이고 있다. 예컨대 이 시기 관원들은 자신의 거주지를 '漢城何署何坊何契何洞幾統幾戶' 형식으로 통호번호까지 기재했다. 원래 통호번호는 호적의 작통에서 비롯된 것이었는데, 대한제국 시기에는 거주지 표기 방식으로도 사용되고 있었음을 알 수 있다. 조선시대의 방목에서 '거 청주(居淸州)' 혹은 '거경(居京)' 등 군현까지만 개인의 거주지를 기재했던 것과는 상당한 차이가 있다.[171] 또 조선 후기 가옥문기의 양식도 통호번호를 이용하여 가옥의 위치를 표현하지 못했다. 즉, '○○面○○里' '○○部○○坊○○契伏在' 등으로만 표기되었다.[172] 조선 후기에는 호적에만 통호번호가 표기되고 개인의 거주지 및 가옥의 표기는 군현 혹은 면리 단위에 국한되었던 것이다.[173]

대한제국 시기의 관원들이 자신의 거주지를 조선 후기와는 달리 '第○統第○戶'라는 통호번호까지 표기했던 이유는, 개인의 거주지 표시와 호적의 통호번호가 서로 일치하기 때문이었다. 이런 사실은 「한성부호적」과 『이력서』를 서

---

[171] 『司馬榜目』(국학자료원 영인본). 조선 초기 과거급제자들의 거주지 표기도 군현단위로 되어 있었다. 김창현, 「朝鮮初期 科擧及第者의 出身背景―文·武科 單回榜目 분석을 중심으로」, 『한국학논집』 35, 2001.
[172] 최승희, 『韓國古文書研究』, 한국정신문화연구원, 1981, 330~336쪽.
[173] 대한제국기에는 토지는 자호(字號)로, 가옥은 통호번호로 표시되었다. 이 사실을 잘 보여주는 것이 토지가옥증명규칙이다. 토지가옥증명규칙에서는 가옥의 소재가 통호번호로 표시되었고, 따라서 통호번호는 가옥번호와 개인의 거주지를 동시에 표시하고 있었다.

〈토지·가옥증명부의 기재사항〉

	기 재 사 항
토지	種目, 소재지명, 번호(字號등), 면적(卜數斗落步數등) 및 四標
가옥	種目, 소재지명, 戶番號(統戶등) 및 면적

출처: 舊韓國官報

로 대조한 결과, 개인의 거주지 표기와 호적이 통호번호까지 완전히 일치하는 경우가 11.6%로 확인되고 있는 것을 통해 짐작할 수 있다.174) 「한성부호적」은 1896년, 1903년, 1906년 3개년의 호적조사결과를 기록하고 있고, 『이력서』는 1900년부터 1910년까지의 관원 이력서를 포함하고 있기 때문에, 개인의 거주지 변동과 관련해 11.6%를 이해할 필요가 있다. 일부분이긴 하지만 『이력서』와 「한성부호적」이 통호번호까지 완전히 일치하고 있다는 것은, 대한제국 시기에는 조선 후기와 달리 개인의 거주지 표기가 호적의 통호번호에 기초하고 있었음을 보여주는 것이라 생각한다. 이와 같은 추정을 가능케 하는 것은, 대한제국 시기의 신호적에는 조선 후기와는 달리 '전거지(前居地)', '이거월일(移居月日)' 표기란이 있기 때문이다. 이러한 사실은 1896년 이후의 신호적은 거주지를 표기하게 되어 있었고, 호적식 첫머리의 통호번호가 거주지(現居地) 표기라는 것을 추정하게 한다.

특히 호구조사세칙에서는 호패(戶牌)라는 것을 따로 설치했고,175) 호적의 첫머리에 기재하는 '何道何郡何面何里幾統幾戶'를 호패에도 똑같이 기재하여 문앞에 걸도록 했다. 요컨대 호적의 통호번호가 가옥의 위치를 표시하는 기능도 하고 있었던 것이다. 이처럼 대한제국 시기 호적의 통호번호가 거주지를 표시하는 수단이 될 수 있었던 것은, 대한제국 시기에는 국가에 의한 주민통제를 개별 호 단위까지 추구했기 때문이었다.176) 다음의 인용문은 대한제국 시기의 호가 무엇이었는지 짐작할 수 있게 한다.

작통하다가 영호(零戶)가 유(有)하야 5호에 미만하거든 본리모통(本里某統) 중에 부속

---

174) 吉田光男, 「大韓帝國期ソウルの住民移動―'漢城府戶籍'の分析を通して」, 『朝鮮文化研究』 1, 東京大學 文學部 朝鮮文化研究室, 1994, 140쪽.
175) 「戶口調査細則」 제13조. 호패에는 호주의 성명, 직업, 통호번호를 기재하도록 했다.
176) 조선 후기의 호적도 거주지를 기초로 편제되었다. 그러나 조선 후기의 호적에서는 개인의 소재지 표기가 면리 단위로 국한되었던 것에 반해, 대한제국 시기에는 통호번호, 즉 가옥의 위치까지 표시했다는 점에서 차이가 있다.

호고 5호 이상은 미성통(未成統)이라 칭ᄒ야 본리최근통(本里最近統) 통수(統首)의 지휘를 승(承)케홈. 단 본조 영호는 그 리(里)에 가호증축(家戶增築)홈을 대ᄒ야 십수에 만ᄒ거든 일 통을 작홈.177)

위 인용문은 10호가 미달되었을 경우의 작통 방식을 서술한 것인데, 가호 증축을 기다려 10개 호가 되면 1개 통을 구성한다는 표현에 주목할 필요가 있다. 이로써 신호적의 호가 가옥(건물)임을 가리키는 것이고, 따라서 호적의 통호번호는 가옥에 붙는 번호이기도 했음을 추정할 수 있다.178) 대한제국 시기에는 모든 가옥에 등록번호를 부여하여 호적에 등재했기 때문에 가옥의 번호가 곧 호적의 통호번호였고, 이러한 사실을 호패(戶牌)를 통해 외부에 공시했던 것이다. 따라서 대한제국 시기 호 구성원은 동일가옥 거주자였음을 알 수 있다. 대한제국정부의 관원은 이력서에 자신이 거주하고 있던 가옥의 번호, 즉 호적의 통호번호를 표기하여 제출했던 것이다.

이와 같은 가옥번호로서의 통호번호는 조선 후기의 통호번호와는 상당한 차이를 갖고 있었다. 조선 후기에도 가좌(家座)에 따라 5호를 묶어 1통으로 작통했으나 이때의 통호번호는 3년에 한 번씩 변경되었고, 이 과정에서 기존의 통호번호는 폐기되고 식년(式年)마다 새로운 통호번호를 부여받았다. 조선 후기의 통호번호는 일정한 고정성을 갖지 못했고, 가옥에 붙는 호패도 없이 면리(面里)에서

---

177) 「戶口調査細則」 제13조
178) 요시다 미쓰오는 '통호번호=가옥의 번호'라는 연구 결과를 내놓았다. 吉田光男,「大韓帝國期 ソウルの住民移動—'漢城府戶籍'の分析を通して」,『朝鮮文化研究』, 1, 1994. 필자도 요시다의 연구 결과에 동의하고 있다. 다만 요시다는 통호번호를 가옥번호로서 관리했던 것이 한성부만의 특수한 제도였다고 추정하고 있다. 그러나 '호구조사규칙', '호구조사세칙',「京畿仁川港沓洞戶籍」,「漢城府去來文」 등을 살펴본 결과, '통호번호=가옥번호'의 성격은 1896년 이후 신호적 전체를 관통하는 것이었다고 판단된다. 또 요시다는 결번(缺番) 현상을 가옥의 철거로 해석하고 있으나,「京畿仁川港沓洞戶籍」과 「통표」,「漢城府去來文」 등을 살펴본 결과, 철거 현상이라기보다는 가옥은 있으되 가옥 거주자가 없는 상황(빈집)이 호적과 통표에 반영된 경우가 더 일반적이었다고 생각된다. 요시다의 견해에 따른다면, 호적표를 작성하지는 않았으나 통표에는 해당 호의 가옥상황을 기재하고 있는 이유를 합리적으로 설명할 수 없다.

〈표 2-3〉 경기인천항답동 제7통 통표

共計	合計	第十 오연영	第九 김근영	第八 이귀만	第七 이경식	第六 성경운	第五 박재호	第四 최흥길	第三 조만령	第二 지봉오	第一 노순관	戶號 姓戶名主	
口	19	二	一	二	一	三	一	三	二	二	二	男	人口
	18	一	一	二	三	二	三	三	三	一	二	女	
間	間											瓦	家宅 間數
	49	六	五	三	四	四	十	四	五	四	四	草	

출처:「京畿仁川港畓洞戶籍(규27369)」

의 행정상의 호적관리번호였다.179) 따라서 조선 후기의 통호번호는 개인의 거주지를 안정적으로 표현할 수 없었던 것이다. 그러나 신호적의 통호번호는 작통에 따라 수시로 변경되는 것이 아니라, 가옥에 붙는 고정번호의 역할도 동시에 수행했기 때문에, 상대적으로 안정적 성격을 띠게 되었다. 이러한 사실은 아래의 인용문을 통해 확인할 수 있다.

> 이거(移居)ᄒᆞᄂᆞ 시(時)ᄂᆞ 호패를 개부(改付)호대 호주의 성명과 직업만 개정ᄒᆞ고 제기통(第幾統) 제기호(第幾戶)ᄂᆞ 잉구(仍舊)ᄒᆞ야 그 호(戶)에 위치를 변환치 물(勿)케 홈. 단 본통 내에서 이거ᄒᆞ야도 본조를 의홈.180)

위 인용문에서, 거주지를 변경할 때도 통호번호는 그대로 두어 호의 위치를 변경하지 말라는 표현에 주목해야 한다. 이것은 신호적의 통호번호가 가옥에 붙는 고정번호, 즉 가옥번호라는 것을 잘 설명해준다. 그리고 이 통호번호는 조선

---

179) 조선 후기의 호, 가호도 거주지 중심으로 편제되어 있었다. 그러나 조선 후기 호적에 등록된 호는 자연가호(自然家戶) 그 자체가 아니라 일정한 기준과 목적에 의해서 일부만이 등록된 것이었다. 따라서 조선 후기에는 자연호(自然戶)와 호적호(戶籍戶)가 서로 일치하지 않았다. 대한제국 시기의 호는 자연호와 호적호를 서로 일치시키려 했다는 점이 특징이고, 그 고리는 통호번호에 있었다.

180)「戶口調査細則」제17조.

〈표 2-4〉 경기인천항답동 제9통 통표

共計	合計	第十	第九	第八	第七	第六	第五	第四	第三	第二	第一	戶號	
		고병규			권대하	문순기		백윤명	임창건	김재수	이자현	姓戶名主	
口	13	一			一	三		三	二	二	一	男	人口
	9	一			一	二		一	二	一	一	女	
間	間											瓦	家宅
	47	四	四	十一	六	二	二	四	四	四	六	草	間數

출처: 「京畿仁川港畓洞戶籍(규27369)」

후기와는 달리 가옥이 존재하는 한 변경되지 않는 고정성을 갖고 있었고, 그 가옥에 거주하는 호주의 성명과 직업 항목이 변하는 것에 불과하다는 것을 잘 설명하고 있다. 특히 같은 통 내부의 이주 때도 통호번호를 변경하지 말라는 것은 '통호번호=가옥번호'가 매우 엄격히 관리되고 있었음을 보여준다. 위의 "이거(移居)하여도 통호번호를 변경하지 말라"는 규정은 다음의 「경기인천항답동호적(京畿仁川港畓洞戶籍)」에 잘 표현되어 있다. 「인천항답동호적」은 광무2년 (1898)의 호적이고, 19개 통 184개 호로 구성되어 있다. 「인천항답동호적」에서는 일반적으로 10호로 통을 마치는 경우가 9개 통으로 다수를 점하고 있지만, 11호 혹은 9호로 끝나는 경우도 있다. 특히 통 내부에 10개 호를 정확히 채우고 있는 통은 9개에 불과하고, 나머지 10개 통은 10호를 넘거나 부족하다. 이런 현상을 어떻게 설명할 수 있을까. 이는 통표와 호적표를 서로 비교해보면 이해할 수 있다.[181]

〈표 2-3〉과 〈표 2-4〉를 서로 대조하면, 호 개수와 최종 호번호 간에 차이가 생기는 이유를 알 수 있다. 그것은 제9통 통표에서 볼 수 있듯이 각 호의 순서대로 호번호를 부여하지 않고, 제5호·제8호·제9호를 비워놓고 제10호에 고병규를 분류한 것과 관련이 있다. 그러면서도 중요한 것은 가택 칸수는 모두

---

181) 「京畿仁川港畓洞戶籍(규27369)」.

기재되어 있을 뿐만 아니라, 합계 부분에서 제5호·제8호·제9호의 칸수를 합하여 계산하고 있다는 점이다. 이것은 제5호·제8호·제9호의 당시 상황을 추론할 수 있는 근거를 제시한다. 즉 가옥은 존재하지만 가옥 거주자는 없는 '호구조사규칙' 제17조의 상황이 그대로 표현된 것이라고 볼 수 있다. 요컨대 '빈집' 상황이다. 요시다 미쓰오(吉田光男)는 이와 같은 결번(缺番) 현상을 '가옥의 철거'라고 해석하고 있으나, 통표에 기재된 가옥 상황을 통해 추론한다면 '빈집'으로 해석해야 할 것이다. 통표에 제5호·제8호·제9호의 가옥 칸수가 기재되어 있지만 호 거주자가 없는 것은, 호적조사 당시 제5호·제8호·제9호의 가옥은 남아 있었지만 그 가옥의 거주자가 없었기 때문에 제9통 통표처럼 기재되었던 것이다. 대한제국 시기 호적에서는 각 가옥을 호적에 등록하여 독자번호를 부여했기 때문에, 거주자가 없어도 제9통 통표와 같은 상황이 나타날 수 있었던 것이다. 가옥은 일반적으로 호적에 등록되어 독자번호를 갖고 있었기 때문에,182) 만약에 이거(移居)하여 빈집이 되었을 경우에는 가옥 거주자가 없는 호가 있거나 호적표 및 통표에서 인구가 기재되지 않는 호가 발생했던 것이다. 위 인용문에서 가옥이 철거된 호의 경우 해당 호에 아래의 인용문에서 훼퇴(毀頹)라고 분명히 기재하라고 하고 있듯이, 거주자가 없는 가옥과 가옥 자체가 철거된 것은 서로 표기 방식에서 차이가 있었다.

한편 대한제국 시기의 호적은 10호 작통이었는데 제11호의 등장은 어떻게 해석할 수 있을까. 「인천항답동호적」에서 호번호가 제11호인 것은 모두 7개 통이다. 이런 현상은 호적뿐만 아니라 『이력서』에서도 발견된다. 즉 1907년 10월에 백남표는 자신의 거주를 "漢城中署 정선방 제29통 제12호"로,183) 또 이용석은 "京城南署 리동 제61통 加一戶"로 표기하여 제출하고 있다.184) 이와 같은 현상의 원인을 다음의 인용문에서 찾을 수 있다.

---

182) 신호적에는 가옥의 상황을 구체적으로 등록하도록 하고 있다.
183) 『이력서』, 439쪽.
184) 『이력서』, 853쪽.

통호(統戶) 수효를 매년 개변해야 하고 고증하는 데 어려움이 있으니, 금년부터는 전년의 통호수에 따라 편록(編錄)하고, 그중 1개 통 10개 호 내부에 제 몇 호가 훼퇴(毁頹)하여 공지(空地)가 되었다 할지라도 해당 호수 란에 훼퇴로 현록(懸錄)했다가 집을 지은[作家] 후에 전록(塡錄)하고, 만일 해당 지역 근처에 새집을 지어 해당 통의 호수 안에 전록해넣기가 곤란한 경우에는 해당 통의 호수 안에 제11호, 제12호로까지라도 부록(附錄)하여 가호(家戶) 수효를 일정하게 바꾸지 않아서 영구준행(永久遵行)할 뜻으로 각 서에 신칙한다면 조사할 때에 혼란이 없겠기에 통보하오니 (…)185)

위 인용문은 '10호 작통' 원칙과는 달리 '가일호(加一戶)', 제11호 혹은 제12호라는 호번호가 등장하는 이유를 잘 설명하고 있다. 즉, 이미 10호로 1개 통을 구성한 뒤 새로운 가옥이 동일 통 내부에서 신축되었을 경우, 기존의 가옥번호와 중복되지 않도록 하기 위해 11호 혹은 '가일호'라고 표현했던 것이다.186) 또 통호번호를 매년 바꾸는 것이 아니라 전년의 통호번호에 따라서 편록하라는 언급과, 가옥번호(家戶數爻)를 변경하지 말고 영구준행하라는 언급에서도, 이 당시의 통호번호가 고정적 성격을 갖고 있었음을 알 수 있다.

이상과 같은 가번·결번 현상은 가옥의 신축, 가옥 거주자의 부재 등 사회 변동 현상이 호적에 그대로 반영되어 나타난 것이었다. 조선 후기 호적에 나타나는 누적(漏籍) 등의 현상과는 근본적으로 다른 성격이다. 대한제국 시기 신호적은 각종 호 이동과 사회 변동을 입증할 수 있는 제도적 기초였던 것이다.

따라서 대한제국 시기의 호적은 가옥을 등록하여 관리하는 기능(통호번호)과 가옥에 거주하는 개인들을 등록하여 관리하는 기능을 동시에 갖고 있었다는 점에서, 조선 시대나 식민지 시대의 호적과 차이가 있었다. 대한제국기의 호적에 등재된 모든 호는 작통 방식에 의한 고정번호, 즉 가옥번호를 갖고 있었고, 이 가옥번호에 따라 개인과 가옥이 국가기구에 의해서 관리되었다. 따라서 대한제

---

185) 「照會 제8호(광무3년 3월 20일)」, 『國譯漢城府去來文』, 382쪽(번역을 일부 수정했음).
186) 신호적에는 가옥의 신축·증축 등의 여부도 반드시 기재하도록 했다. 「戶口調査細則」 제9조.

국정부의 관원은 자신의 거주지를 가옥의 번호, 즉 호적의 통호번호로 표기하여 제출했던 것이다. 이것은 조선 후기 국가에 의한 개인의 거주지 파악이 군현 혹은 면리 단위였던 것에 비해, 대한제국 시기에는 가옥=개별호를 통제하는 수준으로까지 확대되었음을 의미하는 것이다. 따라서 조선 후기의 호적제도에서는 호적에 등재되지 않는 호가 광범위하게 있었던 것에 반하여, 대한제국기의 호적에 등록되는 호는 모든 자연가호를 대상으로 했고 그 가호에 개별번호를 부여했다는 점이 큰 차이이다. 조선 후기에는 현실의 자연가호와 호적의 호가 서로 일치하지 않았던 것에 반하여, 대한제국 시기에는 현실의 자연가호와 호적호를 서로 일치시키는 방향으로 정책 전환이 시도되었다. 그리고 자연가호와 호적호를 서로 연결하는 고리로서 작통 체제에서 비롯된 '통호번호'와 '호패'가 활용되고 있었다.

2. 식민지 호적제도의 성립과 '호'의 변화

1) 민적법의 제정과 제도적 특징

호구조사규칙 및 호구조사세칙에 의한 주민 통제는 일제가 한국을 침략하는 과정에서 변화했다. 일제는 한국의 사법제도를 개편하면서 일본의 사법제도를 도입했듯이, 호적제도에도 일본 호적법상의 '가' 및 '호주제도', 본적지 관념 등을 도입하려 했다.

일제가 대한제국정부로 하여금 1907년 12월 13일에 내부관제(칙령 제37호)를 공포케 함으로써, 호구 및 민적에 관한 사항은 1908년 1월 1일부터 내부 경무국의 사무가 되었다. 이 사무는 1908년 1월 25일에 발한 내부 분과 규정에 의해서 경무국에 설치된 민적과가 담당하게 되었다.[187] 경무국 민적과는 1908년 1월 1일에 설치되어 새로운 호적법 제정을 담당했는데,[188] 전국 13개 도의 민적을 조사한 결과 부실한 측면이 많다고 판단하여 1908년 3월에 민적을 개량한다는 방침하에 민적 법안을 기초하는 중이었다.189)

경무국은 전국적 민적조사와 함께 법안 제정에 돌입하여 1908년 9월에 민적법안을 탈고했고,190) 12월에는 경무국에서 기안한 초안을 참여관회의에서 수정하여 대략의 법안을 결정했다.191) 민적법안은 1909년 2월 9일 각의에 최종 제출되어192) 1909년 3월에 공포되었다.

민적법을 제정하고 실시한 것은 민적과장이었던 조성구 등 한국인 관료들이 아니라 경무국에 근무했던 일본인 관료(경무국장 松井茂)들이었고, 민적양식을 비롯한 각종 형식은 일본의 호적을 거의 그대로 차용했다.193) 당시 경시(警視)였던 이와이 케이타로(岩井敬太郎)와 이마무라(今村)가 구관조사를 맡았고, 이 조사에 기초하여 민적법이 공포되었다.194)

그러나 호적법규의 실체법이라 할 수 있는 친족 및 상속에 관한 법규가 제정되지도 않은 상태에서 1909년 3월에 민적법이 공포되었다는 점에 주목할 필요가 있다. 물론 민적법을 제정하는 과정에서 일본인 2인이 민적조사와 구관조사를 수행하기는 했지만, 이를 충분한 조사로 볼 수는 없다. 한국 법전 제정을 위한 기초작업이었던 관습조사사업은 1908년에 전국 13개 도 중에서 7개 도만이 완료되었고, 황해도·평안남북도·함경남북도·강원도지역은 조사를 마치지 못한 상태였다.195) 이와 같은 상황에서 제정된 민적법은 '가'와 본적, 가부장적 호주

---

187) 미즈노 나오키(水野直樹), 「조선 식민지 지배와 이름의 '차이화': '내지인과 혼동되기 쉬운 이름'의 금지를 중심으로」, 『사회와 역사』 59, 2001, 149쪽; 『韓末近代法令資料集(6권)』, 113~116쪽·241~243쪽.
188) 『大韓每日申報』 1908. 10. 6.
189) 『皇城新聞』 1908. 3. 5; 『皇城新聞』 1908. 3. 14.
190) 『大韓每日申報』 1908. 9. 6.
191) 『皇城新聞』 1908. 12. 10.
192) 『皇城新聞』 1909. 2. 16.
193) 미즈노 나오키, 「조선 식민지 지배와 이름의 '차이화'」, 『사회와 역사』 59, 2001, 149쪽.
194) 內部警務局, 『民籍事務槪要(序)』, 1910.
195) 朝鮮總督府, 『第3次施政年報』, 57쪽.

관념 등 일본식 호적제도의 중요한 개념을 도입하면서도, 실체법규상에서는 대부분 대한제국의 관습에 기초하지 않을 수 없었다.196)

이후 친족 및 상속에 관한 실체법이 민적과장 통달(通達) 및 회답, 내부훈령(內部訓令), 경무국장 훈달(訓達) 등으로 규범화되는 한편, 민적에 관한 구관은 계속 조사되었다. 구관조사는 민적법의 중요한 개념인 호주 변경, 입양, 결혼, 이혼, 파양, 폐가, 폐절가 재흥, 부적(附籍), 분가(分家)에 대해서 간단하게 조사하는 정도로 그칠 수밖에 없었다.

이와 같은 과정을 거쳐 1909년에 공포된 민적법과 민적법집행심득은 1896년에 제정된 '호구조사규칙'과는 그 목적 및 제도에서 완전히 달랐다. 민적은 호구를 조사하고 파악하는 수단이 아니라, 오히려 법률상의 '가(家)'과 '가'에서의 개인의 신분관계를 공시 또는 증명하는 문서로 변화되었다.197) 호적 편제의 목적뿐만 아니라 내용에도 상당한 차이가 있었다. '호구조사규칙'에서는 매년 1월에 호적을 수정, 작성했고 편제의 기준은 동거 여부였다. 그러나 민적부는 신분관계를 공증하는 문서로서 영구보존문서가 되는 동시에, 변경사항이 발생할 때마다 민적부에 기재하도록 했다. 민적부의 기재는 원칙적으로 호주의 신고가 기본이 되지만, 그 신고사항에는 출생, 사망, 결혼, 이혼, 입양, 파양, 호주 변경, 분가, 일가창립(一家創立), 입가(入家), 폐가(廢家), 폐절가 재흥, 부적(附籍), 이거(移居), 개명, 친권 또는 관리권 상실 및 실권(失權)의 취소, 후견인 또는 보좌인의 취임, 경질 및 임무의 종료 등 모든 신분관계의 변동이 포함되었다.

그 밖의 중요한 변화로는, 민적부에는 거주지가 아닌 추상적 '가'의 소재지를 의미하는 본적지명과 지번 혹은 통호번이 기재된 것이 있었다. 그래서 입적자의 범위는 주거를 함께 하는 생활단위가 아니라 원칙적으로 호주의 친족이 되는

---

196) 한국의 전통적 '호'와 일본식 '가'의 특징과 편제 방식 등의 차이, 한국에서의 본적 관념의 등장 과정에 관해서는 다음의 논문 참조. 이승일, 「조선총독부의 조선인 등록제도 연구—1910년대 민적과 거주등록부의 등록단위의 변화를 중심으로」, 『사회와 역사』 67, 2005.
197) 이하 민적법의 특징에 관해서는 다음의 저서를 참고하여 기술했다. 최홍기, 『韓國戶籍制度史硏究』, 서울대출판부, 1997, 187~194쪽.

것으로 변화되었다. 그러나 한편으로는 호주의 친족이 아닌 동거자도 그 말미에 가족별로 부적(附籍)하고 그 취지를 난외에 기재하도록 했는데, 이것은 비가족원을 입적시킬 수 있었던 구제도를 일부 계승한 것이라 할 수 있다.

호적부의 기재사항도 완전히 바뀌었다. 첫째, 호주의 4대 조상과 직업을 기재하는 난이 폐지되었다. 이것은 조선시대의 신분제도가 법적·실질적으로 폐지된 데 따른 조치였다. 그리고 입적자의 기재 순위는 ① 호주, ② 호주의 직계존속, ③ 호주의 배우자, ④ 호주의 직계비속 및 그 배우자, ⑤ 호주의 방계친 및 그 배우자, ⑥ 호주의 비친족으로 되어 있다. 모든 입적자는 '가'에서의 신분관계를 정확히 파악할 수 있도록 신위(身位)란에 호주 또는 호주와의 관계를 명시하는 동시에, 부모란에는 친부모의 성명을, 출생별란에는 남녀별 출생순위와 함께 서자 또는 사생아인 경우 그것도 기재하여 부모와의 관계를 밝히고, 사유란에는 다시 신분상의 모든 변동사항을 기재하도록 했다. 호주의 경우에는 전 호주의 성명, 호주가 된 원인 및 연월일을 명기했다. 따라서 모든 입적자에 대해 그 가족 내에서의 신분관계가 명시되는 동시에 '가'의 연속관계까지 표시된다.

1909년 민적법에 의해 한국 호적제도는 '가'와 '가에서의 신분관계'를 공증하는 문서에 관한 등기제도로 일단 그 체계를 갖추었고, 전통적 호적제도는 부정되어 일본식 식민지 호적제도로 정비되었다. 민적법을 통해 전통적인 주민감시 체제는 점차 붕괴되었고, 일본식 신분 등록제도에 의한 통제가 시작되었다.

2) 한국식 호에서 일본식 호로의 이행

일본의 강력한 영향 아래에서 1909년에 성립한 민적법은 목적 및 기재 내용에서 대한제국 시기 호적과 큰 차이가 있었다.[198] 즉 호적은 호구를 조사·파악하는 수단이 아니라, 법률상의 '가'[199]와 '가에서의 개인의 신분관계'[200]를 공

---

[198] 민적법의 제정 과정에 대해서는 다음의 논문 참조. 李英美, 「韓國近代戶籍關聯法規의 制定及び改正過程—民籍法を中心に」, 『東洋文化硏究』 6, 2004.

시 또는 증명하는 공증문서가 되는 동시에, 친족법의 영역에 속하게 되었다.[201] 따라서 대한제국 호적에서 기재해야 했던 가옥상황과 거지(居地)·직업·인구수·사조(四祖) 등이 사라지고, 본적이라는 용어와 함께 가족의 친족법상의 신분변동을 중심으로 기재하도록 했다.

민적법에서 사용하는 주요 개념들은 대개 일본 친족 및 상속법상의 용어였으나, 1909년과 식민지 초기에는 일본 친족법과는 다른 의미로 사용되었다. 민적법이 제정되었음에도 한국인들이 일거에 일본의 제도를 도입하기는 어려웠기 때문이다. 민적법에서 주목할 것은 본적(本籍)이라는 용어의 등장이다. 과거 조선의 호적양식에는 본적이라는 용어가 없었는데, 민적법에서 최초로 호적의 기재내용으로 등장하기 시작했다. 예컨대 민적식(民籍式)에는 본적이라는 용어와 함께 가의 구성원들이 나열되어 있는데, 일반적으로 본적지는 '○○道郡面洞 ○統○戶', '○○番地' 등의 방식으로 통호번호 혹은 지번호를 기재하도록 했다.[202] 민적식에 등장하는 지번은 민적에 등록된 개인의 현실 거주지를 표시하는 것이 아니라, 그 개인이 소속된 '가'의 법률적 소재지를 표시할 것을 목표로 했다. 따라서 민적에는 거주지를 표현하는 법률적 수단이 없었다고 볼 수 있다. 대한제국 시기 신호적에서 통호번호가 호와 호에 소속된 개인들의 거주지를 표시했던 것과 비교하면 매우 독특한 방식이다.

원래 본적은 1905년 무렵 일본의 영향으로 대한제국에서 점차 사용되기 시

---

199) '가'는 일본 친족법 및 상속법상의 개념으로, 1909년 민적법이 실시되면서 도입되었다. 일본 친족법상의 '가'는 법률관계에 의해 결합된 호주 및 그 친족으로 구성된 친족단체를 말한다. '가'의 범위는 호적에 기재된 것과 동일하고 구체적인 가옥을 가리키는 것이 아니다. 그리고 '가'의 법적 소재지를 '본적'이라고 한다.
200) 민적법에서 신분은 전근대 시기의 사회신분을 의미하는 것이 아니라 친족법 및 상속법상의 신분을 가리킨다. 또 대한제국 시기의 호적은 등록 대상이 혈연보다는 동거에 초점이 맞추어져 있는데 반해, 민적법에서는 동거 여부가 아니라 친족법상의 법률행위(신분창출행위, 예컨대 출생, 결혼, 이혼, 입양 등)에 의한 친족들로 구성되었다.
201) 최홍기, 『韓國戶籍制度史硏究』, 서울대출판부, 1997, 188쪽.
202) 토지조사 및 지적조사(地籍調査)에 의해 지번(地番)이 확정된 곳은 지번으로 기재하도록 했다. 그러나 민적법이 시행된 1909년에는 지번이 확정되지 않았기 때문에 통호번으로 기재했다. 內部警務局, 「民籍記載例」, 『民籍事務槪要』, 1910, 15쪽.

작한 용어였다. 1905년 「문관전고소규칙(文官銓考所規則)」에는 이력서 양식이 첨부되어 있는데, 소재지 표시가 다음과 같은 방식으로 되어 있다.203)

本籍 何道何府郡何面何里何洞
現住 何署何坊何契何洞幾統幾戶誰某家

대한제국기 각종 이력서에는 일반적으로 본관과 거주지가 주된 기재사항이었으나 위 이력서는 본적을 기재하도록 했다는 점에서 차이가 있다. 여기 등장하는 본적은 본관이 아니고, 일본 호적법의 법률상 '가'의 소재라는 의미도 아니다. 당시 한국의 관습과 법령에는 법률상의 '가'라는 일본적 관념이 존재하지 않았기 때문이다. 당시 한국인들은 본적을 호구조사규칙의 연장선상에서 이해했고, 통감부도 그러한 한국인들의 인식을 수용하는 자세를 취하고 있었다. 1907년 통감부는 부령 제16호로 '외국여행규칙'을 발포했는데, 이 규칙의 적용 대상은 한국에 있는 일본인과 한국인이었다. 이 규칙에 의해 발급되는 여권에는 '성명, 본적지(한국 신민이면 주소지), 직업' 등을 기재하도록 했다.204) 한국인의 경우 본적지란에 주소지를 기재하도록 했다는 것은, 한국의 관습과 법령에 거주지 이외의 다른 무엇이 없었음을 의미한다. 통감부에서도 그것을 그대로 수용했던 것이다. 또 1908년 8월 1일 군부령 제4호로 발포된 '육군병적규칙(陸軍兵籍規則)' 서식은 호적에 관한 사항을 "본관, 본적, 씨명, 생, 처자, 부모" 등으로 규정했다. 그러면서 "본적이라 흠은 원거지(原居地)를 운흠"이라고 부기하고 있는데,205) 이것도 역시 일본 용어인 본적을 한국인들이 어떤 의미로 수용하고 있었는지 잘 보여준다.206)

---

203) 『舊韓國官報』 1905. 4. 26.
204) 『舊韓國官報』 1907. 5. 4.
205) 『舊韓國官報』 1908. 8. 8.
206) 1909년 10월 20일 학부고시 제15호로 발포된 관립한성고등학교학칙(『舊韓國官報(제4513호)』 1909년 10월 25일)에서는 입학청원서에 '원거(原居)'와 '현주(現住)'를 기재하도록 했다. 이것도

이상의 용례를 통해 대한제국 시기 한국인들은 일본의 본적지 개념을 전거지(前居地)로 이해하여 수용했음을 알 수 있다.207) 식민지 초기까지도 한국인들은 본적을 일본적 '가'의 법적 소재가 아닌 '호구조사규칙'의 전거지 개념으로 이해하고 있었다.208) '본적지=전거지'라는 이해 방식은 이거를 이해하는 방식에서도 잘 드러난다.

> 이거(移居)는 본적을 다른 곳으로 옮기는 것을 말한다. 즉 가족 일부의 이전이 아니라 일호 전부의 이전이다. 예컨대 갑지(甲地)에 거주하는 자가 전호를 을지(乙地)로 옮겨서 그 지역의 거주자가 되는 것과 같다.209)

위 인용문에서 '이거'를 일본 호적법상의 전적(轉籍)210)을 의미한다고 정의하면서도 내용상 거주지를 변경할 때 사용하고 있다는 점에 주목해야 한다. 물론 호 구성원 중 일부가 이전하는 것이 아니라 호의 모든 구성원이 이전할 경우에만 전적이라고 제한하고 있으나 거주지 변동과 관련해서 사용하고 있다는 점이 특징적이다. 왜냐하면 일본 호적법에서의 전적은 거주지 이동을 의미하는 것이 아니라 단지 호의 법률적 소재의 이동을 의미하는 것이고, 호 구성원의 거주지 변동과는 무관하기 때문이다. 그러나 1909년 경무국장 훈달에서는 거주지를 옮길 경우에도 '이거'라는 용어를 사용했다. 이는 민적법 체제에서도 한국 관습이 여전히 통용되고 있던 상황을 반영한다.211)

당시 한국 관습에 전 거주지와 현 거주지만이 있었음을 보여준다.
207) 1908년부터 1910년까지 일본인들이 한국의 관습을 조사한 보고서도 거지(居地)=본적으로 설명하고 있다. 정긍식 역, 『慣習調査報告書』, 한국법제연구원, 1992, 91쪽.
208) 1896년 호구조사규칙에서는 원적(原籍)이라는 용어가 사용되고 있다. 여기에서는 거주지 변경만이 아니라 호주 교체, 분호 등의 경우에도 원적이라는 용어를 사용하고 있기 때문에 원적이 전거지(前居地)의 의미만을 갖고 있었던 것은 아니다.
209) 「1909년 3월 31일 警務局長訓達」, 『民籍事務概要』, 24쪽.
210) 전적(轉籍)은 호적에 등재된 사람들의 거주지 변경을 의미하는 것이 아니라 법률상의 '가'의 법적 소재지를 변경하는 것으로 '가' 구성원들의 거주지 변경과는 무관하다.
211) 1940년의 전적 건수는 69,889건으로 조사되고 있다. 이와 같이 조선인들이 1년 동안 전적을

그러나 본적에 대한 한국인들의 이해와는 별도로, 일본인들은 일본적 관념으로 해석하려는 작업을 동시에 시작했다. 즉 전거지를 본적으로 이해하는 것이 아니라 거주지와는 다른 것으로 해석하려 했던 것이다. 이는 먼저 본적자와 비본적자를 구별하는 것으로부터 시작되었다.

본법은 본적자만 처리ᄒᆞᄂᆞᆫ 것이오 기류자(寄留者) 또는 체재자와 여(如)홈은 본법에 의치 아니ᄒᆞ고 별정ᄒᆞᆯ 호구조사규칙의 처리에 위홈212)

한국인들은 본적지를 거주지의 일종으로 파악하려고 했지만, 위 인용문에서는 민적법의 대상을 본적자로 한정하여 거주자를 등록하는 문서가 아님을 분명히 했다.213) 또 1909년 8월 24일 경무국장은, 민적법은 본적자만을 취급하기 때문에 일가(一家)를 구성하여 현재 그 지역에 생활하는 비본적자를 위해 편의상 현주자 명부(現住者名簿)를 작성할 것을 지시하고 있다.214) 이와 같은 경무국장의 언급은 본적지에 적(籍)을 둔 본적자와 본적지를 이탈한 거주자를 구분하고 있다는 점에서 중요하다. 행정당국의 입장에서 볼 때 민적부는 관할구역 내 본적자를 통제하는 수단이었기 때문에, 거주자를 통제하기 위해서는 현주자 명부라는 또 다른 등록장부가 필요했던 것이다.

이처럼 민적법 초기에는 한국인들의 관습과 일본적 제도가 서로 혼재된 상태에 있었다. 민적의 목적과 형식은 일본식 호적제도와 매우 비슷했지만, 민적의

많이 했던 것은 거주지를 변경할 때마다 전적 신고를 했기 때문이다. 「民事課長注意(1941)」, 『戶籍』, 1권 1호, 43쪽. 원래 전적은 호주의 의사에 따라 자유롭게 실행할 수 있었으나, 조선인들이 이가(移居)와 전적을 잘 구분하지 못했기 때문에 조선총독부는 1943년부터 공식적으로 전적을 제한하기 시작했다. 「轉籍ノ濫用防止ニ關スル件(1943년 1월 22일 법민을 제39호 法務局長通牒)」, 『戶籍』 3권 2호.

212) 「1909년 3월 26일 民籍法施行에 關ᄒᆞ야 各道觀察使에게 發ᄒᆞᆫ 內部大臣訓令」, 『日鮮對照朝鮮民籍要覽』, 224쪽; 內部警務局, 『民籍事務槪要』, 1910, 22~23쪽.
213) 「1909년 8월 24일 警務局長訓達」, 『民籍事務槪要』, 43쪽.
214) 「1910년 3월 7일 民籍課長通牒」, 『民籍事務槪要』, 47~48쪽.

실체법을 구성하고 있던 한국인들의 관습은 그대로 유효하게 남아 있었고, 식민지 초기 조선총독부도 그것을 용인했다. 그러나 1913년 무렵에는 본적에 대하여 한국적 해석과 다른 입장을 취하기 시작했다.215)

> 성통(成統) 내에 신호(新戶)의 증설, 가령 5호와 6호의 사이에 신(新)히 일호를 설하는 경우에, 호번호를 부(附)하는 데는 구(舊)호구조사규칙급세칙 중 준거할 규정이 무(無)함으로, 실제 처리상의 편의를 참작하야 11호라 홈보다 5호의 2라 홈이 가하니 (…) 전호(全戶)가 타에 이주하는 경우에도 본적은 현존하는 것인 즉 호수를 계상할 자이라. 단 그 공호(空戶)의 수는 통계표 비고란에 재게할 것216)

1913년의 위 인용문에서 "전호가 다른 곳으로 이주하는 경우에도 본적은 현존"한다는 표현에 주목할 필요가 있다. 이것은 1909년 민적과장의 본적 관념과는 다르기 때문이다. 1909·10년 무렵에는 본적을 거주지의 일종으로서 거주 상황에 따라 변화하는 것으로 파악하려는 경향이 강했으나, 위에서는 거주지 변동과는 무관한 것으로 파악하고 있다. 이것은 조선총독부가 본적 관념을 거주지의 일종으로 파악하려는 한국식 인식에서 점차 벗어나고 있음을 보여준다.217)

1913년에는 본적에 대한 관념만을 일정하게 변경했을 뿐이었지만, 조선총독부는 1915년 관통첩 제240호를 전환점으로 한국 관습 자체에 일정하게 제한을 가하여 호의 실체와 편제원리에 대한 새로운 해석을 시도했다.218)

---

215) 초기에는 이거와 전적이 서로 구별되지 않았지만, 1913년 이후에는 이거와 전적은 내용상으로 구별되기 시작했다.
216) 「統戶의 新設及全家가 他에 移住ᄒᆞᄂᆞᆫ 者를 통계ᄒᆞᄂᆞᆫ 경우의 件(1913년 8월 16일 경무과장통첩)」, 『日鮮對照朝鮮民籍要覽』, 249~250쪽.
217) 1914년의 경무과장의 통첩도 '이거'의 의의를 재확인했다. 경무과 통첩에서는 이거를 본적지의 변경으로 간주하고 거주지 변동을 이거로 처리하지 말 것을 통지하고 있다는 점에서 한국적인 이거를 일본적 전적요건으로 제한하려는 경향을 강화했다. 「附籍者의 處理及妾에 對ᄒᆞᆫ 戶主權者並移居의 意義에 對ᄒᆞ야 注意ᄒᆞᆯ 件」, 『日鮮對照朝鮮民籍要覽』, 293쪽. 한편 조선인들은 여전히 전적과 이거를 잘 구별하지 못하는 상태였다. 『日鮮對照朝鮮民籍要覽』, 34쪽.
218) 朝鮮總督府法務局, 『民籍例規』, 1922, 27쪽.

민적은 부 또는 면 구역 내에 본적을 정한 자에 대해서 호주를 '본'으로 호마다 편제할 것

동일가옥에 거주하는 자라도 생계를 달리할 때는 별호하고, 가옥을 달리하는 자라도 동일생계하에 있는 자는 일호(一戶)로 간주할 것

위 관통첩은 대한제국의 호 편제 방식에 대한 근본적인 부정을 의미하고 있다. 대한제국의 호는 가옥과 그 가옥의 거주자들을 동일호로 편제했으나, 관통첩에서는 호 편제원리에서 동일가옥이라는 기준을 폐기하고 호주와 동일생계라는 기준으로 전환했던 것이다. 1915년부터 민적상의 호는 대한제국의 호와 완전히 다른 성격을 갖추었다고 볼 수 있다. 따라서 1916년 5월 2일 강원도장관이 "동일가옥 내에 2호 이상 거주하는 경우는 모두 그 호번호를 붙임으로써 1면 내에서 동일번호가 다수가 되어도 그 구별을 할 방법이 없는지"를 조회하자, 사법부장관은 구별할 필요가 없다고 회답했다.219) 강원도장관의 조회에서 "동일가옥에 2호 이상 거주"라는 표현에 주목할 필요가 있는데, 이는 민적호가 이미 한국적 개념의 호가 아니라 일본식 호의 내용을 갖고 있었음을 보여준다고 할 수 있다. 원칙상 대한제국적 호 관념에서는 동일가옥의 경우 단일호로 편제되기 때문에, 동일가옥에 2호가 거주한다는 관념이 성립할 수 없었다. 또 대한제국 시기에는 호마다 독자적인 가옥번호, 즉 통호번호를 부여하고 다른 호의 번호와 중복되지 않도록 상당한 노력을 했던 것과는 달리, 민적의 호는 동일한 통호번호를 갖는 호가 여러 개 생길 수 있었다. 따라서 대한제국 시기에는 통호번호를 통하여 개별호를 식별할 수 있었으나, 일본적 호 개념에서는 통호번호가 개별호들의 식별기호로 역할을 하지 못할 수도 있었던 것이다.

이런 차이가 나타난 것은 대한제국기의 호가 '동일가옥=호의 거주자 집단'을 의미했던 것과는 달리, 민적호의 경우 동일가옥이라는 기준이 호 편성원리가

---

219) 「1916년 5월 12일 江原道長官伺司法府長官回答」, 『民籍例規』, 1922, 41쪽.

되지 못하고 호주와 그 친족단체를 의미했기 때문이었다. 또 일본식 본적은 거주지가 아닌 추상적(=법률적) 호의 소재를 표현했다.220)

이처럼 민적의 호가 일본적 관념으로 전환된 것은 호·본적에 대한 새로운 해석과 더불어 '가옥단위 호 편제 방식'의 부정과 관련이 있었다. 조선총독부는 민적의 편제에서 호와 가옥의 관계를 단절함으로써 일본적 호 관념을 창출하는 계기를 마련할 수 있었다. 또 이러한 일본적 호 개념의 창출을 통해, 조선총독부는 호주를 중심으로 하는 일본식 친족제도를 도입할 수 있게 되었다. 1915년 이후 민적상의 호는 일본 친족법상의 '가'와 동일한 의미로 호주를 중심으로 한 친족단체를 의미했고, 본적은 바로 '가'의 추상적 소재지를 의미했다.221)

1909년에 민적법을 공포한 이후, 일제는 지속적으로 주민통제 방식을 일본식으로 전환하려고 노력했다. 대한제국의 호적제도로는 한국인들을 통제·지배하기 힘들다는 판단과 더불어, 일본식 호적제도를 통해 한국인들을 호주 중심으로 재편성하려는 의도가 있었기 때문이다. 조선총독부는 일본 본국의 통제 방식을 조선인에게도 도입하여 조선인에 대한 일상적 감시를 강화했을 뿐만 아니라, 일본인으로의 동화라는 행정적 목적도 동시에 달성하려 했다. 그리고 일제는 민적조사 과정에서 대한제국 호적이 누락한 한국인들을 대거 찾아내 감시할 제도적 기초를 마련하여 식민지 지배를 확고히 할 수 있었다.

3. 조선 관습과 일본 민법상의 '가'의 결합

조선총독부는 민적의 편제에서 호와 가옥의 관계를 단절함으로써 일본적 호 관념을 창출하는 계기를 마련했다. 따라서 일본식 본적은 거주지를 표현하는 것이 아니라 추상적(=법률적) 호의 소재를 표현하게 되었고,222) 민적상의 호는 호

---

220) 丹羽憲夫, 「民籍ニ關スル一般注意」, 『民籍指針』, 1918, 13쪽.
221) 立石種一, 『民籍講演錄』, 1쪽.

주를 중심으로 하는 혈연적 가족집단을 의미하는 것으로 전환되었다.223)

'호(戶)'의 실체 변화와 더불어 호의 대표인 '호주'의 성격에도 변화가 초래되었다. 대한제국기에도 호주가 있었으나, 이 시기의 호주는 거주자 집단 및 부세 부과를 위한 대외적 대표라는 의미를 강하게 갖고 있었다. 그러나 민적에서의 '호주'는 조선 재래의 호주와 같은 동거자 집단의 대표가 아니라, 동거 여부와는 관계없이 동일호적 집단의 신분창출에서 주도적 권한을 갖는 사법적 신분의 대표를 의미했다. 즉 동일 호적 내 가족의 신분관계 형성에서 호주권이 중요한 법률적 요건으로 등장하게 되었던 것이다.

예컨대 출생, 사망, 호주 변경, 결혼, 이혼, 양자, 파양, 분가, 일가창립, 입가, 이거 등의 경우 사실 발생일로부터 10일 이내에 본적지를 관할하는 면장에게 신고하도록 하고(민적법 제1조), 호주를 신고의무자로 했다. 즉 출생·사망·호주 변경·분가·일가창립·폐가·폐절가 재흥·개명·이거의 경우는 해당 호주, 양자와 파양의 경우는 양가(養家)의 호주, 결혼과 이혼의 경우는 혼가(婚家)의 호주, 입가의 경우는 입가된 자의 호주가 신고의무자가 되고(제2조 1항), 호주가 신고할 수 없을 때는 호주를 대신할 주재자가, 주재자가 없을 때에는 가족 또는 친족 등이 신고해야 하며(제2조 2항), 결혼·이혼·양자·파양의 신고는 친가호주도 연서(連署)하도록 했다(제3조). 이들 신고는 보고적 신고였지만 일체의 신분행위가 호주의 관여 아래 호주의 명의로 행해지게 되었고, 호주는 '가(家)'의 주재자임이 법률상으로 선언되었다.224)

민적 체제 아래에서 조선인들은 모두 '가'를 단위로 하여 소속되었는데, '가'의 설립·본적 변경·입적·양자 연조·분가·결혼·이혼 등 개인의 법률적 소속을 결정하는 데 호주가 결정권 및 동의권을 행사하게 되었던 것이다. 그리고 민적법이 실시되면서 '가'의 존립 및 '가'에서 '가'로의 이동에 관한 문제는 거주지

---

222) 丹羽憲夫, 「民籍ニ關スル一般注意」, 『民籍指針』, 1918, 13쪽.
223) 立石種一, 『民籍講演錄』, 1쪽.
224) 박병호, 「일제하의 가족 정책과 관습법 형성 과정」, 『법학』 33권 2호, 1992, 7쪽.

를 변경한다는 의미가 아닌 개인의 신분관계를 규정하는 법률행위로서, 조선의 친족질서에서도 매주 중요한 사항으로 등장하게 되었다.

또한 민적 단계의 호주는 상속적 성격을 갖게 되었다.225) 호구조사규칙 단계에서는 호주가 사망한 이후 '형제자손' 간에 '신대(新代)'토록 했는데, 이것은 신분의 상속이 아니었음을 드러내는 것이다. 그러나 민적법 초기에는 교대라는 용어를 답습하면서도 호주 변경에서 '형제'라는 용어를 생략하고 있다. 민적법에서는 호주 교대를 "호주가 사망하여 그 자(子)가 새롭게 호주가 되는 것"으로 파악하여,226) 호주가 상속신분임을 명확히 했다. 민적법 규정뿐만 아니라 친족 및 상속에 관해서도 『관습조사보고서』를 통해 호주상속권이 공식적으로 천명되었다.227)

민적법을 계기로 도입된 '가'와 호주는 대한제국적 관념과 상당히 달랐지만, 그렇다고 일본 친족법과 동일한 의미를 지닌 것도 아니었다. 식민지 시기의 '가'와 호주는 조선적 특성이 반영된 것으로서, 조선 재래의 친족질서에 의해 규율되었다는 점이 특징이었다.228) 그것은 민적 체제의 핵심이었던 '가'의 존립과 호주승계의 원리가 제사관계에 의해 규정되고 있었기 때문이다. 구체적으로 살펴보면 다음과 같다.

'가'의 발생과 소멸은 원칙적으로 제사관계에 의존한다. 제사승계가 행해지지 않는 '가'에서는 호주상속 역시 개시되지 않는다. 예컨대 일가를 창립한 여호주(女戶主)가 사망하면 그 '가'는 소멸된다. 조선에서 여호주는 제사상속자가

---

225) 호주의 가족에 대한 권리는 다음과 같다. ① 가족의 입양 또는 파양에 대한 동의, ② 가족의 분가에 대한 결정 또는 동의, ③ 가족의 거소 지정, ④ 가족의 직업 지정, ⑤ 가족의 재산관리 및 수익, ⑥ 가족의 재산처분에 대한 허락, ⑦ 가족의 교육, ⑧ 가족의 감호, ⑨ 가족의 징계. 가족이 독립하여 생계를 영위하는 경우에는 ④, ⑤, ⑥의 권리를 행사하지 않는다. 「1921년 12월 1일~5일 舊慣調查會決議」, 『民事慣習回答彙集』 附, 31쪽.
226) 內部警務局, 『民籍事務槪要』, 1910, 24쪽.
227) 정긍식 편역, 『改譯版慣習調査報告書』, 한국법제연구원, 2000, 346~349쪽.
228) 일본 민법의 가계(家系)는 '가' 단위로 호주를 통해 승계되었지만, 조선의 관습에서는 일가의 계통이 제사상속자에 의해 연속되었다. 「1923년 1월 25일 舊慣及制度調查委員會決議」, 『民事慣習回答彙集』 附, 44쪽.

없는 경우 등장할 수 있었는데, 여호주가 사망하면 그 '가'는 소멸되었다. 분가 또는 일가를 창립한 미혼남호주가 사망한 경우에도 호주상속이 개시되지 않고 '가'가 소멸되는데,229) 그것은 조선 재래의 관습에서 미혼남자를 위해서는 양자를 세우지 않는 것으로 해석되었기 때문이다. 망남이 초대 호주가 됐을 때는 제사상속은 개시되지 않고, 따라서 그 '가'는 존립의 기초를 잃기 때문에 호주상속도 개시되지 않는다.230)

분가도 '종법(宗法)' 원리에 기초해 있었다. 호주의 적장자는 제사자이기 때문에 분가할 수 없고 본가(本家)의 가계(家系)를 승계한다. 이와 같은 장남의 분가 금지는 호주의 장남만이 아니라 가족의 장남도 분가할 수 없다는 해석으로 이어졌다. 가족의 장남도 미래에는 봉사자(奉祀者) 자격을 획득하기 때문이다. 그러나 중자(衆子)는 일정한 요건을 갖추어 분가하여 호주가 될 수 있었는데, 만약 본가에 제사자가 없을 경우 분가호주는 본가 승계를 위해 거가(去家)하여 본가의 제사자가 된다. 식민지 시기 호주의 거가는 엄격하게 제한되어, 종가상속(宗家相續)의 경우에만 호주의 거가를 인정했다.

호주상속인의 자격과 순위는 제사상속인의 자격과 순위에 관한 법칙에 의해 결정되었다. 『관습조사보고서』에서는 제사상속과 호주상속을 동시에 가독상속으로 설명했기 때문에, 제사상속인의 순위가 곧 호주상속인의 순위였다. 이를 간략하게 살펴보면 제1순위는 적장자이며, 만약 적장자가 미혼상태로 사망한 경우에는 중자(衆子)가 호주상속인이 된다.231) 이것은 조선 재래의 관습이었던 형망제급(兄亡弟及) 원칙에 의거한 것이었다. 적장자가 결혼한 뒤 사망한 경우 제(弟)는 호주상속을 할 수 없다. 제2순위는 생전양자 또는 유언양자이고, 제3순

---

229) 朝鮮總督府法務局, 「1924년 3월 24일 京城地方法院長回答」, 『朝鮮戶籍例規』, 1933, 466쪽.
230) 「1924년 1월 16일 判例調査會決議」, 『司法協會雜誌』 3권 1호, 1924, 129쪽; 「1938년 9월 14일 法務局長回答」, 『戶籍例規』, 381쪽.
231) 「1923년 11월 10일 신의주지방법원장 회답」, 『朝鮮戶籍例規』, 420쪽; 「1924년 2월 29일 법무국장 회답」, 『朝鮮戶籍例規』, 411쪽; 「1925년 10월 27일 법무국장 회답」, 『朝鮮戶籍例規』, 425쪽.

위는 서자, 제4순위는 사후양자이다. 이 단계까지는 제사상속인이 있는 경우에 한정한 것으로서 제사상속의 순위와 완전히 일치한다. 특히 조선총독부는 양자 선정의 목적이 제사자를 선정하는 데 있다고 파악하여 동종(同宗)의 소목지서(昭穆之序)에 부합하는 자만이 양자가 될 수 있는 것으로 해석했기 때문에, 호주승계 원리 역시 종법에 의해 규율되고 있었다고 볼 수 있다.

제사상속인이 없는 경우에 변칙으로 부녀(婦女)가 일시 호주상속을 하게 되는데, 이 경우 망호주(亡戶主)의 조모, 모, 처의 순서로 호주가 된다.232) 식민지 시기 조선의 관습에서는 제사관계에 의해서 호주가 결정되었으므로 제사권이 없는 여성은 호주권 승계에서도 매우 불리한 위치에 서게 되었다.233) 조선의 관습에서 여호주는 '가' 설립, 분가 및 승계의 주체가 되지 못했고, 결국 제사자에게 귀속되기 위한 하나의 일시적·과도적 단계에 불과했다.234) 따라서 제사관계가 존재할 수 없는 여호주 가(家), 즉 들어갈 '가'가 없어 창립한 부녀의 '가'에는 호주상속도 행해지지 않았고, 자손의 유무에 관계없이 1대에 한정하여 그 '가'는 소멸되었다.235) 조선에서는 부녀의 혈통을 인정하지 않고 부계의 혈통만을 인정했기 때문에 부녀를 시조로 하는 여호주 가는 존립할 수 없었다. 따라서 여호주 가에 제사상속인이 될 수 있는 남자가 있으면 곧바로 여호주는 호주 지위를 물러나게 되고, 제사상속자가 나타나지 않으면 그 '가'는 소멸되었다.

위와 같이 제사관계를 중심으로 '가' 및 호주승계를 해석하는 것은 남자가 선정되는 차양자236)의 경우에도 동일하다. 일반적으로 양자는 제사상속과 호주상속권을 동시에 갖고 있었지만, 차양자의 경우 호주 및 재산상속권은 인정되었

---

232) 「1922년 12월 1일 朝鮮高等法院判決」, 『朝鮮高等法院判決錄(9권)』, 513쪽.
233) 野村調太郎, 「朝鮮慣習法上の家と其の相續制」, 『司法協會雜誌』 19권 1호, 1940, 10쪽
234) 「1927년 1월 11일 법무국장 회답」, 『司法協會雜誌』 6권 1호, 1927, 34쪽; 「1928년 10월 26일 朝鮮高等法阮長回答」, 『司法協會雜誌』 7권 11호, 1928, 29쪽.
235) 野村調太郎, 「朝鮮に於ける現行慣習上の相續の種類及相續人」, 『司法協會雜誌』 12권 10호, 1933, 583~584쪽.
236) 차양자는 동항렬에 있는 자를 양자로 삼는 것인데, 조선의 관습에서 차양자는 남아를 낳을 때까지의 임시양자를 의미했다.

으나 제사상속권은 인정되지 않았다. 차양자는 제사계통에서 배제되었고, 단지 제사에 관해서 섭행(攝行)할 뿐이었다. 따라서 차양자에게서 남자가 태어나면 차양자는 제사권 및 호주권을 모두 그 자식에게 양도하고 친가로 복귀해야 했다. 차양자 역시 부녀와 마찬가지로 제사관계에 적합한 자가 등장하면 호주 지위를 양도해야 했던 것이다. 차양자 관습에서도 제사권이 호주권에 우선하고 있었음을 잘 보여준다.

조선총독부는 조선 재래의 상속의 종류를 호주상속, 제사상속, 재산상속 등 세 가지로 구분하면서 그중 제사상속을 가장 중요한 것으로 파악했다.237) 조선총독부는 호주상속권을 인정했다는 점에서 조선의 관습형태와 달랐지만, 민적체제가 성립하면서 호구조사규칙의 '호주 교대' 관념도 동시에 부정되었고 상속·승계의 지위로 전환했다. 그러나 호주상속을 다른 상속 종류와 완전히 별개의 것으로 인정했던 것은 아니었고 제사상속에 부수(附隨)되는 것으로 보았다는 점에서 특징을 찾을 수 있다.238)

조선의 호주상속은 호주 지위를 승계한다는 점에서는 일본 민법의 가독상속과 유사하다. 그러나 가독상속의 경우 호주의 재산이 장자독점상속되지만 조선의 경우에는 분할상속이라는 점에서 차이가 있다. 즉 호주상속은 1인 상속이지만, 그것에 따르는 상속재산은 반드시 호주상속인 1인에게 귀속되지 않고 자녀들에게 공동상속된다.

이와 같이 식민지 시기 조선인의 친족·상속제도는 제사승계를 근간으로 하는 종법에 의해서만 이해할 수 있고, 단순히 호주상속만으로는 이해할 수 없다.239) 조선총독부는 식민지 초기 제사승계를 제외한 가장권 내지 호주권의 승계를 인정하지 않았던 것이다. 구관급제도조사위원회에서도 "일가의 제사는 호주가 행함을 원칙으로 하므로 근본적인 관념은 제사상속과 호주상속이 본래 일체의 것

---

237) 정긍식 편역, 『改譯版慣習調査報告書』, 한국법제연구원, 2000, 346~347쪽.
238) 「1923년 1월 25일 舊慣及制度調査委員會決議」, 『民事慣習回答彙集』 附, 44쪽; 「1923년 7월 21일 簡易保險局앞 中樞院回答」, 『民事慣習回答彙集』, 428쪽.
239) 野村調太郞, 「朝鮮親族法上の家と其の相續制」, 『司法協會雜誌』 19권 1호, 1940.

이라고 볼 수 있다"라고 지적하고 있다.240) 이런 지적은 식민지 시기 조선의 관습과 제도에서 호주상속과 제사관계의 연관성을 잘 보여준다.

식민지 시기 호주신분의 사법적·상속적 성격은, 1909년의 민적법에 의해 조선인들이 '가' 단위로 편제되면서 발생했다고 볼 수 있다. 그러면서도 조선총독부는 조선민사령 제11조에 따라서 종법을 기초로 호주와 호주상속 관습을 해석했다. 즉 호주상속을 법인하면서도 제사상속의 관점에서 호주와 호주상속을 이해했던 것이다. 이처럼 종법적 부계주의는 '봉사자'와 '호주'가 결합되어 '가' 단위로 관철되고 있었다. '가'의 존립에 관한 규칙 및 호주 지위의 결정이 여전히 조선 재래의 제사관계에 의존하고 있었다는 점에서, 식민지 시기의 '가'·호주는 일본의 '가'제도가 조선인의 관습에 편입되면서 새롭게 형성된 근래의 제도라고 볼 수 있다. 조선호적령이 공포된 뒤에도 친족 및 상속에 관해서는 관습법주의가 유지되고 있었기 때문에, '가'와 호주는 조선 관습의 내용을 일부 유지하고 있었다. 따라서 식민지 시기 조선의 관습법은 조선 재래의 관습과 일본 민법적 '가'제도가 서로 결합하여 새로 형성된 것이었다고 볼 수 있다.

4. 조선호적령의 입법 과정과 법적 특징

앞에서 밝혔듯이, 조선총독부는 조선민사령 제11조와 민적법을 근본적으로 개정하기 위해 입법을 추진했다. 조선민사령 제11조는 1921년과 1922년에 일본 민법 의용을 중심으로 하여 개정되었고, 민적법은 조선총독부령 제99호를 공포함으로써 공통법 제3조에 대응했다.

조선총독부령 제99호에 의해 공통법 제3조 실시에 따른 법적인 문제는 해결되었지만, 조선총독부는 조선민사령 제11조 개정과 이에 기초한 새로운 호적법

---

240)「舊慣及制度調査委員會決議」,『民事慣習回答彙集』附, 47쪽.

제정을 계속 추진했다. 그러나 1921년 조선민사령 제11조 개정안이 조선총독부가 의도했던 쪽으로 진행되지 못한 채 일본 본국정부에 의해 일정하게 수정되면서, 조선호적령의 입법방침도 영향을 받게 되었다. 1921년의 조선민사령 제11조 개정안이 일부분에 한하여 일본 민법을 의용하고, 대부분 관습법주의를 준수하기로 결정되었기 때문에, 새로운 호적법규도 여기에 영향을 받지 않을 수 없었던 것이다.

이러한 사실은 조선호적령의 초안으로 보이는 '조선호적령 사안(私案)'(이하 사안)과 '조선호적령안'에서 확인할 수 있다.[241] '사안'은 조선민사령급민적법 개정조사위원회에 참가하고 있던 위원 개인의 안으로 생각된다. 사안은 범례에서 조선호적령 제정의 원칙과 방침을 밝히고 있기 때문에, 조선호적령에 관한 조선총독부의 법제화 구상을 알 수 있다. 사안의 범례에는 조선인 호적법령에 관한 일반방침 8개 조항이 서술되어 있는데, 그중 6개 항목을 소개하면 다음과 같다.

조선호적령(朝鮮戶籍領) 사안(私案)(국립중앙도서관 한고조 33-15) 중 범례

① 신호적법(新戶籍法) 중에서 조선에 필요 없는 규정은 전부 삭제한다. 예컨대 은거, 상속인의 선정 및 지정에 관한 규정과 같다.
② 존치할 필요가 있는 규정은 조선의 관습에 비추어 지장이 없도록 변경한다. 예컨대 혼인 및 입양에 관한 규정과 같다.
③ 존치된 규정 중에서 입법방침 여하에 따라서는 삭제될 것이 적지 않지만, 현재는 잠시 그대로 두고 유보한다. 예컨대 항해중인 자 및 재외인의 신고에 관한 규정과 같다.
④ 또 삭제한 규정 중에서 다른 법제와의 관계상 부활할 것이 절무(絶無)한 것은 아니

---

241) 『朝鮮戶籍令私案』(국립중앙도서관 한고조 33-15), 『朝鮮戶籍令案』(국립중앙도서관 한고조 33-16). 현재까지 이 초안들이 학계에 보고된 바가 없기 때문에 조선호적령에 대한 본격적인 연구가 진행될 수 없었으나 앞으로는 이 초안들을 토대로 다양한 각도의 호적제도 연구가 있을 것으로 기대한다.

다. 예컨대 이적(離籍), 복적(復籍) 거절, 국적의 득상에 관한 규정과 같다.

⑤ 본안은 조선 재래의 혼인 및 양자제도는 모두 구관에 맡기고, 그 성립 시기가 불명하기 때문에 신고에 의해서 성립 시기를 정하는 주의를 채용한다. 따라서 민사령 개정 또는 단행법을 제정할 필요가 있다.

⑥ 또 능력에 대해서도 관습에 의하게 하는 것은 시세에 적합하지 않다. 따라서 혹은 민법에 의하게 하거나 또는 단행법을 제정할 필요가 있다. 그것을 전제로 규정을 두었다.

조선호적령 입안의 원칙을 보여주는 것이 ①에서 ⑥까지의 항목이다. ①의 "신호적법 중에서 조선에 필요 없는 규정은 전부 삭제한다"는 표현과 ②에서 ④ 사이의 "존치할 필요가 있는 규정", "존치된 규정" 및 "삭제한 규정" 등의 표현은 조선호적령 제정의 원칙이 무엇이었는지 잘 보여준다. 여기에서 모법으로 되어 있는 신호적법은 1914년에 개정된 일본 호적법을 의미한다. 따라서 사안이 1914년 개정된 일본 호적법의 각 조항을 기본으로 하고, 조선의 친족 및 상속 관습과 비교하여 존치·삭제·변형하는 방식으로 제정되었음을 알 수 있다. 이와 같은 사실은 사안의 각 조항에 일본 호적법의 해당 조항번호를 표기하여 일본 호적법과 서로 비교·대조하고 있는 것을 통해서도 확인할 수 있다.

또 ⑤를 통해서 조선호적령 입안의 제2원칙이 실체법규상에서 구관주의였음을 알 수 있다. 그것은 당연하게도 1921년 1월 31일 제령안이 내각 법제국에 의해 거부되어 조선총독부가 결혼 및 양자제도에 관해서는 관습법을 유지하기로 결정한 사실과 관련이 있다. ⑤의 "조선 재래의 혼인 및 양자제도는 모두 구관에 맡"긴다는 표현은, 1921년 1월 31일 제령안이 법제국에 의해서 좌절된 4~5월 이후에나 나타날 수 있다. 1921년 1월 31일에 조선인의 결혼성립요건을 성문화하려는 제령안을 입안했다가 이후 내각 법제국과 협의를 거치면서 관습법주의로 정책을 수정했기 때문이다.

또 ⑥에서 능력에 관해 관습법주의를 폐기하고 일본 민법 혹은 단행법을 채택하자는 주장 역시 1921년 5월 무렵에 나타날 수 있는 것이다. 능력에 관해서는 1921년 5월 6일 중추원회의에서 일본 민법을 채택할 것을 확정한 상태였기 때문에242) 사안의 작성자는 능력에 관한 조선총독부의 일본 민법 의용방침을 미리 알고 있었고, 따라서 일본민법주의를 전제로 사안을 작성했던 것이다.243)

이상의 논의를 통해, 사안의 작성 시기를 1921년 4월부터 1921년 10월 사이로 추정할 수 있다. 그러나 사안의 작성 시기를 판단하는 데 고려해야 할 또 하나의 사항이 조선총독부령 제99호이다. 조선총독부령 제99호는 1921년 6월 7일에 공포되었기 때문에, 조선인의 호적법규는 6월 7일 이후부터 조선민사령 제11조가 개정되기 이전인 10월 사이에 작성된 것으로 추정할 수 있다.

그리고 사안은 신고주의를 제안하고 있는데, 이러한 주장은 1917년 12월에 이미 확립되어 있었다. 신고주의를 채택하지 않을 경우 현실과 법제 사이의 괴리를 피할 수 없기 때문에, 신고주의를 채택하는 것은 국가에 의한 대민지배의 측면에서도 요청되는 것이었다.

한편 조선호적령안은 위 사안에 기초해서 작성된 것으로 생각되는데, 사안과 내용상 큰 차이는 없다. 조선호적령안도 사안과 마찬가지로 각 조항마다 일본 호적법의 조항번호를 기재하여 비교하고 있다. 또 사안에서 기본원칙으로 삼고 있던 구관주의를 채택하고 있으며, 조선의 관습 및 행정 체제에 맞추어 용어들을 조선식으로 변형하고 있다는 점도 사안을 그대로 답습했다.

그러나 조선호적령안에서 주목할 것은 법령의 형식을 표기하고 있다는 점이다. 사안은 법령 형식에 관해 명기하고 있지 않지만, 조선호적령안은 '부령'으로 법령 형식을 표기하고 있다. 사안은 조선민사령급민적법개정조사위원회의 위원이 제출한 안으로, 당시까지 조선총독부가 호적법령의 형식을 확정하지 못한 상황이어서 당연히 법령 형식을 생략할 수밖에 없었지만, 조선호적령안 단계에서는 조사위원회 내부에서 이미 부령 형식으로 공포할 것이 결정되어 있었기

---

242) 朝鮮總督府中樞院, 『本院會議に於ける總督訓示竝議長挨拶』, 1929; 『每日申報』 1921. 5. 30.
243) 조선호적령의 제정 과정은 조선민사령 제11조 개정에 대한 조사가 없이는 이해가 불가능하다.

때문으로 보인다. 법령 형식에 주목하는 이유는, 일반적인 경우라면 호적에 관한 것은 입법사항이기 때문에 조선호적령이 당연히 제령으로 공포되어야 했지만, 조선호적령안에서는 제령의 위임명령인 부령으로 공포할 것을 제안하고 있기 때문이다. 이처럼 특수한 방식으로 법령 형식이 결정되었던 것은, 조선총독부가 조선호적령에 관한 특별한 정책적 판단을 세우고 있지 않았다면 실현될 수 없는 일이었다.

왜 조선총독부는 제령이 아닌 부령 형식으로 공포하려 했을까? 그 이유를 명확히 알 수 있는 문서는 존재하지 않는다. 당시 법무국 민사과장으로서 조선민사령 개정과 조선호적령 제정의 실무를 맡고 있었던 하라 마사카네는 미묘한 이유가 있었다고 회고하고 있을 뿐 자세한 언급은 하지 않았다.244) 그러나 하라가 회고했던 '미묘한 이유'는 당시 조선총독부와 내각 법제국의 관계, 즉 조선민사령 제11조 개정을 둘러싼 양자의 대립과 관련이 있을 것으로 생각된다. 즉 친족 및 상속 관습의 성문화를 달성하고 조선호적령을 제정한다는 조선총독부의 계획이 법제국의 반대로 무산되자, 조선총독부는 내각의 간섭에서 벗어나려고 부령 형식을 취했다고 생각된다. 제령은 조선총독이 천황에게 상주하고 법제국 심의를 거쳐 각의 결정 후에 공포되지만, 조선총독부령은 제령의 위임명령으로 이러한 절차가 필요 없었기 때문이다.

조선민사령 제11조 개정안은 내각 법제국의 반대에 부딪혀서 법제국의 의지가 강하게 반영되었으나, 조선호적령은 부령 형식을 통해 조선총독부가 독자적으로 추진하려 했다고도 볼 수 있다. 물론 조선호적령은 일본 호적법 조항을 모법으로 하여 작성되었지만 친족·상속에 관한 실체법규는 대부분 조선의 관습이었다. 또 친족·상속 관습이 통용되는 부분에서는 일본 호적법의 조항을 변경하는 방식을 취함으로써 조선의 관습법이 조선호적령에서 통용되도록 했다.245)

---

244) 原正鼎,「戶籍令制定當時の回顧」,『戶籍』3권 7호, 1943.
245) 朝鮮總督府,『第51回帝國議會說明資料』, 1925.

조선호적령 사안 제1조 호적에 관한 사무는 부(府)에서는 부윤, 기타는 면장이 관할한다.
조선호적령안 제1조 조선인의 호적에 관해서는 본령이 정한 바에 의한다.
조선호적령 제1조 조선인의 호적에 관해서는 조선민사령의 규정에 의하는 것 외에 본령이 정한 바에 의한다.

사안의 제1조는 일본 호적법 제1조와 부(府)·부윤·면장의 용어만 다를 뿐 내용이 일치한다. 이것은 사안이 범례에서 규정하고 있는 일본 호적법규를 모법으로 한다는 원칙을 충실히 따르고 있기 때문이다. 그러나 조선호적령안은 위 원칙을 준수하면서도 법령의 형식을 부령으로 정하고 있다는 점에서 사안과 큰 차이가 있다. 그리고 조선호적령안은 비록 부령 형식이기는 하지만 일본 호적법과 같이 모든 호적법규를 조선호적령안에 설치하려 했다.

그러나 조선호적령 제1조는 조선민사령 제11조에서 조선인의 호적에 관한 사항을 규정하고 있다는 것을 분명히 하고 있다. 이러한 차이가 나타나는 이유는 조선호적령을 부령으로 공포하기 위한 조선총독부의 구상과 관련이 있다. 원래 일본 본국의 호적법은 제국의회의 입법사항이었기 때문에 법률로 공포되었다. 따라서 조선인의 호적에 관한 사항도 조선의 입법을 담당하고 있던 조선총독의 제령으로 공포되어야 했다.

조선총독부는 조선민사령 및 조선호적령 제정 과정에서 일본 본국정부와 갈등하면서, 각종 입법사항에 관해 최대한 조선총독부의 입장을 반영하고자 했다. 따라서 조선총독부는 내각의 간섭을 배제하기 위해 조선호적령을 부령으로 공포하려 했고, 그 과정에서 당시 입법기술상 조선호적령 중에서 법률사항과 관련된 것은 불가피하게 조선민사령 제11조로 이관되었던 것이다. 이러한 사정 때문에 조선총독부는 조선민사령 제11조에서 호적법령에 관한 사항을 제한적으로 서술하고, 조선호적령에 위임한다는 조항을 삽입하는 방식을 취했던 것이다.

호적령은 제령 위임의 부령(府令)으로 발포되었지만, 원래 호적에 관한 규정사항 중에는 법률 즉 조선에서는 제령으로 규정하는 것을 필요로 하는 사항이 적지 않다. 따라서 이러한 사항은 호적령과 분리하여 별도로 제령인 조선민사령 중에서 규정되었다. 즉 동령 제11조의 2 내지 제11조의 8 규정이 이것이다.246)

조선총독부는 조선호적령을 부령으로 공포하면서 조선인의 호적에 관한 사항 가운데 일부를 불가피하게 조선민사령 제11조의 2 내지 제11조의 8로 이관했다.247) 조선민사령 제11조의 2는 조선인 호적에 관해 조선민사령 제11조에 위임한다는 내용이고, 제11조의 3은 호적사항에 관하여 일본 호적법으로 위임하여 일본과 조선의 관제상의 차이를 조선에 맞게 변형시킨 것이다. 따라서 제11조의 2와 제11조의 3은 사안과 조선호적령안에는 없는 조항으로서, 일부 호적 관련조항이 조선민사령과 조선호적령으로 분리되면서 새로 추가된 부분이었다. 그러나 제11조의 4부터 제11조의 8까지의 조항은 원래 사안과 조선호적령안에 있던 것인데 모두 조선민사령으로 이관되었다.

조선민사령 제11조의 4는 "호적사무는 부청 또는 면사무소의 소재지를 관할하는 지방법원의 원장이 감독"하고 "호적사무의 감독에 대해서는 사법행정의 감독에 관한 규정을 준용"하도록 했다. 여기에서 사법행정의 감독이란 재판소가 소송사건 외에 비송사건(非訟事件)으로 취급하는 사무의 감독을 말한다. 예컨대 공증인, 집달리의 감독 및 무능력자의 후견 또는 재산관리인의 감독, 기타 등기사무의 감독과 같은 것을 말한다. 제11조의 5부터 제11조의 7까지는 과료(過料)에 관한 규정이다.

조선민사령의 호적관련 규정에서는 호적사무의 관장자 및 그 책임, 호적사무의 감독, 호적정정에 관한 재판소의 허가, 호적사건의 부당처분에 대한 항고신고 또는 호적사무 관장자의 직무해태, 기타에 대한 벌칙 및 그 과료의 재판절차

---

246) 中田傳平, 『朝鮮戶籍令要義』, 1923, 3쪽.
247) 『每日申報』 1922. 12. 25.

등을 규정했다. 이러한 규정들은 개인의 법적 권리에 해당되기 때문에 불가피하게 조선민사령 제11조의 하위 조항으로 이관되었다.

이와 함께 조선민사령 제11조 개정안이 1922년 12월 7일 제령 제3호로 공포되어, 결혼연령이나 재판상 이혼 등에 관해서는 일본 민법을 의용했고, "분가, 절가 재흥, 혼인, 협의 이혼, 연조 및 협의상 파양 등 신분상의 법률행위는 부윤 또는 면장에게 신고"함으로써 효력을 발생하도록 규정하여 신고주의를 확립했다. 조선민사령은 제정 과정에서 조선총독부와 일본정부 간의 관습 성문화에 대한 입장 차이로 인해 조선호적령의 법 형식을 부령으로 공포하면서 호적관련 조항을 일부 보유하게 되었다.

조선호적령은 모두 130여 조항으로 제정되어 민적법과 비교할 수 없는 매우 세밀한 호적법규로서 기능하게 되었고, 1910년대 호적절차 규정의 미비사항과 일본인과의 공통적 호적사건에 대해서도 대응할 수 있게 되었다. 조선호적령은 식민지 시기 조선인의 호적법이었을 뿐만 아니라 해방 이후 현대 한국 호적제도의 근간을 이룬 법령이기도 했다. 조선호적령이 1922년 12월에 공포됨으로써 1909년 민적법과 1911년 조선총독부령 제148호,[248] 1921년 6월 7일 조선총독부령 제99호는 폐기되었다.

민적법에서 조선호적령 제정에 이르는 과정은 일제의 식민지화 정책과 밀접한 관련이 있었다. 민적법이 일제가 한국을 식민지로 만들기 위한 제도적 토대 확보의 측면에서 제정되었다면, 조선호적령은 식민지를 지속적으로 유지하기 위한 조선인 통제의 일환으로 추진된 것이었다. 민적법과 조선호적령은 모두 일제의 한국침략과 지배를 위해 제정되었으나, 양 법령은 서로 다른 법적 환경에서 나온 것이었다.

우선 1909년의 민적법은 일제가 한국을 침략하는 과정에서 급하게 제정한 것이었다. 호적법규를 제정하기 위해서는 한국의 친족 및 상속에 관한 관습을

---

248) 1911년 조선총독부령 제148호는 민적부, 제적부의 열람 및 그 등본 초본의 교부에 관한 건이다.

충분히 조사해야 했지만, 일제는 전국적인 관습조사사업이 마무리되지도 않은 상태에서 일본 호적법의 중요한 개념인 '가', 본적 관념, 가부장적 호주제도 등 일부만을 도입하고 대부분의 실체법규는 조선 관습으로 규율하는 방식으로 민적법을 제정했다. 민적법은 8개 조항으로 구성된 간략한 법이었기 때문에 다양한 호적사건을 해결할 수 없었다. 따라서 한국병합 이후 조선총독부는 민적법의 절차 규정상의 미비점들을 각종 통첩과 회답, 부령 등을 통해 보완하면서 근본적 개정을 준비했다.

조선총독부는 한국병합 직후부터 민적법 개정을 추진했으나, 조선호적령의 제정은 그 실체법규인 조선민사령 제11조 개정에 관한 조선총독부의 입장이 확정된 1921년 이후에야 비로소 현실화될 수 있었다. 1921년 조선민사령 제11조 개정 초안은 일본 민법을 도입하면서도 조선 관습을 성문화하는 방향으로 제정되었으나, 일본정부는 이 개정안이 법제 일원화 원칙에 위배된다고 판단하여 승인을 거부했다. 이렇듯 조선민사령 제11조 개정안을 둘러싸고 일본정부와 조선총독부가 서로 갈등을 일으키면서 조선호적령도 영향을 받게 되었다. 즉 조선인의 결혼 관습에 대한 조선민사령 제11조 개정안이 일본정부에 의해서 폐안되자, 조선총독부는 공통법 제3조에 대응하기 위해 임기응변으로 1921년 6월 7일 조선총독부령 제99호를 제정했다. 이후 조선민사령 제11조 개정안이 능력, 결혼, 협의 이혼 등 일부 조항만 일본 민법을 의용하고 나머지는 조선 관습을 유지하기로 결정이 되자 조선호적령도 여기에 영향을 받지 않을 수 없었다. 조선호적령도 형식상으로는 일본 호적법을 수용하면서 내용상으로는 조선 관습을 실체법으로 인정할 수밖에 없었던 것이다. 그러나 조선호적령은 민적법과는 달리 일본 호적법의 각 조항을 이식하여 절차 규정을 크게 보완했다.

결국 조선인의 친족 및 상속에 관한 조선총독부와 일본정부 간의 갈등으로 인해 조선호적령의 법령 형식은 부령으로 확정되었고, 조선민사령 제11조에 호적관련조항을 일부 이관하는 형태로 제정될 수밖에 없었다. 이와 같은 사정으로 인해 식민지 시기 조선인의 호적법규는 조선민사령 제11조와 조선호적령으로 분리 설치되었다. 조선호적령과 조선민사령 제11조의 호적조항 설치는 친족 및 상속 관습의 성문화와 밀접한 관련을 지니는 것으로서, 호적제도의 측면에서 일본 호적법의 수용이 전면화되었다고 볼 수 있다.

제3부
조선총독부의 조선친족령·상속령 제정 구상과
법제 일원화

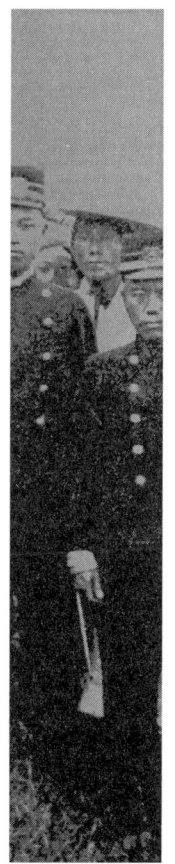

도론

 제3부의 목적은 조선총독부의 조선친족령·상속령의 입법 구상과 추진 과정을 분석하여 일제 식민지 법 정책의 변화양상을 살피는 것이다. 1930~40년대 일제의 식민 정책은 황국신민화, 내선일체의 구현이라는 슬로건에서 잘 나타나듯이 동화 정책이 강화되는 시기로 이해되고 있다. 예를 들어 조선인 말살 정책의 핵심으로 창씨개명과 서양자제도 도입이 주로 거론되는데, 제3부에서는 이 제도가 1930년대 말 전시 상황에 따라 조선총독부와 일본정부가 갑작스럽게 추진한 것이 아니었고 1920년대 초반부터 조선총독부가 일관되게 추진한 법 정책이었음을 실증하고 있다. 다만 조선총독부가 '씨(氏)'제도 도입만을 추진하던 것에서 일본식 씨명의 강요로까지 정책을 전환한 것은 내선일체와 황국신민화가 객관적으로 요청되던 시대적 상황의 산물로 이해할 필요가 있다.

 조선총독부의 입법 정책은 대만총독부와는 그 수행 방식이 달랐다. 대만총독부는 1910년대에 대만친족령·상속령의 제정을 추진하다가 일본정부가 반대하자 계획을 포기하고 관습법 변경의 방식으로 일본 민법의 주요 제도를 도입했다. 그러나 조선총독부는 1920년대 중반부터 조선민사령 제11조 개정의 후속사업으로 친족법 및 상속법 개정을 계속 추진했다. 1921·22년 조선민사령 개정에서는 조선총독부의 초기 입법방침으로서 조선 관습의 성문법화 경향이 우세했으나, 1937년에 들어서는 조선민사령 제11조의 원칙이었던 조선구관주의를 일본민법주의로 변경하는 등 입법방침이 크게 수정되었다.

이 같은 상황에서 추진된 1939년 조선민사령 제11조 개정안은 '씨'제도와 '서양자(壻養子)'제도를 도입했다는 점에서 일본민법주의 원칙에 충실한 것이었다. 조선총독부는 1939년 조선민사령 제11조 개정안의 성격을 내선일체의 법적 표현으로 규정했으나, 조선총독부에 의해 추진된 사법적 내선일체는 일본의 친족제도를 조선인에게도 일부 시행하는 것을 의미했을 뿐 조선인과 일본인의 법적 통합을 추구하는 것은 아니었다. 즉 조선인과 일본인이 각각 독자적 법제에 의해 규율되는 것을 전제로, 조선의 법에 일본의 민법적 제도를 결합하는 것을 의미했다. 그리고 공통법의 기본정신이었던 이법역 체제의 존속과 소통관계 정비의 관점에서, 1921·22년 조선민사령 개정과 마찬가지로 1939년에 조선민사령 제11조가 개정되었다. 조선총독부는 궁극적으로 조선민사령 제11조를 폐지하고 그 대신 조선친족령과 조선상속령을 제정할 것을 계획했다.

조선총독부의 조선친족령·상속령 제정사업은 태평양전쟁이 발발하고 일본이 전시동원 체제로 개편되면서 벽에 부딪혔다. 일본정부는 식민지 총독의 권한을 약화시키고 중앙정부의 권한을 확대하여 전시 체제에 대응하고자 했다. 이와 함께 조선인의 정치적·사회적 처우 개선을 통해 조선인이 자발적으로 전시동원에 협력하도록 했다. 일본정부는 전쟁에 적극 협력한 소수의 조선인이 일본으로 이적(移籍)할 수 있도록 제도를 정비하고 조선에도 중의원선거법을 실시하여 조선인에게도 참정권을 부여하는 것이 전시동원에 효과적이라고 판단했다. 그리고 조선인이 제국의회에 참여하게 되면 조선총독의 입법권을 박탈하고 조선을 일본법역으로 통합하려 했던 것이다.

이 같은 일본정부의 법역 통합화 정책은 1940년대 조선총독부의 조선친족령·상속령 제정 구상을 무산시켰다. 그러나 일본정부의 강력한 법역 통합 추진이 조선인과 일본인을 평등하게 대우하는 것을 의미하지는 않았다. 일본정부에 의해 추진된 동역화(同域化)는 조선지역의 입법 및 사법, 행정권한을 일본 본국의 해당 기관에서 행사하겠다는 의미로 해석되어야 할 뿐, 일본인과 조선인의 법적 평등을 의미하지는 않았다. 일본정부가 조선총독의 제령권을 박탈하고 일본 친족법과 상속법을 조선지역에까지 실시하더라도, 조선인의 전적(轉籍) 제한 정책은 여전히 유효했기 때문이다. 또한 조선에 중의원선거법을 실시하는 것도 일본 본국의 법령을 그대로 시행하는 것이 아니라 조선지역에 통용되는 특별한 중의원선거법을 실시하는 것이었다. 결과적으로 종전에는 조선총독이 조선에 대한 통치를 행하던 것을 이후에는 일본 본국의 각 기관이 행사하도록 하는 차이에 불과했다. 조선인은 여전히 조선인으로서 차별을 감수해야 했다.

제1장
1920·30년대 조선총독부의 관습 성문화 정책과 창씨개명

1. 1920년대 친족·상속법 개정 논의

　조선총독부가 1918년부터 추진한 조선민사령 제11조 개정작업은, 일본정부의 법제 일원화 주장에 의해 1921·22년에 일본 민법을 의용하는 것으로 결정되었다. 그러나 조선총독부는 일본정부의 요구를 수용하면서도 조선민사령 제11조 개정의 범위를 크게 축소함으로써, 친족 및 상속에 관해서 조선 관습법의 적용 영역을 상당 부분 남겨두었다. 조선총독부의 이와 같은 대응은 일본정부의 식민지 법 정책을 위배하지 않으면서 조선 관습의 성문화 정책을 유지하는 하나의 방안이 될 수 있었다.

　대만총독부는 1910년대에 대만친족령·상속령의 제정을 추진하다가 일본정부가 반대하자 관습법을 성문화하는 계획을 포기한 바 있었다. 그러나 조선총독부는 1920년대 중반부터 조선민사령 제11조 개정의 후속사업으로 친족 및 상속법 개정을 계속 추진했다.[1] 1910년대 조선총독부는 조선의 특수 관습을 성문법으로 전환하는 것을 주요 정책으로 했으나 1920년대에는 일본정부의 법제 일원화 주장을 크게 의식하면서 성문화 정책을 추진했다.

---

1) 『每日申報』 1925. 4. 4.

이와 같은 방침이 드러난 것이 1924년 9월 18일 제5회 중추원회의에서의 자문사항이다. 자문사항은 "① 남자 없이 여자만 있는 자는 그 여자에게 타성(他姓)의 남자를 서양자(壻養子)로 할 수 있다. 이 경우에는 양가(養家)의 성(姓)을 칭하게 하는 제도를 정하는 것의 요부(要否), ② '가'에 칭호를 붙이는 것을 정하는 것의 요부(要否)"[2] 등이었다. 서양자제도와 '가'의 씨(氏)를 창설하는 창씨제도는 일본 친족법상의 제도로, 조선에는 전혀 존재하지 않았다. 서양자와 창씨제도에 관한 중추원의 논의는, 민적법에 호주제도와 법률상의 '가'제도를 도입한 연장선상에서 일본 친족법의 주요 제도를 조선의 실정에 맞게 시행하기 위한 것이었다.[3]

중추원에서 논의된 조선의 서양자는 "남자가 없고 여자만 있는 경우" 이성양자(異姓養子)의 일종으로 서양자를 인정한다는 것이었다. 원래 조선 관습에서 양자제도는 봉사자(奉祀者), 즉 조상의 제사를 받드는 자를 선정하기 위한 것이었다. 따라서 양자는 부계혈족의 남자만 가능했고, 항렬상 부자관계에 해당하는 자여야만 했다.[4] 그러나 일본에서는 혈족에 관계없이 양자를 선정할 수 있었고, 특히 여자도 양자가 될 수 있었다는 점에서 조선 관습과 차이가 있었다.

중추원회의에서 마쓰데라 다케오 법무국장은 "관습에서 하나의 예외를 설정하는 것은 시대의 추이에 순응하는 조치"[5]라고 하면서, 서양자제도를 강제하는 것이 아니라 서양자를 희망하는 자들에게 승인하겠다는 논리로 중추원 참의들을 설득했다. 당시까지 조선총독부는 관습 내부에 변화가 있을 때 조선고등법원

---

2) 朝鮮總督府中樞院, 『朝鮮舊慣制度調査事業槪要(附錄)』, 1938, 181쪽; 朝鮮總督府中樞院, 『本院會議に於ける總督訓示竝議長挨拶 附諮詢及議決事項』, 1929, 5쪽.
3) 창씨와 서양자제도 도입에 관해서는 1919년경에 조선총독부 내부에서 논의된 바 있었으나, 그 당시에는 시기상조를 이유로 법제화에 착수하지는 않았다. 岩島肇, 「氏の制度に就て」, 『朝鮮講演』 104, 1940, 12쪽(이형낭 역, 『朝鮮民衆과 '皇民化'政策』, 1997에서 재인용).
4) 高等法院書記課, 「(1911년 民上 제242호) 1912년 1월 24일 朝鮮高等法院判決」, 『朝鮮高等法院判決錄(1권)』, 426~429쪽; 「1911년 5월 10일 取調局長 回答」, 『民事慣習回答彙集』, 55~57쪽.
5) 南雲幸吉, 『創氏及氏名變更手續と屆出書式』, 1940, 27쪽.

판결 및 각종 회답을 통해 신관습을 법인하는 소극적 개입 정책을 고수했으나, 이후 조선 관습의 변화가 없어도 식민 정책상 필요한 경우에는 일본 민법의 제도를 성문법 형식으로 도입하는 쪽으로 관습법 정책을 변경하기 시작했음을 알 수 있다.

서양자제도의 도입은 양자제도뿐만 아니라 조선 법률상의 '가'의 승계, 즉 상속관계에도 영향을 미쳤다. 당시 호적상의 '가'는 '호주'가 승계하는 것이었고, 조선 관습에서도 호주 결정이나 법률상 '가'의 상속에 관해서는 제사관계가 그 준거가 되는 것으로 조사되었다. 만약 서양자를 선정하게 되면 상속자와 피상속자가 서로 '성'이 달라지는 문제가 발생했다. 조선총독부는 이와 같은 문제를 해결하기 위해 서양자에게 양가의 '성'을 칭하도록 했던 것이다.

원래 조선의 '성'은 부계혈족의 지표였기 때문에 어떤 경우에도 변하지 않았고, 조선총독부도 조선인들의 개성(改姓)을 엄격히 금지했다. 따라서 조선에서는 하나의 '가'에 다양한 이성(異姓)이 존재하는 것이 오히려 자연스러운 현상이었다. 조선 관습에 의하면 동성동본(同姓同本) 사이는 결혼할 수 없었고, 여자가 결혼을 해도 친가의 성을 변경하지 않고 그대로 사용했기 때문이다. 그러나 일본의 '씨'는 부계혈족의 지표가 아니라 법률상 '가'의 표시였고, 각 개인들은 소속된 '가'의 칭호를 써서 씨명을 구성했다. 일본에서는 혼인 및 입양 등으로 인해 '가'가 변경되면 그에 따라서 개인의 '씨'도 변경되었다.

일본 민법에서는 호주가 '씨'를 정하지만 조선총독부는 호주의 '성'을 그대로 '가'의 칭호로 사용할 것을 제안했다. 호주의 '성'을 따르게만 하면 개성을 금지하는 조선 관습과 충돌을 일으키기 때문에, 조선총독부는 '가'의 칭호로 '성'을 창설하면서도 조선 관습상의 '성'을 호적에 표기하는 조치를 동시에 취하여, 조선 관습을 외형상 유지하는 방식을 채택하려 했다. 이렇게 되면 '조선 관습상의 성'과 '가의 칭호로서의 성'이 법적으로는 구분되지만, 조선 재래의 '성'은 사실상 호적에만 남아 있게 되고, 법률상 효력이 크게 약화되는 것이었다.

위 자문사항에 대하여 조선인들은 일부 반대했지만, 중추원의 속성상 조선총독부 정책을 전면 반대할 수는 없었다. 조선총독부도 중추원 자문사항을 통해 일부 조선 지식인들의 의향을 떠보았으나, 서양자와 '가'의 칭호를 설치하는 문제는 조선인의 친족제도에 큰 영향을 미치는 것이었기 때문에 법령을 입안하는 데 신중한 태도를 취했다.

그러나 1926년에 일본에서 민사소송법이 개정되자, 조선총독부도 일본의 민사소송법이 실시되는 1928년부터 시행할 예정으로 조선의 민사소송 절차 및 친족·상속법 개정에 착수했다.6) 그런데 이 시기에는 1924년 중추원 자문사항에서 잠정적으로 결정한 것과는 다른 내용으로 법제화가 추진되고 있었다.

> 금번 개정민사령 초안에는 조선인인 되자듯 혼인으로 부가(夫家)에 입(入)하는 시(時)는 생가의 성(姓)은 소실되고 부(夫)의 성을 계종(繼從)하게 되야 일가 내의 호주 및 가족은 동일한 성을 유(有)하게 되얏다. 이 관습개혁안은 거년(去年) 본부 중추원회의에 자문한 사(事)가 유하야듯 것으로 종시 찬부양론이 지지하얏스나 찬성론자의 주장인 원래 관습이라는 것은 시세의 추이에 따라 변개(變改)할 슈 잇슬 뿐 아니라 (…) 아모리 장구한 관습이라 하더라도 이를 이상에 적합한 관습이라고 말하기 어려운 즉, 이를 법률의 힘으로 합치하도록 변개함은 하등 기간에 불합리한 점이 없다는 논자가 필경 다수를 점하게 되얏든 것이다. 그리하여 본부에서는 이 개혁을 법규로써 인정할 준비가 유하얏스나 내지 민소법(民訴法) 개정계획이 유함을 문(聞)하고 그 발포를 대하야 개정될 조선민사령에 부가 통일하랴는 복안이 잇섯든 바 필경 개정민사령초안에는 처(妻)는 부(夫)의 성(姓)에 종(從)함이라는 조문을 삽입하게 되야7)

위 인용문에서 "호주 및 가족은 동일한 '성'을 갖는다"라는 표현은 일본 민법의 "호주 및 가족은 동일 '씨'를 칭한다"라는 것과 내용상으로 일치한다. 조선민사령 제11조 개정안에 "호주 및 가족은 동일한 '성'을 갖는다"라는 조문이

---

6) 『每日申報』 1926. 3. 28.
7) 『每日申報』 1926. 6. 23.

삽입될 경우, 조선 재래의 '성'과 '가'의 칭호인 '성'이 서로 구분되지 않는 문제가 발생한다.

위 인용문은 1926년 6월 23일 『매일신보』 기사인데, 같은 날 『경성일보』에는 "입적하면 처는 부의 성으로 고친다(入籍すれば妻は夫の姓に改める)"고 하여 개성을 분명히 하고 있다.8) 이때 중요한 것이 처의 성이 호적상 어떻게 표현되는가 하는 문제이다. 조선총독부는 조선민사령 개정 이후에 한꺼번에 전체 호적을 정리하는 것이 사실상 불가능하다고 판단하여, 호주 변경 및 이적 등 호적을 새로 작성해야 하는 사유가 발생할 때는 처성(妻姓)을 공란으로 비워두도록 했다. 그리고 개인의 필요에 의해서 호적등본 및 초본을 발부받을 때는, 기존의 호적에 처성이 그대로 남아 있더라도 등·초본 발급 시 처성을 공란으로 비워두도록 했다. 만약 처가 부동산을 소유하여 등기부에 처의 성명이 등록되어 있는 경우, 본인이 정정을 원할 때 호적등본 또는 초본을 첨부하여 해당 등기취급처에 제출하면 기존의 등기부에 수정하도록 했다. 1926년 조선민사령 개정 초안에서는 처성을 호적 및 등기부에서 정정하거나 공란으로 비워두는 방식으로 개성하려 했다. 1924년 중추원 자문사항에서 본래의 '성'은 호적의 적당한 곳에 남겨두도록 했던 것과는 다른 방식이라고 볼 수 있다.9)

위 조문이 조선민사령 제11조에 반영되었을 경우에는 법제상 큰 의미를 띠게 될 것이었다. "처는 부의 성에 종함"이라는 표현은 조선 재래의 '성' 관념을 기초로 유지되었던 동성동본 금혼 및 이성불양(異姓不養), 개성 금지 등 조선인의 관습과 정면으로 배치되었고, 그에 따라 관련 관습도 대폭 정비하지 않으면 안 되기 때문이었다.

1910년대 관습법에 대한 조선총독부의 태도는 구관습과 신관습의 병존 상황에서 신관습에 법적 효력을 부여한다는 소극적 개입이었으나, 1920년대 중반에는 "장구한 관습이라 하더라도 이를 이상에 적합한 관습이라고 말하기 어려운

---

8) 『京城日報』 1926. 6. 23.
9) 南雲幸吉, 『創氏及變更手續と屆出書式』, 1940, 30쪽.

즉, 이를 법률의 힘으로 합치하도록 변개"한다는 적극적인 자세로 전환되었다.10) 조선총독부의 입법원칙에 부합하지 않는 일부의 조선 관습에 대해서는 그것을 존중하기보다는 성문법으로 변경하려 했다.

원래 조선총독부는 일본의 민사소송법이 실시될 예정인 1928년에 조선민사령 개정을 추진할 예정이었으나 민사소송법의 실시가 1929년으로 연기되면서 조선민사령 제11조 개정도 미루어지게 되었다. 그리고 시행이 1년 정도 연기되면서 조선민사령 개정안에도 변화가 생겼다. 당시 마쓰데라 다케오 법무국장은 다음과 같은 4개 항목을 중심으로 개정안을 소개하고 있다.

① 양자제도(서양자, 이성양자)
② 출가한 여자가 부(夫)의 성, 즉 부가(夫家)의 칭호를 따르게 하는 것
③ 은거(隱居)제도
④ 내선인의 원적(原籍) 이동11)

위 4개 항목은 기존에 검토되고 있던 것을 승계하는 측면도 있었지만 전혀 새로운 내용도 담고 있다. 첫째, 마쓰데라 다케오는 "조선 양자제도는 동성 하항렬(同姓下行列)이 아니면 불가능하던 것이나 실제의 필요에 수(隨)하야 이성(異姓)이라도 양자를 인(認)케 하고저 한다. 그러면 여자만을 유(有)하야 폐절가하는 탄혼인(歎婚姻)에 의하야 이성양자를 입영함으써 구제로 할 수 잇슬 뿐 아니라 일반적으로 남녀간 혈손이 없는 자도 그 가를 계승할 수 잇슬 것이니 (…) 일반 이성양자제를 법률로써 허용한다"고 하여 일반 이성양자제도를 인정하려 했다. 당시까지 이성양자는 딸만 있는 경우에 한하여 서양자제도를 통해 인정하려 했으나, 마쓰데라 법무국장은 인터뷰에서 딸을 포함한 자식이 없을 경우 이성양자를 허용하려 한다고 했다.

---

10) 『每日申報』 1926. 6. 23.
11) 『每日申報』 1926. 11. 19.

둘째, 은거제도의 인정이다. 은거(隱居)는 일본 민법상의 제도로, 호주가 사망하지 않은 상태에서 호주 지위를 다른 사람에게 양도하는 것인데, 조선의 관습에서는 호주가 사망하지 않은 상태에는 호주의 변경이 발생하지 않는다고 조사되고 있었다.12) 그러나 조선민사령 개정안은 일본 민법적 개념의 은거제도를 제한적으로 수용하여 조선에서 60세 이상 된 호주에 대한 은거제도를 설치하려 했다.

셋째, 내선인의 원적(原籍) 이동을 검토했다. 이것은 매우 큰 의미를 갖고 있다. 당시 조선총독부가 어떤 견지에서 원적 이동을 검토했는지 법무국장 인터뷰를 통해서 알아보자.

> 동일한 국민으로서 양자가 되거나 출가를 하거나 한 남녀는 원적을 이동하야 처적(妻籍) 또는 부적(夫籍)에 가입할 수 있슴에도 불구하고, 양자나 혼인이라는 신분적 이동이 업는 이상 하시(何時)던지 그 원적을 이동치 못하는 것은 그간에 절ㅇ앗 실(失)함이 심하다. 가령 내지인이 조선에 이주하야 영구거주의 의사가 있더라도 현행법규에는 이 영주의 사실을 법률이 부인하는 것이다. 원래 원적의 이동은 호주의 자유의사에 유(由)암이 불구하고 그 사상을 무시함은 실로 법규의 불비(不備)다.13)

당시 일본의 식민 정책은 일본 국적자 내부에 법적 권리와 의무를 달리하는 지역민들을 유지하는 것이 원칙이었으며, 이 같은 정책을 실현하는 수단은 호적이었다. 즉 조선호적에 등록된 자는 조선인, 일본호적에 등록된 자는 일본인으로 취급했으며 조선인들은 조선지역 외부로 본적(호적의 법률상의 소재지를 뜻한다)을 이전하지 못하도록 했고 일본인이나 대만인도 조선으로 본적지를 이전하지 못하도록 했다.

---

12) 조선의 호주는 제사관계에 의해 규정되고 있었기 때문에, 호주 변경의 원인도 일반적으로는 봉사자 지위의 변경과 동일하다. 이와 관련해서는 다음의 논문 참조. 이상욱, 「韓國相續法의 成文化過程」, 경북대 박사학위논문, 1986.
13) 『每日申報』 1926. 11. 19.

일반적으로 일본의 호적법에서는 호주의 의사에 따라 임의로 본적을 이전하는 것이 가능했으나, 이법역 간의 이동은 엄격히 금지되었다. 1921년 조선총독부령 제99호와 공통법 실시를 계기로 결혼 및 입양의 경우에 한하여 이적이 일부 허용된 적이 있었다. 그러나 1926년 조선민사령 개정안은 결혼 또는 입양을 하지 않더라도 이법지역 간 이적을 허용하는 것으로서, 식민 정책의 견지에서는 큰 의미가 있었다. 이와 같은 중요한 사안을 조선총독부가 먼저 검토했다는 점이 이례적이라 할 수 있다.

마쓰데라는 이적 문제에 대해서 중앙정부와 교섭하여, 일본인이 조선에, 조선인이 일본에 이주할 때는 그 원적의 이동도 인정하는 쪽으로 법제화하려 했다고 언급했다. 당시 조선총독부 내부에서는 이적에 관해 "조선인에게도 호적의 임의 이전을 허하며 서양자법을 적용하는 동시에 이성양자도 인정한다는 문제가 있어서 갑론을박으로 논의가 분분했으나 결국 가(可)한 걸로 통과"되었다.14) 그러나 이적의 문제는 조선총독부 단독으로 결정할 수 있는 것이 아니었기 때문에, 일본정부의 반대에 부딪혀서 실현되지 못했던 것으로 생각된다.

조선민사령 개정안은 1926년부터 초안 작성에 들어가 1927년 4월경 대강이 완성되었다. 그리고 이 개정 초안을 본격적으로 심의하기 위해 사법법규개정조사위원회를 설치하기로 했다. 1927년 개정조사위원회는 1926년에 검토했던 4개 항목을 거의 그대로 수용했다. 즉 "① 양자제도에서 서양자와 이성양자제도 인정, ② 처의 성은 부(夫)의 성을 따르게 할 것, ③ 내지 또는 조선에 본적을 옮길 수 있을 것"15) 등을 중심으로 조선민사령 제11조를 개정하려 했다. 조선총독부는 1927년 4월경에 완성된 조선민사령 개정 초안을 본격적으로 심의하기 위해 1927년 5월 4일 조선총독부훈령 제13호를 발포하여 사법법규개정조사위원회를 설치했다.16) 위원은 다음과 같다.

---

14) 『每日申報』 1927. 5. 10.
15) 『每日申報』 1927. 4. 12.
16) 「1927년 5월 4일 總督府訓令 제13호」, 『司法協會雜誌』 6권 5호, 1927.

위원장 정무총감

위원

법무국장 松寺竹雄

조선총독부 판사 橫田五郎, 眞鍋十藏, 岡本正夫, 原正鼎, 野村調太郎, 增永正一

조선총독부 사무관 山本犀藏, 水野重功, 渡邊純, 兒島高信

간사

조선총독부 사무관 水野重功, 渡邊純

1918년 조선민사령급민적법개정조사위원회가 법무국장을 위원장으로 한 것에 비하여, 사법법규개정조사위원회는 정무총감을 위원장으로 하고 법무국장은 위원으로 참석하는 등 기존보다 관제의 수준을 높였다. 제1회 사법법규개정조사위원회는 1927년 7월 14일 조선총독부에서 개최되었다. 위원장 이하 각 위원이 참석하여 위원장의 고사(告辭)를 들은 뒤 의사 방법, 조사의 범위, 조사의 방침을 확정했다. 이 자리에서 행한 위원장의 고사는 사법법규개정조사위원회의 성격과 당시의 관습법 정책을 드러내고 있다는 점에서 중요하다.

무릇 법규의 통일은 조선 내에서 필요할 뿐만 아니라 내지와 조선과의 사이에 있어서도 역시 사정이 허락하는 한 통일할 필요가 있기 때문에, 내지의 민사법규이면서 조선에 시행하기에 적당한 것은 가능한 한 그것에 의하기로 하고, 조선의 풍속, 습관, 교통, 민도 등 내지와 다른 결과 동일하게 규율할 수 없는 사항에 대해서는 실체상 및 수속상 조선민사령 기타의 법령에 대해서 특별 법령을 설치하여 조선의 실정에 조화하도록 힘쓴다.[17]

위 인용문은 관습의 성문화 가능성을 인정하면서도 일본 민법과의 통일도 동

---

17) 『司法協會雜誌』 6권 7호, 1927, 58쪽.

시에 강조하고 있다. 이와 같은 입장은 1921·22년 조선민사령 제11조 개정 과정에서 일본정부의 법제 일원화 주장을 조선총독부가 수용하면서 나타난 결과였지만, 다른 한편 조선 재래의 관습이 일본 민법의 제도로 변화하고 있지 않았던 상황과도 관련이 있었다. 즉 조선총독부가 계획하고 있던 서양자와 '씨'제도는 1910년대의 '구관습 부정-신관습 법인'이라는 고쿠부 미쓰이의 법 논리로는 도입이 불가능했다. 따라서 1927년 조선총독부는 조선 관습의 특수성을 일부 반영하면서 일본 민법과의 통일을 유도하는 방법으로, 성문 법제의 힘으로 관습법을 변경한다는 법 논리를 개발했다.

1927년에 사법법규개정조사위원회가 설치되기는 했으나 조직과 인원이 적절치 못하고 예산도 확보되지 못한 상태였기 때문에 본격적으로 활동하지는 못했다. 그러나 1929년에 후카자와 신이치로(深澤新一郎)가 법무국장으로 취임하면서 기존의 법규를 근본적으로 개폐·정리할 목적으로 1930년 예산에 1만 원을 청구·계상하여 본격적으로 개정에 착수할 수 있었다.[18]

1926년 조선민사령 개정안은 조선 재래의 '성'을 부정하려 했지만, 1930년에는 "성본주의(姓本主義)와 가계주의(家系主義)를 병용"한다는 원칙을 확립하여 조선 재래의 '성'과 '가'의 칭호로서의 '성'을 병존시키는 쪽으로 전환했다.

그리하여 금번 중추원 참의회 의석에서 후카자와 법무국장으로부터 이에 대하야 진술한 바도 잇섯는데, 개정의 요지는 현행 민사령은 상속법·친족법 등에 관하여 조선 재래 관습에 의한다는 막연한 규정이 잇스나, 장차는 이에 대한 법문을 만드러 대개 내지의 현행 민법에 준측하되 여긔에 조선 특수의 관습을 참작하여 시세에 적합하도록 개정하랴는 것이라. 아즉 확실한 성안(成案)을 엇기 전임으로 자세한 것은 알 수 업스나, 양자 서양자 또는 상속 문제 등에 대하야 내지의 민법과 가티 개정하되, 여긔에 성본주의와 가계주의를 끼어 가령 양자가 엇던 집에 입양을 하면 그 집의 가계

---

18) 『每日申報』 1930. 3. 14.

직 그 집의 성을 따르되, 양자 개인에 잇서서는 자긔 본래의 성을 그대로 사용할 수 잇다는 규정을 만들고, 또 그후 동성동본인 문제에 대하여서도 조선의 특유 관습을 참작하야 조선민사령 가운데 새로운 성문법을 설정하랴는 것이다.[19]

1926년 조선민사령 초안에서는 "처는 부(夫)의 성(姓)에 종(從)함"이라는 조문을 넣어, 처와 서양자가 모두 호주의 성을 따르게 하고 호적상에서도 일정한 조건하에 친가의 성을 삭제하려 했다. 그러나 1930년 9월 25일 제10회 중추원 회의에서 후카자와 법무국장은 "이성양자제도를 인정하여 이성남자가 상속하는 것을 인정하는 것에 있어서는 선대 호주가 사용한 가명(家名)을 습용케 한다면 마땅하고, 특히 양자의 고유의 성은 그것을 변개할 필요가 없기 때문에 조선의 관습을 몰각"하는 것은 아니라고 주장했다.[20]

조선총독부가 이성양자의 경우 호적에 친가의 성을 잔존시키는 것으로 견해를 수정한 이유는, 개성을 전면화했을 경우 호주승계, 동성동본 금혼, 양자제도 등 친족 및 상속제도 전반에 걸쳐 큰 변화가 초래되기 때문이었다. 여타 친족 및 상속제도에 관한 법제방침이 확정되지 않은 상태에서 개성을 추진하는 것은 큰 혼란을 초래할 수 있었다. 그리고 1930년의 창씨 방식은 조선 관습을 전면적으로 부정한다는 비판을 피할 수 있었고, 양자제도와 동성동본 금혼을 근본적으로 부정하지 않는 상태에서 일정하게 조선 재래의 '성'제도가 필요한 부분도 있었다.

결국 조선총독부는 일본 민법상의 제도와 조선 관습을 병용하는 쪽으로 조선민사령 제11조를 개정하려 했다. 심의 대상은 아래와 같이 친족의 범위, 동성동본 금혼, 상속제도 등으로까지 확대되었다.

① 이성양자제도(서양자제도 포함)

---

19) 『每日申報』 1930. 9. 27.
20) 『第10回中樞院會議ニ於ケル訓示・挨拶・演述及答申要項』, 46쪽.

② '가' 칭호 설치

③ 재판상 파양제도 설치

④ 상속인이 없는 사자(死者)의 유산에 관해서 명문(明文)으로 확정

⑤ 상속인 폐제(廢除)제도 설치21)

⑥ 법정친족의 범위 확정22)

⑦ 동성동본 금혼 문제

위 제도 가운데 재판상 파양은 이미 1915년 관통첩에서 요건과 절차를 규정했고, 법정친족의 범위와 관련해서는 구관심사위원회와 구관급제도조사위원회에서 유복친(有服親)을 친족의 범위로 정한 바 있었다. 상속인 폐제(廢除)제도는 조선의 관습에는 없는 것으로 파악되었지만, 일본 민법에서 인정되고 있었기 때문에 일부 도입하려 했던 것으로 보인다. 그러나 동성동본 금혼의 문제는 조선 관습으로 확고한 상태였는데도, 조선총독부는 '가'의 칭호 설치와 개성에 관한 논의를 계기로 변경하려 했다.

제1회 사법법규개정조사위원회는 1930년 12월 12일에 비로소 개최되었다. 여기에 상정된 안건은 조선민사령 개정(친족법, 상속법 개정)을 비롯하여 신탁법 실시 등이었다.23) 1930년 12월 13일경에는 이미 조선민사령 개정안이 작성되어, 개정조사위원회의 의견을 듣고 총독부 심의실 심의를 거친 뒤 내각 법제국으로 회부하여 법제국 심의를 거쳐 1931년에 제령으로 공포할 예정이었다.24) 1931년 1월에 개정조사위원회를 열어 심의했고, 1931년 2월경에 다시 한 번 개정조사위원회를 개최하여 성안을 얻었다.

그러나 실제로 공포된 조선민사령 개정안에는 친족·상속편이 모두 생략되었고 신탁법과 등기령의 개정으로 국한되었다. 또 1931년 9월 7일 제11회 중추

---

21) 『第10回中樞院會議ニ於ケル訓示·挨拶·演述及答申要項』, 44~47쪽.
22) 법정친족의 문제는 1931. 2. 20. 기사.
23) 『每日申報』 1930. 12. 12.
24) 『每日申報』 1930. 12. 13.

원회의에서 규정한 법무국 주관사무에는 친족·상속에 관한 조선총독부의 법제화방침이 누락되었다. 여기에서는 ① 신탁법 실시, ② 석방자 보호사업에 관한 것만이 보고되고 있다.25) 현재로서는 어떤 이유로 조선총독부가 친족·상속에 관한 법제화를 일시 유보했는지 알 수 없지만, 결국 1932년 3월 31일 행정정리의 일환으로 사법법규개정조사위원회가 폐지됨으로써 공식적인 활동은 중지되었다.

2. 1930년대 친족·상속법 개정 논의

조선총독부는 사법법규개정조사위원회가 폐지된 뒤인 1932년 9월에 '친족·상속에 관한 법규조사회'26)를 조선고등법원에 설치하고 고등법원 판사 4명, 법무국 법무국장, 중추원 촉탁 1명 등 모두 6명에게 친족·상속에 관한 법규를 계속하여 조사하도록 했다. 1934년 12월에는 법규조사회를 법무국으로 이관했는데, 법무국 이관 당시에는 법무국장 산하에 법무과 사무관, 고등법원 부장, 재판장 및 경성지방법원장, 중추원 촉탁 1명 등으로 구성되어 매주 1회 수요일에 회동하여 친족·상속에 관한 것을 조사하고 있었다.27)

조선총독부가 법무국 산하에 조선인의 친족·상속에 관한 법규조사회를 설치하여 조사를 계속한 것은, 조선 관습의 성문화에 관한 기본 입장이 변화하지 않았기 때문이었다. 1910년대 조선총독부 사법부에서 법적 안정성을 이유로 조선민사령 개정을 추진했듯이, 1935년 마쓰나가 쇼이치(增永正一) 법무국장도 "조선의 친족법·상속법은 관습법에 의거하고 있기 때문에 많은 불편이 있어서 성문법화를 추진한다"28)라고 언급했다. 여기서 나타나듯이 조선총독부는 여전

---

25) 『第11回中樞院會議ニ於ケル訓示·挨拶·演述及答申要項』, 34~46쪽.
26) 당시의 공식명칭은 '親族相續ニ關する法規調査會'이다.
27) 朝鮮總督府法務局, 『朝鮮の司法制度』, 1936, 28쪽.
28) 『每日申報』 1935. 3. 24.

히 관습의 성문화 정책을 포기하지 않고 있었다.

　일본 친족법상의 제도를 도입하는 것은 일본 민법을 그대로 의용하는 방법, 조선 관습과 일본 민법을 결합한 새로운 성문법을 제정하는 방법, 신관습의 형식으로 법인하는 방법 등이 가능했다. 조선총독부는 신관습 창출을 통한 조선 관습의 변경에는 소극적인 태도를 취했다. 1920년대까지 조선총독부는 이혼, 차양자 관습, 제사상속, 양호주 파양 등에 관하여 일부 신관습의 확립을 인정했으나 신관습은 제한적으로 인정되었고 일반적으로는 성문법을 제정하려는 경향이 강했다. 조선총독부가 이와 같은 방식을 고수했던 데는 조선 재래의 관습이 일본 민법적 제도로 변화하지 않았던 것이 이유가 되었고, 다른 한편 신관습법을 창출하여 일본의 친족제도를 일부 도입해도 역시 관습법이라는 한계를 벗어날 수 없었기 때문이었다.

　1937년에 일본정부가 민법 개정을 추진하자 조선총독부는 2개년 계속사업으로 친족·상속법 성문화에 착수했다.29) 1937년 4월 17일에 사법법규개정조사위원회가 설치되었다.30) 조선민사령 개정안은 법무국 시안 → 사법법규개정조사위원회 초안 결정 → 조선총독부 심의실 심의 → 조선총독 상주 → 척무성 경유 → 법제국 심의 → 각의 결정을 거쳐 1939년 1월 1일 실시될 예정이었다.31) 1937년 6월 10일에는 다음과 같이 사법법규개정조사위원회 위원이 임명되었다.32)

위원장 大野綠一郞 정무총감

위원

법무국장 增永正一

조선총독부 사무관 山澤和三郞, 大原龍三, 水田直昌, 西岡芳次郞, 小野勝太郞, 姜根

---

29) 『每日申報』 1937. 2. 2.(增永 법무국장); 『每日申報』 1937. 6. 11.
30) 「1937년 4월 17일 朝鮮總督府訓令」, 『朝鮮總督府官報』.
31) 『每日申報』 1937. 2. 2.
32) 『司法協會雜誌』 16권 7호, 1937, 121~122쪽.

五郎

조선총독부 판사 小川悌, 野村調太郎, 喜頭兵一, 宮本元, 渡邊純

조선총독부 검사 福田甚二郎

경성제대 교수 安田幹太

간사 大原龍三, 小野勝太郎

서기 朝鮮總督府囑 中村儀一, 友村一夫

사법법규개정조사위원회는 법무국에서 작성한 초안과 참고자료를 중심으로 친족·상속법 개정안의 제정, 부속법령인 가사심판에 관한 법령 제정, 호적에 관한 법령 개정 등을 심사하여 최종안을 제안할 예정이었다.[33]

1937년 7월 7일에 개최된 제1회 조사위원회에서는 조사의 범위·순서·방법 등을 협의·결정했는데, 우선 4명의 위원으로 구성된 소위원회를 설치하여[34] 조선인의 친족법 및 상속법 개정에 관한 대강의 조사 및 입안을 하도록 했다. 소위원회는 매주 1회 각 위원을 소집하여 부탁사항을 연구·조사하도록 했다.[35] 1937년부터 1941년까지 소위원회가 모두 130여 회 열렸고 위원회는 모두 6회 개최되었다.[36]

조사의 범위와 방침은, 조선인의 친족·상속에 관한 관습 중에서 골자가 될 수 있는 중요항목 43개를 선정하여 우선 심사하되, 일본 민법에 의할 수 있는 사항과 특례사항(존치할 관습)으로 나누어 심의하기로 했다.[37] 1937년 사법법규개정조사위원회가 '민법 의용사항'과 '특례사항'을 구분한 것은, 조선인의 친족 및 상속에 관해서도 일본 민법의 의용을 원칙으로 하고, 일본의 제도로 의용하

---

33) 『每日申報』 1937. 6. 13.
34) 총 19명 중에서 위원장과 서기 2명을 제외한 16명이 각각 4명씩 4개 소위원회를 구성했다. 朝鮮總督府, 『朝鮮總督府時局對策調査會會議錄』, 1938, 92~93쪽.
35) 朝鮮總督府中樞院, 『第19回中樞院會議各局部長演述』, 1938, 68~69쪽.
36) 朝鮮總督府, 『第79回 帝國議會說明資料』, 1941.
37) 『司法協會雜誌』 16권 8호, 1937, 86쪽.

기 어려운 사항에 관해서만 특례조항을 설치하는 쪽으로 성문화 정책이 확립되었음을 보여주는 것이다.

이러한 사실은 1937년에 조선총독부가 각 지방법원장들에게 제시한 조선인의 친족·상속에 관한 자문안에 잘 나타나 있다. 이 자문안은 사법법규개정조사위원회에서 선정한 43개 항목에 대해 각 지방법원장들에게 자문을 구한 것이다. 조선총독부는 "조선인의 친족·상속에 관한 관습을 성문화하는 경우에, 민법에 의하게 한다면 어떤 정도로 특례를 설치할 것인가"라는 방식으로 자문했다.38) 평양지방법원장 및 평양복심법원장의 답신 내용을 통해 법무국에서 조회한 특례사항(43개)을 파악할 수 있고, 당시 조선 관습의 법제화 방향도 알 수 있다 (<표 3-1>, <표 3-2> 참조).

자문에 응했던 법원장들의 다수는 법제 일원화보다는 관습 성문화 입장을 지지했다. 그러나 관습 성문화를 주장했던 법원장들이 모두 같은 견해를 갖고 있지는 않았다. 예컨대 경성복심법원장은 일본 민법 의용을 원칙으로 하면서 특례사항을 크게 제한하여 2~3개 정도로 파악했던 반면, 경성지방법원장은 일본 민법 의용을 수용하면서도 특례사항을 폭넓게 인정했다. 법무국의 고민은, 조선인의 친족 및 상속에 관하여 관습법 원칙을 폐기하고 일본 민법 의용의 원칙을 세웠음에도 불구하고, 특례조항을 어느 정도로 설치할 것인가 하는 점이었다.

당시 자문에 응했던 재판소장 가운데 일부는 조선총독부의 법제화방침에 반대했다. 대표적인 인물이 대구복심법원장, 대구지방법원장과 신의주지방법원장 등이었다. 특히 대구복심법원장 하라 마사카네는 조선인의 친족·상속에 관한 관습을 일부 인정하여 특별법규를 설치하려는 조선총독부의 방침에 강하게 반대했다. 그 이유로서 첫째, 1921년에 조선총독부가 조선인의 결혼성립요건을 성문화하려 했을 때, 법제국이 일본(내지)과 조선(외지)의 기본적 법제에 대해서는 통일주의를 근본방침으로 하여 일본 민법과 상용(相容)하지 않는 관습을 고

---

38) 「裁判所及檢事局監督官會議諮問事項答申要項」, 『諸會議關係書類(1937)』.

〈표 3-1〉 평양지방법원장 답신 내용

	특례사항
친족편	1. 친족의 범위에 대해 특별규정을 설치할 수 있다고 생각한다. 2. 자(子)의 혼인에 대해서 부모가 정당한 이유 없이 동의하지 않을 때 및 성년자의 혼인에 대해서는 그것에 대응하는 특별규정을 설치하는 것이 가하다. 초서(招婿), 서양자(壻養子), 입부(入夫), 첩 등의 관계에 대해서 특칙(特則)을 설치할 필요가 없다. 3. 가에 씨를 설치할 필요가 없다. 가족인 기혼남에 대해서 특별한 지위를 인정할 필요가 없다. 본계(本系) 지계(支系)의 관계는 본가 분가의 관계와 같이 보는 것이 가하다고 생각한다. 4. 일가 창립, 분가, 폐절가 재흥 등 가의 설립에 대해서는 특별규정을 설치할 필요가 없지만, 폐절가에 대해서는 특칙이 필요하지 않을까 생각한다. 5. 입부혼인을 인정하는 것이 가하다. 초서, 서양자를 함께 인정하는 것이 가하다. 그리고 초서는 양자 연조의 신청에 의하여 서양자 신분을 취득할 수 있는 특칙을 설치하는 것이 가하다고 생각한다. 6. 서자의 입적 기타 친족입적에 대해서 특별규정을 설치할 필요가 없다. 7. 이적(離籍) 및 복적(復籍) 거절의 제도를 인정하는 것이 상당하다. 8. 장손에 대해서는 거가 금지의 특칙을 설치할 필요가 없다. 9. 수반입적에 대해 특별규정을 설치할 필요 없다. 10. 호주의 권리·의무에 대해서 특별규정을 설치할 필요가 없다고 생각한다. 11. 은거제도를 인정하는 것이 가하다. 별도로 은거에 의하지 않는 출가를 인정할 필요가 없다. 12. 1924년 11월 19일 고등법원 판례조사회에서 결의한 조선인의 친족범위(혈족유복친) 외에는 자유롭게 혼인을 할 수 있도록 하는 것이 가하다. 13. 전 항 판례조사회 결의에서 인족(姻族)의 유복친 중의 혼인은 그것을 금지하는 특별규정을 설치하는 것이 필요하다고 생각한다. 14. 가족의 혼인에 대해서는 호주의 동의를 그 성립요건으로 하지 않는다. 호주의 동의를 얻지 않고서 혼인을 한 경우 호주에게 이적 또는 복적 거절권을 부여하는 것이 상당하다고 생각한다. 15. 혼인의 무효취소에 대해서는 민법에 의할 수 있다고 생각한다. 16. 혼인의 효력에 대해 특별규정을 설치할 필요가 없다고 생각한다. 17. 협의 이혼에 대해서는 이혼자가 성년자인가 아닌가의 구별에 따라서 특별규정을 설치하는 것이 가하다고 생각한다. 18. 친자관계에 대해서는 민법에 의할 수 있고, 특별규정을 설치할 필요가 없다. 19. 기혼남이 아니라도 성년자(남녀)는 모두 양자를 할 수 있는 신제도를 수립하는 것이 가하다고 믿는다. 20. 양자는 소목(昭穆)에 부합하는 자를 선택하느냐 선택하지 않느냐는 자유의사에 맡기고, 그것에 구속되지 않고 양자를 할 수 있는 제도를 채택할 수 있다고 믿는다. 21. 양사자(養嗣子)가 아닌 보통양자 및 이성양자는 모두 인정하는 것이 가하다. 22. 사후양자를 상속인의 선정으로 인정하고, 민법에 순응시키는 것이 가하다. 23. 서양자(壻養子)는 양사자가 아닌 경우에도 인정하는 것이 상당하다고 생각한다. 24. 배우자가 있는 자는 공히 연조의 당사자가 될 수 있도록 하는 것이 가하다. 25. 미성년자가 양자가 되거나 또는 그 부모 등이 대신하여 연조의 승낙을 하기 위해서는 가사심판소의 허가를 얻는 것을 요건으로 하는 것이 적절하다고 생각한다. 26. 입양의 무효·취소에 대해서는 공히 민법의 규정을 준용해도 지장이 없다고 생각한다. 27. 입양의 효력에 대해서는 민법의 규정을 준용하는 것이 상당하다. 차양자(次養子)에 대해서 특별규정을 설치할 필요가 없다. 28. 협의 파양에 대해 만약 부모가 정당한 이유 없이 파양에 동의하지 않는 경우 특별규정을 설치하는 것이 필요하다고 생각한다. 29. 재판상 파양에 대해 특별규정을 설치하는 것이 필요 없다고 생각한다. 30. 호주가 된 양자의 파양은 그것을 인정할 수 없다고 하는 것이 상당하다고 생각한다. 31. 부양의 의무에 대해서는 특별규정을 설치해야 하지 않을까 생각한다.

	32. 조선에서 상속의 기본관념은 호주상속 및 재산상속 2종류로 국한하는 것이 상당하다. 호주상속에 따른 재산의 승계는, 즉 재산의 승계를 포괄하는 단일한 가독상속으로 하고 상속인으로부터 상속재산의 분배를 할 수 있도록 하는 것이 가하다고 생각한다. 33. 호주상속의 개시원인에 대해서는 대체로 민법 소정의 상속개시원인 외에 특별규정을 설치할 필요가 없다고 생각한다. 34. 호주상속인이 될 수 있는 자의 종류, 순위에 대해서는 민법 규정에 의하는 것이 가하다고 생각한다. 35. 호주상속인으로부터 분재받을 수 있는 자의 종류, 범위 및 액수(호주상속인은 일단 피상속인의 유산 전부를 상속한다. 만약, 피상속인에게 부채가 있으면 그것을 상각(償却)한 잔여재산의 일부를 피상속인의 비속(卑族)에게 분배하는 관습이 있다. 그 비율은 호주상속인인 장남이 유산의 1/2을 취득하고 나머지 1/2은 차남 이하의 중자(衆子)에게 동등하게 분여할 수 있다. 만약 장남 외에 비속이 1인일 때는 장남은 2/3, 다른 1인은 1/3을 분영하는 관습은 그것이 상당하다고 생각한다). 36. 가족이 사망한 경우 유산상속에 대해서는 대체로 민법 소정의 유산상속인 외에 배우자 및 형제자매를 상속인으로 하는 규정을 설치하는 것이 가하다고 생각한다. 37. 유산의 분할에 관해서는 특별규정을 설치할 필요 없다고 생각한다. 38. 상속의 한정승인을 인정하는 것이 가하다고 생각한다. 39. 유산상속의 포기를 인정할 수 있고, 또 가독상속인의 지정 또는 선정을 인정하는 것이 상당하기 때문에 이러한 상속인은 상속포기를 인정하는 것이 필요하다고 생각한다. 40. 상속인의 광결(曠缺)에 관해 특별규정을 설치할 필요가 없다고 생각한다. 41. 유언에 관해 특별규정을 설치할 필요가 없다고 생각한다. 42. 유류분(遺留分)을 인정할 필요가 있다고 생각한다.
상속편	

출처: 『諸會議關係書類(1937)』

정하여 성문화하는 것은 통일을 저해하는 것이라며 반대한 적이 있었다는 점을 들었다. 또한 대만에서도 친족·상속에 관한 특별법 제정을 시도했으나 똑같은 이유로 관습 성문화가 좌절되었다는 연혁적 근거가 있다는 점도 거론했다. 요컨대 친족·상속에 관해서 법제국이 국내법통일주의를 고수하고 있는 상황에서 조선 관습의 성문화가 쉽지 않다는 현실론을 제기했던 것이다.

둘째, 일본 민법 의용 원칙을 세우고 특례사항을 설치하려면 현행 민법을 기초로 특례조항을 설치해야 하는데, 당시 일본 민법이 개정 중인 상황이라 민법의 개정에 따라 다시 조정해야 한다는 것 등을 근거로 조선총독부의 자문안 자체에 대해서 반대했다. 하라는 "내선 법제의 통일주의를 관철하고 특수 관습은 모두 폐기"할 것을 제안했다.[39] 이와 같은 관점에서 하라는 조선의 친족제도를 구성하는 관습인 친족의 범위, 동성동본혼 금지, 이성불양(異姓不養), 소목서열

[39] 「裁判所及檢事局監督官會議諮問事項答申書」, 『諸會議關係書類(1937)』.

〈표 3-2〉 평양복심법원장 답신 내용

	특례사항
친족편	1. 친족의 범위에 대해 특별규정을 설치할 필요 없다. 2. 계친자(繼親子) 및 적모서자(嫡母庶子) 관계에 대해 특별규정을 설치할 필요 없다. 3. 가의 관념 및 가의 칭호에 대해서는 민법과 같이 인정한다. 4. 일가 창립 및 분가에 대해서는 대체로 민법에 의하기로 할 수 있지만, 그 자에게 속하는 직계존속녀, 처 및 직계비속 및 그 배우자는 그를 따라서 그 가에 들어가는 규정을 설치할 필요가 있다. 종래 조선에서는 여자의 분가를 인정하지 않았으나 그것을 금지할 필요는 없다. 폐절가 재흥에 대해서도 대체로 민법에 의하는 것이 가하지만, 입양에 관한 규정도 준용하는 특별규정을 설치할 필요가 있다. 5. 입부혼인은 조선의 관습에 없지만, 그것을 하려는 자가 있는 경우 금지할 필요가 없다. 6. 서자의 입가 기타 친족입적에 대해 특별규정을 설치할 필요 없다. 7. 이적(離籍) 및 복적(復籍) 거절의 제도는 조선에서도 신설할 필요가 있다. 단 호주의 존속에 대해서는 적용하지 않는 것이 상당하다. 8. 거가(去家) 금지는 조선의 종법 관념을 중시하여 법정추정 가독상속인뿐만 아니라 장손에게도 미치는 것이 상당하다. 9. 수반입적에 대해서는 일가 창립, 분가, 폐절가 재흥, 양자 연조 및 호주의 친족입적의 경우에 대해 특별규정을 설치할 필요가 있다. 10. 호주의 권리 의무에 대해서는 대체로 민법에 의하는 것이 가하지만, 존속인 가족에 대해서는 이적 및 복적 거절을 할 수 없는 규정을 설치한다. 11. 은거제도를 인정하여 민법 규정에 의하도록 한다. 조선에서도 호주가 생존 중 타가(他家)에 들어가는 경우에는 한편 은거에 해당하는 것이라고 인정하여 은거에 관한 일반규정에 따르고, 또 그 상속인을 정하는 것에 대해서는 은거의 경우로서 특별규정을 설치한다. 12. 종전과 같이 널리 동성상혼의 금지를 인정하는 것은 촌익(寸益)이 없고 대폐(大弊)가 있다. 법률에서 금지할 필요가 있다고 인정하는 범위는 내선이 다를 이유가 없기 때문에 민법 규정에 의하는 것이 가하다. 13. 혈족 외 친족 또는 친족인 자와의 혼인금지에 대해서도 특별규정을 설치할 필요 없다. 14. 가족의 혼인에 대해 호주 동의를 그 성립요건으로 하는 관습을 인정하는 것은 타당하지 않다. 민법의 규정과 같이 상대적 요건으로 한다. 15. 혼인의 무효 및 취소에 대해서는 모두 민법에 의하도록 한다(민법에 규정이 없는 관습상의 요건을 인정할 필요 없다). 16. 혼인 효력에 대해 특별규정을 설치할 필요 없다. 17. 협의 이혼에 대해 특별규정을 설치할 필요 없다. 18. 친자관계에 대해 특별규정을 설치할 필요 없다. 19. 민법 규정에 따라서 성년자는 모두 양자를 할 수 있도록 하는 것이 상당하다. 여자도 역시 그렇다. 20. 양자는 엄밀하게 소목(昭穆)에 부합할 것을 요하지 않는다. 민법이 정하는 바와 같이 존속친 또는 연장자가 아닌 한도에서 충분하다고 생각한다. 21. 양사자(養嗣子)가 아닌 보통양자를 인정한다. 따라서 이성양자도 인정한다. 고아 기타 의지할 바 없는 소아(小兒)를 구제하는 일조(一助)도 된다. 이성양자도 서양자 또는 입부혼인 경우 그 가를 상속할 필요가 있기 때문에 이성자도 또 일반적으로 양사자가 될 적격이 있다고 하는 것이 상당하다. 22. 사후양자를 상속인의 지정 또는 선정이라고 인정하여 민법에 순응시키는 것은 적당하지 않다. 23. 서양자는 양사자가 아닌 경우에도 인정하도록 하고, 종래의 초서(招婿)는 그것에 속하는 것으로 한다. 24. 배우자가 있는 자는 공히 입양 당사자가 될 수 있도록 하고 민법 규정에 따르게 한다.

	25. 미성년자가 양자가 되거나 또는 그 부모 등이 그에 대신하여 입양의 승낙을 하기 위해서 가사심판소 허가를 얻는 것을 요하도록 하는 것은 조선의 실정에 적합하지 않다. 26. 입양의 무효 및 취소는 대체로 민법 규정에 의하는 것이 가하다. 27. 입양 효력에 대해 특별규정을 설치할 필요 없다. 28. 협의 파양에 대해 특별규정을 설치할 필요 없다. 29. 재판상 파양에 대해 특별규정을 설치할 필요 없다. 30. 호주가 된 양자라도 중대한 사유가 있을 때는 파양할 수 있도록 하는 것이 적당하다. 사후양자는 특히 그러하다. 31. 부양의 의무에 대해서는 대체로 민법에 의하는 것이 가하지만, 호주를 최선의 부양의무자로 하는 것이 적당하다고 인정한다.
상속편	32. 조선에서 상속의 기본개념은 민법과 같이 정하여, 그것을 가독상속과 유산상속 2종류로 한다. 33. 호주상속의 개시원인에 대해서는 대체로 민법에서 정한 바에 의하는 것이 가하다. 단 호주인 양자의 이연을 인정하는 것에 있어서는 그것도 호주상속 개시원인으로 추가하는 것이 필요하다. 34. 호주상속인이 될 수 있는 자의 종류, 순위에 대해서는 전 호주의 성별, 기혼·미혼의 구별, 호주가 된 원인 여하, 상속 개시원인 여하 등에 따라 다를 수 있다. 현재 갑자기 상술하기 어렵지만 그것에 관해서는 관습을 존중하고 현실의 사회관념에 적합한 특별규정을 설치할 필요가 있다. 35. 호주상속인으로부터 분재받을 수 있는 자의 종류, 범위 및 액수 등은 장래 설치할 민법 규정에 따르는 것이 가하다. 36. 가족이 사망한 경우 유산상속에 대해서는 대체로 민법규정에 의하는 것이 가하지만, 호주의 장남 및 장손이 사망한 경우의 유산상속에 대해서는 오히려 가독상속의 법제에 준거하는 것이 상당하다. 37. 유산의 분할에 관해서는 특별규정을 설치할 필요 없다. 38. 상속의 한정승인은 조선인에 대해 이미 민사령의 규정이 있다. 의연 그것을 인정하는 것이 지당하다. 39. 상속의 포기는 민법에서 정한 정도에서 인정하는 것이 상당하다. 40. 상속재산의 관리는 그것을 인정할 필요가 있다. 41. 상속인의 광결에 관해 특별규정을 설치할 필요가 없다. 42. 유언에 관해서는 민법에서 정한 방식 외에 관습상 일반적으로 행해지는 방식을 인정하고, 조선의 실정에 부합하는 특별규정을 설치하는 것이 적당하다. 43. 유류분(遺留分)을 인정할 필요가 있다. 단, 그것을 인정함과 더불어 상속인의 결락 및 폐제의 제도를 설치하는 것이 필요하다.

출처:『諸會議關係書類(1937)』

(昭穆序列) 및 성 불역(不易)의 제도, 적장자손상속(嫡長子孫相續) 등에 관한 관습은 유지·존속시킬 필요가 없고, 일본 민법 개정안이 확정되기를 기다려 일본 민법으로 통일할 것을 제안했다.

반면 관습 성문화에 가장 적극적이었던 경성지방법원장은 "관습법은 그 존부가 명확하지 않고 내용이 막연하고 철저하지 않다는 점, 국민의 법적 확신의 유무가 명료하지 않고 시대의 추이에 따라 변천하여, 과연 무엇이 현재의 관습법인지를 확인하기 어렵다는 점, 재판소에서 관습법 해석 적용이 곤란하다는 점" 등의 이유를 제시하며 "종래의 관습을 명확히 하는 동시에 국민생활의 지도적 정신도 가미하여 관습을 보족 수정하는 취지로서 전반에 걸쳐 성문법을 제정할 필요가 절실"하다고 주장하면서 적극적으로 관습 성문화에 동의했다. 경성지방법원장의 답신서에는 법제 일원화라는 용어도 등장하지 않고, 관습 성문화에 초점이 맞춰져 있다.

한편 조선총독부의 입법방침에 동의하고 있었던 경성복심법원장은 "조선민사령 제11조 원칙을 반대로 하여 조선인의 친족 및 상속에 관해서는 별단의 규정을 제외하고는 민법에 의하기로 하고, 두세 개의 특례를 정할 것"을 제안했다. 즉 친족·상속에 관해서 일본 민법 의용을 원칙으로 하고, 조선인 간의 전통적 의식에 급격한 변화를 주는 것이 문제가 되는 2~3가지 점에 대해서 특례로서 관습에 의거할 것을 제안한 것이다. 경성지방법원장과 경성복심법원장의 차이는 특례조항의 범위에 관한 것이었고, 조선총독부 법무국의 방침은 양자의 중간쯤에서 결정되고 있었다고 판단된다.

이상에서 확인할 수 있는 것은 법무국과 각 재판소장들이 모두 관습법을 부정하고 성문법을 제정할 것을 계획하고 있었다는 점이다. 1918년 조사위원회를 설치하기 전에도 조선총독부는 각 재판소장들에게 법규 개정에 관한 의견을 제출하도록 한 적이 있었는데,[40] 이때는 재판소장들이 일본 민법으로의 통일에 대해 언급하지 않았다. 단지 근대적 사법제도 운용과 재판의 안정성을 이유로 성문법규 설치를 요구했을 뿐이었다.

그러나 1937년에는 일부 재판소장들이 일본 민법과의 통일을 적극적으로 요구하기 시작했고, 더 나아가 내각 법제국과 동일한 입장에서 조선총독부의 친족·상속의 성문화를 반대했다. 이런 변화는 1921년 법제국과 조선총독부의 갈

---

40) 『司法官會議諮問事項答申書(1917. 10)』; 『裁判所及檢事局監督官協議決定事項(1917. 10)』; 『司法官提出意見ニ對スル總督內示(1917. 10)』; 『司法官ニ對スル總督訓示·司法官ニ對スル總督指示·司法官ニ對スル司法府長官注意事項(1917. 10. 司法官會議)』.

등을 통해 민법주의적 견해가 강화된 것이기도 했고, 또 제한된 범위에서 실현된 것이었지만 재판소 쪽에서도 판례를 통해 일본 민법적 관념을 확산시키고 있었던 것과 관련이 있다.[41] 또한 사회적으로 1930년대 후반에 내선일체와 황민화 정책이 각 부문에서 강력히 추진되고 있었던 것과도 관련이 있다.

조선총독부는 재판소장 일부가 제기했던 전면적 법제 일원화 요구는 거부하고, 일본민법주의를 원칙으로 하되 조선 관습의 특례사항도 성문법화하는 쪽으로 입법을 추진했다. 따라서 이후 조선총독부의 관습 성문화 논의는 조선 관습의 특례범위를 어디까지 설정할 것인가 하는 점을 중심으로 이루어졌다.

조선총독부가 구상하고 있던 조선 관습의 성문화 방향은 사법법규개정조사위원회의 심의안에 잘 드러난다. 소위원회에서는 1937년 가을 무렵 조사를 일부 완료했다. 1937년 10월 28일과 29일에는 제2회 사법법규개정조사위원회가 개최되어, 소위원회가 보고한 조사결과를 심의·검토하고 대부분을 가결·채택했다.[42] 사법법규개정조사위원회에 상정된 심의안은 〈표 3-3〉과 같다.[43]

사법법규개정조사위원회는 제1차 심의안 중에서 '가'의 칭호, 서양자, 입부혼인에 관해서는 1930년에 조선총독부가 준비했던 것을 그대로 승인했다.[44] 즉 서양자와 입부혼인을 모두 인정하고, 조선 재래의 '성'을 '가'의 칭호로 사용하는 방식을 채택했다. 제2차 심의안에 포함된 동성동본 금혼에 대해서는 상세히 조사한 바 있었다. 1936년에 법무국은 조선 내 각 지방법원에 명하여 부윤 또는 읍면장에게 동성동본혼에 관해 조사하도록 했다. 당시 동성동본혼으로 확인된 것은 3,868건이었고, 혼인계를 접수한 것은 3,437건으로 조사되었다.[45] 이

---

41) 대표적인 사례가 1933년 3월 3일 조선고등법원이 조선 재래의 제사상속을 부정한 것이다.
42) 朝鮮總督府中樞院, 『第19回中樞院會議各局部長演述』, 1938, 68~69쪽.
43) 〈표 3-3〉의 심의안 중에는 나중에 관습법으로 정립된 것도 있었다. 예컨대 "호주의 장남이 아닌 가족의 장남은 분가할 수 있다"는 호적협회의 결의가 있었다. 「1941년 10월 25일 戶籍協會決議」, 『戶籍』 1권 1호, 28~29쪽.
44) 제1차 심의안은 서울대학교 도서관에 소장되어 있다. 조선총독부 내부의 비밀문서였던 위 심의안이 서울대학교 도서관에 있게 된 것은 당시 사법법규개정조사위원회에 참가하고 있었던 경성제대 교수 야스다 미키타(安田幹太)가 남긴 것으로 추측된다.
45) 이 조사는 ① 동본동성 간의 혼인계로서 수리된 것, ② 본관을 정정하고 이본(異本)으로 혼인신

〈표 3-3〉 사법법규개정조사위원회 심의안

제2회 사법법규개정조사위원회 제1차 심의안(1937년 10월 28·29일)
1. 친족의 범위에 대해 특별규정을 설치할 필요가 없는가. 그것을 설치한다면 그 범위를 어떻게 할 것인가.
2. 계친자(繼親子) 및 적모서자관계(嫡母庶子關係)에 대해 특별규정을 설치할 필요가 없는가.
3. '가'의 칭호를 설치할 필요가 없는가.
4. 일가 창립, 분가, 폐절가 재흥 등의 '가' 성립 및 폐가, 절가 등의 '가' 소멸에 대해 특별규정을 설치할 필요가 없는가. 남녀에 따라서 차별할 것인가.
5. 서양자(壻養子) 연조 및 입부혼인을 인정할 것인가.
6. 서자의 입가 기타 친족입적에 대해 특별규정을 설치할 필요가 있는가.
제3회 사법법규개정조사위원회 제2차 심의안(1938년 7월 8·9일)
1. 이적(離籍)의 제도를 인정할 것인가.
2. 거가(去家) 금지는 법정추정 가독상속인뿐만 아니라 장손에게도 미치게 할 것을 필요로 할 것인가.
3. 수반입적(隨伴入籍)에 대하여 특별규정을 설정할 필요가 있는가.
4. 호주의 권리의무에 대하여 특별규정을 설정할 필요가 있는가.
5. 은거제도를 설정할 필요가 있다면 민법의 규정으로서 족한가. 또는 별도로 은거에 의하지 않고 전가를 인정할 것인가.
6. 종래와 같이 널리 동성혼인 금지를 인정할 것인가, 그렇다면 어떤 범위에서 인정할 것인가.
7. 이성친족 간의 상혼 금지에 대하여 특별규정을 설치할 필요가 있는가.
8. 혈족 외의 친권 혹은 친족이었던 사람의 혼인 금지에 대하여 특별규정을 설치할 필요가 있는가.

출처: 司法法規改正調査委員會審議案(一), 『每日申報』

조사에 기초하여 법무국은 "시세의 변화에 따라 동성불취(同姓不娶)의 구관은 점차 퇴락하여 법적 규범의 성질을 상실했고, 근친이 아닌 동족상혼의 금지는 단순한 풍속상의 관념으로 환원되었다고 생각된다"면서 "이러한 혼인은 현재의 사회관념상 하등 공서양속(公序良俗)에 반하는 바가 없고, 따라서 호적상의 취급에 대해서도 재고"를 요한다는 의견을 제시했다.

이와 함께 동본동성 간에 절대로 혼인할 수 없는 관습이 현재도 존재하는가, 만약 이러한 관습이 존재하지 않는다면 어떤 범위의 친족 간에서만 그것을 인정할 것인가의 두 가지 문제에 대해서 조선고등법원장에게 의견을 구했다.[46]

고한 것 ③ 사실상의 처를 서자의 모(母)로 친족입적했거나 또는 다른 방법으로 입적시킨 경우, ④ 신고는 했는데 수리되지 않았거나, 신고는 하지 않았지만 사실상 혼인한 것으로 부윤 또는 읍면장이 인식한 것 등을 포함했다. 法務局民事係, 「同本同姓間ノ婚姻ニ關スル調査表」, 『慣習ニ關スル照會回答綴(1936~1938)』.

[46] 「法務局長 → 朝鮮高等法阮長 同本同姓間ノ婚姻ニ關スル件(1936. 4. 22)」, 『慣習ニ關スル

조선고등법원장은 법무국장의 조회를 받고 다시 중추원 서기관장에게 조회했는데,47) 중추원 서기관장은 동성동본 금혼 관습이 여전히 존속한다는 취지로 회답했다. 법무국에서 조사한 동성동본혼 3,868건 중 2,488건으로 조사표에서 가장 많은 것으로 조사된 김해김씨의 경우, 외형상 성관(姓貫)을 같이하는 것처럼 보이지만, 가락 김수로왕을 시조로 하는 자와 신라 경순왕의 후손인 김시흥(金時興) 및 김렴(金濂)을 시조로 하는 자가 있다는 점, 또 안동김씨도 김일긍(金日兢)을 시조로 하는 자와 김선평(金宣平)을 시조로 하는 자가 있기 때문에 이러한 자들은 본래 혈족관계가 없고 과거에도 관습상 서로 통혼하는 것이 인정되었으므로 그것을 신경향이라고 할 수 없다는 이유였다.48)

중추원은 동본동성 금혼 철폐에 대하여 부정적인 조사결과를 제시했지만, 법무국은 이를 사법법규개정조사위원회가 설치된 직후인 1937년 6월 7일과 8일에 개최된 중추원회의 자문사항으로 제출하여 다시 조선인 참의들의 의견을 조사했다.49) 자문에 응한 총 63명의 참의 가운데 동성동본 금혼에 찬성한 사람은 약 20여 명이고 금혼 범위를 축소하자는 의견을 제출한 사람은 약 40여 명이었다. 여전히 많은 참의들이 동성동본 금혼의 폐지에 반대했다. 조선총독부는 중추원 참의들의 반대를 확인한 직후 또다시 『매일신보』를 통해 대표적인 조선인 인사들의 의견을 물었으나, 일반 조선인들은 동성동본 금혼 규정에 찬성하고 있었다.50)

조선총독부 법무국은 동성동본 금혼을 완화하거나 폐지하려 했다. 비록 동성동본 금혼에 관한 조선 관습이 확고했으나, 조선총독부는 조선 재래의 관습 중에서 부적절하다고 판단되는 것은 이른바 "성문(成文)으로 해서 종래의 폐단"을

照會回答綴(1936~1938)』.
47) 「朝鮮高等法院長 → 中樞院書記官長 同本同姓間ノ婚姻ニ關スル件(1936. 4. 25)」, 『慣習ニ關スル照會回答綴(1936~1938)』.
48) 「中樞院書記官長 → 朝鮮高等法院長 同本同姓間ノ婚姻ニ關スル件(1936. 6. 1)」, 『慣習ニ關スル照會回答綴(1936~1938)』.
49) 朝鮮總督府中樞院, 『第18回中樞院會議參議答申書』, 1937.
50) 『每日申報』 1937. 6. 11.

없애려 했다. 조선총독부가 성문법으로 과거 관습을 변경하려 한 이유는, 동성동본 금혼의 관습이 거의 변화하지 않았고 서양자제도, 입부혼인, 창씨제도 등도 관습법으로 성립하지 않고 있었기 때문이다. 조선총독부가 추진했던 이성양자제도, 창씨제도 등은 성문화하지 않으면 조선인의 친족제도에 도입될 수 없는 성질의 것이었다.

한편 조선인의 친족·상속에 관해서는 조선총독부가 이미 1918년부터 조사를 진행했기 때문에, 1938년 무렵에는 이미 80~90%의 안건에 대해 법제화방침이 확정된 상태였다.51) 조선총독부는 1939년 1월 8일과 9일에 다시 한 번 조사위원회를 개최하여 최종적으로 검토하려 했다. 1939년 조선민사령 제11조 개정안이 확정되었을 무렵, 7월 24일부터 26일 사이에 재판소부장급합의지청상석판사회의(裁判所部長及合議支廳上席判事會議)가 열렸다. 이 자리에서 미야모토 하지메 법무국장이 한 발언을 통해 1939년 당시 법무국의 입장을 확인할 수 있다.

> 내지에서는 우리나라의 독특한 순풍미속(淳風美俗)을 기조로 국정(國情)과 시대에 적합하게 하기 위해 민법 친족편 및 상속편에 관한 개정이 행해지고, 반도에서도 동일 지표 아래에서 반도인의 친족급상속(親族及相續)에 관한 전반적 성문입법의 업이 진행되어 순수일본법학의 건설을 보고 있다는 것은 참으로 동경에 감당하지 못하는 바이다.52)

여기에서 주목할 것은 "우리나라(일본—인용자)의 독특한 순풍미속을 기조로" 민법의 친족편 및 상속편에 관한 개정이 진행되고 있고, 조선총독부도 이와 같은 지표 아래에서 성문화를 시도하고 있다는 언급이다. 이것은 일본의 친족·상

---

51) 『每日申報』 1938. 12. 1.
52) 「宮本元法務局長演述要旨(裁判所部長及合議支廳上席判事會議)」, 『司法協會雜誌』 18권 8호, 1939, 103쪽.

속법에 관한 규정이 일본 관습을 고려하면서 개정되고 있듯이, 조선에서도 조선 관습을 고려하면서 친족법 및 상속법 개정이 진행되어야 함을 강조하는 것이다. 이와 같은 인식에서 조선총독부는 전시하 "친족·상속에 관한 반도인의 법적 생활의 안전을 확보하기 위해서"53) 조선 관습의 성문화를 계속 추진했고, 1939년에 조선민사령 제11조가 개정되었다.

3. 1939년 조선민사령 제11조 개정과 창씨개명 정책의 전환

조선민사령 제11조 개정안은 1939년 8월 31일에 조선총독이 상주하여, 10월 18일에 척무대신이 내각총리대신에게 진달하고, 1939년 11월 7일에 각의 결정을 거쳐54) 1939년 11월 10일에 제령 제19호로 공포되었다. 1921·22년 조선민사령 개정 당시에는 조선총독부와 일본정부가 서로 갈등하여 복잡한 사정을 겪었지만, 1939년 조선민사령 제11조 개정에서는 큰 갈등 없이 개정이 이루어졌다. 그것은 1939년 조선민사령 제11조 개정이 기존 조선민사령 체제를 준수하는 방식으로 진행되었고, 또 일본 친족법상의 '씨(氏)'와 '서양자'제도를 도입하는 것이었기 때문이다. 조선민사령 제11조는 1939년 개정에 의해 다음과 같이 변경되었다.

> 제11조 조선인의 친족 및 상속에 관해서는 별단의 규정을 제외하고 제1조의 법률에 의하지 않고 관습에 의한다. 단 씨, 혼인연령, 재판상 이혼, 인지, 재판상 이연, 서양자 연조의 경우 혼인 또는 연조가 무효일 때 또는 취소할 때의 연조

---

53) 「年頭所感」, 『司法協會雜誌』 18권 1호, 1939, 69쪽.
54) 「朝鮮民事令中ヲ改正ス(壻養子制度創設及之ト關係スル氏ニ關スル規定)」, 『公文類聚』(http://www.jacar.go.jp/f_1.htm); 『每日申報』 1939. 11. 9.

또는 혼인의 취소, 친권, 후견, 보좌인, 친족회, 상속의 승인 및 재산의 분리에 관한 규정은 이러한 제한에 있지 않다. 분가·절가 재흥·혼인·협의상 이혼·연조 및 협의상 이연은 부윤 또는 면장에게 계출함으로써 효력을 발생한다. 단 유언에 의한 연조에 대해서는 그 계출은 양친의 사망 시로 소급하여 그 효력을 발생한다. 씨는 호주(법정대리인이 있을 때는 법정대리인)가 정한다.
제11조의 2 조선인 양자 연조에 있어서 양자는 양친과 '성'을 같이할 것을 요하지 않는다. 단 사후양자의 경우에는 이러한 제한에 있지 않다. 서양자 연조는 양자 연조의 계출과 동시에 혼인계출을 함으로써 효력을 발생한다. 서양자는 처의 가에 들어간다. 서양자 연조 또는 연조의 취소로 인하여 그 가를 떠나도 가녀의 직계비속은 그 가를 떠나지 않고, 태아가 생겼을 때는 그 가에 들어간다.55)

1938년까지 조선총독부의 입장은 조선인 호주의 '성(姓)'을 '가(家)'의 칭호로 사용한다는 것이었으나,56) 1939년 조선민사령에서는 조선인 '성'을 이용한 '가' 칭호 설치를 부정하고 일본 민법과 동일한 방식으로 변경했다. 또 제령 제20호 '조선인의 씨명에 관한 건'이 공포됨에 따라 몇 가지 사항을 제외하고는 일본식 '씨명'을 사용할 수 있게 되었다.

조선민사령 개정에 따라서 당연히 조선호적령도 개정되었다.57) 1939년 조선호적령 개정안에서는 호적의 기재사항이 "호주 및 가족의 씨명, 성급본관(姓及本貫) 및 전 호주의 씨명"으로 변경되었다. 1922년 조선호적령의 '성명'을 모두 '씨명'으로 변경했고, 기존의 호적에는 없는 '성급본관'란을 새로 창설한 것이다. 1939년 조선민사령 제11조 개정안에서 조선총독부는 일본식 씨명을 허용하는 방향으로 입장을 전환했다. 표면상으로는 조선인들의 희망에 의한 것이라

---

55)「1939년 11월 10일 制令 제19호」, 『朝鮮總督府官報』.
56)『每日申報』 1938. 12. 1; 司法法規改正調査委員會, 『司法法規改正調査委員會審議案(一)』, 1937.
57)「1939년 12월 26일 조선총독부령 제220호」, 『朝鮮總督府官報』.

고 공표되었다.

> 금차 사변을 계기로 갑자기 고양해왔던 내선일체의 민중열(民衆熱)은 황국신민의식을 자각함과 더불어 더욱 치열하게 드러났기 때문에 종래의 초안에 대해서 일부 개정을 가하여 서양자, 이성양자제도를 확립하고 동시에 일부 반도인 인사의 열망을 받아들여 씨는 그 가의 성으로 씨로 한다는 것과 같이 하지 말고, 씨는 그 가의 호주가 정하도록 하고 내지인 식의 씨를 설정할 수 있게 했다는 것은 일한병합 이래 30여 년을 통하여 실로 획기적 개정이라고 하지 않을 수 없다.[58]

위 글은 1939년 조선민사령 제11조 개정을 한국병합 30년 만의 획기적 개정이라고 평가하고 있다. 과거 조선인들이 일본식 씨명으로 변경하는 것을 엄격히 금지하다가 허용하는 쪽으로 정책을 변경했기 때문이다. 1937년에 내선일체의 구현을 위해 조선 관습에 위배되지 않는 범위 내에서 조선인의 이름을 일본인 식으로 명명하는 것을 일부 허용하긴 했으나, 1939년에는 일본식 '씨'를 도입하여 내선일체를 더욱 강화한 것이었다.[59]

위 공표문에는 조선인들의 희망에 따라 일본식 씨명을 허용한 것으로 되어 있지만, 사실 이는 조선총독부가 정치적 측면을 고려하여 강제적으로 추진한 것이었다. 조선총독부가 일본식 씨명을 조선인에게 허용한 이유는 ① 역사적으로 조선인은 제국 신민화할 수 있는 소질을 갖고 있다는 점, ② 전쟁과 내선일체의 필요성, ③ 법률상의 이유 등 세 가지였다.[60] 그중에서 전쟁과 내선일체의 필요에 의해 일본식 씨명을 허용한 측면이 중요하다. 당시에는 조선총독부가 조선인

---

58) 南雲幸吉, 『創氏及氏名變更手續と屆出書式』, 1940, 35쪽.
59) 1937년 법무국장 통첩에서는 '명(名)'의 경우에는 일본식으로 명명하는 것을 허용했다. 이에 관해서는 다음의 논문 참조. 미즈노 나오키, 「조선 식민지 지배와 이름의 '차이화'」, 『사회와 역사』 59, 2001.
60) 朝鮮總督府 法務局, 「昭和14年 制令第19號 朝鮮民事令 中 改正ノ件及 昭和14年制令 第20號 朝鮮人ノ氏名ニ關スル件ニ關スル 第75議會 擬問擬答」(이하 "擬問擬答"), 『大野綠一郞文書』(이하 『大野文書』).

의 징병을 계획하고 있었기 때문에, 외형상 조선인과 일본인을 구분할 필요가 없었다. 적을 상대로 하는 전장에서 조선인과 일본인을 구별하는 것은 실익이 전혀 없기 때문이다.

창씨 방식에서는, 대만총독부가 허가제도 형식을 취한 데 비해 조선총독부는 정책적으로 강제하는 방식을 취했다. 조선총독부가 허가제도를 선택하지 않았던 것은 다음과 같은 법률상의 이유를 고려했기 때문이었다. ① 선행법령의 존재: 조선총독부는 조선민사령 개정 과정에서 일본의 사례를 살펴본 결과 일본에서도 허가제도를 취하지 않았다는 점을 고려했다. 즉 조선총독부는 "모두 내지의 법령에 따를 필요는 없지만 조선의 특수한 사정이 없는 경우에는 가급적 내지의 법령에 따라 법령의 통일을 기하는 것이 타당"하다는 입장이었다. ② 허가제도의 결함: 허가제도를 선택했을 경우, 허가조건을 설정하는 것이 매우 곤란했다는 점이 고려되었다. 허가표준을 잘못 설정한다면 민심에 미치는 영향이 적지 않을 것이기 때문에 차라리 일괄적으로 창씨를 강제한 것이었다. ③ '씨' 설정의 의무화: 1939년 조선민사령 제11조 개정안 중에서 '씨' 창설은 의무조항이었다. '씨'제도를 시행하는 이상은 반드시 '씨'를 설정하지 않으면 안 되기 때문에 허가제도를 설정하는 것은 법리상 맞지 않는 것으로 보았다.61)

이상과 같은 이유에서 대만총독부와 달리 조선총독부는 일본식 씨명을 조선인에게 일괄적으로 강제했다. 대만과 조선에 차이가 나타난 데는 위 세 가지 이유도 있었지만, 당시 친족 관습의 차이에서 비롯된 측면도 있었다. 즉 대만에서는 관습법 재해석을 통해 일본식 '씨'제도가 1930년대에 관습법으로 확립되어 있었다. 그러나 조선에서는 1939년 조선민사령 개정 당시까지도 일본식 '씨'제도가 극소수 관행으로도 확립되지 못한 상태였으며, 오히려 조선 재래의 성본주의(姓本主義)가 강하게 유지되고 있었다. 따라서 조선총독부가 조선 재래의 성본주의를 부정하고 일본식 '씨'제도를 도입하기 위해서는 법적 수단으로 강제

---

61) 朝鮮總督府法務局, 「擬問擬答」, 『大野文書』.

할 수밖에 없었다. 이 과정에서 호주가 '씨'를 정하도록 했기 때문에, 법규상 일본식 혹은 조선식 창씨를 하는 것을 제도적으로 막을 필요가 없다고 판단한 것으로 보인다. 또 당시에는 조선인의 전시동원을 위해 내선일체가 추진되고 있었기 때문에, 사법의 영역에서도 내선일체의 실현을 선전할 필요가 있었다.

1) 조선의 성씨 관습과 일본의 '씨'

1939년 조선민사령 개정안에서는 '씨'를 관습에서 제외하고 호주가 '씨'를 정하도록 하여, 조선 관습상의 '씨'는 부정되고 일본 민법적 개념의 '씨'만이 법인되었다. 원래 조선 재래의 관습에서는 성과 씨가 동시에 사용되었다. 조선인의 성과 씨는 본관[62]과 결합하여 특정한 부계혈족을 의미하는 '종(宗)'을 표시했는데, 그것은 동성(同姓)이라도 다양한 이족(異族)들이 있기 때문이었다.[63] 조선인들의 법률칭은 개인의 소속단체인 '종'의 기호와 개인명이 결합된 형태로 구성되어 있었다.

정광현은 조선 재래의 성과 씨를 분리해 성은 혈통의 연원을 표시하고 씨는 본관을 표시한다고 파악했으나,[64] 대한제국 시기 『형법대전』 제572조에는 "씨관(氏貫)이 구동(俱同)흔 인(人)이 상혼(相婚)호거나 혹 첩(妾)을 작(作)흔 자는 태(笞) 일백에 처(處)흐고 이이(離異)흠이라"라고 되어 있다.[65] 여기서 "씨관(氏貫)이 같은 자"는 동성동본인 자를 가리키며, '씨관'의 '씨'는 본관이 아닌 성을

---

62) '본관(本貫)' 혹은 '본(本)'은 일족의 시조의 발상지를 표시하는 것으로 향관(鄕貫), 관적(貫籍), 본적(本籍)이라고도 불렀다. 朝鮮總督府, 『朝鮮の姓名氏族に關する硏究調査』, 1932.
63) 정광현, 『韓國家族法硏究』, 서울대출판부, 1967, 143~144쪽.
64) 정광현, 『韓國家族法硏究』, 서울대출판부, 1967, 144쪽.
65) 大韓國法部, 『刑法大全』.

의미한다.

『관습조사보고서』에서 성씨에 대한 일제와 조선인들의 인식 차이를 볼 수 있다. 『관습조사보고서』는 우메 겐지로가 미리 질문한 사항에 대해 조선인들이 응답한 것을 기록한 것이기 때문에 질문·응답을 통해 양자 간의 차이를 확인할 수 있다.

> 제119문: 호주와 가족은 동일한 씨를 사용하는가. 예컨대 처는 친가의 씨를 사용하지 않는가. 기타 타가(他家)에서 입적한 자는 구가(舊家)의 씨를 칭하는 관습이 없는가.
>
> 답　변: 조선에서 사람은 모두 성이 있다. 그리고 개인의 성은 부(父)의 성에 따라 정해지고, 신분이나 호적의 변동이 있어도 변경하지 않는다. 그러므로 남계혈족은 모두 동성이다.66)

앞에서 본 것처럼, 관습조사에 관한 질문은 일본 민법적 용어에 입각하여 이루어졌지만 그에 대한 답변은 조선 관습에 기초하도록 했기 때문에, 질문은 일본 민법과 같이 '씨'로 했고 조선인들은 '성'으로 답변한 것이 그대로 기록되었다. 일본 민법에서 호주와 가족은 동일한 '씨'를 사용하지만, 조선의 관습에는 일본적 '씨' 관념이 없었기 때문에 호주와 가족은 본래의 '성'을 변경하지 않았다. 그리고 일본 민법과 같이 '성'과 '씨'가 서로 구별되는 실체가 아니었다.67) 따라서 조선총독부도 식민 초기에는 '성'과 '씨'를 굳이 구분하려 하지 않았고68) 각종 공문서, 법령 및 양식에서 조선인의 표기를 성명 혹은 씨명이라는 두 개의 방식으로 했던 것이다.

또한 조선 관습은 개성을 인정하지 않았고, 조선총독부도 이러한 사실을 법

---

66) 정긍식 편역, 『改譯版慣習調査報告書』, 한국법제연구원, 2000, 304~305쪽.
67) 南雲幸吉, 『創氏及氏名變更手續と屆出書式』, 1940, 52쪽.
68) 민적법과 조선호적령에 의한 「민적」과 「호적」에는 '성명(姓名)'이라고 명시되어 있다.

인하고 있었다. 현실 생활에서 호칭의 변화가 일부 일어나기는 했지만, 그것은 법적인 변경이 아닌 일반적 호칭의 변화로 간주되었다. 1916년 5월 17일 법제16호에서는 과부가 부(夫)의 성을 칭하는 관습을 적절히 지적하고 있다.

> 과부가 부(夫)의 성을 칭하는 것은 단순히 과부가 된 관계상 편의로 칭하는 것에 불과하고 본성(本姓)을 변경한 것이라고 인정할 수 없다.69)

여기에서 과부의 성의 변화는 법률칭의 변화가 아니라 일상적 호칭의 변화에 불과하다. 조선의 관습에서 법률칭의 변화가 아닌 호칭상의 변화가 일어나는 예는 여성의 경우 상대적으로 많이 나타난다. 예컨대 결혼한 여성이 친가의 소재리명(所在里名)을 호칭으로 쓰는 예가 있다. 1920년 9월 7일 정무총감 회답을 보면 "一, 처는 부(夫)의 생전과 사후를 불문하여, 자기의 친가의 소재리명을 자기의 이름으로 사용하는 관습은 없다. 단 부의 친족 또는 근린의 자가 부를 때에 친가의 소재리명을 하는 경우가 있다. 二, 처의 친가의 소재리명에 '택(宅)' 자를 붙여서 타인이 그 부를 부르는데, 그것을 '택호(宅號)'라고 칭한다. 그리고 택호는 때에 따라 자신이 사용하기도 한다"라는 구절이 있다.70) 정무총감 회답은 여성에 대한 호칭 중에서 '부산댁', '청주댁' 등의 사례와 유사하다. 현재도 이러한 사례가 있지만, 이상의 호칭은 법률칭이 아니라 일상생활에서 사용하는 관행상의 호칭에 불과하다.

조선의 성씨 관습에서 중요한 것은, 각각의 조선인들이 부계혈족의 소속원이라는 것을 변경하지 않았다는 점이다. 그 대표적인 사례가 혼인으로 인해 '성'이 변경되지 않는 것이었다.71) 조선 재래의 호적을 살펴보면, 하나의 '호(戶)'에는 다양한 이성들이 공존하고 있다. 예를 들어 호주와 호주처, 호주모는 일반적

---

69) 朝鮮總督府, 『民籍例規集』, 1917, 82~83쪽.
70) 「1920년 9월 7일 大邱覆刑조회 정무총감회답」, 『現行親族相續法類集』, 88쪽.
71) 정긍식 편역, 『改譯版慣習調査報告書』, 한국법제연구원, 2000, 304~305쪽.

으로 동성동본 관계에 놓일 수 없다. 보통은 이성(異姓)이거나 동성이본(同姓異本)인 경우가 많다. 또 양자 연조의 경우, 성리학적 친족질서에 입각하여 양자를 들이기 때문에 양부의 부계혈족의 자항렬(子行列)에 속하는 자만이 양자가 되고, 이러한 경우에는 반드시 동성동본임이 전제된다. 따라서 조선 재래의 친족질서에는 동성동본 불혼·이성불양이라는 두 개의 원칙이 관철되고 있었고, 이 원칙들은 친족질서의 원리와 각 개인의 신분이 부계혈족 중심으로 관철되고 있었음을 의미한다. 이는 성씨에도 그대로 관철되고 있었다.

조선 재래의 성 혹은 씨가 부계혈족의 표지(標識)라면, 일본의 '씨'는 개인이 속한 '가'의 표지이다. 일본 씨는 '가'의 법률상 칭호이기 때문에 '가'의 소속원은 모두 그 '가'의 '씨'를 사용해야 하고, 조선과 같이 '호' 내부에 다양한 이성(異姓) 혹은 이씨(異氏)의 존재를 인정하지 않는다. 일본 민법 제746조에 "호주와 가족은 그 가의 씨를 칭한다"라고 되어 있듯이, 혼인과 양자 연조로 인해 상이한 '씨' 간에 결합관계가 성립하면 궁극적으로 편입되는 '가'의 '씨'로 각 개인의 법률칭이 변경되는 것이다. 예컨대 나카무라 신지(中村新志)와 미야타 아사코(宮田朝子)가 혼인을 하여 미야타 아사코가 나카무라의 '가'로 편입되면, 법률칭이 나카무라 아사코(中村朝子)로 변경되는 방식이다. 양자 연조로 인한 '가'의 이동에서도 동일한 방식으로 변화한다. 이러한 차이가 나타나는 것은 일본의 '씨'가 조선 재래의 성씨와 근본적으로 상이할 뿐만 아니라 친족제도 자체가 달랐기 때문이었다.

이런 차이를 반영하여 식민지 조선의 호적식(戶籍式)에서는 조선인들의 법률 칭을 공식적으로 '성명(姓名)'이라고 표기했다. 조선총독부도 최소한 1939년 이전까지는 '성'과 '씨'를 굳이 구분하려 하지 않았다. 그러나 1939년 조선민사령 제11조 개정 이후에는 '성'과 '씨'를 엄격히 구분하기 시작했다.[72]

---

72) 笠原敏二, 『半島に於ける氏設定·改名の手續』, 1940, 19쪽.

민법에서 말하는 씨는 가를 표창하기 위한 법률상의 명칭이지만, 조선에서는 법률상 가의 존재가 인정되고 있음에도 가의 칭호는 없었다. 성은 남계의 혈족을 표시하는 칭호이고 가에 붙는 것이 아니라 사람에게 붙는 것이다. 그렇기 때문에 사람이 속한 가가 변해도 (…) 성은 변화하지 않는다.[73]

'씨'와 '성'에 법적으로 차이가 생긴 것은 1939년 조선민사령 제11조 개정안에서 '씨'를 제외했기 때문이었다. 조선민사령 제11조 개정을 계기로 '씨'는 일본 민법적 개념을 획득했고 '성'은 조선 관습의 의미를 갖게 되었던 것이다. 1939년 조선민사령 제11조 개정안은 '씨'를 관습에서 제외하고 호주가 '씨'를 설정하도록 함으로써 '씨'를 일본 민법상의 '가'의 칭호로 만들었다.

1939년 조선민사령 제11조 개정에 따라 조선호적령 중 '성명'은 모두 '씨명'으로 고쳐졌고,[74] '성급본관'란이 따로 만들어져 조선인의 부계혈족도 동시에 표시했다. 조선 재래의 성과 본관을 호적에 남겨둔 것은 사후양자제도와 동성동본 금혼제도가 여전히 관습법으로서 효력을 유지하고 있었고,[75] 성에 대한 조선인들의 관습을 부정한다는 비판을 회피하기 위해서였다.

제령 제20호 제2조는 "씨명은 변경할 수 없다. 단 정당한 사유가 있는 경우에 조선총독이 정한 바에 따라 허가를 받았을 때는 이러한 제한에 있지 않다"고 했다. 그러나 1939년 조선민사령 개정안 시행과 더불어 조선인들에게 씨명이 생겼기 때문에, 다시 제령 제19호를 발하여 "조선인 호주는 본령 시행 후 6개월 이내에 새로 씨를 정하고, 부윤 또는 읍면장에게 신고"하도록 했다. 이에 근거하여 1940년 2월 11일부터 8월 10일까지 모든 조선인들은 반드시 창씨를 해야 했다. 이 기간에 호주가 창씨계를 제출하지 않더라도 법적으로 처벌을 받지는 않았으나 법제상으로는 호주의 '성'이 그대로 '씨'가 되었다. 조선민사령

---

73) 朝鮮總督府法務局, 「氏制度の解說」, 『大野文書』.
74) 「朝鮮總督府令 제220호」, 『朝鮮總督府官報』.
75) 「疑問擬答」, 『大野文書』.

〈표 3-4〉 창씨와 개명 건수

씨 설정기간 내	씨 변경허가(戶)	명 변경허가(人)
1940년 2월 11일~8월 10일	3,893	1,201,764
씨 설정기간 후	씨 변경허가(戶)	명 변경허가(人)
1940년 8월 11일~9월 30일	1,904	539,811
10월	3,325	135,061
11월	3,076	82,253
12월	3,678	64,204
1941년 1월	3,662	53,352
2월	3,980	48,173
3월	4,651	40,592
4월	3,523	28,608
5월	3,764	24,525
6월	3,004	17,767
7월	2,856	14,710
8월	2,408	14,443
9월	2,579	14,175
10월	2,078	11,332
11월	1,922	9,663
12월	2,604	10,930
계	49,014	1,109,599
총계	52,907	2,311,363

출처: 金英達, 『創氏改名の硏究』, 未來社, 1997.

에 일본식 창씨개명에 대한 강제적 표현은 없었지만, 조선총독부는 행정적으로 일본식 창씨를 강요했다. 이는 일본식 창씨가 81.6%에 달한 반면 일본식 명(名)은 9.6%에 불과했던 것을 통해서도 추측할 수 있다(〈표 3-4〉 참조).

〈표 3-5〉의 지역별 '씨' 설정률을 보면, 일본 본국은 14.2%에 불과했다. 일본식 씨명은 오히려 일본에 거주하는 조선인들에게 사회활동을 위해 더욱 필요했을 것이라고 판단되지만, 조선 거주자가 압도적으로 많은 수를 점하고 있다. 이는 일본정부가 일본식 씨명으로의 전환에 적극적이지 않았던 반면, 조선총독부는 일본식 씨명의 법제화에 적극적이었던 것과 관련이 있을 것으로 생각된다.76)

---

76) 1939년에 조선총독부가 일본식 씨명으로의 변경에 관해서 일본 본국정부를 적극적으로 설득하고 있을 당시 척무차관이었던 田中武雄는 부정적 견해를 갖고 있었다. 學習院大學東洋文化硏

〈표 3-5〉 거주지역별 '씨' 설정계 건수

거주지역	계출건수	호주(세대수)	계출률(%)
조선	3,150,634	4,123,646	76.4%
일본	27,453	192,318	14.2%
만주	40,393	214,522	18.8%
중국	2,032	13,980	14.5%
기타	181	불명	
계	3,220,693		

출처: 金英達, 『創氏改名の硏究』, 未來社, 1997.

2) 조선인의 양자 관습과 서양자제도의 도입

1939년 조선민사령 제11조 개정을 통해 일본 민법상의 서양자와 이성양자제도가 인정되었다. 즉 "조선인 양자 연조에 있어서 양자는 양친과 '성'을 같이할 것을 요하지 않는다"라고 규정함으로써 성문법으로 양자제도를 변경했다. 단 사후양자의 경우는 위 규정에서 제외하여 조선 재래의 관습을 그대로 유지했다. 그리고 "서양자 연조는 양자 연조의 계출과 동시에 혼인계출"을 할 때 효력을 갖도록 함으로써 이성양자제도와 같이 성문 법제화를 달성했다. 조선민사령 제11조 개정안은 조선 관습의 핵심이었던 동성동본 불혼 관습과 이성불양 중에서 한 축을 부정하는 중요한 변화를 의미했다.

원래 조선인의 입양요건에 관해서는 『경국대전』에 "적처와 첩에게 모두 자식이 없을 경우 관에 알리고 동종의 자항렬로 후사를 삼는다(嫡妾俱無子 告官立同宗支子爲後)"라는 규정이 있었고, 1894년 5월 28일 의안(議案)에도 "적처(嫡妻)와 첩에게 모두 자식이 없는 후에 비로소 양자를 허용하는 법을 밝힐 것"이라고 규정되어 있다. 또 1905년 『형법대전』 제582조는 "첩의 자(子)가 유(有)흔대 동종(同宗)에 솔양(率養)흔 자는 징역 1년에 처흐고 그 자(子)는 본종(本宗)에 귀(歸)홈이라"고 하여 처와 첩 모두에게 아들이 없는 경우에 입양을 허용했다. 조선총

究所, 『未公開資料 朝鮮總督府關係者 錄音記錄(2)』, 2001(정재정 역, 『식민통치의 허상과 실상』, 혜안, 2002, 148~149쪽).

독부도 이 같은 규정에 근거하여, 서자가 있는 경우에는 입양이 불가능하다고 판단하고 있었다.

그러나 법 규정과 실제 관행은 약간 거리가 있었던 것으로 보인다. 입양과 관련한 경성공소원 민사제2부재판소장의 조회에 대해 1911년 5월 19일 취조국장은 "적자(嫡子)가 없을 때 서자로서 상속케 하는 것은 대전(大典)의 규정이 있지만 적서(嫡庶)의 구별은 그 가의 자격에 관한 것이기 때문에 다른 데서 양자를 삼는 예가 있다"라고 하여, 서자가 있어도 입양을 하는 예가 있었음을 보여주고 있다.77) 이 회답은 당시 조선의 입양 관습을 객관적으로 나열하고 있을 뿐, 그 관습에 대한 취조국장의 입장은 서술하지 않았다. 그러나 당시에는 친족·상속에 관해 관습법주의에 입각해 있었기 때문에, 위와 같은 서술은 곧 법적 판단에 영향을 끼쳐 서자가 있는 경우라도 다른 데서 양자를 삼을 수 있다고 해석할 수 있는 표현이었다.78)

다음의 1913년 5월 20일 고등법원의 판례는 조선의 입양 관습에 대한 적절한 사례이다. 즉 "『대전회통』예전(禮典) 입후조(立後條)에 '적처와 첩에게 모두 자식이 없을 경우 관에 알리고 동종의 자항렬에서 후사를 삼는다'라고 되어 있고, 또 그 보문(補文)에 '사사로이 자기가 후사를 세우는 자는 죄를 묻는다 운운(私自立後者論罪云云)'이라고 되어 있으나, 위 규정은 실제로 행해지지 않았다. 그리고 적자가 없는 경우에 서자가 있더라도 예사(禮斜)를 받지 않고 양자를 하는 데 방해가 되지 않는 것은 서인(庶人)이든 종친국척(宗親國戚)이든 불문하고 일반의 관습이다"라고 하여, 서자가 있는 경우에도 입양을 하는 것을 관습으로 확인했다.79) 기존의 회답에서는 서자가 있는 경우의 입양을 일부에서 통용되는

---

77) 朝鮮總督府中樞院, 『民事慣習問答彙集』, 1933, 54~55쪽.
78) 경성복심법원 민사제1부재판장 조회에 대해 1912년 10월 8일 정무총감은 "一. 법제에서는 서자가 있는 자의 양자를 인정하지 않는다, 또 예사(禮斜)를 받기 위해서는 적(嫡)·첩(妾) 모두 자식이 없는 것을 예로 한다. 만일 서자가 있을 때는 그것을 허락하지 않지만 예사를 받는 자는 극히 적고, 따라서 서자가 있음에도 불구하고 양자를 하는 경우가 가끔 있다. 그러나 서자가 있다고 해서 그 양자 연조를 무효로 했다는 것은 듣지 못했다"라고 하여 서자가 있는 경우에도 입양을 하는 사례가 있음을 확인해주고 있다.

관행 정도로 파악했지만, 1913년의 판례는 이것을 하나의 관습으로 인정해주고 있는 것이다.

다음 자료는 1910년대 입양 관습을 둘러싼 변화를 잘 보여준다. 1914년 4월 14일 경성지방법원장대리 앞으로 보낸 회답에서 정무총감은 "조선에서 법령상 서자는 제사·재산상속 및 호주에 대해 당연히 상속권이 있지만, 실제로는 서자를 비하하고 있다. 또 서자는 청관(淸官)에 임명될 수 없기에 문벌이 있는 자는 서자가 있어도 타인의 적자를 양자로 삼고, 제사 기타의 상속을 하는 것을 통례로 하고, 이어 일반의 관습으로 되었다. 갑오개혁의 즈음에80) 서자가 있는 자의 양자를 금하고 실제로도 서자를 두고 양자를 삼는 자는 점차 그 수를 감(減)하고 있지만, 아직 완전히 그 적(跡)을 단절시키는 데 이르지 못했다. 금일에는 한편으로 서자에게 상속권이 있음과 동시에 양자를 삼는 것도 역시 방해받지 않는 상태에 있다"라고 답변했다.81) 이상의 회답은 1914년 무렵까지 입양요건과 관련해 구관습과 신관습이 병존하고 있었음을 보여준다.82) 서자가 있는 경우에도 입양하는 관행은 각종 구법규에 의해 규제되었지만, 1914년까지는 관습으로서 조선총독부도 인정하는 상황이었다.83)

그러나 조선총독부는 1915년에 발한 관통첩 240호를 통해 위의 관습을 제한하기 시작했다. 관통첩 240호는 "양자를 삼을 수 있는 자는 호주와 가족을 불문한다. 기혼의 남자로서 친자손(남)이 없는 자에 한하고 또 양자로 될 수 있는 자는 양친의 남계혈족의 남자 중 자(子)의 항렬에 해당하고 또 양친보다 연소한 자에 한함으로써, 그것에 반하는 양자의 신고는 수리하지 말 것"이라고 규정했다.84) 위 통첩에는 서자가 있는 경우 양자를 삼을 수 없다는 말이 구체적으로

---

79) 司法協會, 『朝鮮高等法院判決錄(2권)』, 300쪽.
80) 「嫡妾이 俱無子然後에 始許率養」, 『民事慣習問答彙集』, 171쪽.
81) 朝鮮總督府中樞院, 『民事慣習問答彙集』, 1933, 179~181쪽.
82) 「1914년 2월 6일 목포지법 앞 정무총감 회답」, 『民事慣習問答彙集』, 1933, 171쪽.
83) 司法協會, 『朝鮮高等法院判決錄(3권)』, 9쪽.
84) 朝鮮總督府法務局, 『民籍例規』, 1922, 35쪽.

나와 있지 않지만, 양자를 삼을 수 있는 자를 엄격히 제한함으로써 서자가 있는 경우의 입양을 제한하고 있다. 이는 당시 사법부장관의 해석에 따른 것이다. 1917년 4월 5일 경상북도장관의 조회에 대한 회답에서 사법부장관은 "서자가 있는 호주가 사망한 경우는 1915년 8월 관통첩 제240호 10의 1에 의해 그 서자(庶子)가 호주가 될 수 있고, 양자의 신고는 그것을 수리치 않음으로써"라고 하여 서자가 있는 경우 양자 신고 접수를 거부할 것을 지시했다.85) 이렇게 민적상으로는 1915년부터 서자가 있는 경우의 입양이 제한되기 시작했지만, 이는 법적으로 부정된 것이 아니라 민적 등재만 거부된 것이었다. 그러나 1917년부터는 법원의 관습 인식에 변화가 일어나기 시작했다. 1917년 11월 7일 판례는 다음과 같이 해석한다.

> 종래 일부 사회 특히 명문세가 사이에서 서출(庶出)의 남자가 있음에도 불구하고 피상속인 사망 후 그 유처(遺妻) 등이 바로 다른 데서 양자를 하고 그로 하여금 가독을 상속하게 하는 것과 같은 사례가 없지 않았지만, 이와 같은 것은 명문세가 각자의 일개 전천행위(專擅行爲)에 불과하고 관습법인 효력을 가졌던 것은 아니다.86)

즉 일제 전반기에 일부 효력이 인정되었던 '서자가 있는 경우의 양자 입양'은 1910년대 후반에 접어들면서 그 법적 효력을 잃었다. 이는 관습조사사업을 통해서도 확인할 수 있다. 1921년 구관급제도조사위원회 결의를 보면 "종전에는 일반적으로 서자의 계통을 비하하는 풍속이 있었기 때문에 서자인 남자가 있음에도 양자를 하는 일이 있었으나 현재는 적자든 서자든 불문하고 자(子)가 있는 자의 양자를 인정하지 않는다"라고 하고 있다.87) 결국 1917년부터 서자가 있는 경우 양자를 삼을 수 없다는 것이 현행 관습으로 인정받았음을 알 수 있다.

---

85) 朝鮮總督府法務局, 『民籍例規』, 1922, 242~243쪽.
86) 司法協會, 『朝鮮高等法院判決錄(4권)』, 1018쪽.
87) 「1921년 10월 13일 舊慣及制度調査委員會決議」, 『民事慣習問答彙集』附, 24쪽.

서자가 있는 경우의 입양 불가는 서자의 적극적인 노력과 더불어 신분관념이 해소되면서 점진적으로 관습법의 효력을 인정받았다고 보아야 할 것이다.

이상에서 알 수 있듯이, 조선총독부는 조선인 양자제도에 관해서 구법전의 규정에서 벗어나는 관행을 규제하기도 했다. 이는 구법규를 존중해서가 아니라 신분적 관념이 시대적 상황과 부합하지 않은 면이 있었기 때문이었다.

한편 조선총독부는 법 규정에서 벗어나는 신관습을 용인하기도 했다. 그것은 차양자의 사례에서 잘 나타난다. 『관습조사보고서』에서는 조선인의 양자요건을 '소목지서(昭穆之序)'의 준수로 이해했다.[88] 1909년 8월 24일 법전조사국장은 조선인의 양자제도에 관한 평양공소원(平壤控訴院) 조회에 대해 "양자가 될 수 있는 자는 남계(男系)의 동일혈족인 남자임과 동시에 반드시 양친자의 비속(卑屬)이어야 한다. 따라서 관습의 본지(本旨)로 하면 소목에 적합한 자 간의 순위에 대해서는 근친을 먼저 해야 할 것이지만 실제에서는 반드시 그 선후의 서(序)를 지키지 않는 것 같다. 다만 형제의 자(子)를 우선하는 예가 많을 뿐이다"라고 회답했다.[89] 또 1911년 5월 10일 취조국장은 군산구재판소(群山區裁判所) 조회에 대해 "주(註)의 '고관(告官)'의 규정 역시 관습과 일치하지 않는다. '형제항렬이나 손항렬에서는 양자를 들이지 않는다(尊屬與兄弟及孫不相爲後)'라는 규정은 관습과 일치한다. 이것으로써 조선의 양자는 자(子)항렬, 즉 형제의 자, 재종형제(再從兄弟)의 자, 삼종형제(三從兄弟)의 자 등에서 취하고 부(父)의 항렬, 손(孫)의 항렬에서 취하지 않는다. (…) 요컨대 자항렬 이외의 존속(尊屬) 및 비속(卑屬)에서 취하는 양자는, 가령 예사(禮斜)를 받았을지라도 무효로 한다"라고 답변했다.[90] 이와 같이 조선총독부는 양자제도에 관하여 매우 엄격한 입장을 취하고 있었고,[91] 민적취급에서도 유교적 예제에 입각한 처리를 하고 있었다.[92]

---

88) 정긍식 편역, 『改譯版慣習調査報告書』, 한국법제연구원, 2000, 329~334쪽.
89) 朝鮮總督府中樞院, 『民事慣習回答彙集』, 1933, 13~15쪽.
90) 朝鮮總督府中樞院, 『民事慣習回答彙集』, 1933, 55~57쪽.
91) 高等法院書記課, 「(1911년 民上 제242호) 1912년 1월 24일 朝鮮高等法院判決」, 『朝鮮高等法院判決錄(1권)』, 426~429쪽.

조선총독부는 소목지서의 준수를 조선인 양자제도의 중요요건으로 파악하고 있었지만, 조선 관습 일부에서는 소목지서를 침해하는 사례가 지속적으로 나타나고 있었다. 소목 관습의 위배 현상은 차양자의 경우 가장 잘 드러났다. 그것은 차양자 관습이 조선의 양자원칙이었던 소목지서와 갈등관계를 형성하면서 성립했고, 일제시대에 접어들면서 보통양자와 동일한 지위를 획득했기 때문이었다. 원래 식민지 초기의 차양자는 조선 후기에 성립한 차양자와 매우 흡사한 모습을 하고 있었다.93) 『관습조사보고서』에는 "별개로 차양자라는 것이 있다. 입양된 자가 혼인 후 무자(無子)로 사망하면 그 양자와 동항렬자(同行列者), 예컨대 그 아우를 양자로 하는 것이다. 이 경우에는 그 차양자에게 '자(子)'가 태어나기를 기다려 이를 망양자(亡養子)의 양자로 하고 차양자는 친가로 복귀하는 것이다"라고 기술하고 있다.94)

이러한 관습조사 실태는 지방장관과 사법부장관의 회답을 통해서도 확인된다. 1916년 3월 30일 경상북도장관이 "혼인한 장남(또는 양자)이 사망하고 자식이 없는 경우에 차양자를 하고 그 차양자는 양부 사망과 동시에 호주가 되고 그 후 차양자에게 남자가 출생할 때는 그 자(子)를 사망한 장남(또는 양자)의 양자로 하고 이에 정당히 그 가(家)를 상속케 하고 차양자는 호주를 물러나는 관습이 있지만, 민적법의 취급으로서는 차양자 신고는 수리치 않을 수 있는지 또 수리할 수 있다면 그 취급방법"을 조회하자, 사법부장관은 1916년 6월 10일 관통첩 제85호에서 "양자로 취급함이 가(可)하다"라고 답변했다.95) 또 1916년 11월 4일 관통첩 제188호는 "차양자의 취급방법에 관한 1916년 6월 11일 관통첩 제85호에 대해 왕왕 질의가 있은 바 민적취급으로서는 차양자를 전연 보통양자의 취급례에 의(依)하게 하는 것에 그친다"라는 내용을 발표했다.96) 이상

---

92) 「1915년 8월 7일 관통첩 제 240호」, 『民籍例規』, 1922, 35쪽.
93) 金斗憲, 『韓國家族制度硏究』, 서울대출판부, 1969, 276쪽.
94) 정긍식 편역, 『改譯版慣習調査報告書』, 한국법제연구원, 2000, 332쪽.
95) 朝鮮總督府, 『民籍例規集』, 1917, 85쪽.
96) 朝鮮總督府法務局, 『民籍例規』, 1922, 244~245쪽.

의 관통첩은 차양자의 성격과 법적 지위에 대한 규정이 아니라 민적상 취급방법만을 언급하고 있긴 하지만, 관통첩을 통해서도 조선 재래의 차양자 관습의 존재가 확인되고 있다.

중요한 것은 관통첩 제85호, 제188호를 통해 조선총독부가 차양자를 민적상 보통양자와 동일하게 취급했다는 점이다. 그 이유는 차양자의 법적 지위를 보통양자와 동일한 것으로 판단했기 때문이 아니었다. 이는 조선 재래의 소목 관습의 변칙 현상에 대한 행정적 절충에 불과했다. 즉 호주의 망장남(亡長男)을 위한 보통양자의 경우 민적상 아무런 문제가 발생하지 않았지만, 망장남의 자식 항렬에 적당한 자(者)가 없는 경우에 일시적으로 입양하는 차양자는 민적취급상 복잡한 문제를 일으킬 수밖에 없었다. 그것은 양친자 관계의 당사자를 누구로 볼 것인가 하는 점 때문이었다. 조선의 관습상 양친자 관계는 부자서열자(父子序列者) 간에 맺는 것인 데 반해, 차양자와 망장남은 부자항렬(父子行列)이 아닌 형제항렬(兄弟行列)이기 때문에 형제관계에 있는 당사자들을 부자관계로 취급할 수는 없었다. 따라서 불가피하게 망장남이 아닌 호주의 양자로 취급했던 것이다.

차양자는 민적상 일반양자로 표기되었으나, 친족·상속법상으로 보통양자와 동일한 지위를 확보하지 못하고 있었다. 1915년 1월 14일 함흥지방법원북청지청 조회에 대해 정무총감은 1915년 2월 16일 다음과 같이 답변했다. "二, 차양자는 양가의 제사자 지위를 승계하지 않고 다만 그 섭행자 지위에 설 뿐이므로 제사에 관하여는 차양자와의 사이에 상속이 이루어지지 않지만, 양친의 유산 및 호주의 지위에 관하여는 차양자에게 남자가 출생할 때까지 일시 이를 승계하기 때문에 이러한 점에 있어서 상속이 이루어진다. 三, 차양자에게 남자가 출생하면 그 출생아는 바로 제사, 호주 및 재산상속을 하고 차양자는 친가로 복귀해야 한다고 하지만, 실제로는 출생아가 상당한 연령에 달하는 것을 기다리고, 그 시기는 일정하지 않다. 또 복귀에 관하여는 아무런 형식이 없다. 四, 차양자는 호주의 양자이고 그 출생아는 당연히 망장남(亡長男)의 양자가 된다."97) 이상의 정무총감 회답은 호주 및 재산에 대해 '상속'이라는 용어를 사용하여 차양자의 상속권을 인정했지만, 제사관계에 대해서는 '섭행'이라는 용어를 사용하여 상속이 아닌 대행(代行)에 불과함을 밝혔다는 점에서 중요한 의미를 가진다.98) 따라서 1910년대의 차양자는 양가(養家)의 제사상속 계통에서 완전히 배제된 상태였고, 호주 및 재산상속에서는 차양자의 자(子)에 대한 일시적인 승계권자에 불과했음을 알 수 있다.99)

그런데 1920년대부터 조선 재래의 차양자 관습에 변화가 나타나기 시작했다. 차양자제도의 변화는 최초에 차양자가 보유한 상속상 지위가 아니라 차양자 선정요건에서 시작되었다.100) 일부 조선인들이 소목지서에 부합되는 적격자가 있는데도 그를 배제하고 차양자를 하고 있었던 것이다.101) 조선총독부는 그 행위를 법적으로 뒷받침했다. 이런 변화는 차양자가 지닌 법제적 한계, 즉 호주 및 재산관계에서는 상속권을 갖지만 제사관계에서는 상속권을 갖지 못한다는 한계를 전제로 하여 성립하고 있었다. 따라서 차양자의 성격 자체가 변화한 것은 아니었다. 그러나 1920년대 후반 무렵, 조선고등법원은 차양자 관습에 대한 입장을 바꾸었다.

1) 차양자는 호주상속 및 재산상속 기타 친족법상의 사항에 관하여는 전연 보통양자와 동일하게 보고, 가령 남자를 낳더라도 이로 인하여 상속이 개시되는 것이 아니고 또 그 가를 떠나야 하는 것이 아니라고 하는 것이 정당하다 할 것이다.
2) 호주의 망장남을 위하여 양자를 해야 할 경우에 차양자를 한 때도 역시 전술한 취지에 따라 보통의 양자로 보고 이에 기하여 일체의 친족 및 상속에 관한 사항을 해결하는 것이 정당한 것으로 한다.102)

---

97) 朝鮮總督府中樞院, 『民事慣習回答彙集』, 1933, 218~219쪽.
98) 朝鮮總督府中樞院, 『民事慣習回答彙集』, 1933, 199~200쪽.
99) 朝鮮總督府中樞院, 『民事慣習回答彙集』, 1933, 175쪽.
100) 「(1919년 民上 제285호) 1920년 3월 12일 朝鮮高等法院 判決」, 『朝鮮高等法院判決錄(7권)』, 88~103쪽.
101) 「(1924년 民上 제256호) 1924년 12월 15일 朝鮮高等法院判決」, 『朝鮮高等法院判決錄(11권)』, 224~233쪽.

위의 결의는 차양자의 법적 지위 변화를 단적으로 보여주고 있다. 위 결의에 의해 차양자는 친족·상속법상 보통양자의 지위를 획득했다. 기존에는 호주상속·재산상속에서 차양자가 자신의 친자에 대해 우선권을 갖지 못했지만, 이제는 '자'의 출생이 호주 및 재산상속의 개시원인이 되지 못했다. 따라서 '자'의 출생과 동시에 혹은 '자'가 상당 연령에 달한 뒤에 양가를 떠날 필요도 없게 되었다. 결국 차양자가 호주가 된 뒤 그 차양자에게 남자가 출생했을 때 이를 전 호주(前戶主)의 망장남의 양자로 하고 그 '가'를 상속케 하는 관습이 소멸되었던 것이다.

이와 같이 조선총독부는 조선인 양자 관습에 대한 기존의 태도를 변경했는데, 이에 대해서는 1910년대 고쿠부 미쓰이의 법제논리의 연장선상에서 파악할 수 있다. 즉 구관습과 신관습이 병존하고 있을 경우, 신관습에 법적 효력을 부여하는 방식을 취했던 것이다. "실제로 차양자가 남아를 낳아도 곧바로 친가로 복귀하지 않고 그 '가'에 머물러 호주의 실권을 장악해오고 있다. 따라서 호주 변경의 신고를 하지 않는 실상에 있다. 때문에 오히려 그 사실에 착안해서 그것을 보통양자로 동일하게 보고 차양자가 남아를 낳아도 상속 개시하는 일이 없고 또 '가'를 떠날 필요도 없다"는 것이었다.103)

이상의 언급은 차양자의 법적 지위 변화가 거가(去家) 관습과 밀접한 관계에 있었음을 보여준다. 원래 차양자는 차양자의 '자' 출생과 동시에, 혹은 상당 연령에 달하면 자연히 상속상 지위를 상실하면서 거가해야 했지만, 친가 복귀의 관습이 점진적으로 소멸되어감에 따라 차양자가 양가를 지속적으로 점거하면서 상속상의 지위도 종국적으로 보유하게 되었던 것이다. 중요한 것은 차양자 자신이 남아(男兒)를 낳아도 친가로 복귀하려고 하지 않을 뿐만 아니라 호주 변경 신고조차 하지 않는 현실이었다. 위 견해는 차양자에게서 '자'가 태어날 경우 전 호주의 망장남과 사후양자 연조를 할 필요도 없을 뿐만 아니라 사후양자 연

---

102) 「1927년 9월 21일 判例調査會決議」, 『司法協會雜誌』 6권 10호, 1927, 43~45쪽.
103) 野村調太郞, 「朝鮮に於ける現行の養子制度」, 『司法協會雜誌』 7권 7호, 1928.

조를 했다 할지라도 그 '자'로 인한 호주 및 재산상속이 행해지지 않았다는 것이다.104) 이와 같이 조선총독부는 엄격하게 규제하고 있었던 소목지서 관습을 완화하기 시작했다.

　1920년대 조선총독부가 양자제도에서 변화를 추진한 것은 '이성불양'이라는 원칙을 고수하는 범위 내에서였다. 즉 손항렬(孫行列)이나 형제항렬(兄弟行列)에 있는 자를 인정한 것에 불과했다. 그러나 1939년의 서양자나 이성양자제도는 관습의 자생적 변화가 아니라 법제적 힘으로 조선 관습을 변형시키려 한 것이었다.

　1939년 서양자제도는 조선 관습과 접합되었기 때문에 완전한 일본 민법적 성격을 갖추지 못하고 조선 관습의 특징도 일부 띠게 되었다. 서양자 연조는 조선민사령 개정안에서 알 수 있듯이, 양자 연조와 혼인을 동시에 실행하는 것을 통해서 성립된다. 일본의 서양자제도는 서양자가 양가를 상속하는 제도로 보이지만, 일단 가녀(家女)에게 상속시키고 서양자와 가녀 사이의 자식을 그 후계로 하는 제도이다. 그러나 조선민사령의 서양자 연조는 '가'에 남자가 없고 여자만 있을 때 가능하기 때문에, 일본 민법의 서양자와 달리 반드시 법정추정호주상속인[養嗣子] 지위를 획득한다. 일본 민법의 서양자는 양자라는 점에서는 차이가 없지만, 그 상속순위는 '처'인 가녀의 순위에 따른다. 즉 일본 민법에서는 단순한 양자인지 서양자인지에 따라서 상속순위에 차이가 발생하지만, 조선민사령에서의 서양자 연조는 '가'에 남자가 없을 경우에만 가능하기 때문에 상속에서 항상 제1순위가 된다.

　조선의 관습상 여자는 호주상속권을 인정하지 않았으므로, 일본 민법 제973조와 같이 서양자가 배우자인 가녀의 상속순위에 따라 상속하는 것이 아니었다. 조선민사령에서 서양자는 곧바로 양사자 지위를 갖기 때문에 일본 민법과 조선민사령은 그 성격에서 큰 차이가 있었다.105) 조선민사령의 서양자는 일본 민법

---

104)「1927년 10월 28일 光州支法 앞 法務局長回答」,『朝鮮戶籍例規』1933, 289쪽.
105) 조선 서양자의 특징에 대해서는 다음의 논문 참조. 岩島肇,「朝鮮民事令に於ける壻養子に就

〈표 3-6〉 내선인 간의 '가' 출입 현황(1924~1938)

		혼인	입부혼인	양자연조	서양자연조	이혼	파양	인지	친족입적
조선가 ↓ 내지가	1924	2	3	3	3	0	0	1	0
	1926	0	11	5	3	0	0	0	0
	1928	3	5	10	4	0	0	0	0
	1930	0	9	16	1	3	0	0	1
	1932	7	22	27	8	9	0	1	0
	1934	18	37	72	14	13	0	5	7
	1936	29	55	53	10	20	4	4	24
	1938	40	115	94	30	27	11	11	38
내지가 ↓ 조선가	1924	29	0	0	0	0	2	0	0
	1926	40	0	0	0	0	1	4	0
	1928	59	0	0	0	0	1	5	0
	1930	87	0	0	0	0	12	14	0
	1932	109	0	0	0	0	9	10	1
	1934	240	0	0	0	0	14	20	0
	1936	207	1	1	0	0	8	24	1
	1938	340	0	0	0	8	11	41	5

출처: 『思想彙報』 제23호(1940년 6월).

상의 서양자와 유사하면서도 독특한 성격을 지니고 있었다. 그 이유는 조선민사령의 서양자가 양자제도에서 조선 특유의 관습과 결합되면서 성립했기 때문이었다.

위에서 살펴본 것처럼 1921·22년 조선민사령 개정안이 조선 관습의 사회적 변화를 반영하는 측면이 강했던 것에 비해, 1939년 조선민사령안은 조선 관습을 성문 법제의 힘으로 부정·변용시킨 것이었다. 입부혼인, 서양자는 〈표 3-

て」, 『戶籍』 1권 1호, 1941.

〈표 3-7〉 내선인 간의 '가' 출입 현황(1939~1943)

		혼인	입부 혼인	양자 연조	서양자 연조	이혼	파양	인지	친족 입적
조선가 ↓ 내지가	1939	53	135	48	14	19	0	11	19
	1940	50	108	108	30	16	0	6	38
	1941	94	139	122	72	34	1	21	36
	1942	103	184	152	65	21	0	12	29
	1943	100	155	153	71	24	3	10	69
내지가 ↓ 조선가	1939	271	0	0	0	10	12	35	9
	1940	310	0	3	0	14	15	37	0
	1941	467	0	3	0	9	18	106	2
	1942	421	0	6	0	17	17	49	4
	1943	533	0	9	1	12	11	125	26

출처: 『本邦內政關係雜件 植民地關係(3권의 2)』

6〉, 〈표 3-7〉의 통계에서 보듯이 조선인의 관습으로 확립되지 못한 상태에서 조선민사령 개정안을 통해 일본의 제도를 도입한 것이었다.

표에서 알 수 있듯이, 조선에서 일본으로 이적하는 일반양자, 서양자, 입부혼인의 사례는 1939년 조선민사령 제11조가 개정되면서 점차 증가하기 시작했다. 그러나 일본에서 조선으로 이적하는 경우는 거의 사례를 찾아보기 힘들 정도로 소수였고, 1939년 이전과 비교할 때 큰 차이가 없었다. 일반 혼인의 경우 일본에서 조선으로 이적하는 수가 그 반대보다 많은 것과는 매우 대조적이라 할 수 있다. 이와 같은 상황은 양자제도에서 조선 관습이 여전히 유지되고 있었던 데서 그 이유를 찾을 수 있다. 당시 조선에서는 동성동본 금혼 및 이성불양 관습이 여전히 준수되고 있었기 때문에, 조선인들은 1939년 조선민사령 제11조 개정 이후에도 개정 이전과 마찬가지로 서양자, 입부혼인, 일반양자 등으로 일본인을 선정하지 않았던 것이다.

3) 파양(이연) 관습의 변화와 조선민사령 제11조 개정

1939년 조선민사령 제11조 개정에서는 재판상 이연을 제외하고 일본 민법을 의용했다. 협의 이연에 대해서는 이미 1922년에 신고에 의해 효력을 발생하도록 한 바가 있었다. 협의 이연과 재판상 이연은 관행상 행해지는 것을 일본 민법의 조항으로 규정했다고 볼 수 있다.

조선에서는 양자관계를 해소하는 것에 대해 '파양'이라는 용어를 사용했다. 조선총독부는 "종전에는 양가(養家)에서만 이연하는 것을 인정했다. 그것을 파양이라고 칭하고, 또 실가절사(實家絶嗣)의 경우에 한해 양자의 복귀를 허락하는 성규(成規)가 있었다. (⋯) 이연을 할 수 있는 자는 양가의 부(父)를 원칙으로 하고 부가 없을 때는 조부(祖父), 조부가 없을 때는 모(母), 모 역시 없을 때는 조모(祖母)"[106] 등으로 조사했다.

이 같은 측면에서 보면 조선의 관습에는 양친(養親)과 양자가 상호합의로 파양을 하는 경우는 없었으며,[107] 양친에 의한 일방적 파양만이 존재했음을 알 수 있다. 1914년 5월 29일 정무총감은 공주지방법원 재판장 조회에 대해 "조선의 관습에서 양친(養親)은 양자가 가산을 탕진할 염려가 있을 때, 불효할 때, 중죄를 범했을 때, 악질이 있거나 혹은 전광(癲狂)으로 계후(繼後)에 적합치 않을 때 임의로 파양(罷養)을 할 수 있다"고 답변했다. 또 파양 절차에 관해서도 "파양에 대해서는 양친이 가족인 때는 호주의 동의를 필요로 하고 양친이 호주이고 모가 있을 때는 그 동의를 필요로 하는 외에 정해진 수속이 없고, 실제로는 그것을 조선(祖先)의 사당에 고하고 족보를 고치는 등의 일은 있지만 굳이 요건은 아니다"라고 하여, 관습상 파양의 주된 요건이 양친의 의사표시였음을 알 수 있다.[108]

---

106) 「1921년 10월 13일 舊慣及制度調査委員會決議」, 『民事慣習問答彙集』附, 30쪽.
107) 1905년 『형법대전』에서도 원칙적으로 양자로 하여금 양부모를 저버리지 못하도록 규정하고 있다. 정동호, 「개화기의 가족법규범에 관한 일고찰」, 『논문집(강원대)』 13, 1979.
108) 「1919년 11월 28일 판례」, 『朝鮮高等法院判例要旨類集』, 722쪽.

그러나 1910년대 중반부터는 협의 이연을 인정한 기록이 나타난다. 1916년 2월 16일 정무총감은 공주지방법원장 조회에 대해 "협의에 의한 이혼 또는 이연의 경우에는 부모 또는 호주의 동의를 필요로 하는 것 외에 하등의 관습상 수속이 없다"고 답변했다.109) 또 1915년 9월 9일 정무총감은 파양 효력의 발생 시기를 묻는 경기도장관의 조회에 대해 "파양은 당사자 간의 합의로 인해 그 효력을 발생한다"라고 하여, 합의 즉시 그 효력이 발생한다고 판단하고 있었다.110) 협의 이연도 협의 이혼에 준해서 처리했음을 알 수 있다.

그러나 중요한 것은 파양을 둘러싸고 양자(兩者) 간에 협의가 되지 않는 경우이다. 기존에는 일정 요건에 의해 양친에 의한 일방적 파양이 이루어졌지만, 사회 변화에 따라 여기에 불복하는 사례가 등장했기 때문이다. 즉 "근래에는 협의 이연을 인정하고, 또 양자 또는 양자의 친가로부터 이연을 요구하는 경향이 생겼다"라고 하여, 협의 이연과 양자 혹은 양친이 제기하는 재판상 이연이라는 새로운 관행이 성립하고 있음을 보여주고 있다.111) 협의 이연의 경우 이미 정무총감의 회답을 통해 인정되었지만, 재판상 이연은 1921년 구관급제도조사위원회의 조사활동을 통해 그 실체가 드러났다.

특히 1923년 7월 13일에는 이연에 관해서 매우 중요한 판결이 내려진다. 이 판결은 당시 법원이 조선의 관습 변화를 어떻게 파악하고 있었는지 여실히 보여주고 있다. 당시 고등법원은 "조선인 간에는 양자가 가산을 탕진할 우려가 있을 때, 또는 양친에 대하여 심히 불효의 행위가 있을 때, 또는 중죄를 범하고 처벌되었을 때 등의 사유가 현재 관습상 이연을 요구할 수 있는 사유로 인정된다. (…) 서상(敍上)의 이유가 있을 경우, 이연을 하는 데는 양친의 양자에 대한 재판 외의 파양의 의사표시로 족하다고 하는 관습은 이미 폐멸된 것으로 한다"는 판결을 내렸다.112) 이 판결은 양친에 의한 일방적인 파양이라는 기존 방식의

---

109) 朝鮮總督府中樞院, 『民事慣習問答彙集』, 1933, 266~267쪽.
110) 朝鮮總督府法務局, 『民籍例規』, 1922, 255쪽.
111) 「1921년 10월 13일 舊慣及制度調査委員會決議」, 『民事慣習問答彙集』 附, 30~31쪽.
112) 司法協會, 『朝鮮高等法院判例要旨類集』, 1923, 282쪽.

관습과는 다른 결정이다. 다음의 자료는 파양을 둘러싼 기존의 관습이 어떤 계기로 변화하게 되는지 보여주고 있다.

> 이연의 협의가 성립되지 않는 관계에서 설령 양친이 이연을 통고했다 해서 이로써 사건이 해결될 리가 없기 때문에 반드시 하나의 쟁송이 일어나는 것이다. 다른 한편 거의 이와 마찬가지의 이혼에 관하여는 일정한 사유에 기하여 법원에 대하여 판결로 인한 이혼의 청구를 하는 관습이 일찍이 성립했기 때문에, 근래 조선인 간의 양자 이연에 관하여도 법원에 이를 청구할 수 있다고 하는 법률적 신념이 생겨, 양친의 일방이 재판 외의 의사표시로 인하여 파양할 수 있다고 하는 구관습은 이미 폐멸된 것이다.113)

이상의 노무라 조타로의 설명은 조선의 관습 변화를 설명하는 데 중요한 자료가 된다. 양친의 일방적 의사에 의한 통고 방식의 이연은 양자 쪽의 반발을 가져오게 되었고, 이러한 상황은 재판에 의하지 않으면 사건 해결이 되지 않는다는 것이었다. 기존의 양친의 의사표시에 의한 파양이 양자의 강력한 반발에 부딪혔음을 추측케 한다. 그리고 이러한 상황은 법원으로 하여금 재판을 통한 이연을 관습으로 인정하게 만들었던 것이다. 이렇듯 파양에 관한 관습은 협의 이연의 인정, 그리고 양자가 제기하는 재판상 이연을 인정하는 쪽으로 변화해가고 있었다.

한편 양호주의 파양과 관련해서는 상당한 논란이 계속되었다. 일반양자에 관해서는 일정한 원인에 의해 파양이 가능한 것으로 해석되었지만, 이미 호주 지위를 상속받은 자의 파양에 관해서는 쉽게 합의를 보지 못하고 있었다. 이러한 어려움은 정무총감과 법무국장·법원의 입장이 서로 배치되고 있는 것을 보아도 알 수 있다.

---

113) 野村調太郎, 『朝鮮戶籍令義解』, 1923, 324쪽.

원래 『관습조사보고서』는 "기타 양자에게 불효, 중죄, 낭비 등의 사유가 있으면 관습상 양친이 양자와 헤어지는 것을 허용했는데, 이를 파양이라고 한다. 다만 양자가 이미 호주로 된 경우에는 파양할 수 없다"고 하여, 호주 지위를 획득한 양자의 파양을 인정하지 않았다.114)

그러나 1912년 12월 11일 정무총감은 경성지방법원장 조회에 대해 "조선의 관습에서는 양자는 가령 호주가 된 뒤라도 불효, 중죄, 낭비 등의 사유가 있을 경우 모·문회(門會)·종회(宗會) 등으로부터 파양을 할 수 있다"고 회답했다.115) 일반양자와 호주 지위를 획득한 양자의 파양요건이 큰 차이가 없음을 보여준다. 또 1917년 1월 30일 정무총감은 대구복심법원 민사제2부재판장 조회에 대해 "양자가 호주가 된 뒤 양모와 협의 이연을 하고 친가로 복귀해도 그 이연은 효력이 없다"116)는 회답을 보냈다. 이상의 두 가지 기록을 통해 정무총감의 입장에 변화가 일어났다고 생각될 수 있다. 그러나 이는 정무총감의 입장이 변화했다기보다는 양호주 파양의 요건이 대단히 좁게 해석되고 있다고 보아야 한다. 즉 1912년 12월 정무총감은 양호주 파양을 인정하기는 했지만 그 요건을 엄격히 제한했고, 1917년 1월의 양자 합의에 의한 이연은 양호주 파양의 요건에 해당되지 않는다고 판단한 것으로 볼 수 있다. 양자 합의에 의한 이연은 합의만 성립하면 언제나 가능한 것으로 해석될 수 있기 때문이다.

한편 양호주 파양과 관련해서 정무총감의 견해와는 다른 내용이 동시에 제출되고 있었다. 1912년 5월 28일 고등법원은 "양자가 호주가 된 뒤에는 그 가에 있는 존속친(尊屬親)이라 할지라도 이연을 할 수 없는 것이 조선의 관습이다"라고 해석했다.117) 또 1917년 7월 6일 판결은 "호주의 사후 그 양자가 된 자가 강상(綱常)의 죄를 범할 때, 또는 가산을 탕진하고 조선(祖先)을 봉사할 희망이

---

114) 朝鮮總督府中樞院, 『慣習調査報告書』, 1913, 327쪽.
115) 朝鮮總督府中樞院, 『民事慣習問答彙集』, 1933, 114쪽.
116) 「1917년 1월 30일 대구복심법원 민사제2부재판장 앞 政務總監回答」, 『民事慣習回答彙集』, 301쪽.
117) 司法協會, 『朝鮮高等法院判決錄(1권)』, 475쪽.

없을 때, 기타 양가(養家)를 영구히 계속할 기미가 없을 때, 그 과부인 양모(養母)에 대해 그 양자가 이미 호주로 되었음에도 불구하고 이연할 수 있다는 지(旨)의 관습은 조선에 존재하지 않는다"라고 하여, 법원에서는 양호주를 파양하는 관습이 존재하지 않는 것으로 파악했다.118)

또 전라남도장관이 1917년 5월 5일 "호주 사망 후 양자가 되었는데, 호주인 자가 낭비를 하고 가산을 위태롭게 할 우려가 있고 또 불효가 심함을 이유로 양모와 친족의 협의 결과 파양 신고를 할 경우는 그것을 수리해야 하는지"를 문의하자, 사법부장관은 동년 5월 14일 "호주인 양자의 파양 신고는 어떤 경우라도 그것을 수리하지 말 것"을 지시하고 있다.119) 이와 같이 민적상 파양 신고를 수리하지 말아야 한다는 입장은 1915년 8월 7일 관통첩 제240호에 따른 것이었다. 당시 관통첩 제240호 11항의 제1조에는 "호주인 양자의 파양 신고는 그것을 수리하지 말 것"이라고 되어 있었다.120) 조선총독부는 이미 1915년에 관통첩을 통해 양호주의 파양을 인정하지 않으려 했던 것이다.

또 1921년 7월 1일 경성복심법원장이 "양자상속을 하고 호주가 된 뒤에도 불행적(不行跡)하여 조상을 봉행하기에 적합하지 않다고 인정될 때는 관청 또는 문회에서 제사권만을 치탈(褫奪)하고 다른 친족이 그것을 대행하는 관습이 있는지"를 조회하자, 1921년 10월 8일 정무총감은 "양자가 호주가 된 뒤 불행적(不行跡)하고 조상의 제사를 하기에 적합하지 않을 때라도 그 제사권을 박탈하고 다른 친족이 그것을 대행할 수 있는 관습은 없다"고 회답했다.121) 이상의 회답 내용은 양호주 파양을 언급한 것이 아니라 양호주가 보유하고 있던 제사권만을 일시 박탈할 것을 조회하는 것이었지만, 그 역시 받아들여지지 않았다.

이상과 같이 양호주 파양을 둘러싼 1910년대의 갈등은 양호주 파양 금지라는 방향으로 정리되었다. 이러한 변화를 잘 반영한 것이 1933년 판례이다. 고등

---

118) 司法協會, 『朝鮮高等法院判決錄(4권)』, 667쪽.
119) 朝鮮總督府法務局, 『民籍例規』, 1922, 251쪽.
120) 朝鮮總督府法務局, 『民籍例規』, 1922, 35쪽.
121) 朝鮮總督府中樞院, 『民事慣習問答彙集』, 1933, 398~340쪽.

법원은 1933년 5월 19일 판결을 통해 "양자가 호주로 된 뒤에는 절대로 이연을 할 수 없는 것이 현행의 관습이므로, 이연의 원인이 호주로 되기 이전에 존재했든 안 했든 불문한다. 이는 당원이 누차 판례로 하는 바이다"라고 하여 양호주 파양을 거듭 부정했다.122)

조선총독부는 협의 이연과 재판상 이연을 조선인들의 신관습이라는 명목으로 인정하면서도, 호주 지위를 획득한 양자의 경우에는 이연할 수 없음을 공식화했다. 조선 재래의 관습에서는 호주가 사법상 큰 의미를 지니지 않았지만 일본 호적법상에서는 매우 중요한 의미가 있었기 때문에 양호주 파양을 금지했던 것이다. 조선인들이 새로운 관행을 제기했다고 모두 법적인 효력을 인정받았던 것은 아니었으며, 조선총독부의 입법 방향에 부합하는 것만이 선별적으로 인정받았다.

---

122) 司法協會, 『司法協會雜誌』 12권 6호, 1933, 82쪽.

제2장
미나미 지로의 식민 정책과 조선친족령·상속령 구상

1. 미나미 지로의 식민 정책과 내선일체론

조선총독부는 1939년 조선민사령 제11조 개정안의 성격을 내선일체의 법적 표현으로 규정하고, ① 씨명(氏名)의 공통, ② 내선통혼, ③ 내선연조를 주요 내용으로 꼽았다.[123] 그중 내선통혼은 1921·22년 조선민사령 개정과 조선호적령 제정을 계기로, 내선연조 및 씨명의 공통은 1939년 조선민사령 개정으로 달성되었다. 1918년 공통법에서 실현하고자 했던 내선통혼과 내선연조의 공통성이 1939년 조선민사령 개정을 계기로 완전히 실현된 것이다. 조선민사령 제11조 개정안은 내선인 간의 결혼 및 입양에 따른 이적을 법적으로 승인한 것이었으며, 내선일체의 연장선상에서 창씨제도도 강제적으로 시행되었다.

그러나 조선총독부가 추진한 사법적 내선일체는 일본의 친족제도 일부를 조선인에게 시행하는 것을 의미했을 뿐, 조선인과 일본인을 법적으로 완전히 통합하는 것을 추구하지는 않았다. 이는 조선인과 일본인이 각각 독자적 법제에 의해 규율되는 것을 전제로, 조선의 법에 일본 민법식 제도를 결합하는 것이었다.

1939년 조선민사령 개정을 통해 조선인에게도 일본식 씨명을 강요하여 명칭

---

123) 南次郎, 『司法上に於ける内鮮一體の具現』, 1939.

에서는 일본인과 동일하게 되었으나, 조선인은 여전히 조선인이었다. 일본식으로 이름을 변경했다고 법적으로 평등해지는 것은 아니었다. 조선인과 일본인은 1910년 한국병합 직후와 동일한 방식으로 구별되었고,124) 다른 이법지역으로의 전적은 여전히 금지되었다. 조선총독부가 제국의회 업무보고에 대비해 1940년에 작성한 문서는 "내선 간의 전적을 인정할 때는 (…) 민사 정책을 펴기 어려울 뿐만 아니라 군사, 교육, 기타 제반 행정 정책상 내선인 사이에 상이한 방책을 필요로 하는 부분에서도 또한 지장을 초래"하기 때문에 전적을 인정할 필요가 없다고 밝혔다.125) 일제가 기존의 정책을 변경하여 조선인을 일본인과 동등하게 대우할 이유도 없었다. 이런 입장은 창씨개명의 정책적 목표가 황국신민으로서의 일본인화이긴 했지만 이는 외지인의 법적 지위를 유지한 상태에서의 일본화였고, 일본인과의 법적 평등을 의미하는 것이 아니었음을 잘 보여준다.

조선총독부는 씨(氏)제도와 함께 도입되었던 서양자제도 역시 법제 일원화 논리로 파악하지 않았다. 서양자제도는 조선 관습에 없는 일본 친족법상의 제도였기 때문에, 객관적으로는 일본 민법을 조선의 친족제도에 도입한 것이었다. 그러나 조선총독부는 서양자제도가 내선 법제 일원화 논리에서 제기된 것이 아니라는 점을 분명히 했다.

> 서양자(壻養子)제도의 제정은 인생자연의 요청에 기초하여 탈피한 것이고, 내선 법제의 일원화라는 형식적 사고에서 출발하고 있지 않다는 것은 서설(敍說)할 것도 없는 바이다.126)

1939년 조선민사령 제11조의 개정을 내선일체의 법적 실현으로 해석하면서도, 당시 법무국 민사과장이었던 이와시마 하지메(岩島肇)는 서양자제도가 조선

---

124) 朝鮮總督府法務局, 「擬問擬答」, 『大野文書』.
125) 朝鮮總督府法務局, 「擬問擬答」, 『大野文書』.
126) 岩島肇, 「朝鮮民事令に於ける壻養子に就て(一)」, 『戶籍』 1권 1호, 1941, 18쪽.

인 친족제도를 합리적으로 조정하는 것이었을 뿐 법제 일원화 관점에서 도입된 것은 아니라고 했다. 이 언급은 1939년 조선민사령 제11조 개정이 일본 민법을 의용하는 것으로 나타나긴 했지만, 친족·상속에 관한 내선 일원화와는 다른 각도에서 추진된 것임을 보여준다.

미나미 지로(南次郞)의 내선일체는 1921·22년 조선민사령 개정안에서 채택하고 있었던 '내선통혼을 통한 동화'의 관점을 폭넓게 실현한 것이었다. 1939년 조선민사령 제11조는, 공통법의 기본정신이었던 이법역 체제의 존속과 소통관계 정비의 측면에서 개정되었다는 점에서, 1921·22년 조선민사령 개정과 본질적으로 동일하다고 평가할 수 있다.

조선총독부와 일본정부가 조선인의 친족 및 상속에 관해서 일본 친족법과 상속법, 호적법을 조선에 시행하지 않았던 것은, 이 문제가 조선인의 법적 지위와 직접 관련된 것이었을 뿐 아니라, 법제 일원화 주장이 조선총독의 제령권을 침해하고 조선총독부의 존립을 위태롭게 할 수 있었기 때문이다. 따라서 미나미 지로의 내선일체는 일본화를 지향하면서도 법제적 일원화를 거부하는 모순적인 내용을 동시에 가질 수밖에 없었다. 식민 정책의 관점에서 식민지 법을 분석하기 위하여, 약간 길지만 미나미 지로의 식민 정책을 소개하도록 하겠다.

> 통치의 목표는 반도의 일본화, 즉 내선일체의 구현에 있다. 일시동인(一視同仁)의 성지(聖旨)를 봉체(奉體)하여 행해져온 조선통치가 저 구미제국의 식민지 지배와는 이념에서도 실적에서도 그 근본에서 절대로 출발점을 달리하고 있다. 즉 숭고무비한 황도정신을 원리로 하는 통치의 임무는 하루라도 속히 혼융일체의 역(域)에 도달하는 것을 이상 목적으로 한다. 이상과 같은 이상과 목적을 달성하기 위해 2가지 중요한 시설을 하려고 생각한다. 그 하나는 조선인 지원병제도의 실시, 그 둘은 교학쇄신 및 확충이다.[127]

---

[127] 「1938년 1월 22일 知事會議に於ける南總督訓示要旨」, 『時局と朝鮮統治の目標(朝鮮總督南大將閣下訓示演述集)』(水野直樹 編, 『朝鮮總督諭告·訓示集成』, 綠蔭書房, 2001, 14~15쪽

미나미 지로의 조선통치안은 '반도의 일본화', '내선일체의 구현'이라는 용어로 나타나고 있는데, 이는 과거 총독들과 마찬가지로 앞으로 추구해야 할 의미로서 동화를 강조하고 있는 것이다. 미나미 지로의 내선일체 역시 조선사회와 일본사회를 동일한 제도와 법으로 일치시킨다는 것이 아니라 일본의 제도 일부를 조선에 도입하여 시행한다는 의미였다.

조선총독부가 당시에 추진했던 정책은 지원병제도와 교학쇄신이었다. 조선군과 일본 육군은 만주사변 다음 해인 1932년부터 조선인의 지원병제도에 대해 협상했으나, 1937년 중일전쟁 발발과 동시에 조선군은 조선에 병역법을 시행할 것을 전제로 지원병제도를 시험적으로 실시하는 데 착수했다.[128] 교학쇄신은 육군특별지원병제도 창설을 앞둔 육군의 교육제도 개선을 그대로 수용한 것이었다.[129] 일본어와 일본적 국가의식의 무장 없이 조선인들을 전장에서 활용할 수는 없었기 때문에, 교학쇄신의 명목으로 1938년 3월 4일 칙령 제103호로 제3차 조선교육령이 공포되었다. 제3차 조선교육령 공포를 계기로 교화적 측면에서 내선일체가 강화되었는데, 여기에서의 동화는 법제 일원화와는 직접 연관이 없으면서도 조선인에게 일본의 국가의식을 강요할 수 있었다.

이와 같은 미나미 지로의 조선통치안은 1939년 5월에 일본정부와 협상하면서 그 방향이 확립되었다. 미나미 지로는 1939년 5월 5일 일본으로 건너가서 조선통치안에 관해 중앙정부와 직접 협상을 벌였다.[130] 미나미 지로는 5월 8일에 척무대신 고이소 구니아키(小磯國昭)를 방문하여 조선 문제에 관해 협의했고, 5월 9일에는 수상관저에서 열린 각료·참의간담회 석상에서 조선통치의 개요에 대하여 보고하고 정부의 지원을 요청했다.[131] 미나미 지로가 도쿄에 머물면서

에서 인용).
[128] 宮田節子, 『朝鮮民族と「皇民化」政策』, 1985(이형낭 역, 『朝鮮民衆과 '皇民化' 政策』, 일조각, 1997, 31쪽에서 재인용).
[129] 「國民教育ニ關スル方策(1937. 6)」, 『舊陸海軍文書』(최유리, 『日帝末期 植民地 支配政策研究』, 국학자료원, 1997, 57쪽에서 재인용).
[130] 『每日申報』 1939. 5. 7.
[131] 『每日申報』 1939. 5. 10.

중앙정부에 조선통치에 관해 진언한 것은 다음과 같다.

① 대륙전진기지로서의 교통계획의 비약적 촉진을 도(圖)할 것
② 산업경제계획의 근간을 농공병진주의로 하야 (이하 생략)
③ 교육의 보급 철저를 기하야 의무교육의 실시를 가급적 속하게 할 것
④ 지원병제도를 점차 확충하야 징병제도의 실시에까지 발전식히어 (이하 생략)
⑤ 지방자치제의 충실확대를 도(圖)하야 장래의 참정권 부여에 비(備)할 것[132]

조선총독부가 지원병제도를 실시한 것은 장기적으로 조선인 징병을 염두에 두었기 때문이었다. 조선인 징병과 관련해 조선총독부가 추진하려 했던 것은, 당연하게도 전쟁터에서의 원활한 의사소통과 일본의 국가의식 고취를 위해 의무교육제도를 실시하는 것이었다. 그리고 조선총독부는 징병제도 실시를 계기로 대략 50년 이내에 참정권을 부여할 의향을 갖고 있었다.[133] 미나미 지로가 1939년 5월에 중앙정부와 협상을 벌이면서 여러 통치안을 제안한 것은, 중일전쟁을 계기로 조선인과 조선사회가 재인식될 필요가 있었기 때문이었다. 중일전쟁이 지속되면서 조선인은 일본국가를 위해 전쟁에 충원되는 존재로, 또한 조선사회는 대륙전진기지로 육성될 필요가 있었다.

한편 1930년대 후반 일부 조선 지식인들은 미나미 지로의 내선일체에 적극적으로 협력하면 조선인에 대한 차별과 불평등한 대우를 철폐할 수 있을 것으로 기대했다. 그러나 미나미 지로의 내선일체는 조선인과 일본인의 차별철폐를 목적으로 제창된 것이 아니라 전시상황에 대응하여 조선인들을 동원하기 위한 수단으로 추진된 것이었다.

내선일체는 내선 간 일체평등이라고 해석하여 즉시 내지와 동일한 제도 아래에서 정

---

132) 『每日申報』 1939. 5. 17.
133) 『每日申報』 1939. 5. 16.

치를 행하고 그 사이에 차이가 없도록 해야 한다는 론으로서, 차별제도의 철폐를 내선일체 구현의 선결조건이 된다고 하는 순역(順逆)을 오해한 사고방식이다. 이것은 조선인의 각 계층을 통해 비상히 많은 사고방식이기 때문에 약간 상세히 진술하는 것이다.134)

위 인용에서 1941년 조선총독부 경무국 보안과장이었던 후루카와 가네히데(古川兼秀)는 내선일체라는 자구에 현혹되어 내선일체를 곧바로 무차별평등으로 해석하는 조선인들의 사고방식을 비판했다. 제반의 차별적 제도, 정책 등을 비판하고 그 개선을 요구하는 것은, 미나미 지로가 제기했던 내선일체의 용어 자체를 이해하지 못한 결과라는 것이었다. 내선일체의 핵심에는 오히려 '황국신민화(皇國臣民化)'라는 말이 더 적합하다고 했다. 후루카와 가네히데에 따르면, 내선일체의 본의는 신부(新附)의 조선동포를 명실공히 완전한 황국신민으로 하는 데 있었고, 조선인 쪽에서 말하자면 진정한 일본인이 된다는 점에 있었다.135)

당시의 내선일체는 장래에 착착 실현될 목표였고, 결코 현재 완성된 상태에 있지 못했다.136) 1910·20년대에 법적인 동화와 현실통치안으로서의 동화를 구분했듯이, 1930년대 후반의 내선일체 논리도 그 연장선상에 놓여 있었다. 조선과 일본이 서로 객관적으로 차이가 있는 현실, 조선인들이 완전한 일본인이 되어 있지 않은 현실에서는 차별적인 제도가 필요하다는 것이었다.

미나미 지로는 1939년의 조선민사령 제11조 개정안의 의의는 내선일체를 사법상 구현한 것이라고 언급했지만, 그 실질적 내용은 조선인과 일본인의 소통을 제도적으로 뒷받침하고 외형적으로 조선인의 일본인화를 촉진하기 위한 법률적 수단에 불과했다. 1939년 조선민사령 제11조 개정안은 조선인들의 법률적 지위에 변동을 초래할 단초를 마련한 것이 아니었다.

---

134) 國民總力朝鮮聯盟防衛指導部, 「內鮮一體の具現(1941)」, 『大野文書』.
135) 國民總力朝鮮聯盟防衛指導部, 「內鮮一體の具現(1941)」, 『大野文書』.
136) 國民總力朝鮮聯盟防衛指導部, 「內鮮一體ノ理念及其ノ具現方策要綱(1941)」, 『大野文書』.

하물며 내선일체는 현상으로부터 내선 간의 무차별평등으로 비약하는 것으로 해석하여 현존 제도상의 차이의 즉시 철폐를 구하고, 그것에 대해서 불만을 말하는 자가 있는 것에 이르러서는 스스로 황국신민이 되지 못한다는 실증을 노정하는 것이라고 말하지 않으면 안 된다. 지난번에 설명했듯이 내선일체의 근본전제는 진실한 황국신민화에 있다. 이 전제가 아직 갖추어지지 않고 신절(臣節)을 다하지 않고서 단지 황민의 권리를 주장하는 것은 황은(皇恩)을 가벼이 여겨 일의 순역(順逆)을 그르치는 것에 다름 아니다.137)

당시 조선총독부가 주창했던 내선일체는 황국신민화가 주된 내용이었고, 황국신민화를 전제로 하여 제도상의 일체화가 가능했다. 이와 같은 인식은 조선총독부가 법률과 제도의 일치보다는 정신과 교육의 측면에서 조선인의 일본인화를 우선했음을 보여준다.

그리고 현존하는 제도상의 차별과 불평등은 반도 통치상 특수사정에 비추어 설치된 것이기 때문에, 지금 상황에서는 당연한 것이라고 강변했다. 따라서 조선총독부는 당시 조선인들이 큰 불만을 갖고 있었던 가봉(加俸) 문제, 관공리(官公吏) 등용에서의 차별 문제, 도항 제한 문제 등에 대해 소극적으로 대처했다. 이를 반영하듯, 조선총독부가 발행한 문서에는 내선일체의 제도상 구현에 대한 구체적인 방안이 전혀 제시되지 않았다. 다만 조선인의 황국신민화 진전에 따라서 점차 개선 또는 철폐한다는 일반적인 원칙만이 제시되었을 뿐이다.

'조선사회의 특수성'은 조선총독부 존립의 근거이면서 조선 관습의 독자적 성문화를 추진하는 법적 기초였다. 그러나 1940년대 초반 전시동원을 위해 일본국가가 필요로 하는 충량한 제국 신민의 역할이 조선인에게도 부과되면서, 식민지인과 충량한 제국 신민이라는 두 원리가 병존하게 되었다. 조선총독부도 일본국의 일원으로서의 역할을 강조하면서 조선의 특수성보다는 황국신민화를 전

---

137) 國民總力朝鮮聯盟防衛指導部,「內鮮一體ノ理念及其ノ具現方策要綱(1941)」,『大野文書』.

면에 내세울 수밖에 없었다. 예컨대 한글 사용을 억제하고 일본어를 정책적으로 보급하는 데 관심을 기울였다. 조선총독부는 조선민족·조선문화의 멸망을 기도하는 것은 아니라고 했으나, 1941년 시점의 조선통치방침은 조선적 특성을 소멸시키는 쪽으로 나아가고 있었다. 특히 조선총독부는 '민족'이라는 용어의 사용에 신중할 것을 주장했다.138)

> 우리 국내에서 대화민족(大和民族) 이외에 조선민족의 존재를 강조하는 것을 피하고, 내지인 조선인을 일환으로서 '일본국민'으로 칭하고, 강하게 민족이라는 말을 사용한다면 양자일체로 하여 일본민족이라고 칭하는 것이 적당할 것이다.139)

조선총독부는 '조선민족'이라는 용어 자체를 사용하지 말고 조선민족과 대화민족이 서로 융화하여 고도의 신민족·신문화를 창조할 것을 주장했다. 내선일체의 본질은 조선인의 진정한 일본인화·황국신민화임이 강조되었고, 신민족과 신문화는 조선적 특성의 소멸과 부정을 동반하게 되었다. 조선총독부는 1941년 당시 조선인들에게 혈족적 민족의식이 비교적 농후하게 남아 있다고 판단하고, 민족어를 사용하는 것 자체가 국민적 통합에 장애가 된다고 했다.

이상에서 보았듯이, 조선인이라는 객관적 현실과 앞으로 변화해갈 이념형으로서의 일본인화라는 이중적 상황은, 조선총독부로 하여금 교화적 측면에서는 내선일체를 강조하면서도 법제적 일원화를 배제하는 방향으로 나아가게 했다.

> 창씨제도는 지원병제도, 교학쇄신과 더불어 내선일체 구현상 획기적 대영단(大英斷)이고 크게 환영되는 것이지만, 그 반면 일부 완미(頑迷)한 도배(徒輩)들에게 있어서는 가령 창씨에 의해서 형(形)만을 정(整)하여도 내선인 간에 현존하는 다기한 실질적 차별을 철폐시키지 않는 한, 도저히 진실한 내선일체 구현은 지난하다거나 혹은 내지인

---

138) 또 조선어 사용의 금지 및 제한, 한글신문의 폐간, 교육에서의 일본어 전용화 등이 추진되었다.
139) 國民總力朝鮮聯盟防衛指導部,「內鮮一體의 具現(1941)」,『大野文書』.

식의 씨로 창씨하는 것에 있어서는 유서 있는 반도의 가병(家柄)을 모독하는 감이 있어 감당하기 어려운 고통이 있음에도 불구하고 관(官)이 일반민중에게 강제하는 것은 유감이라는 등의 반대 내지 반의(反意)를 유포하는 자가 있다.140)

조선총독부가 내선일체의 제도적 실현으로 들고 있는 것은, 창씨, 지원병, 조선인 의무교육 착수, 국어(일본어—인용자) 보급 등이다. 그러면서도 내선일체를 불평등제도의 철폐로까지 확대하는 데는 단호히 반대했다. 이것은 미나미 지로에게 내선일체의 내용이 무엇이었는지를 잘 보여준다. 미나미 지로의 내선일체는 조선인의 일본인화, 즉 황국신민의 정신과 자질을 갖추는 것이었다.

따라서 조선총독부는 일부 조선인들이 요구했던 참정권 부여, 호적법 및 국적법의 적용을 고려하지 않았고, 제도 개선을 통한 불평등 해소에도 소극적인 자세를 취했다. 법제상의 내선일체는 조선인과 일본인이 명백히 구별되는 상황에서 운용되는 것이었다. 조선총독부는 1937년 이후 친족·상속에 관해서 일본민법 의용이라는 원칙 아래 조선 관습을 특례사항으로 하는 새로운 성문법을 제정하고 있었으나, 조선인들의 법률적 지위 변동을 초래할 수 있는 일본 친족법 및 상속법의 전반적 의용에는 소극적일 수밖에 없었다.

2. 조선총독부의 조선친족령·상속령 추진

1939년 조선총독부가 추진했던 사법상의 내선일체는 창씨개명과 내선연조를 통해 조선인의 일본인화를 추진하는 것이었다. 조선총독부와 일본정부는 조선인에 대한 법적 평등을 추진하지 않으면서 조선에서 일본의 제도를 일부 법제화하는 데 서로 의견 일치를 보았다.

---

140) 「帝國議會說明資料」, 『大野文書』.

그러나 조선총독부는 궁극적으로 조선민사령 제11조에서 실현되었던 관습법 주의를 폐기하고 친족·상속에 관한 단행법령을 제정하는 것을 목표로 하고 있었다. 조선총독부는 1939년 조선민사령 제11조 개정안이 확정되었을 무렵 본격적으로 친족·상속에 관한 단행법령의 입법에 착수한 것으로 보인다. 조선총독은 1939년 8월 31일에 조선민사령 제11조 개정안을 상주했는데, 이와는 별도로 8월 16일에 '조선총독부 부내 임시직원 설치제중개정(朝鮮總督府部內臨時職員設置制中改正)의 건'을 상주하여 8월 25일에 천황의 재가를 받았다.141) 이 칙령은 "친족, 상속 기타 사항에 대한 법령 제정에 관한 사무에 종사하는 자"를 증원하는 것을 내용으로 했다. 증원을 요청한 인원은 사무관 1명과 속(屬) 1명이었다. 이들은 ① 조선인의 친족·상속의 관습조사에 관한 사항, ② 위에 관한 법령 제정 수속 기타 사무정리에 관한 사항, ③ 위 법령에 부수하는 조선호적령 및 관계 제법령의 개정에 관한 연구, 조사, 법령의 제정수속 기타 사무처리에 관한 사항, ④ 사법법규개정조사위원회 및 소위원회에 관한 사항, ⑤ 기류법(寄留法) 시행에 관한 사항 등을 처리하고, 친족 및 상속에 관한 입법을 전임하는 업무를 맡도록 했다. 조선총독부가 법무국에 임시직원을 증원한 것은 친족 및 상속제도에 관한 포괄적인 입법, 조선기류령을 비롯한 특수입법의 업무 등을 처리하기 위해서였다.142)

사법법규개정조사위원회의 소위원회에서 이미 현행 관습의 태반에 대해 정사섭렵(精査涉獵)을 완료하여 성문화를 위한 기초요강을 작성하고 목하 친족법 및 상속법의 중핵을 조성할 상속제도에 대해 계고검토를 가(加)하고 있다. 그 제도는 친족법 및 상속법에 전면적 견련관계(牽聯關係)를 갖는 극히 중대한 사항이지만 이 점에 관한 관습은 반드시 명확하다고는 말하지 못하기 때문에 재래의 관습조사에 주력함과 더불어 어

---

141) 이 문서는 교토대학의 미즈노 나오키(水野直樹) 교수가 제공한 것이다.
142) 1938년에는 관습조사사업이 마무리되어 관습조사사업을 총괄하는 보고서가 출간되었다. 朝鮮總督府, 『朝鮮舊慣制度調査事業槪要』, 1938.

면 제도가 반도인의 법률신념에 합치하는가의 점에 심의의 중심을 두고 있는 차제이다. 선반(先般) 상속제도에 대해서 도지사(반도 출신)·도 참여관·중추원 및 전선변호사회(全鮮辯護士會)에 법무당국으로부터 의견을 구했던 것은 필경 서상(敍上)의 점에 비추어 널리 조야의 의견을 모은 것에 다름 아니다. (…) 상속제도에 관한 기초요강도 각 방면의 협력과 소위원의 부단한 진지한 노력에 의해 멀지 않아 그 성안을 본다고 믿지만, 그 즈음에 있어서는 친족법 및 상속법에 관한 전반적인 기초요강의 작성을 종료하고 이에 성문법의 제정은 일단락을 지을 차제이다.143)

1940년 6월에는 조선인의 친족제도에 관한 성안이 거의 완성된 상태였고, 조사 및 심의의 방향은 친족제도에서 상속제도로 바뀌고 있었다. 1937년과 1938년의 조사위원회 심의안은 모두 친족법에 관련된 것이었고, 1939년에는 조선민사령 제11조 개정을 위해 최종적으로 제령안을 검토했을 가능성이 높기 때문에, 상속법에 관한 조사 및 심의는 1940년 이후에 본격화되었을 것으로 생각된다. 조선총독부가 초기에 계획했던 중요항목 43개 중에서 1938년 제2차 심의 전에 완료된 것은 13번까지였다.

조선총독부는 1940년에 상속 관습에 관해 중추원에 자문했다. 〈표 3-8〉144) 의 중추원 자문을 통해 알 수 있듯이, 장자상속 원칙의 관습을 수정하고145) 호주상속할 남자가 없을 경우 여자의 상속권을 인정하는 방향으로 상속법 개정이 추진되었다.146) 두 번째 조항에 대해서 사법법규개정조사위원인 기리무라 세우(梧村升雨)는 "상속할 아들이 없고 딸만 있는 경우"에도 여자의 상속권을 인정해야 한다고 주장했는데, 이때 여자의 상속은 재산상속이 아니라 호주상속을 의미했다. 당시 조선의 관습법에서 여자도 호주상속을 할 수는 있었지만, 여자의 호

---

143) 朝鮮總督府中樞院, 『第21回中樞院會議各局部長演述』, 1940, 60쪽.
144) 제20회 중추원 자문사항은 아오노 마사아키(靑野正明) 모모야마가쿠인대학 교수로부터 제공받았다.
145) 『每日申報』 1940. 10. 30.
146) 『每日申報』 1941. 6. 12.

〈표 3-8〉 조선총독부 중추원 자문사항

회	일시	자문사항
1	1919. 9	1. 묘지, 화장장, 매장 및 화장취체규칙 개정의 건
2	1921. 5	1. 성년, 처, 능력, 금치산, 준금치산에 관한 규정을 설치하고, 친권자, 후견인, 보좌인, 친족회 등의 제도를 설치할 것
3	1921. 12	1. 남자는 만 17세, 여자는 만 15세에 이르지 않으면 혼인할 수 없다는 규정을 설치할 것 2. 부부는 협의로써 이혼을 할 수 있고, 또 민법 제813조 원인이 있는 경우에 한하여 그 일방으로부터 이혼의 소송을 제기할 수 있도록 하고, 재판에 의해 이혼시키는 규정을 설치할 것
4	1923. 7	자문사항 없음
5	1924. 9	1. 남자 없이 여자만 있는 자는 그 여자에게 타성(他姓)의 남자를 서양자로 할 수 있다. 이 경우에 양가(養家)의 성을 칭하도록 하는 제도를 설치하는 것의 요부 2. 가에 칭호를 붙이는 것을 정하는 것의 요부 3. 지방 문묘(文廟) 중 상당 격식이 있는 것에 사성(司成)을 설치하는 것의 가부 4. 시정 개선에 관해 특히 필요한 사항
6	1926. 1	자문사항 없음
7	1927. 8	1. 國有林野冒耕火田의 정리 및 화전민 구제에 관한 방책 2. 지방개선에 관한 의견 여하
8	1928. 1	자문사항 없음
9	1929. 5	1. 산업진흥에 관해 장래 본부에서 시설을 요하는 사항 2. 최근 지방민정 중 특히 주의할 사항 및 그에 대한 의견
10	1930. 9	1. 지방의 실정에 비추어 특히 시설을 요하는 사항
11	1931. 9	1. 현시의 정세에 비추어 민중의 생활안정을 위해 시설을 요하는 사항
12	1932. 3	자문사항 없음
13	1932. 9	1. 지방의 실정에 비추어 사상선도, 민력함양상 특히 시설을 요하는 사항
14	1933. 7	1. 지방의 상황에 비추어 농산어촌진흥상 특히 시설을 요하는 사항 2. 의례준칙 제정에 관한 사항
15	1934. 4	1. 농가갱생 계획의 실시상황에 비추어 장래 본 계획의 관철을 필기(必期)할 방책 2. 도시에 있어서의 민심의 작흥을 도모할 구체적 방책
16	1935. 4	1. 반도의 현상에 비추어 민중에게 안심입명을 부여할 가장 적당한 신앙심의 부흥책 여하 2. 각지에 있어서의 민심의 추향 및 선도에 관한 의견 여하
17	1936. 10	자문사항 없음
18	1937. 6	1. 사회시설 중 조선의 현상에 비추어 특히 강조실시를 요하는 사항 및 그것을 일반 민중에게 철저케 하기 위한 적절유효한 방책 2. 동본동성 상혼 금지의 제도는 의연히 인정할 것인가

19	1938. 5	1. 시국에 비추어 농산어촌진흥운동의 확충강화를 도모하는 데 가장 적절한 방책 2. 내선일체의 정신을 일반국민의 일상생활에 실천구현시킬 방책 여하 3. 은거제도를 설치할 필요가 없는가
20	1939. 6	1. 지방의 실정에 비추어 시정상 특히 주의를 요해야 할 사항 및 그 대책 2. 유언의 방식에 관해 민법과 같은 방법을 규정할 필요가 없는가
21	1940. 6	1. 국민정신총동원운동의 실황 및 강화철저를 기하기 위해 금후 채택할 방책 2. 법정추정 호주상속인 폐제(廢除)제도를 설치할 필요가 없는가
22	1941. 6	1. 시국하 민정에 대해 시정상 특히 유의할 사항 여하 2. 남자 법정추정 호주상속인이 없는 경우, 여자에게 호주상속을 하게 하는 제도의 가부 여하
23	1942. 6.	1. 시국하 민정에 비추어 장래 시정상 고려할 사항 여하
24		미상
25		미상
26	1945. 7. 30	1. 현하 시국에 비추어 전의(戰意) 앙양, 생산전력 증강에 관해 가장 유효적절하다고 인정하는 대책 여하

주상속권은 장차 호주상속권을 가질 수 있는 남자가 출현하기 전까지의 임시적인 것이었다.

이와 같이 조선총독부가 추진한 관습의 성문법화는 조선의 특수사항을 축소시키는 방향으로 나아가고 있었지만, 순수하게 일본 친족법적 내용으로만 구성되지도 않았다. 조선총독부의 고민은 상이한 두 내용을 어떻게 조화시키는가 하는 점에 있었다. 조선총독부 법무국장은 중추원회의에서 성문법 제정에 대하여 다음과 같이 발언했다.

조선에서의 친족 및 상속에 관한 성문법 제정에 즈음해서는 관습 중 순미(醇美)한 풍(風), 돈후(敦厚)한 속(俗)은 그것을 존중하여 조장 발전시키고, 사회 정세 시대의 추세에 추이조응하지 않는 누습(陋習)은 타파하여 바람직한 쪽으로 유도하고, 민도민정(民度民情)에 따라 신제도의 확립을 필요로 하는 것은 그것을 수립한다고 하는 근본방침을 견지하고 있다. 세태 민심의 귀추를 성찰하지 않고 망령되이 내선에서의 법제의 일원화를 도모하는 것과 같은 의도는 조금도 포회(抱懷)할 수 없는 바이다. 특히 근년 내선일체의 심화투철에 따라 내선의 문물풍습은 점차 융합합류하고 재래의 관습으로서 민법의 규정으로 추이하는 것 또는 근이(近邇)하는 경향이 농후한 것도 있기 때문에 그 범위에서는 내선의 신분에 관한 법제가 일원화할 운명에 있다고 말할 수 있다.147)

중추원회의에서 법무국장은 "세태 민심의 귀추를 성찰하지 않고" 추진되는 법제 일원화를 강하게 비판했다. 물론 법제 일원화도 언급했지만, 당시 법제 일원화는 1921·22년 조선민사령 제11조 개정과 동일한 논리 속에서 실현되고 있을 뿐이었다. 인용문에 잘 나타나 있듯이 "민법의 규정으로 추이하는 것 또는 근이하는 경향이 농후한" 범위 내에서 법제 일원화를 수용한다는 논리였다.

조선총독부는 관습을 고정불변의 것으로 인식하지 않았으며, 일본 민법적 제도로 변화하도록 유도하는 방침을 갖고 있었다. 다만 조선총독부는 순미돈후(醇美敦厚)한 관습과 변화하는 관습에 대해 일본정부와 다른 각도에서 접근했다고 볼 수 있다. 일본정부는 일본 민법의 의용만을 인정했는데, 조선총독부는 특수입법을 통한 성문화를 시도했다는 점에서 차이가 있었다. 조선총독부는 조선 관습의 특수성을 고려하지 않는 내선 법제 일원화에 반대했다.148)

진실로 내선일체를 구현하기 위해서는 개인생활의 근기(根基)인 친족·상속에 관한 법제를 내선 일원화하고 가정생활과 관련해서는 단체생활의 일원화를 도모함으로부터 급하게 하지 않으면 안 될 뿐만 아니라, 관습 중에는 시세의 진운에 따르지 않는 것이 있기 때문에 사법부는 일찍이 재판례를 통하여 조선인의 친족·상속에 관한 관습을 점차 민법의 친족법 및 상속법에 근이(近邇)시키기 위해 노력하고 기운이 익기를 기다려 그때마다 조선민사령에 개정을 가하여 민법에 의하기로 정하고, 시종일관 그런 태도를 견지하여 오늘에 미쳤다. 그리고 다년에 걸친 재판소의 노력을 점차 결실

---

147) 朝鮮總督府中樞院, 『第21回中樞院會議各局部長演述』, 1940, 59~60쪽.
148) 「壻養子, 異姓養子及氏制度に關する朝鮮民事令の改正」, 『朝鮮』 298, 1940. 3.

하여 조선민중 사이에서 법제 일원화의 소리를 듣기에 이르렀기 때문에 내선 법제 일원화의 지표 아래 사법법규개정조사위원회에서 예의 친족·상속에 관한 전반적 성문화를 기도하고 착착 그 업적이 진척하여 제1차의 대강심의를 완료했기 때문에 친족법 상속법 및 그와 불가분의 관계에 있는 가사심판법의 법문기초를 할 운(運)이다.149)

이 글은 척무대신이 상주한 것으로 되어 있다. 조선총독부 직원 증원은 칙령사항이었기 때문에, 조선총독부가 이를 일본정부에 요청한 것이다.150) 조선총독부가 일본정부에 상주한 문서를 보면 내선 법제 일원화 관점에서 관습 성문화를 파악하고 있어, 조선총독부 법무국장이 중추원회의에서 발언한 내용과는 뉘앙스가 다르다.

그러나 이 글은 또 "조선이 고유한 역사적 사실 및 지리적 환경을 갖고 있기 때문에 내지에 비해 특이한 문화를 육성하고, 풍속 관습도 다른 것이 있다"고 언급하면서 "풍속 습관은 평소 각 민족이 그 생활이상을 육성하기 위해 적정·타당하다고 인정하여 채용한 굳건한 전통적 형식이다. 이에 법제의 힘으로 하루 아침에 변혁을 가하는 것은 단지 민심을 동요하고 반발을 초래"한다고151) 하

---

149) 「朝鮮總督府部內臨時職員設置制中改正ノ件」, 『公文類聚』 63편(소화 14년 제36권). 이 칙령안은 조선총독부가 관제 개정안을 제출하여 척무대신이 청의(請議)한 것이다. 당시 조선총독부 공문서의 작성과 유통절차에 관해서는 다음 저서 참조. 박성진·이승일, 『조선총독부 공문서』, 역사비평사, 2007.
150) 위 인용문이 척무대신의 청의문서(請議文書)임에도 조선총독부가 작성한 것이라고 판단하는 이유는 당시 일본정부 및 조선총독부의 공문서 유통 과정에 대한 이해에 근거하고 있다. 당시 조선총독부 관제는 칙령사항이었기 때문에, 조선총독부 쪽에서 일본정부에 관제 개정 의견을 제출하면 조선총독부의 관할기관이었던 척무성에서 검토하여 척무대신 명의로 관제 개정안을 제출하게 된다. 이때 관제 개정안은 척무대신 발의안으로 상정되고, 법제국 심의를 거친 뒤 각의 결정을 거쳐 칙령으로 공포되는 것이다. 위 문서는 각의 결문문, 척무대신 상주문, 첨부문서로 구성되어 있다. 위 인용문은 척무대신의 상주문 후단에 붙어 있는 조선총독부 측의 첨부문서이다. 이와 같은 사실은 조선총독이 1939년 11월 7일 조선민사령 제11조 개정안을 정부에 제출하면서 첨부한 설명문과 위 인용문이 거의 동일하다는 점을 통해서도 확인할 수 있다. 「朝鮮民事令中ヲ改正ス (壻養子制度創設及之ト關係スル氏ニ關スル規定」, 『公文類聚』(http://www.jacar.go.jp/f_1.htm)
151) 「朝鮮總督府部內臨時職員設置制中改正ノ件」, 『公文類聚』 63편(소화 14년 제36권).

여, 조선의 구관주의를 완전히 부정한 채 일본 민법의 친족편 및 상속편을 도입하는 것에는 반대했다. 조선총독부가 법제 정책을 수립하면서 조선의 특수성을 고려하지 않을 수 없었던 이유는, 조선인의 현실에 조응하는 법제를 제정해야만 조선사회를 안정적으로 통치할 수 있기 때문이었다.

한편 친족 및 상속에 관한 법전화 계획과 동시에, 조선총독부는 위 분쟁과 관련된 것을 처리하기 위해 일본 본국의 가사심판제도를 조선에서도 시행할 것을 계획하고 있었다. 1938년 법무국 계획에서는 '가정사건조정법'이라는 명칭으로 조선인의 친족 및 상속에 관한 분쟁을 전담하려 했다.152) 가정사건조정법은, 과거에는 친족 및 상속의 분쟁을 경찰서에서 처리하는 경우가 많았는데, 그 경우 전문적 법률가, 특히 판사가 간여하지 않아 해결이 되지 않는다는 문제의식에서 비롯되었다. 따라서 조선인들의 가정 분쟁을 원만하게 해결하는 한편, 조선에 거주하는 일본인들에게도 적용하기 위해 입법을 계획했다.153)

조선총독부가 추진했던 입법계획은 미나미 지로가 퇴임하는 1942년까지 유지되고 있었다. 1942년 정무총감 인계서 중에 법무국 소관사항은 모두 6개였는데, 조선인의 친족 및 상속의 법제화와 관련된 5, 6번 항목만이 실현되지 못했고 나머지는 모두 고이소 구니아키 총독 시기에 실현되었다는 점에 주목할 필요가 있다. 다음은 법무국의 인계사항을 정리한 것이다.154)

1. 호적 정비에 관한 건
2. 기류(寄留)제도의 실시에 관한 건155)
3. 조선전시민사특별령(朝鮮戰時民事特別令) 제정의 건

---

152) 「1938년 12월 6일 家庭事件調停法施行ニ關スル件(電信案)」, 『新規豫算要求書綴(1939)』.
153) 「家事調停制度ノ確立を緊要トスル所以」, 『新規豫算要求書綴(1939)』.
154) 「政務總監事務引繼書」, 『大野文書』.
155) 조선기류령을 통해 조선 내 거주자에 대한 행정적 파악이 비로소 가능해졌다. 기존에는 거주자를 파악하는 거주등록부 체제가 대단히 불완전했기 때문에 경찰의 조사에 의한 호구조사부에 의존할 수밖에 없었다. 그러나 조선기류령 설치를 계기로 조선인을 비롯한 조선 내 거주자들을 행정적 문서로 편입시킬 수 있는 근거를 마련한 것이라 할 수 있다.

4. 조선총독부재판소령전시특례 및 조선전시형사특별령 제정의 건
5. 조선친족령·상속령 제정의 건
6. 조선가사심판소령 제정의 건

5번 항목은 조선 관습의 성문법화를 조선민사령 내부에서 달성하려 하지 않고, 조선민사령 제11조를 개정하는 수준을 넘어 제령 형식의 단행법령으로 공포하려 했음을 보여준다. 그리고 6번 항목의 조선가사심판소령은 일본에 가사심판소제도가 실시되면서 그것을 조선에서도 실시하려고 계획했던 것이었다. 이것은 조선인의 친족·상속제도가 일본 민법과 다르기 때문에 친족 및 상속과 관련한 소송을 조선가사심판소에서 전담할 목적으로 계획되었다. 이와 같이 조선총독부가 조선인의 친족 및 상속법 제정을 추진했던 이유는, 관습법이 "법적 생활의 안전성을 결여하고 시국하 총후 생활의 안녕질서를 유지·확보하기 어려운 감이 있다는 것과, 한편으로 관습 중에는 조선인의 황국신민으로의 연성상 도저히 유지하기 어려운 인자"가 있었기 때문이었다.156)

> 조선인의 친족 및 상속에 관해 민법의 친족법 및 상속법을 적용하게 된다면 동시에 호적법도 적용할 수 있지만, 아직 내선(內鮮)의 풍습의 차이는 친족법 및 상속법을 일원적으로 적용하는 데 도달해 있지 않기 때문에 가령 친족법 및 상속법을 강행적으로 적용하여도 현실적으로는 준행되지 않고 민인의 신분관계에 대해서 합치하지 않는 암흑상태에 이른다.157)

일본 민법의 직접 도입에 소극적이었던 것은 법무국뿐만 아니라 조선군도 마찬가지였다. 조선군이 조선인의 친족 및 상속법에 관심을 갖게 된 것은 징병 문제와 관련이 있기 때문이었다. 조선인의 친족·상속에 관한 문제가 조선인 징

---

156) 「政務總監事務引繼書」, 『大野文書』.
157) 「戶籍整備ノ槪要(1942. 4. 27)」, 『大野文書』.

병과 밀접한 관련을 맺을 수밖에 없었던 것은, 일본 병역법에서 규정하고 있는 징병 대상 때문이다. 1927년 법률 제47호로 공포된 병역법의 적용 대상은 "호적법 적용을 받는 자"였다.158) 따라서 호적법 적용을 받지 않는 조선인·대만인 등은 징병 대상이 아니었던 것이다. 병역법과 호적법은 일본인에게만 적용되는 법률이었지만, 전쟁 상황이 급속히 악화되면서 징병 대상의 확대를 위해 개정되지 않으면 안 되었다. 이와 관련하여 조선군사령부에서는 1942년 4월 24일에 갑위원회 제1회 타합회(打合會)를 개최하여 조선인 징병에 관한 사항을 논의했다. 여기에서는 조선인 징병을 위한 방침으로 ① 현재 호적령에 의해 호적의 완비를 기하고 본령의 개정에 의해서 실시한다. ② 민법을 적용하고(또는 제정하고) 호적법을 시행한다. ③ 전연 반도를 주체로 하는 병역법을 시행한다159) 등 세 가지 방안이 검토되었다.

①은 조선민사령 제11조의 구관주의에 기초하여 조선호적령을 개정하고 병역법을 일부 개정하여 징병하려는 방안이고, ②는 일본 민법의 친족편 및 상속편, 호적법 등을 조선지역에도 시행하는 방안이다. 그 경우 병역법을 개정할 필요가 없었다. ③은 조선지역에만 적용되는 병역법을 따로 제정하는 방식이었다. 갑위원회는 ②와 ③을 기각하고 ①을 채택했다. 일본 민법의 친족편 및 상속편을 조선에 시행하고 호적법을 시행하게 되면 조선인들의 법률적 지위 변동이 초래되기 때문에 식민 정책적 견지에서 쉽게 선택할 수는 없었다. 또 ③은 조선인들에게만 적용하는 병역법을 제정한다는 것인데, 이는 조선총독부의 입장에서는 일본 본국 영향력 확대의 계기가 될 수 있었고, 일본정부 입장에서도 조선의 특수입법에 매우 민감했기 때문에 수용하기 힘든 것이었다.

결국 조선총독부는 "조선의 특수사정에 비추어 호적법의 시행은 시기상조이고, 특별한 병역법의 시행 역시 온당하지 않기 때문에 현행 조선호적령에 의해서 호적의 완비에 노력하고 병역법의 개정에 의해 징병제도를 실시"하는 쪽으

---

158) 「極秘朝鮮人徵集ニ關スル具體的硏究」, 『大野文書』.
159) 「1942년 4월 24일 甲委員會第1回打合事項」, 『大野文書』.

로 결정했다.160) 그에 따라 병역법 제9조 2항과 제23조 1항 중 "호적법의 적용을 받는 자"를 "내지, 조선 또는 사할린에 본적을 갖는 자"로 고치기로 결정했다.161)

일본에서는 호적법과 병역법이 결합하여 국민의 승인을 위한 중요한 법적 기제로 활용되었지만, 조선인에게는 호적법과 병역법을 분리하여 대응했다. 일제는 조선인들에게 국방의무를 강제했지만, 법률적 평등을 초래할 수 있는 법제화에는 부정적이었다. 1940년대 법적 환경의 변화도 조선총독부가 조선친족령·상속령을 추진하는 계기가 되었다.

① 관습은 시세에 추이하고 변천하며, 극언하면 어제의 관습이 오늘의 관습이라고 말할 수 없기 때문에 신분상에서의 법적 생활의 안전성은 현저한 위협을 받는다. 일부 급진론자는 법적 생활의 안전을 기하기 위해 실정에 맞지 않는 점이 있어도 그 ○○을 감수함으로써 조급히 민법을 시행해야 한다는 자가 있다. 그 급격론자를 제외한 일반 조선인 사이에서 친족 및 상속에 관한 성문화를 치열하게 요망한 바이고 시국하 총후 생활의 안녕질서를 유지확보하는 상에서 끽긴(喫緊)의 요무에 속한다고 하지 않을 수 없다.

② 민법 개정안에서는 인사(人事)에 관한 쟁송(爭訟)을 통상의 재판수속에 의해 재단하는 것은 피로써 피를 씻고 골육 간의 상극마찰을 심화시키는 것 외에 하등의 이익 되는 바가 없는 것에 비추어, 현재의 인사쟁송을 폐지하고 그것에 대신하기 위해 새롭게 설치할 가사재판소(家事審判所)에서 재판을 하게 되었다.

③ "당분간 조선에는 가사심판제도를 포고하는 것을 유예하는 것은 어떤지"라는 공론(空論)이 있다. 그것은 완전히 사법에 이해를 갖지 않는 자의 말로서, 조선에 거주하는 내지인에게는 당연히 민법이 적용되기 때문에 개정민법이 시행되는 이상 절대로 불가피하게 가사심판소를 설치하지 않을 수 없다. 동일지역에서 내지인에

---

160) 「極秘1942년 4월 24일·26일 甲委員會打合決定事項」, 『大野文書』.
161) 「極秘朝鮮人徵集ニ關スル具體的研究」, 『大野文書』.

게는 좋은 제도를 적용하고, 반도인에게는 적용하지 않는 것은 반도통치상 좋지 않은 결과를 초래한다.162)

①은 1918년 이래 조선총독부가 일관되게 견지해온 입장이었다. 조선총독부가 지향했던 입법 정책은 일본 민법의 전면적 의용이 아니라 조선 관습의 추이에 적응하는 성문법령의 제정이었기 때문에, 일본 민법 시행을 주장하는 자는 급진자라는 비판을 받았다. ②와 ③은 일본 본국에서 가사심판제도를 시행하고 있으므로 조선에도 동일한 취지의 재판제도를 도입해야 한다는 것이다. 조선총독부는 조선친족령·상속령을 제정하고 이와 관련된 분쟁을 가사심판소에서 해결하려 했던 것으로 보인다.

조선친족령·상속령 구상은 내선 법제 일원화 요구를 일정하게 수용하면서도 일본의 친족편 및 상속편을 의용하지 않고 조선의 특수 관습을 성문화할 수 있는 하나의 방안이었다. 조선친족령·상속령은 1912년 조선민사령과 유사한 방식으로 법제화할 수 있었다. 즉 조선친족령·상속령 제1조에 일본의 친족법 및 상속법 의용을 천명하고, 제2조 이하부터는 예외조항을 두어 조선 관습에 관한 특례를 설치하려 했던 것으로 보인다.

이와 같은 조선친족령·상속령 구상은 총독정치와도 밀접한 관련이 있었다. 조선총독부는 조선통치의 근간을 총독정치로 규정하고, 조선총독이 입법·행정·사법을 모두 장악하는 통치형태를 가장 이상적인 것으로 보고 있었다. 따라서 조선총독의 입법권이 일부라도 손상되는 것을 극도로 경계했던 것으로 보인다. 이러한 인식은 중일전쟁이 격화되면서 좀 더 강화되었다. 미나미 지로 총독의 내선일체는 조선총독의 전제권을 강화하는 방향으로 변화하기 시작했다. 이러한 조선총독부의 통치방안은 1941년 12월에 제국의회에 제출했던 문서에서 확인할 수 있다.

---

162) 朝鮮總督府, 『第79回帝國議會說明資料』, 1941.

1. 총독의 통치책임 완수상 조선에서의 총독의 종합행정권을 변개(變改)하기 어렵다.
2. 총독부 소관사항은 상호 유기적 관련이 있어서 일부를 분리하기 어렵고 또 분리하는 경우에는 정책의 분열을 초래한다.
3. 반도 민심에 영향이 있다.
4. 행정권의 일부 이전은 오히려 사무의 착종 혼효를 초래하고 소기하는 바의 역의 결과를 초래할 수 있다.163)

이 당시 일본정부는 내외지 행정 일원화를 추진하면서 조선총독에 대한 일본정부의 감독 및 지시권을 확립하여 행정적 측면에서 일본 내각의 권한을 확대하려 했다. 사실 이전까지는 조선총독의 전제적 통치 방식에 대해 공식적인 이의를 제기하기가 어려웠다. 1929년 척무성 설치를 계기로 조선총독과 일본 내각 사이에 갈등이 있었으나, 당시에는 조선총독의 전제적 통치 방식 문제가 아니라 척무대신과 조선총독의 관계를 어떻게 설정할 것인가 하는 점에서 갈등이 비롯되었다.

그러나 전쟁 격화에 따른 국가 체제의 효율적 정비를 위해, 일본정부는 일본 본국과 식민지의 통치 체제를 일원화할 필요가 있었다. 이와 관련하여 1942년부터 조선총독부에 대한 내각의 감독권을 강화하려는 움직임이 조선총독부의 반발을 초래하게 된 것으로 판단된다. 특히 조선총독부는 "조선총독은 천황에 직예하고 조선통치의 전 책임을 일신(一身)에 부(負)하고 있기 때문에 종합행정권의 중요부분을 상실해서는 통치의 책임을 완수할 수 없다. 즉 통치의 모든 책임과 종합행정권은 불가분으로서 소위 전부가 아니면 개무(皆無)"라고 주장하면서164) 매우 강력한 의지를 표명했다. 이것은 아마도 당시 내각이 조선총독의 종합행정권 중 일부를 제한하려 했기 때문이라고 생각된다.165) 조선총독부는

---

163) 朝鮮總督府, 『第79回帝國議會說明資料』, 1941.
164) 朝鮮總督府, 『第79回帝國議會說明資料』, 1941.
165) 조선총독부는 1941년에 재판소구성법의 조선 시행에 대해서도 공식적으로 거부했다. 朝鮮總督府, 『第79回帝國議會說明資料』, 1941.

제국의회 설명자료를 통해 내각이 주도하는 식민지 지배기구의 재편에 대한 조선총독부의 비판적 견해를 전달한 것이다.

그리고 총독정치의 유지라는 관점에서 파악했을 때, 조선총독부는 종합행정권의 토대가 되는 조선의 구관·풍습 등의 차이를 법제화하는 데 적극적이었다고 볼 수 있다. 조선친족령·상속령 구상은 조선총독부 법제 정책의 핵심이면서 식민지 정책의 골자였다. 이것은 내각 법제국의 기본방침이었던 일국일성문법 전주의(혹은 친족·상속에 관한 국내법통일주의)에 대한 도전이면서, 당시까지 식민지 통치 체제였던 이법지역 체제를 성문화된 형태로 완성하는 것이기도 했다. 당시까지 조선민사령 체제는 '일본 민법과 조선 관습'의 병존형태였으나 조선친족령·상속령의 구상은 조선민사령 체제를 '일본 민법과 조선 성문법전' 형태로 전환하는 것이었기 때문이다. 1942년의 조선친족령·상속령 구상은 1912년 조선민사령 체제를 벗어나는 것이었고, 궁극적으로 조선민사령 제11조의 소멸을 의미하는 것이기도 했다.

제3장
내외지 행정 일원화와 조선총독의 입법권

1. 고이소 구니아키 총독의 조선통치방침과 내지연장으로서의 조선

조선총독부는 조선 관습 성문화 정책의 일환으로 조선민사령을 개정하려 했으나, 일본민법주의 원칙과 조선구관주의의 유지라는 모순 속에서 고민해야 했다. 그것은 조선총독부 관료들이 이념으로서의 동화를 지향하면서도, 다른 한편 조선총독부 존립의 근거였던 조선 특수성에 대한 법제화도 동시에 고려해야 했기 때문이었다. 이러한 상황을 반영하듯이 미나미 지로는 동화주의를 적극적으로 표방했지만, 다른 한편 조선총독의 종합행정권도 철저히 고수하려 했다. 그것은 미나미 지로의 동화 정책이 조선인과 일본인의 법적 평등 혹은 법제 일원화를 내용으로 하지 않고, 이법역의 유지를 전제로 법역 간의 소통관계만을 확립하려 했던 객관적 이유였다.

조선 관습의 성문법화는 하세가와 요시미치 총독이 처음 착수한 이래 약 20년간 조선총독부 민사 정책의 핵심과제로 유지되었다. 미나미 지로 총독 시기에는 조선친족령·상속령 제정 구상으로 구체화되었으나, 1942~1943년 사이에 미나미 지로, 오노 로쿠이치로(大野綠一郎), 미야모토 하지메[166] 등이 퇴임하면서 사실상 폐기되었다.

미나미 지로 총독 시기에는 조선 관습에 대한 조사 및 심의가 거의 완료되었기 때문에, 조선민사령 제11조 개정이 아니라 조선친족령·상속령의 제정도 가능했다. 1942년 미나미 지로 총독 시기에 전반적 성문화가 달성되지 못했던 데는 조선 관습의 심의가 완료되지 못했던 것도 한 원인이 되었지만, 일본 민법의 친족편 및 상속편 개정안을 검토할 필요성이 있었고, 당시 가장 중요한 입법으로 조선인 징병에 따른 조선기류령의 공포 및 실시, 호적제도의 정비 등이 대두되어 우선순위가 바뀐 것도 원인이 되었다.

또 1941~1942년 사이에 조선총독부에 대한 내각의 간섭이 강화되면서 조선총독부의 법제 정책이 변화를 맞게 되었다. 태평양전쟁이 발발하자 일본정부는 본국-식민지라는 이원적 지배를 넘어 본국에 의한 단일한 통치를 추진했다. 일본정부는 1942년 9월 11일 각의 결정에서 "조선총독부, 대만총독부 및 사할린청에 관한 사무의 통리는 내무대신"이 담당하도록 했다.[167] 위 3개 외지관청의 통리사무를 위해 내무성에 관리국을 신설하고, 일본·조선·대만 및 사할린에 관한 사무연락을 위해 연락위원회를 설치했다.[168] 특히 내무대신은 조선총독에게 조선총독부 관련사무의 통리상 필요한 지시를 할 수 있도록 했다.[169] 이와 함께 내각총리대신 및 각성대신은 일정한 사무에 관해서 조선총독을 감독할 수 있게 되었고, 또 전 항의 사무에 대해서 감독상 필요한 지시를 할 수 있었다.[170] 과거 척무성이 식민지를 관할했을 때는 척무대신이 조선총독에 대한 감독권 및 지시권을 갖고 있지 않았으나, 내외지 행정 일원화가 추진되면서 내각은 조선총독에 대한 감독권 및 지시권을 확보할 수 있었다.

---

166) 미야모토 하지메는 조선고등법원 판사 및 조선총독부 법무국장을 역임했으며, 조선민사령급민적법개정조사위원회 단계부터 참여하는 등 조선 관습의 성문법화에 매우 깊이 관여했다.
167) 「1942년 9월 11일 각의 결정 內外地行政ノ一元化ニ關スル件」, 『本邦內政關係雜件 植民地關係(2권)』.
168) 「1942년 11월 1일 칙령 제726호 內務省連絡委員會」, 『本邦內政關係雜件 植民地關係(2권)』.
169) 「1942년 11월 1일 칙령 제729호 朝鮮總督及臺灣總督ノ監督等ニ關スル件」, 『本邦內政關係雜件 植民地關係(2권)』.
170) 內外地行政一元化에 관해서는 다음의 논문 참조. 水野直樹, 「戰時期の植民地支配と'內外地行政一元化'」, 『人文學報』 79, 京都大學人文科學硏究所, 1997.

또 내외지 행정 일원화의 취지에 따라, 조선총독부의 통치방침이 결정되면 외부에 발표하기 전에 반드시 미리 내무성에 보고하도록 했다.[171] 예컨대 ① 법률의 제정을 필요로 하는 사항, ② 추밀원에서 자순(諮詢)을 필요로 하는 사항, ③ 일본에 중대한 영향을 미치는 사항, ④ 그 외 통치상 특히 중요한 사항 등에 관해서는 반드시 보고해야 했다. 이는 1919년 11월 28일 조선총독 및 대만총독에 대해서 보고례를 정한 것과 크게 달랐다.[172] 1919년에는 조선총독, 대만총독(관동장관) 및 사할린청장관에게 각 소관 정무에 대해 별도로 정한 것을 제외하고는 내각총리대신 훈령에 의해 보고하도록 했는데, 그 종류는 즉보(卽報), 계보(季報), 연보(年報) 3종이었다. 즉보는 즉시, 계보는 보고사항 중에서 지정한 날, 연보는 회계년도 경과 후 3개월 이내에 보고하도록 했다.[173] 제령의 경우에는 내각 법제국 심의를 거치기 때문에 일본정부가 미리 파악할 수 있었으나, 훈령이나 부령의 경우 제령의 위임명령이기 때문에 일본정부와 협의할 필요가 없었다. 조선총독부는 위 조회의 내용을 승인했다.[174]

미나미 지로는 추밀원에서 조선총독에 대한 감독권과 지시권을 관제에 명기하려는 일본정부에 강하게 반발했다. 하지만 그의 주장은 채택되지 못했다.[175] 1929년에 조선총독의 감독권 명기 문제가 발생했을 때는 사이토 마코토의 반대에 부딪혀 조선총독에 대한 감독권이 명기되지 않았는데, 그때와는 상황이 달라졌던 것이다. 태평양전쟁이 발발하자 미나미 지로는 조선총독의 종합행정권 강화를 통해 전시 체제에 대응하려 했지만, 일본정부는 식민지와 식민 본국을 일

---

171) 「1943년 7월 5일 內務次官 → 朝鮮總督府政務總監 朝鮮總督府ニ於ケル重要施策ノ連絡ニ關スル件」, 『本邦內政關係雜件 植民地關係(2권)』.
172) 「拓秘第1625號 朝鮮總督, 臺灣總督(關東長官), 樺太廳長官ニ對シ內閣總理大臣訓令(1919. 11. 28)」, 『本邦內政關係雜件 植民地關係(2권)』.
173) 즉보(卽報)는 부령, 훈령, 유고 및 중요한 고시를 비롯한 총 12개 항목이었고, 계보(季報)는 무역상황을 비롯한 5개 항목, 연보(年報)는 제반 정무시행의 상황과 관내 일반상황이었다.
174) 「1943년 7월 14일 朝鮮總督府政務總監回答 重要施策ノ連絡ニ關スル件」, 『本邦內政關係雜件 植民地關係(2권)』.
175) 水野直樹, 「戰時期の植民地支配と'內外地行政一元化'」, 『人文學報』 79, 京都大學人文科學研究所, 1997, 89~90쪽; 山崎丹照, 『外地統治機構の研究』, 1943.

원적으로 통합·감독함으로써 전시 체제에 대응하려 했다.

이와 같이 일본정부가 조선과 일본을 일원적으로 통치하고자 하는 상황에서, 조선의 특수입법은 크게 제약받지 않을 수 없었다. 대표적인 사례가 조선기류령176)을 둘러싼 조선총독부와 일본정부의 갈등이다. 조선기류령은 조선인의 징병을 위해 조선총독부가 입안한 것이었는데, 내각 법제국은 처음부터 제도 자체를 반대하고 나섰다.177) 조선기류령은 조선호적령에 기초한 징병제도 실시를 위해 필수적인 것이었지만, 일본정부는 조선의 특수입법에 대해 부정적 입장을 갖고 있었던 것이다. 결국 조선총독부는 조선기류령의 공포를 전제로 법제국의 요구사항을 수용하는 쪽으로 타협해야 했다.

내외지 행정 일원화 조치는 행정에 국한되는 것이었으나, 조선총독부는 각종 정책을 추진하는 데 일본정부를 의식하지 않을 수 없었다. 조선총독부가 추진하는 주요 정책 및 입법사항은 사전에 중앙정부에 보고하도록 했기 때문에 조선총독의 자율적 권한이 약화될 가능성이 있었다.

또 1942년 미나미 지로의 후임으로 조선총독에 임명된 고이소 구니아키는 조선에 관해서 기존 총독과는 다른 통치방침을 갖고 있었다. 고이소는 조선군사령관과 척무대신 등을 맡았고 정무총감이었던 다나카 다케오(田中武雄)는 척무차관으로 일한 적이 있었던 만큼, 그들은 조선과 매우 깊은 관계를 지닌 인물들이었다. 고이소는 1942년 6월 15일 조선총독으로 부임하면서 다음과 같은 담화를 발표했다.

다수의 내지동포 간에는 조선을 이역(異域)으로 심득(心得)하여 사국(四國)이나 구주(九

---

176) 조선기류령은 1942년 5월 8일 조선인에게도 징병제도를 실시하기로 결정하면서, 조선인 징병을 위해 조선총독부가 추진한 주민등록제도이다. 조선총독부는 1942년 10월 15일에 조선기류령을 공포하여 조선인의 거주지와 가족관계를 등록하고, 징병 대상자와 그 거주상황을 파악하려 했다.
177) 朝鮮總督府, 『朝鮮寄留令ニ關スル書類』. 조선기류령에 관한 연구는 다음의 논문 참고. 이명종, 「일제말기 조선인 징병을 위한 기류(寄留)제도의 시행 및 호적조사」, 『사회와 역사』, 74, 2007.

州)와 같은 동일한 강력한 황국일본의 일환으로 수(收)할 수 있다는 것을 한각(閑却)하고, 혹은 나쁜 사례만으로 전부를 억단(臆斷)하는 경향도 적지 않다.178)

조선은 이법지역으로서 일본과 사정을 달리한다는 것이 당시의 일반적인 견해였다. 그러나 고이소는 조선총독에 부임하면서 발표한 첫 담화에서, 조선과 일본을 동역(同域)으로 보는 입장을 취했다. 물론 고이소가 조선과 일본의 당시 상태를 동일하게 보았던 것은 아니었고, 현실적으로 일본화가 가능한 지역이라고 파악한 것이었다. 특히 당시의 황국신민화·동화에 대해, 고이소는 교육과 문화 측면에서만 접근하는 것을 넘어서 일본 제도의 조선 적용을 적극적으로 고려했다. 고이소가 추구했던 "조선통치의 대본(大本)은 조선 2,600만 대중을 근저적으로 일본인화하는 것, 시국공헌을 위해 극력 생산증강에 노력하는 것"이었다.179) 고이소 역시 미나미 지로와 동일하게 내선일체, 황국신민화를 주요한 통치이념으로 설정했으나, 미나미 지로의 내선일체론과는 내용상 차이가 있었다.

나는 일시동인의 어성지(御聖旨)에 의해서 내선관계를 실질적으로 무차별의 경지로 이끌어가는 기백이, 내지인 측에 없으면 안 된다고 생각한다. 이를 위해 조선인을 황국신민으로 단련해가지 않으면 안 된다. 무릇 시책은 현실을 유리해서는 안 된다. 시세, 민도(民度)에 응하여 순(順)을 좇아가고 단지 형식 동조로 떨어져서는 안 된다. 요는 국체의 본의에 투철하는 것이다.180)

본 총독은 일시동인의 성지를 봉대(奉戴)하고 반드시 조선동포의 물심양면에 걸친 수준으로까지 향상하고, 하루라도 빨리 내지동포와 진실로 무차별일체(無差別一體)의 경지에 이끄는 것을 진실로 마음에서 기약하고 있지만, 그 실현을 위해 특히 반도관민

---

178) 「總督としての第一聲(1942. 6. 15)」, 『小磯統理の展望(1집)』, 5쪽.
179) 小磯國昭, 『葛山鴻爪』, 丸ノ內出版, 1968, 751쪽.
180) 「初の局長會議の訓示」, 『小磯統理の展望(1집)』, 32쪽.

지도자층의 궐기협력에 기대하는 바 극히 절실하다.181)

1941년 국민총연맹은 내선일체를 내선평등으로 이해하는 것을 비판했다. 그러나 고이소 구니아키는 국장회의와 도지사회의에서 내선관계를 무차별의 단계로 이끌어야 한다고 말했다. 물론 고이소가 곧바로 내선평등을 주장했던 것은 아니고, 내선평등의 경지로 나아가기 위해서는 조선인을 황국신민으로 단련해야 한다는 전제가 있었다.182) 고이소는 조선통치의 근간을 1919년 8월 19일 조선총독부관제개정의 조서(詔書)에 언급된 일시동인(一視同仁)에 두고 있었으며, 일시동인에 도달하기 위한 전제로 황국일본정신, 국체본의의 투철을 말했다.183) 조선총독부는 사회적으로도 일시동인, 국체본의 투철, 도의조선(道義朝鮮) 건설이라는 슬로건 아래에서184) ① 수양연성(修養鍊成)의 강화철저, ② 생산력 증강, ③ 서정집무(庶政執務)의 획기적 쇄신185) 등을 당면 과제로 내세웠다.

이와 같이 고이소가 일시동인을 적극적으로 해석했던 것은, 전시 체제 아래에서 조선의 역할이 강조되고 있었기 때문이다. 1937년의 중일전쟁이 예상 외로 길어지고 1941년에 태평양전쟁이 발발하면서, 조선 내에서 각종 전쟁동원이 절실해지기 시작했다.

고이소는 조선인과 조선사회를 효율적으로 전쟁에 동원하기 위해서는, 과거와 같이 조선인의 의무를 강조하고 정신적·교화적 태도를 강화하는 것만으로는 한계가 있다고 보았다. 따라서 일본화의 강조와 더불어 법률과 제도의 연장, 조선인들의 처우 개선을 통해 조선인의 협력을 이끌어내는 방식에 관심을 기울였

---

181) 「最初の道知事會議(1942. 6. 26)」, 『小磯統理の展望(1집)』, 64쪽.
182) 고이소 구니아키는 국장회의와 도지사회의를 통해서는 내선차별의 철폐를 강조하고 있으나, 조선총독부 일반관리들에게 배포한 것으로 판단되는 문서에서는 "내선일체의 이념이 내선평등의 관념으로 혼동, 오해되고 있다"라고 지적하면서 내선일체의 실질적 내용이 황국신민으로서의 수양연성이라는 것을 강조하고 있다. 朝鮮總督府, 『朝鮮統理と皇民化の進展』.
183) 朝鮮總督府, 『朝鮮統理と皇民化の進展』.
184) 「民衆の指導者自ら鍊成せよ」, 『小磯統理の展望(2집)』, 260쪽.
185) 「決戰第二年の三大方策(1942년 12월 29일 국장회의 석상 총독훈시)」, 『小磯統理の展望(2집)』, 176~177쪽.

다. 당시 정무총감이었던 다나카 다케오는 "미나미 총독 시대는 내지연장주의(內地延長主義)라기보다 황국신민화 정책이 그 기조였고, 그것이 상당히 강렬하게 행해졌던 시대였다"라고 회고했다.186) 다나카 다케오가 내지연장주의와 황국신민화 정책을 구분한 이유는, 당시 미나미 지로와 고이소 구니아키가 추구했던 조선통치 방식이 달랐기 때문이다. 사실 미나미 지로까지는 조선과 조선인에게 일본과 같은 법률과 제도를 '그대로' 연장·시행하는 데 소극적이었고, 일본 제도의 연장은 조선과 조선인들이 동화 혹은 황국신민화 과정을 거친 이후에 검토될 수 있는 것으로 파악했다.

고이소의 통치 정책도 '이민족통치'의 틀 내에서 움직이고 있었으나, 태평양전쟁 시기 조선총독부의 고민은 "조선이라는 이민족지역을 저 가열(苛烈)한 전국(戰局)에서 어떻게 동요시키지 않고 시국에 협력시켜나갈 것인가 하는 것"187)이었고, 조선인을 동원하기 위해 "이민족이라는 복잡한 민심, 민정이라는 것에 대처할 필요"가 있었다.188) 그런 상황에서 고이소가 조선총독 부임 직후 생각했던 것은 "조선인 관리의 활발한 등용, 조선인 기업의 지도추진, 현존 차별취급 제규정의 철폐, 조선인 정치관여의 실현" 등이었다.189)

> 현하 결전 단계에서 조선이 보유하는 인적, 물적의 총력을 유감없이 발휘하고, 일로 전력증강에 매진하기 위해서는 다양한 시책이 있지만, 조선인의 처우에 심심한 고려를 베풀고 조선인 관민을 들어 명랑하고 또 마음으로부터 하는 협력적 자세를 취하게 하는 것이 가장 긴요하다.190)

고이소가 조선인 처우 개선에 관심을 기울였던 것은, 위 인용문에도 잘 나타

---

186) 田中武雄, 「小磯總督時代の統治槪觀」, 『朝鮮近代史料硏究集成』, 朝鮮史料硏究會, 1960, 218쪽.
187) 田中武雄, 「小磯總督時代の統治槪觀」, 『朝鮮近代史料硏究集成』, 朝鮮史料硏究會, 1960, 219쪽.
188) 田中武雄, 「小磯總督時代の統治槪觀」, 『朝鮮近代史料硏究集成』, 朝鮮史料硏究會, 1960, 219쪽.
189) 小磯國昭, 『葛山鴻爪』, 丸ノ內出版, 1968, 757쪽.
190) 朝鮮總督府, 『第84回帝國議會說明資料』, 1943.

나 있듯이 조선이 보유하고 있던 인적·물적 자원을 전쟁에 동원하기 위해서였다. 고이소는 조선총독부 내부의 행정개혁뿐만 아니라 "조선인 처우에 관해서 가급적 지도적 계층의 유위유능(有爲有能)한 인재를 간발등용(簡拔登用)하고 먼저 지도층에게 명광과 희망을 부여"하여 전시동원에 효과적으로 대응하려 했다. 이처럼 고이소는 조선의 전쟁동원을 위해 조선인 처우 개선을 고려하고 있었으나, 그 처우 개선의 대상은 조선 인민 전체가 아니라 조선총독부가 활용할 수 있는 소수의 친일적 인사들로 국한되었다.191)

부임 직후 고이소는 지사급의 조선인 관리 중 1명을 국장으로 채용할 의향으로 다나카 다케오에게 의견을 개진했으나, 그가 급격한 변경은 좋지 않다는 의견을 제출하여 후일로 연기했다.192) 또 매주 2회 정도 개최되는 국장회의에는 총독, 총감, 국장 외에 총독 관방의 과장을 출석시키게 되어 있었다. 관방과장은 당시까지 일본인 관리만 임용하고 있었으나 고이소는 "조선인으로부터 귀중한 참고의견을 구할 수 있다"는 견지에서 관방과장에 조선인도 임명했다. 또한 경성부 내의 종로경찰서장을 조선인으로 채용했고, 조선인 경찰부장 채용을 시도하기도 했다.193) 1944년 4월경 주요 지위에 충원된 조선인 관리의 상황을 보면 다음과 같다.194)

1) 총독부 학무국장 1인, 총독부 관방과장 1인, 총독부 각국 과장 3인
2) 도지사 5인, 도 내무부장 1인, 도 광공부장 7인, 도 농상부장 6인, 도 재무부장 5인
3) 도 경찰부장 1인, 도 경찰부 과장 8인, 경찰서장 6인

---

191) 朝鮮總督府, 『第84回帝國議會說明資料』, 1943.
192) 小磯國昭, 『葛山鴻爪』, 丸ノ內出版, 1968. 한편 조선총독부 학무국장에는 1925년에 이진호(李軫鎬)가, 1944년에 엄창섭(嚴昌燮)이 임용된 바 있다. 박은경, 『일제하 조선인관료연구』, 학민, 1999, 49쪽 참조
193) 小磯國昭, 『葛山鴻爪』, 丸ノ內出版, 1968, 757~756쪽.
194) 大藏省 管理局, 『日本人の海外活動に關する歷史的調査(2분책)』, 106~107쪽.

4) 판사 61인, 검사 26인

5) 군수 거의 전원

위에서 알 수 있듯이 고이소는 과거 관행상 여러 사정 때문에 배치가 곤란하다고 생각되었던 직책에도 조선인들을 기용하기 시작했다. 그리고 내선인 관공리(官公吏) 간의 대우 차이를 일부분이나마 개선할 방침을 갖고 있었다. 또한 조선인 학교 졸업자의 취직을 알선하고, 남방군정요원(南方軍政要員)에 조선인을 기용했으며, 귀족원 칙선의원도 1943년 10월 8일에 실현시켰다.

또 조선총독부는 "내선일체 구현의 실정에 따라서 점차로 내선 관리의 대우상 차별 철폐를 충분히 고려해갈 용의가 있다"[195]고 하여, 당시까지 조선인 관리들의 불만사항이었던 가봉(加俸) 문제도 일정한 범위 내에서 완화하는 정책을 추진했다. 1944년 4월 1일부터 조선인 관리 중 고등관 및 동대우자, 판임관 및 동대우자인 제1차 소속관서의 과장 이상 및 과장에 준하는 직에 있는 자, 판임관 및 판임관 대우자로서 조선총독이 정한 소속관서의 장, 국장, 학교장, 읍면장 등에게는 재근가봉(在勤加俸)을 지급하기로 결정했다. 그리고 패전 직전인 1945년에는 조선총독부령 제75호(1945. 4. 12)에서 부령 제168호를 개정하여 가봉 지급의 대상을 단순히 '관리', '대우관리'로 하고, 훈령 제31호도 폐지하여 규정상 일본인과 조선인의 제약을 철폐했다.[196]

아베 노부유키(阿部信行) 총독 시기에도 고이소가 추진했던 조선인 처우 개선이라는 관점이 그대로 유지되었다. 아베 노부유키 총독은 조선인 처우 개선을 위해 조선인의 조선총독부 고위직 등용, 관공리 대우 개선, 연말상여 증급, 특수

---

195) 朝鮮總督府,『第84回帝國議會說明資料』, 1943.
196) 朝鮮總督府,『帝國議會說明資料』, 1944. 1944년 4월 4일 칙령 제230호에 의해 가봉령을 개정하여 조문 중의 '내지인'이라는 자구를 삭제하여 식민지 출신자에 대한 가봉 지급의 길을 열었다. 이에 따라서 조선에서는 조선총독부령 제168호(1944. 4. 11) 및 조선총독부 훈령(同日)에 의해, 가봉 지급의 대상을 내지인 외에 조선인 '고등관 및 고등관 대우자' 등으로 확대했다. 學習院大學東洋文化硏究所,『未公開資料 朝鮮總督府關係者 錄音記錄(2)』, 2001(정재정 역,『식민통치의 허상과 실상』, 혜안, 2002, 209쪽).

회사 역원 등용, 조선인 학교 졸업자의 취직 알선, 조선인의 남방군정요원 기용, 귀족원 칙선의원 등 고이소의 정책방침을 그대로 답습했다.

고이소 구니아키 이후의 내선일체에 입각한 통치 정책은 1941년 당시의 내선일체와 달리 차별 철폐를 포함했다는 데 특징이 있다. 조선총독부가 행정개혁의 일환으로 추진했던 ① 취업 알선, ② 내지도항 철폐, ③ 관리 가봉, ④ 조선인의 고위직 등용 등은 조선인들을 적극적으로 전쟁에 동원하기 위해 충분히 채택할 수 있었던 회유책이었다. 그러나 이런 조선인 처우 개선 방안과 내외지 행정 일원화 추진은 조선에 대한 특수통치를 부정하고 조선을 일본법역으로 통합하려는 움직임과 밀접한 관계를 맺게 되었다. 특히 조선인에 대한 참정권 부여 논의가 본격화되면서 조선에 대한 특수입법화 기도는 점차 위축될 수밖에 없었다.197)

2. 조선인의 참정 문제와 조선총독의 입법권 문제

고이소 구니아키는 과거의 총독과 비교할 때 조선인의 일반처우 개선뿐 아니라 참정에 대해서도 상대적으로 적극적이었다.198) 역대 조선총독은 중의원선거법의 조선 시행에 대해 소극적이었고, 조선의회 설치를 계획하거나 소수의 귀족원 칙선의원을 제국의회에 진출시키는 것을 고려하는 정도였다. 그러나 고이소

---

197) 조선 민사 정책의 방향을 이해할 수 있는 사법법규개정조사위원회는 고이소 구니아키가 총독으로 재임하는 동안에는 계속 활동하고 있었던 것으로 보인다. 필자가 확인한 가장 후대의 활동은 1944년 4월 5일에 위원으로 大久保淸和(서기관), 川鍋昂, 山內敏彥(사무관)이 임명되었고, 高畑二郎이 간사로 임명된 것이다. 「會員異動」, 『司法協會雜誌』 23권 5호, 1944.
198) 미나미 지로 시기에는 귀족원 의원 선임을 중심으로 참정을 고려하고 있었다. 중의원 문제도 고려했으나 조선총독부는 "조선인의 황국신민화의 진전이 이미 적당한 경지에 이른 때에 있어서는 식견이 고매하고 국가관념이 치열한 대표자를 귀·중 양원에 보내 반도의 열망과 열의를 국가의 입법 및 중앙정부의 시설에 반영시켜야 한다"라고 하여 중의원선거법 시행을 미래의 일로 보았다. 朝鮮總督府, 「極秘內鮮一體ノ理念及其ノ實現方策要綱(1941)」, 『大野文書』.

는 기존의 귀족원 칙선의원 방식뿐만 아니라 이전까지 조선총독부가 부정적으로 생각하고 있었던 중의원선거법의 조선 시행을 추진했다. 당시 조선총독부가 조선인 참정을 적극적으로 주장할 수 있었던 것은, 조선인도 징병의무를 부담하게 되었다는 점 때문이었다.

> 조선에 참정권이 부여되지 않았던 것은 혈세의 의무를 부담하고 있지 않았기 때문이다. 그것이 이번에 징병제를 실시하고 그 의무를 부과하게 되었다. 이와 같은 상태 와중에서 참정권 부여에 대해서 소극적이었다거나 인색했다거나 하는 것은 심히 일한병합의 본지에 어긋나는 것이라고 말하지 않으면 안 된다.199)

고이소는 1943년 말에 중의원선거법 등에 대한 조사연구를 진행시켰다.200) 당시까지 조선총독부 주도 아래 추진된 조선인 참정방안은, 1930년에 작성된 것으로 보이는 「조선에서의 참정에 관한 제도의 방책(朝鮮ニ於ケル參政ニ關スル制度ノ方策)」(이하 「방책」)과 1939년에 작성된 것으로 보이는 「제도개정에 관한 제자료(制度改正ニ關スル諸資料)」, 그리고 1943년 말에 작성된 것으로 보이는 「조선에서의 참정제도 방책안(朝鮮ニ於ケル參政制度方策案)」(이하 「방책안」)에서 확인할 수 있다. 이 문서들은 모두 1943년 말에 고이소의 지시에 따라 조선총독부 관리들이 검토하거나 작성한 것들이다.

1930년 「방책」에서는 조선인 참정에 관한 두 가지 방안이 검토되었다. 첫째는 소수의 '조선재주 제국 신민'을 제국의회의 귀·중(귀족원, 중의원) 양원에 참가시키는 것이고, 둘째는 내지연장주의 아래에서 적당히 제한하는 어떤 범위의 자치를 인정하고 소수의 의원을 제국의회의 귀족원에만 참가시키는 제도였다. 당시 조선총독부는 제1안의 경우 조선인이 제국의회에서 캐스팅보트를 쥘 수도 있다는 점에서 부정적이었고, 제2안이 적당하다고 보았다. 제2안에서는 귀족원

---

199) 田中武雄, 「小磯總督時代の統治槪觀」, 『朝鮮近代史料硏究集成』, 朝鮮史料硏究會, 1960, 224쪽.
200) 정재정 역, 『식민통치의 허상과 실상』, 혜안, 2002, 215~216쪽.

의원 5명만을 칙선하여 제국의회로 보내고, 조선지방비에 관한 사항만을 다루는 조선지방비의회 설치를 통해 조선인 참정 문제를 해결하려 했다.201) 조선총독부가 중의원과 귀족원에 조선인을 파견하는 것에 대해 부정적이었던 이유는 캐스팅보트의 문제 때문만은 아니었다. 조선지방비의회를 설치하는 것이 조선총독의 권한 유지에 더 효과적이었던 것이다. 조선총독 입법명령의 토대가 조선의 특수성이었으므로, 조선지방비의회를 설치하여 일정한 한계 내에서 조선의 상황에 조응하는 참정제도를 실시하는 편이 유리했다. 만약 조선인을 제국의회에 직접 진출시키면 제국의회가 조선총독의 입법권을 대신하여 특수입법을 할 가능성이 높았다.

1939년 미나미 지로 쪽에서 검토했던 방안은 1930년 방안을 좀 더 구체화시킨 것이었다. 1939년 참정안은 조선지역 내의 다양한 참정 방안을 제시했다는 점에서 1930년「방책」을 계승하고 있다.

1. 귀족원에 대해 내지와 같은 방법에 의해 의원을 보내는 안
2. 중의원에 대해 우선 대도시부터 시작하여 순차적으로 선거법을 시행하는 안
3. 이상의 1, 2안을 동시에 행하는 안. 이 안에 따르면 총독의 제령제정권에 변혁을 미칠 수 있음
4. 중추원을 개조하여 거기서 예산 및 제령의 자순(諮詢)과 보고를 하는 안
5. 제1안과 함께 조선지방비제도를 만들어 소범위의 자치를 인정하고 중추원은 폐지하는 안202)

중의원선거법의 조선 시행도 하나의 방안으로 설정되었지만, 귀족원에 일부 조선인들을 참가시키는 방안과 조선지방비 심의를 위한 참의원 설치가 1939년에도 여전히 유력한 방안으로 제기되고 있다. 특히 중의원선거법을 시행하게 되

---

201)「朝鮮ニ於ケル參政ニ關スル制度ノ方策」,『大野文書』.
202) 朝鮮總督府內務局,「極秘制度改正ニ關スル諸資料」,『大野文書』.

면 조선총독의 제령권 변혁을 동반할 것이라는 경고가 동시에 서술되어 있는 등, 매우 신중한 태도로 접근하고 있다. 당시까지 조선총독부 내부에서는 조선총독의 제령권을 부정하거나 축소하는 문제를 공식적으로 제기할 수 없었다고 생각된다.

조선총독부가 중의원선거법 시행에 적극적이지 않았다는 사실은 1941년 조선총독부가 제국의회에 제출했던 「제국의회 설명자료」에서 잘 드러난다. 「제국의회 설명자료」에는 조선총독 종합행정권의 향배가 서술되어 있는데, 여기서 조선총독부는 조선총독의 제령권뿐만 아니라 조선총독이 장악하고 있던 일부 행정권 및 사법권을 내각으로 이양하는 것도 단호히 거부하고 있다.[203] 특히 재판소구성법의 조선 시행을 공식적으로 거부했다.[204] 이 단계에는 참정의 방식과 내용 등이 언급되지 않았지만, 조선지방의회의 설치에 대해 분명한 거부 입장이 표명되었다. 조선의회 설치안은 조선을 자치령화할 수 있다는 사상을 불러일으킬 뿐 아니라 내선일체의 방침으로부터 일탈할 우려가 있다는 이유에서였다.[205]

1930·1939년의 참정안에 대해 고이소 구니아키는 부정적인 입장을 취했던 것으로 보인다. 1943년 「방책안」에서 조선총독부는 1930년의 「방책」이 제시했던 조선참정심의회 관제 등을 비롯하여 많은 부분을 승계했지만, 그 내용에는 매우 큰 차이가 있었다.[206] 물론 조선참정심의회를 구성하여 조선인 참정에 관한 안을 작성하는 방식은 「방책」과 완전히 동일했고, 심의회 구성원들도 동일했다.

그러나 참정의 방법에서는, 「방책」이 조선인 참정안으로 부적절하다고 판단했던 중의원선거법을 통한 참정이 주요 내용이었다. 「방책안」은 중의원에 10명 내외의 공선의원, 귀족원에 10명 내외의 칙선의원 등 모두 20여 명을 보낼 것

---

203) 朝鮮總督府, 『第79回帝國議會說明資料』, 1941.
204) 朝鮮總督府, 『第79回帝國議會說明資料(法務)』, 1941.
205) 國民總力朝鮮聯盟防衛指導部, 「內鮮一體の具現(1941)」, 『大野文書』, 24쪽.
206) 「朝鮮ニ於ケル參政制度方策案」, 『大野文書』.

을 계획했다.207)

다만 「방책안」은 조선 전 지역에서 선거를 시행하도록 하지 않고, 경성·인천·대구·평양 및 청진 6개 부(府)만을 선거구로 설정했다. 선거권의 자격은 제국 신민으로서 독립생계를 영위하고 6개월 정도 부에 거주한 만 25세 이상의 남자로 했고, 조선총독이 지정하는 직접국세 연 5원(圓) 이상을 납부한 자를 대상으로 했다.208) 「방책안」의 특징은 미나미 지로 시기까지 조선총독부가 선호했던 '조선지방비의회 방식'을 부정하고 제국의회에 직접 참여하는 것을 추진했다는 점이다. 물론 중의원선거법을 원안 그대로 시행하는 것은 아니었고, 식민 정책적 견지에서 소수의 조선인들을 공선하는 방식을 취했다. 정치참여를 위해 중의원의원을 선출하는 경우에도 일본의 선거법을 그대로 채용하지 않고 선출정원의 반수 또는 2/3 정도는 관선으로 하는 것이 고려되었다.209) 고이소는 조선인 참정권을 실현하는 방식으로 중의원선거법의 일반 적용이 아니라 선출직 정원을 총독부 혹은 내각이 조정할 수 있는 관선적 방식을 채택하려 했다고 볼 수 있다.

고이소 구니아키는 조선인 참정에 관한 문서를 가지고 1944년에 도쿄로 가서 내각총리대신 도조 히데키(東條英機)를 비롯한 여러 경로에 조선총독부의 참정방안을 타진했으나, 일본정부는 승인하지 않았던 것으로 알려지고 있다. 내각이 조선인의 제국의회 참여에 대해 부정적인 입장을 보였기 때문에210) 고이소는 당시의 체제 내부에서 실현방법을 찾아서 추진했다. 그것은 귀족원 칙선의원에 결원이 발생하는 경우 조선인 유력자를 추천하는 방법이었다. 이를 위해 당시 중추원 고문이었던 이진호·박중양·한상용·이범익 등 4명을 후보로 천거하여, 1943년 말에 이진호의 칙선이 실현되었다.211) 그러나 1944년에 고이소 구

---

207) 御手洗辰雄 編, 『南次郎』, 1957, 473쪽.
208) 「朝鮮ニ於ケル參政制度方策案」, 『大野文書』.
209) 小磯國昭, 『葛山鴻爪』, 丸ノ內出版, 1968, 765쪽.
210) 정재정 역, 『식민통치의 허상과 실상』, 혜안, 2002, 217쪽.
211) 小磯國昭, 『葛山鴻爪』, 丸ノ內出版, 1968, 765쪽.

니아키가 차기 수상으로 결정되면서, 조선인의 제국의회 참여가 현실화되기 시작했고, 조선총독부가 작성했던 방안은 내각의 유력한 검토안이 될 수 있었다.

> 그 고이소 총독이 총리가 되어, 시정연설 때 외지처우, 동포의 처우 개선을 이야기했어요. 그게 최초의 제1성이었고, 곧 이를 본격화시키라는 지시가 내려와서 총독부에서 일을 급격히 진행시켰습니다.212)

당시 외지동포의 처우 개선이라는 명목으로 식민 체제를 전환하고자 하는 시도는, 조선총독 시절부터 계속 준비해왔던 고이소와 조선총독부 관료들을 중심으로 이루어졌던 것으로 보인다. 사실 각종 처우 개선 문서들은 내무성 명의로 되어 있지만, 이는 조선총독부 출신 관료들이 작성한 문서를 검토한 것이거나 조선총독부 및 내무성 관료들이 공동으로 작성한 것으로 생각된다. 조선총독부의 원안이 그대로 선거법 개정안에 반영되었다는 다나카 다케오의 회고를 볼 때,213) 내무성의 문서 작성 과정에 조선총독부 안이 반영되었음을 짐작할 수 있다. 조선총독부를 비롯하여 일본정부가 참정권 문제를 본격적으로 다루면서, 제령권과 조선인 참정의 문제는 서로 분리해서 사고할 수 없는 사안이 되어가고 있었다.

---

212) 정재정 역, 『식민통치의 허상과 실상』, 혜안, 2002, 218쪽.
213) 田中武雄, 「小磯總督時代の統治槪觀」, 『朝鮮近代史料硏究集成』, 朝鮮史料硏究會, 1960, 237~238쪽.

제4장
일본 본국정부의 법역 통합화 정책

1. 무라야마 사안의 조선통치안

　미나미 지로 총독은 종합행정권의 유지 및 강화를 통해 전시동원 체제를 확립하려 했고, 고이소 총독은 다양한 행정개혁을 통해 조선인들의 자발적 참여를 유도하는 방향으로 식민통치를 전개했다. 그러나 일본정부는 1942년 이래 행정적 차원의 감독을 강화하고 식민지에 대한 일원적 통치를 계획했다. 즉 조선총독부가 총독권한의 강화를 통해 전시 체제에 대응하고자 했다면, 일본정부는 총독통치의 약화 내지는 조선총독부에 대한 일본 내각의 감독권을 강화하는 방향으로 움직이고 있었다. 일본정부의 이와 같은 움직임은 식민지를 포함하여 일본의 전 국가적인 동원이 필요했기 때문이었다.
　조선총독부와 일본정부는 서로 다른 방식으로 전시 체제에 대응하고 있었다. 그런데 1940년대 중반부터 식민 정책 전반에 걸친 변화가 모색되었고, 그 과정에서 조선총독부 법 정책의 자율성이 크게 제한되기 시작했다. 조선 관습의 법제화뿐만 아니라 일본정부 식민 정책의 근간이었던 이법지역·제령권에 대해 새로운 견해가 나타나기 시작했다. 이와 같은 변화는 조선인도 전쟁에 동원해야 하는 절박한 상황에서 비롯되었다. 조선인의 전쟁 참여를 유도하기 위해 황민화를 강조하기보다는 각종 권리의 인정과 차별을 철폐하는 방향으로 식민 정책이 변화해야 했기 때문이다.

행정기구상에서는 조선인에 대한 통치를 조선총독부가 아니라 일본 내각이 직접 장악하려는 움직임이 일어나고 있었다. 이에 관한 최초의 문서라고 생각되는 1944년 1월 28일「조선인 황민화 기본방책(朝鮮人皇民化基本方策)」을 분석할 필요가 있다. 이 문서의 작성자는 무라야마(村山)로 기술되어 있는데, 교토대학의 미즈노 나오키(水野直樹) 교수는 무라야마를 내각 참사관으로 추정한다.214)

> 전시하 조선인에 대한 징병의 실시와 전력 증강의 요원으로서 조선인의 대량 내지 이입을 필요로 하는 현 사태에 비추어, 조선인에 대한 정부의 시책을 내외지를 통하여 다음 방침 아래 통일 강화하여 조선인의 황민의식을 일층 앙양하고 그 총력을 전쟁완수로 결집시키는 것으로 한다.215)

위 무라야마 사안(私案)은 전력증강의 요원으로서 조선인을 적극적으로 평가하고, 조선인이 가지고 있는 모든 역량을 동원할 것을 촉구하고 있다. 또한 이 문서는 조선인에 대한 일본인의 시각 변화를 제기하고 있다는 점에 특징이 있다. 첫째, 내·외지 각 관청 관리들은 조선 및 조선인에 대한 이해와 조선인의 황민화가 필요하고 가능하다는 인식을 철저히 하고, 내선을 통하는 시야에서 사태를 판단하며, 조선인에 관한 정부의 여러 시책은 조선인 황민화 기본방침에 따를 것을 제안했다. 둘째, 일반 일본인들에게는 조선인 황민화의 국가적 필요성을 충분히 인식시키고, 조선인에 대한 모멸과 혐오의 감정을 제거하도록 제안했다. 과거 황민화되지 못한 조선인의 반성과 자각을 촉구하던 입장에서, 이제는 조선인을 이해하지 못하는 일본인의 자각과 이해를 촉구하는 쪽으로 바뀌게 되었던 것이다. 셋째, 징병제 실시에 따라 조선인 처우를 적절히 개선하고 황민의식을 앙양하도록 촉구했다. 조선인 처우 개선은 고이소 구니아키 총독이 일반

---

214) 水野直樹 編,『戰時期 植民地統治資料(解說)』, 柏書房, 1998, 25~26쪽.
215)「朝鮮人皇民化基本方策(村山私案 1944년 1월 28일),『本邦內政關係雜件 植民地關係』.

적 통치방안으로 추진하고 있었는데, 일본정부도 처우 개선 없이는 조선인들을 효과적으로 동원할 수 없다는 인식에 도달하게 되었던 것이다. 그러나 식민 정책상의 중요한 변화는 조선지역에 대한 일본정부의 직접통치 방식으로의 전환이었다.

1. 정부의 여러 시책을 내외지를 통관하는 시야에서 결정하도록 일층 노력함과 더불어 내외지 행정사무의 통일 일원화를 강화할 것
3. 조선인 대책의 기본방침은 각의에서 결정할 것
4. 조선통치 및 조선인 대책의 기본방침을 내지 각청 관리에게 철저히 하는 방도를 의할 것
6. 조선총독부 정무총감을 지방행정협의회장회의에 참가 열석시킬 것[216]

1942년 11월 내외지 행정 일원화 조치를 통해 총독부에 대한 내각의 감독권을 명기하긴 했지만, 그것이 곧 조선총독의 종합행정권을 부정하는 의미는 아니었다. 그러나 위 '사안'은 조선과 조선인 대책의 기본방침을 조선총독부가 아니라 각의와 내각의 각 성(省)에서 담당하도록 했다는 점이 특징이다. 특히 조선총독부 정무총감을 지방행정협의회장회의에 참가시켜야 한다는 것은, 조선지역을 외지로 구분하여 행정·입법·사법 등을 일본(내지)과 별개로 취급하던 방식에서, 내각이 직접 조선지역을 통치하는 방식으로 전환하는 것을 의미했다.

1. 조선에 중의원의원선거법을 시행할 방침 및 실시 시기를 결정·발표함과 더불어 속히 조사 개시할 것. 그와 동시에 조선에서 제령(制令)을 원칙으로 하는 현행 입법제도를 법률 시행을 원칙으로 하는 제도로 이행시키는 것에 대해 고구할 것
2. 귀족원의원에 상당수의 조선인을 임용하도록 조치할 것

---

216) 「朝鮮人皇民化基本方策(村山私案 1944년 1월 28일),『本邦內政關係雜件 植民地關係』.

3. 조선자치 및 조선의회 설치의 요망 및 그것을 시인하는 언설을 억제함과 더불어 이와 같은 희망을 갖게 하는 것과 같은 조치(예컨대, 중추원의 강화)를 중단할 것[217]

이전까지 조선에 대한 통치를 조선총독에게 위임해왔다면, 위 '사안'은 조선총독에게 부여했던 통치권을 회수하여 일본의 국가기관이 직접 통치하겠다는 의도로 해석된다. 또 제령권을 부정하고 제국의회에서 입법권을 행사하겠다는 발상은 조선에 중의원선거법을 실시하고 귀족원에 조선인을 참가시키려 했던 것과 직접 관련이 있다. 당시까지 조선인은 참정권이 없었기 때문에 조선지역에 대한 입법권을 조선총독에게 위임하고 있었지만, 조선인들이 직접 제국의회에 참석하게 되면 행정장관인 총독의 입법권 위임은 법적 근거를 상실할 것이었다.

또 '무라야마 사안'은 조선인 처우 개선의 방법으로, 조선에서의 호적법 시행과 더불어 황민화가 현저한 조선인의 일본(내지) 전적을 인정할 것을 제안하고 있다. 물론 전적할 조선인은 "① 내지에 영년거주(永年居住)하고 내지인과 구별하기 어려울 정도로 황민화된 자, ② 대동아전쟁에 무훈(武勳)이 있는 귀환용사로 내지에 거주하는 자"라는 매우 주관적이고 까다로운 조건을 충족해야 했다. '무라야마 사안'은 여전히 황민화를 일본 중심 혹은 인종 중심적으로 사고하는 데서 벗어나지 못하고 있었지만, 조선인의 일본으로의 전적을 허용하려 한다는 점에서 엄격한 이법역 체제의 완화를 보여주는 것이라 할 수 있다. 또한 '무라야마 사안'의 내용 중 조선에 호적법을 시행한다는 구상은, 조선총독부와 일본정부가 유지해온 방침과 배치되는 것이었다. 당시까지 조선총독부와 일본정부의 공식 입장은 조선인의 친족·상속에 관한 법제가 일본 민법의 친족편 및 상속편과 크게 다르기 때문에 조선인에게 직접 호적법을 적용하지 못한다는 것이었다. 징병제도를 실시하는 과정에서 호적법 적용을 통해 징병대상자를 확대하지 않고 병역법 개정을 통해 조선인을 징병하려 했던 이유도, 조선지역에서 호

---

[217] 「朝鮮人皇民化基本方策(村山 私案 1944년 1월 28일)」, 『本邦內政關係雜件 植民地關係』.

적법을 실시하지 않으려 했기 때문이었다.

　조선에 호적법을 적용한다는 '무라야마 사안'의 구상은 물론 조선인과 일본인을 평등하게 대우한다는 의미는 아니었다. 조선지역에 호적법을 적용해도 전적의 자유는 여전히 금지하는 방식으로 이민족 정책을 수립하려 했다. 원래 일본 호적법에서는 전적이 호주의 자유의사였으나 '무라야마 사안'에서는 일본에 영년거주하는 황민화된 조선인들만을 전적 대상으로 설정할 뿐, 조선지역에 거주하는 조선인들은 여전히 전적을 하지 못하도록 했다. 따라서 일본으로 전적할 수 있었던 조선인은 일정한 요건을 갖춘 자가 아니라 일정한 요건을 갖춘 자 중에서 일본정부가 심사하여 허락한 자로 제한되었다.

　'무라야마 사안'의 제안은 내각과 조선총독부 관계의 변화뿐만 아니라 조선인과 일본제국의 관계 변화 역시 수반할 수밖에 없었다. 따라서 '무라야마 사안'은 당시까지 조선과 조선인 정책에 대한 주도권을 조선총독부가 아닌 내각이 장악하겠다는 의지의 표현이라고 할 수 있다. 이것은 1942년 11월의 내외지 행정 일원화 정책과 더불어, 식민지배기구와 내각의 관계 재정립, 조선인에 대한 지배권을 조선총독부와 내각·제국의회가 동시에 갖겠다는 의미로 해석될 수 있다. 이와 같은 변화는 태평양전쟁이 시작된 직후부터 일본 내부의 모든 역량을 전쟁동원을 위해 집중할 필요가 있었고, 식민자-피식민자 간의 갈등과 분열이 있다면 전쟁에 이기기 어렵다고 판단했기 때문에 생긴 것이었다.[218]

2. 조선인의 일반처우 개선과 이적 문제[219]

　'무라야마 사안'에서 제안했던 식민통치의 변화는 1944년 7월 20일에 고이

---

[218] '무라야마 사안'에서는 관리처우 개선, 재근가봉 문제, 도항 문제, 취직 알선, 취학 지도, 내선통혼 지도 등 조선인들이 제기한 문제도 개선할 것을 제안하고 있다.
[219] 일본정부의 이적(移籍) 논의에 관해서는 다음의 논문 참조. 岡本眞希子,「アジア·太平洋戰爭末期の在日朝鮮人政策」,『在日朝鮮人史硏究』 27, 1997.

소 구니아키가 내각총리대신에 취임하면서 구체적으로 추진되었다. 고이소는 1944년 9월 7일 제85회 제국의회에서 "조선인과 대만인의 처우에 대해서 충분히 고려하지 않으면 안 된다고 생각한다"라고 진술하고[220] '일반처우'와 '정치처우' 두 가지 방향의 개선방침을 입안하려 한다고 밝혔다.

일본 내무성은 고이소의 발언 취지에 입각하여 일반처우 개선을 위한 구체안을 작성했다. 조선인의 일반처우 개선 방안에 관해서는, 1944년 10월 25일에 내무성이 작성한 문서가 기본방침과 구체안을 제시하고 있다.[221] 여기에서는 "제85회 의회 수상 성명의 방침에 기초해 조선·대만동포의 처우 개선에 관해서는, 조선 또는 대만에 있든지 내지 또는 만주·지나 등에 있든지를 불문하고 적절한 구체안을 수립하고 마침내 이것을 실시하는 것이 필요하다"는 방침 아래 개선사항에 대한 구체안이 제시되었다. 우선 ① 도항 제한의 완화, ② 경찰 취체의 개선, ③ 진학 및 취학의 편의공여, ④ 노동 관리의 개선, ⑤ 협화사업의 쇄신, ⑥ 내지 일반대중의 계발, ⑦ 전적의 승인, ⑧ 조선 내의 처우 개선[222] 등 조선인과 대만인의 일반처우 개선 항목이 제시되었다.

이상의 처우 개선 항목은 조선총독부가 일찍부터 개선을 요구했던 사항이기도 했다. 그러나 처우 개선 항목 중 이적의 허용은 당시까지 일본정부나 조선총독부가 식민 정책적 견지에서 허용하지 않던 것이었는데, 일반처우 개선의 일환으로 이적이 검토되기 시작했다는 점을 주목할 만하다. 이적에 관한 초기 문서로는 1944년 10월 10일 내무성에서 작성한 것과 10월 11일 조선총독부에서 작성한 것이 있다. 이를 통해 고이소가 내무성과 조선총독부에 똑같은 방침을 제시하고 가안을 작성하도록 했음을 추정할 수 있다.

1944년 10월 10일에 작성된 내무성 문서는, 내선 전적(內鮮轉籍)의 목적을

---

220) 東京大學出版會, 『第85回帝國議會衆議院議事速記錄』.
221) 「朝鮮及臺灣同胞ニ對スル處遇改善要綱(1944. 10. 25)」, 『本邦內政關係雜件 植民地關係』.
222) 조선 내에서의 처우 개선은 종래 문제가 되었던 재근가봉제도, 국민학교 및 중등학교 교육제도, 대학·전문학교 입학, 일용물자 배급, 회사 채용 및 대우 등에 관해서 가급적 차별의 축소 철폐를 도모하고, 차별을 요하는 경우에도 민족의식을 자극하는 것을 피하도록 권고하고 있다.

황민화의 정도가 높은 조선인들에게 일본으로 전적하는 것을 허용함으로써 내선일체의 이념을 구현하는 것으로 설정했다.223) 그러면서도 호적상 존재하는 내선 구별의 표준을 전면 철폐한다면 통치상 큰 혼란이 초래되므로 가능한 한 작은 범위로 한정했으며, 입법형식은 호적법을 조선에 시행하는 형식과 공통법을 개정하는 형식이 타당하지 않으므로 법률의 형식을 취할 것을 제안했다. 이와 같은 인식은 일본 민법 중 친족편·상속편을 조선에 그대로 적용하지 않겠다고 했던 구상과도 연결되어 있다. 조선총독부가 호적법 적용을 통한 징병제도 실시를 검토하고서 친족·상속 관습의 차이 때문에 불가능한 것으로 파악했던 것과 동일한 입장이다.

또한 이적에 관한 규정은 가능한 한 일본인 및 조선인을 포괄하여 제정할 것이 제안되었다. 조선인에 국한하여 규정을 설치할 경우 여러 가지 엄격한 조건을 붙이면 오히려 내선 구별이 법문(法文)에 그대로 드러나기 때문에, 법문상 그 차이를 판단하기 힘들도록 규정하려 했다. 당시 내무성에서 고려했던 전적 조건은 다음과 같았다.

> 내지 거주 조선인에 대해 호적의 이동을 허용하는 경우의 조건
> ① 내지에 (　)년간 계속해 주소를 가질 것
> ② 호주가 독립생계를 영위할 것
> ③ 호주가 만 (　)년에 달할 것
> ④ 호주 및 가족이 국어를 상용할 것
> ⑤ 죄를 범해 금고 이상의 형에 처해진 자는 일정기간 호적 이동을 허용하지 말 것
> ⑥ 악질 유전병을 가진 자를 제외할 것
> ⑦ 내지에서 의무교육의 전 과정을 수료한 자에 대해서는 조건을 완화할 것

---

223) 「內地朝鮮間戶籍ノ移動ニ關スル法律立案要領(1944. 10. 10)」, 『本邦內政關係雜件 植民地關係』.

일반 조선인에 대해 호적 이동을 허용하는 경우의 조건

① 군무에 복무한 자 및 그 가족

② 국민징용에 복무한 자

③ 국가에 특별한 공로가 있는 자 및 그 가족

④ 국경경비 기타 공무수행에서 殉○한 자의 가족

⑤ 죄를 범해 금고 이상의 형에 처해진 자는 일정기간 호적 이동을 허용하지 말 것

⑥ 악질 유전병을 가진 자를 제외할 것224)

10월 10일 내무성 문서는, 일본 거주 조선인과 조선 거주 조선인을 구별하여 전적요건도 각각 달리 규정했다. 이를 통해, 내무성은 비록 엄격한 조건을 달기는 했지만 일본 거주 조선인뿐만 아니라 조선에 거주하는 조선인들도 이적 대상으로 설정하려 했음을 알 수 있다.225)

한편, 1944년 10월 11일 조선총독부 법무국이 작성한 「내지와 조선 간의 전적 등에 관한 법률가안(內地朝鮮間ノ轉籍等ニ關スル法律假案)」에서도 이적에 관한 의견을 확인할 수 있다. 문서 제목이 '법률가안'이라고 되어 있는 데서 짐작할 수 있듯이, 조선총독부도 입법의 형식으로 '법률'을 선택하고 있었다.

① 호주 및 호주를 따라 전적할 가족이 계속해서 전적할 지역에 주소를 가질 것

② 호주 또는 호주에 따라 전적할 동거 가족이 현재 일호(一戶)를 구성하여 독립생계를 영위하는 자일 것

③ 호주가 성년자일 것

④ 호주 및 그 가족이 국어를 상용할 것

---

224) 「內地朝鮮間戶籍ノ移籍ニ關スル法律立案要領案(1944. 10. 10)」, 『本邦內政關係雜件 植民地關係』.

225) 일반 조선인들에 대한 전적요건은 일본이 인종적, 민족적, 혈통적 관점에 기반하고 있다는 것을 잘 보여주고 있다. 즉 일본국가를 위해 피와 땀을 흘리지 않는 조선인들은 일본인과 동일하게 대우하지 않겠다는 것을 보여준다.

내무성 안이 조선인의 정치적 처우 개선에 관해 조선인의 전적요건만을 설정한 데 비해, 법무국 안은 일본인이 조선으로 전적하는 것까지 염두에 두고 전적요건을 설정했다.226) 이는 조선총독부가 이법역 체제를 여전히 고수하고 있었음을 단적으로 보여준다. 위 조선총독부 안은 일본에 공로가 있는 조선인들을 우대하여 전적할 수 있는 길을 열어두기도 했다는 점에서 특징이 있다. 조선총독부가 전적의 대상으로 설정한 조선인은 ① 2년 이상 군무에 복무한 자, ② 3년 이상 성실히 국가총동원업무 또는 그것에 준하는 업무에 복무한 자, ③ 3년 이상 성실히 관공리의 직에 있었던 자, ④ 국가에 특별한 공로가 있는 자227) 등이었다. 즉 일반인이 아니라 일본국가에 충실하게 업적을 쌓은 자 혹은 완전히 일본인화된 자를 대상으로 했다. 법무국에서는 "3년 이상 거주하고, 일호를 구성하여 독립생계를 영위하고, 호주가 성년이면서 국어(일본어—인용자)를 상용하는 자"가 전적할 수 있다고 보았다. 그러나 조선총독부는 이적에 관한 법규에서는 조선 재래의 관습이 반영된 형태를 취했다. 즉 "호주의 직계존속, 그 배우자, 호주의 배우자, 호주의 직계비속 및 그 배우자, 이상의 자의 친권에 복종하는 자"는 당연히 전적하도록 했다. 이것은 일본 민법과 달리 조선의 친족입적(親族入籍)에서 호주의 '가(家)'에 속하는 자는 당연히 친족입적 형식을 띠는 것과 마찬가지였다.

1944년 11월 12일 내무성은 비로소 이적 조건과 함께 조선인·대만인 이적에 관한 기본방침을 확정했다. 여기에서 내무성은 이적을 단순한 호적상의 절차문제로 보지 말고 황민화가 철저한 조선인·대만인에 대한 호적상의 처우라는 관점에서 접근할 것을 제안했다. 따라서 이적은 "언어·풍습·사상·감정 등 내지인화된 특정의 조선인·대만인에 대해서만 호적법상에서도 내지인화를 인정하는 것이었다. 이러한 사고방식은 그 근저에서 내지인과 조선인 및 대만인을 구

---

226) 朝鮮總督府法務局,「內地朝鮮間ノ轉籍等ニ關スル法律假案(1944. 10. 11)」,『本邦內政關係雜件 植民地關係』.
227)「內地朝鮮間ノ轉籍等ニ關スル法律案(1944. 10. 11)」,『本邦內政關係雜件 植民地關係』.

별하고 양자(일본인과 조선인·대만인—인용자)의 혼효를 준거하는 것"이었다.[228] 내무성은 조선인과 대만인을 일본인과 엄격히 분리·구별하고 일본인의 관점에서 통합해야 한다고 판단했다. 그런 사고방식에 의하면, 이적은 단순한 호적상의 절차 문제 혹은 신분법상의 법률관계라기보다 오히려 별도의 정치적 판단을 필요로 하는 것이었다. 따라서 11월 12일 문서가 일본인의 조선인화 또는 대만인화를 고려하지 않았던 것은, 이 문서에서 사고했던 이적이 바로 황민화정신에서 나온 것이기 때문이었다. 조선총독부 가안이 일본인의 조선인화를 상정하고 있었던 것에 반해, 11월 12일 내무성의 기본방침에서 이적의 기준은 조선인과 대만인의 황민화에 대한 잣대였다.

내무성은 "이적은 호적에 관한 단순한 절차상의 문제라고 생각하기 어렵고, 민족의 혼효(混淆), 동화 내지 순수보지(純粹保持) 등에 관한 근본 문제를 포함하고, 조선인 및 대만인에 대한 민족 정책 및 일본민족의 장래에 관한 장구한 방책의 근본에 관한 것"이라고 하면서,[229] 이적을 절차적·편의적 조치로 경솔하게 처리해서는 안 되고, 조선인 및 대만인의 종류, 자질, 인구, 증식력, 순응력, 동화력 등을 일본인과 대비하여 신중히 검토하고 민족통합의 근본을 고려할 것을 제안했다. 내무성의 이런 입장은 당시 조선 관습과 일본 민법 간의 차이에서 도출되고 있었다.

> 조선 및 대만에서는 민법의 친족 및 상속에 관한 규정이 아직 적용되지 않고 관습에 의하게 되어 있다. 따라서 그 형식적 표현인 호적의 이전을 실체관계로부터 분리하여 단순히 생각하여 경솔하게 조치하는 것은 엄히 신중함을 요한다.[230]

---

228) 內務省, 「朝鮮人及臺灣人ノ移籍ニ關スル諸問題(1944. 11. 12)」, 『本邦內政關係雜件 植民地關係』.
229) 內務省, 「朝鮮人及臺灣人ノ移籍ニ關スル諸問題(1944. 11. 12)」, 『本邦內政關係雜件 植民地關係』.
230) 內務省, 「朝鮮人及臺灣人ノ移籍ニ關スル諸問題(1944. 11. 12)」, 『本邦內政關係雜件 植民地關係』.

위 방침에 입각하여 11월 14일에 이적에 관한 새로운 안이 나왔는데, 이는 그 이전의 내무성 안보다 구체적인 형태를 띠고 있었다. 여기에서는 이적이 "본인의 계출에 의해 지방장관이 허가"하는 절차를 따르도록 했고, 이적 조건으로 "5년 이상 내지에 주소를 갖고, 만 20세 이상의 능력자, 독립생계를 영위할 수 있는 자산 또는 기능을 가질 것" 등을 요구했다. 조선총독부가 3년 거주를 주장했던 것과 비교하면 제한이 더욱 엄격해진 것이었다. 특히 10월 10일 내무성 안이 조선 거주 조선인들의 이적까지 허용했던 것에 비해, 위 안은 일본 거주 조선인들만 대상으로 하고 있다. 그 적용 범위도 축소된 것이다.[231)

문제가 되는 것이 전적이었기 때문에 사법성도 의견을 제시했다. 내무성이나 조선총독부 안과 거의 유사했지만, 허가권자를 지방장관이 아닌 재판소로 설정했다는 점에 차이가 있었다.[232) 그러면서도 사법성은 이적을 호적법의 외지 시행과 관련해서 이해하고 있었다는 점이 특징적이다. 사법성은 "① 본건은 호적법의 외지 시행의 문제도 이미 포함하고 있는 바이고, 그때까지 과도적 조치에 불과하기 때문에 재판소에서 소관하는 것이 당연하다. ② 이적에 따른 다양한 사법관계에 영향이 있기 때문에 재판소에서 처리하는 것이 상당하다"라는 의견을 제출했다.

이와 같이 이적 문제는 법률상 사법성 소관이었으나, 일제는 이적을 민족 정책의 관점에서 파악했기 때문에 내무성이 담당하도록 했다.[233) 이적에 대한 조선총독부 및 내각의 입장은, 일본의 호적법을 조선에서 시행하지 않는다는 원칙을 훼손하지 않는다는 것이었다. 즉 일제는 당시 호적법의 외지 시행이 가능하지 않은 상태에서 엄격한 허가를 조건으로 이적을 인정하기로 했던 것이다. 이것은 당시의 조선호적령 및 호적법 체제를 긍정하면서도 양 제도 간의 소통을

---

231) 그러나 이 안은 협의 과정에서 다시 3년으로 축소되었다. 「朝鮮及臺灣ニ本籍ヲ有スル者ノ內地移籍ニ關スル件(1944. 11. 20)」, 『本邦內政關係雜件 植民地關係』.
232) 司法省, 「朝鮮人又ハ臺灣人ノ移籍ニ關スル法律案要綱案」, 『本邦內政關係雜件 植民地關係』.
233) 「朝鮮及臺灣ニ本籍ヲ有スル者ノ內地移籍ニ關スル件」(1944. 11. 24)」, 『本邦內政關係雜件 植民地關係』.

원활히 하기 위한 조치였다는 점에서, 내선통혼 및 내선입양 법령과도 일맥상통한다고 할 수 있다.

> 만일 국적법에 준하여 형식적 요건을 법으로 정해두고 그것을 구비하면 대개 허락하는 것으로 하면 (…) 수십만의 조선인 및 대만인의 이적(移籍)이 행해질 수 있고, 내선인 및 내대인(內臺人) 간에 중대한 혼효(混淆)·분란이 일어나 지도 취체상 여러 가지 곤란한 문제가 생길 수 있다.234)

이적에 대한 이와 같은 관점은 오히려 외국인이 일본인으로 국적을 변경할 때보다 더 까다로운 것이었다. 또 조선총독부와 내무성이 제시한 요건을 만족시키는 조선인이 이적 신청을 한다 해도 언제나 일본으로 전적이 가능했던 것은 아니었다.

이적에 대한 내무성의 기본방침은, 황민화가 달성된 조선인 개인을 단위로 지방장관의 허가에 의해 이적을 허용한다는 것이었다. 이적에 관한 내각의 이와 같은 검토는 당시 조선인과 일본인을 서로 분리·구별하는 입장에서 벗어난 것은 아니었다.

3. 조선인의 제국의회 참가 문제와 제령권 철폐안

1944년 9월 7일 제85회 제국의회에서 고이소 구니아키가 발언한 것을 계기로, 일반처우 개선과 더불어 식민지인들의 정치처우 개선에 관한 논의가 본격화되었다. 고이소는 1944년 12월 26일에 '정치처우조사회'를 구성하여 귀족원령 개정안과 중의원선거법 개정안의 제정에 착수했고,235) 1945년 4월 1일에는 중

---

234) 「朝鮮人及臺灣人ノ移籍ニ關スル諸問題(1944. 11. 13)」, 『本邦內政關係雜件 植民地關係』.
235) 1944~1945년간의 참정권 논의는 다음의 논문 참조. 岡本眞希子, 「アジア·太平洋戰爭末期

의원의원선거법중개정법률(법률 제34호)과 귀족원령중개정(칙령 제193호)을 공포하여 조선인 및 대만인의 제국의회 참가를 공식화했다. 고이소는 일본정부 일부의 반대를 무릅쓰고 조선인과 대만인을 귀족원에 임명할 수 있는 제도적 기초를 확립했고, 중의원선거법을 제한선거로 하여 조선인들이 중의원에 참여할 수 있도록 했다.

우선 그는 귀족원령 개정을 통해 조선 또는 대만에 재주하는 자로서 명망 있는 자 가운데 10명 이내로 한정하여 7개년 임기로 칙임하도록 했다.236) 10명의 귀족원의원 중에서 7명이 조선에, 3명이 대만에 할당되었다. 또 중의원선거법을 개정하여 조선인과 대만인이 중의원에 참석할 수 있는 제도적 기초를 확보했다. 그러나 여기서 중요한 것은, 중의원선거법을 그대로 조선에 시행한 것이 아니라 조선과 대만에 관한 특례조항을 설치하여 실시했다는 점이다.237) 당시 일본정부와 조선총독부는 보통선거를 피해야 한다는 입장이었기 때문에238) 조선에서의 중의원선거는 제한선거로 결정되었다. 일본정부는 선거권자를 직접국세 15원 이상 납부자로 지정했다. 당시 조선의 도회, 부회, 읍회, 면협의회 등의 선거권 자격기준이 직접국세 5원 이상이었던 것과 비교하면 매우 제한적인 조건이었음을 알 수 있다. 1945년을 기준으로 선거권자를 선정할 때, 국세 15원 이상의 납세자는 조선 인구의 약 2.3%였고, 그 가운데 약 29%는 일본인이었다.

또 선거구와 의원 수에도 제한이 가해졌다. 조선과 대만을 합해 28명의 의원을 선출하도록 했고, 그 가운데 조선에는 23명이 배정되었다. 이것은 선거구 조정 과정에서 산출된 숫자였는데, 조선의 13개 도를 각각 13개 선거구로 설정하고 각 선거구에 1명의 의원을 배정하는 것을 원칙으로 했다. 그리고 각도의 인

における朝鮮人·臺灣人參政權問題」, 『日本史硏究』 401, 1996; 최유리, 『日帝末期 植民地 支配政策硏究』, 국학자료원, 1997.
236) 東京大學出版會, 『帝國議會速記錄』.
237) 東京大學出版會, 『帝國議會速記錄』.
238) 田中武雄, 「小磯總督時代의 槪觀」, 『朝鮮近代史料硏究集成』, 朝鮮史料硏究會, 1960(최유리, 『日帝末期 植民地 支配政策硏究』, 국학자료원, 1997, 241쪽에서 재인용).

구 백만 명을 기준 삼아, 백만 명이 증가할 때마다 1명을 더하는 방법으로 의원수를 정했다.[239]

이와 같이 일본정부는 귀족원과 중의원에 조선인과 대만인을 직접 참여시키는 방법으로 참정권 문제를 해결하려 했다. 그러나 이는 중의원선거법 및 귀족원령을 그대로 연장 시행하는 것이 아니라, 조선과 대만에 관한 특례사항을 설치하는 방식으로 관철되었다. 이것은 조선이 일본법역으로 통합되더라도 조선인에 관해서 동역 내의 차별적 통치가 가능함을 보여주었다.

중의원선거법과 귀족원령의 조선 시행은 식민통치 방식의 변화를 동반했다. 정치처우 개선에 관한 대강안을 작성하는 과정에서 일본정부는 이자와 슈지(伊澤修二) 추밀원고문관을 초빙하여 그의 견해를 들은 바 있었다. 그 자리에서 이자와 슈지는 "조선인 및 대만인의 처우에 관해서는 근본적으로 고이소 총리와 같은 의견"이라고 하면서, 조선인과 대만인이 제국의회에 참여하는 이상 과거의 총독정치를 폐지하고 조선총독은 행정장관으로 축소해야 한다고 주장했다. 또한 법역의 차이도 철폐하여 일본과 법률적 동역(同域)을 구성해야 한다고 제안했다.[240]

이자와 슈지의 입장은 내무성을 비롯해 법제국 등에도 일정하게 수용되었다. 내무성 일부는 조선인의 정치처우 개선에 대해 소극적인 입장을 취했지만, 제령권의 부정과 총독정치의 폐지를 통한 직접통치에 대해서는 적극적이었다. 1945년 3월 6일 '조선 및 대만재주민의 정치처우에 관한 질의응답'에 이런 상황이 잘 나타나 있다.

외지 재주민 대표자를 제국의회에 참여시키는 이상 내외지 법역의 구별을 철폐하고 외지에 대해서도 법률 시행을 원칙으로 하는 것은 이론상 당연하다. 단 외지의 현상

---

239) 최유리, 『日帝末期 植民地 支配政策研究』, 국학자료원, 1997.
240) 「朝鮮人及臺灣人ノ政治ノ處遇ニ關スル伊澤樞密顧問官口述要旨(1944. 11. 28)」, 『戰時期植民地統治資料(水野直樹 편)』.

에 비추어 법률 시행에 즈음하여 특례를 설치할 필요가 있는 면도 적지 않다. 정부로서는 이러한 점을 아울러 고려하여 현행 제령 및 율령제도의 기초법 개정을 고구할 심산이다.241)

당시 내무성은 외지인들의 제국의회 참여에 따라 내외지 법역 철폐를 근본 정책으로 삼아야 한다고 주장하기는 했지만, 다른 한편 외지의 특수한 상황에 근거한 특례를 설치할 필요도 있다고 판단하고 있었다. 따라서 내무성은 "법역 철폐에 즈음해서도 현행 법제의 원칙을 일거에 개변하는 것은 불가능하고 또 부적당하다"고 보고, "제령, 율령 기타 외지의 현행법령은 우선은 유효한 것으로 하고 점차 고쳐서 내지의 법제로 통일하는 방책"을 고려했다.242) 법역 철폐를 통해 조선과 대만을 일본에 편입하는 방식은 1943년에 사할린이 일본에 편입된 방식을 그대로 따르게 한다는 생각이었다.

당시 추밀원에 참석했던 고이소는 "이론상 본안으로 인하여 종합행정에 영향을 받고 법권의 통일, 제율(制律)의 철폐 문제가 될 수 있지만, 아직 내외지를 동일하게 취급할 정도에 도달하지 않는다면 적어도 당분간 현실의 실정에 즉하여 총독정치를 존치할 수 있고, 따라서 제령·율령의 제정권도 그대로 존속시킨다"243)고 했다. 고이소의 발언은 당시 식민 체제를 이끌어왔던 조선총독과 대만총독에 대한 정치적 배려였다고 생각된다. 당시 조선총독은 관제상 천황에 직예하고 천황에게만 책임을 지는 존재였기 때문에, 제령권 부정을 내각총리대신이 직접 언급하는 것은 신중히 해야 했다. 그러나 당시 법제 정책을 담당했던 법제국과 사법성은 내각의 의도를 명확히 밝혔다.

이 선거법이 시행되어 조선·대만에서 입법부로 의원이 나와 법률을 협찬하게 된다면

---

241) 「朝鮮及臺灣在住民政治處遇ニ關スル質疑應答(1945. 3 6)」, 『本邦內政關係雜件 植民地關係』.
242) 「朝鮮及臺灣在住民政治處遇ニ關スル質疑應答(1945. 3 6)」, 『本邦內政關係雜件 植民地關係』.
243) 東京大學出版會, 『樞密院會議錄』.

입법부의 협찬을 거치는 법률은 조선·대만에도 당연 시행되는 것으로 보지 않으면 안 된다. 또 시행하고 행해질 수 있다.244)

제령 및 율령의 제정권은 다음 총선거를 기점으로 실현될 양원 참가 시기에 제한할 수 있다. 즉 이 시기에 법률을 조선·대만 양지에 그대로 시행하고 당시 존재하는 제령 및 율령은 특히 중요한 것에 한정하여 입법 형식으로 개정하는 것 외에 수차 필요에 응하여 조정한다.245)

법제국장관 미우라(三浦)와 사법대신 마쓰자카 히로마사(松阪廣政)는 다음 총선거 실시를 계기로 제령과 율령을 폐지할 것을 주장했다. 이들은 일본에서 제정한 법률을 조선과 대만에 그대로 시행하고, 당시까지 존재했던 제령과 율령은 중요한 것에 한정하여 제국의회에서 입법화하는 방식을 취하려 했다. 위 언급은 조선인 및 대만인의 제국의회 참여가 곧바로 총독정치의 부정으로 이어진다는 것을 단적으로 보여준다. 조선과 대만에서의 입법주체를 제국의회로 설정하고 조선총독과 대만총독에게 위임했던 위임입법권을 회수할 것을 분명히 밝히고 있다. 그러면서도 제령과 율령이 필요한 특수사항에 관해서는 제국의회가 입법 형식으로 개정하는 방식을 제안했다. 조선과 대만에 특수사항이 있어서 과거에는 제령과 율령을 공포했지만, 이제는 제국의회의 입법권한으로 특례입법을 하겠다는 의지였다.246)

그러나 조선과 일본을 동역으로 설정한다는 것이 조선인과 일본인의 평등화를 의미하지는 않았다. 내무성을 비롯한 행정관료들은 조선총독의 권한 축소와 내각의 직접통치를 지향했다는 점에서 내지연장의식을 갖고 있었다. 그러나 내무성 관료들의 내지연장론은 일본인으로서 조선인들의 법제적 평등을 의미하지

---

244) 東京大學出版會, 『樞密院議事錄』.
245) 東京大學出版會, 『樞密院會議錄』.
246) 「朝鮮及臺灣在住民政治處遇改善案に關する想定問答」, 『戰時期植民地統治資料』(水野直樹 편서)

않았다. 이는 조선인과 일본인의 구별과 차별을 유지하면서 총독부라는 식민지 통치기구의 통합을 시도한 것에 불과했다.

일본정부는 1945년까지도 일본국 내부의 여러 식민지인들에 대한 민족적 차별 정책을 그대로 유지했다. 식민지인들의 특성을 존중하기보다는, 식민지인들의 고유한 특성을 부정하고 일본인으로서 소양을 갖추게 하기 위한 식민 정책을 추진했다. 이러한 측면에서 일본의 식민 정책은 법제적 동화주의라기보다는 문화적·인종적·교화적·혈통적 동화주의가 선행된 단계적 동화주의에 가까웠다고 볼 수 있다.

당시 일본정부에 의해 추진된 동역화는 조선총독의 입법권을 부정하고 제국의회와 내각이 입법권을 갖는 방향으로 추진되었다. 그 과정에서 조선인에 대한 민족 정책의 기초, 즉 조선구관주의는 축소 내지는 폐지될 가능성이 높아졌다.

문) 조선 및 대만의 친족·상속제도를 내지의 그것과 일치시킬 의향이 있는가. 또 그 실행은 용이한가.
답) 대만에서는 판례 등에서 현재까지 이미 내지의 친족·상속제도로 합치시키는 방침을 취해오고 있기 때문에 그것을 일치시키는 것은 용이하다. 조선에서는 아직 그 정도에 도달하지 않았지만 방침으로서는 속히 내지와 일치시킬 방침이다. 또 그 실현은 곤란한 것으로 인정하지 않는다.[247]

위 질의·응답에서 조선과 대만의 친족 및 상속제도에 관한 내각의 최종 입장을 확인할 수 있다. 대만총독부는 위와 같은 일본정부의 방침을 확인하고 1945년에 대만과 일본 간의 차별적 법령을 폐지하기로 내부적으로 정리했다. 이를 위해 대만총독부는 ① 비도형벌령(匪徒刑罰令) 폐지, ② 보갑(保甲)제도를 대체할 새로운 행정 하부기구 정비 등을 추진하기로 하고, 황민연성을 강화 촉진할 방

---

[247] 「朝鮮及臺灣在住民政治處遇ニ關スル質疑應答(1945. 3 6)」, 『本邦內政關係雜件 植民地關係』.

책으로 ① 친족·상속법의 적용, ② 관공리·회사은행 등에 본도인의 등용, ③ 국민학교 공학촉진의 기초가 되는 유치원의 보급, ④ 국어상용가정제도의 강화, ⑤ 제사공업(祭祀公業)의 정리에 의한 육영재단 설치 등을 설정했다.248) 특히 대만총독부는 1945년 1월 7일에 내무성 관리국장에게 보낸 문서에서, 일본 민법의 친족편·상속편을 대만인에게도 적용하는 것을 수용했다.249)

대만총독부가 일본 민법의 친족편 및 상속편의 도입에 긍정적이었던 이유는 두 가지 측면에서 이해할 수 있다. 우선 대만의 관습법이 일본 민법으로 일부 변화하고 있었다는 점과, 대만총독의 율령권이 법 제3호에 의해 크게 제한되던 사실이 관련되어 있다.250) 1920년대 초반 법 제3호의 심의 과정을 통해 대만에서 내지법률을 시행한다는 원칙이 수립되고 특수한 경우에 한정하여 율령권을 인정했기 때문에, 율령권의 행사가 크게 제한된 상태에서 조선총독부와 같은 관습법의 성문화를 추진하는 것은 사실상 불가능했다.251)

그러나 1940년대까지 조선총독부는 관습법과 일본 민법 의용 체제를 엄격히 유지하고 있었다. 조선총독부는 관습법 변경을 통해 일본 민법을 수용하는 방식보다는 조선민사령 제11조 개정이라는 성문적(成文的) 수단을 사용해왔고, 신관습법 창출에 소극적이었다. 따라서 조선의 친족·상속제도는 대만과 달리 조선의 특수 관습을 상당 부분 유지하고 있었다.

조선 관습을 부정하고 일본 민법으로의 일치를 추진한 일본정부의 계획에 대해서 조선총독부가 어떤 입장을 취했는가를 명시적으로 확인할 수 있는 문서는

---

248) 「本島人ノ處遇改善ニ付總督府ニ於テ考慮シツツアル事項」, 『本邦內政關係雜件 植民地關係』.
249) 「島民ノ處遇ニ關スル措置槪要ニ關スル件(臺總出第10號 1945. 1. 7)」, 『本邦內政關係雜件 植民地關係』.
250) 臺灣總督府, 『臺灣ニ施行スヘキ法令ニ關スル法律其ノ沿革竝現行律令』, 1921.
251) 1921년에 공포된 법률 제3호에 의해, 대만총독의 율령은 "대만에서 법률을 요하는 사항으로서 시행할 법률이 없거나 법률에 의하기 어려운 것에 관해서는 대만의 특수한 사정에 의해 필요한 경우에 국한하여 대만총독의 명령"으로 규정할 수 있도록 했다. 이 문제에 관해서는 다음 논문 참조. 春山明哲, 「近代日本の植民地統治と原敬」, 『日本植民地主義の政治的展開 1895~1934年』, アジア政經學會, 1980.

현재 발견되지 않았다. 대만총독부가 1945년 1월에 이미 일본 친족법 및 상속법의 연장 시행에 동의한 것으로 미루어볼 때, 조선총독부도 일본정부의 계획에 찬성하지 않았을까 생각된다.

그러나 친족·상속에 관한 법제 일원화가 조선인과 일본인의 완전한 통합이나 전적의 자유 등으로 이어질 가능성은 매우 적었다. 당시의 법역 통합화는 통치기구의 통합을 의미했을 뿐 조선인과 일본인의 제도적 통합으로는 발전되지 못하고 있었기 때문이다. 법역 통합에 적극적이었던 사법성과 법제국 역시 여전히 조선과 대만의 특수 관습의 존재와 민도의 차이, 황민화되지 못한 조선인들의 존재라는 구도를 벗어나지 못하고 있었다. 이를 보여주는 대표적인 사례가 이적에 관한 방침이다.

> 이적(移籍)은 내지에 정주하는 다수 조선인이 희망하는 바이지만, 현재 바로 무제한으로 인정하는 것은 폐해를 동반할 우려가 있기 때문에 외국인 귀화의 예에 준하여 허가제도를 채용하는 것이 적당하다고 생각한다. 이 경우의 조건으로는 상당 연수 내지 정주의 사실, 일정한 연령 내에 도달할 것, 생활의 안정 등을 고려하는 것이 적당하다고 인정하지만, 구체 방책에 관해서는 목하 고구 중이다.252)

1944년 말부터 1945년까지 추진된 일제의 조선인 참정권 부여 계획은, 조선인과 일본인이라는 민족적·인종적 구도에서 벗어났다기보다는 그러한 구도 속에서 조선에 대한 법률적 연장을 강화한 것으로 볼 수 있다. 이는 중의원선거법을 조선지역에 그대로 연장 시행하지 않고 조선과 대만에 대한 특례조항을 설치하여 시행한 데서 알 수 있다. 이와 같은 중의원선거법 개정안은, 조선총독의 제령권에 기초한 이법적(異法的) 통치에서 제국의회에 의한 일국일법역주의 아래 특례입법을 통한 통치로 변화하는 것을 의미했다. 따라서 법률적 측면에서는

---

252) 「朝鮮及臺灣在住民政治處遇ニ關スル質疑應答(1945. 3 6)」, 『本邦內政關係雜件 植民地關係』.

'조선-제령', '일본-법률'의 구도에서 벗어나 조선과 일본이 모두 제국의회의 법률적 지배로 귀속되었지만, 조선과 일본을 동등한 지역(지방)으로 처우하지 않고 제국의회가 조선지역에 대한 특수입법을 시도했다는 점에서 차이가 있다.

이와 같이 1945년 이후 일본정부는 조선을 내지의 한 지방으로 취급하는 정책을 추진했다. 그러나 조선인에 대해서는 여전히 소극적 태도로 일관하고 있었다. 그 대표적인 것이 전적 문제와 더불어 조선인에 대한 국적법 시행 여부였다. 일본정부는 1910년 한국병합 과정에서도 조선인에 대한 국적법 시행을 인정하지 않았지만, 이 시기에도 조선인에 대해 국적법을 적용할 의사가 없었다.

> 종래 조선에 국적법을 시행하지 않은 이유는 주로 국외의 불령조선인이 외국으로 귀화 등 국적법에서 정한 이유에 기초하여 일본 국적을 상실하고, 그로 인하여 그들에 대한 취체의 곤란을 초래할 것을 방지하는 것에 있었고, 금일에서도 일부 조선인에 관해서는 그 사정이 소멸되었다고는 인정할 수 없기 때문에 그에 관한 규정인 동법 제20조는 시행하지 않는 것이 적당하다. 그러나 기타 규정은 시행할 수 있다고 생각한다.[253]

국적법 제20조를 제외한다는 것은 역시 특례조항을 설치하여 조선인을 지배하겠다는 구상이다. 여전히 조선인들이 외국 국적을 취득하여 반일독립운동에 참가하는 것을 법적으로 막으려는 의도였음을 알 수 있다. 일본정부는 총독정치를 부정하고 조선과 대만을 일본법역으로 통합하려 했지만, 국적법과 이적에 관한 태도에서 알 수 있듯이, 조선인과 일본인의 법적 일치화가 아닌 통치기구의 일치화를 추구했다.

따라서 1944년 이후 일련의 정치적 처우에 대한 내각 방침은, 1942년 내외지 행정 일원화의 관점을 법적 차원에서 철저히 수용한 것으로 볼 수 있다. 그

---

[253] 「朝鮮及臺灣在住民政治處遇ニ關スル質疑應答(1945. 3 6)」, 『本邦內政關係雜件 植民地關係』.

리고 그 결과는 조선인-일본인 차별의 완전한 철폐가 아니라 제국의회와 내각에 의한 조선지역의 직접 지배였다. 조선인은 조선총독부의 지배에서 벗어났지만, 그 정책의 내용은 구별되는 제2등 국민의 정체성을 갖는 계기를 마련했을 뿐이었다. 이와 같은 일련의 정책 방향은 총독에게 위임했던 입법·사법권을 거두어 제국의회와 사법성이 장악하고, 지방행정에 관해서는 내무성이 직접 관할하겠다는 것이었다.

조선총독부가 추진했던 조선 관습의 성문법화는 일본 식민지 법제 체제 속에서 추진되었고, 특히 조선민사령의 관습법주의는 일본정부의 '소극적 법제 일원화' 정책에 의해 유지될 수 있었다. 그러나 일본정부가 적극적인 법역 통합화 정책으로 전환하면서, 조선총독부가 강력히 추진했던 조선친족령·상속령 구상은 실현될 수 없었다. 특히 제령권이 부정될 가능성이 높아지면서 제령에 기초하여 성립한 특수입법도 역시 존립의 근거를 상실하게 되었다.

1921·22년 조선민사령 제11조 개정이 일본정부의 법제 일원화 논리에 의해 좌절되었다면, 1940년대 조선총독부의 조선친족령·상속령 정책은 일본정부의 법역 통합화 정책에 의해 좌절되었다. 일본정부에 의해 추진된 법역 통합화 정책은, 기존의 소극적 법제 일원화 정책과 달리 조선지역을 일본정부와 제국의회가 직접 통치하겠다는 적극적인 의지의 산물이었으며, 이런 식민 정책은 조선인들이 식민지 시기 내내 요구했던 차별의 철폐와는 거리가 멀었다.

결론

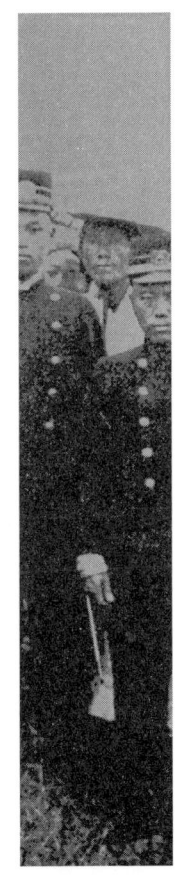

결론

　이 책에서는 조선민사령 제11조 관습의 입법화 과정을 분석하면서, 식민지적 특성의 법제화 방향을 둘러싸고 일본정부의 '소극적 법제 일원화' 논리와 조선총독부의 '관습 성문법화' 논리가 서로 갈등을 빚었고, 그 갈등이 조정되는 과정이 곧 식민 정책 수립 과정이었음을 논증하고자 했다. 이와 같은 갈등과 조정은 조선 관습을 식민지 법 체제 속에 어떻게 반영할 것인지를 둘러싸고 이루어졌다. 지금까지 검토한 것을 요약하면 다음과 같다.

　일본정부는 1905년에 을사조약을 강제로 체결하여 한국을 보호국화했고, 한국침략을 수행하는 기관으로 통감부를 설치했다. 통감부는 보호국화 정책의 일환으로, 외국 열강이 한국에서 획득한 치외법권을 철폐하기 위해 사법제도 개편에 적극적으로 나섰다. 1907년에는 일본 재판소를 모방하여 한국재판소 조직을 새롭게 구성했고, 한국 법전을 제정하는 방향으로 사법 정책을 확정했다. 통감부가 사법제도 개혁과 한국 법전 편찬을 강력히 추진한 것은, 한국의 근대화를 지원하고 독립국의 권리를 회복시켜주기 위해서가 아니라, 일본의 독점적 지배에 서구 열강이 취득한 기득권이 장애가 되었기 때문이었다. 한국 법전 편찬사업은 일본정부가 한국을 병합하는 방향으로 대한정책을 전환하면서 폐기되었으나, 1908년부터 수행된 한국 관습조사사업은 일제가 한국의 특수성을 이해하고 향후 조선총독부가 민사법 정책을 수립하는 데 중요한 참고자료가 되었다.

한국병합을 전후하여 일본정부는 식민지 조선의 법 정책을 새롭게 수립하면서 조선을 이법지역으로 설정했다. 일반적으로 법률은 일본의 영토라면 당연히 시행되는 것이 원칙이었으나, 식민지에서는 법률이 아니라 조선총독이 발한 명령(제령)으로 입법사항을 규정할 수 있도록 했던 것이다. 다만 제령 또는 칙령으로 조선에 시행할 법령을 구체적으로 정하거나 제국의회가 조선에 시행할 법률을 제정하는 경우에는 일본의 법령도 조선에 시행될 수 있었다. 이런 조치는, 대외적으로는 조선을 일본국에 편입했으나 국내법상으로는 일본법역과 조선법역을 분리함으로써 식민지와 식민 본국을 차별하여 규율하겠다는 의사를 분명히 한 것이었다. 제령권을 통한 입법은 일본 본국의 법령이 조선에 시행되지 못하도록 하여, 조선인을 합법적으로 차별할 수 있는 제도적 기반이 되었다.

조선총독부와 일본정부는 1912년에 조선민사령을 제정하여 조선의 민사에 관한 일반원칙을 확립했다. 1908년에 제정된 대만민사령은 대만인에게 일본 법령을 적용하지 않고 포괄적으로 대만 관습을 적용할 것을 규정했으나, 1912년 조선민사령은 조선의 모든 민사사건에 관해 일본 민법 등 일본 법령을 의용하기로 했다. 다만 조선인의 능력·친족·상속·부동산물권 등에 관해서는 예외적으로 관습을 인정했다. 조선민사령은 내용상으로는 일본민법주의-조선구관주의, 법 형식상으로는 성문법-관습법이라는 중층적 구조로 형성되어 있었으며, 일본 민법주의를 원칙으로 하는 '동화형 민사 체제'를 확립했다는 점에서 일본의 식민지 법제 정책의 전환점이 되는 법령이었다.

1912년 조선민사령 제11조 및 제12조에서 조선 관습을 인정한 것은 성문법이 아닌 관습법 형식이었으며, 이후 조선총독부는 조선 관습을 법인(法認)하면서 새로운 법제 정책을 모색했다. 조선총독부는 조선 관습의 사회적 변화에 대해서는 구관습을 부정하고 신관습에 법적 효력을 부여하는 방식으로 대응하면서, 1915년 민적법 개정을 둘러싼 논쟁을 계기로 조선 관습에 대한 기존의 '법인화 정책'에서 '성문법화 정책'으로 이행하기 시작했다. 이와 같은 '관습 성문화'는 당시 사법부뿐만 아니라 재판소 쪽에서도 법적 안정성 확보를 이유로 강력히 요구하고 있었다.

조선총독부의 성문법화 계획은 일본정부에 의해 공통법이 실시되면서 강한 추진력을 얻게 되었다. 공통법은 일본과 식민지 간의 법적 공통성을 확보하기 위해 1918년에 제정되었는데, 친족 및 상속의 영역에서는 일본인과 식민지인 간의 결혼 및 입양에 따른 호적 문제를 해결할 것을 요구했다. 따라서 공통법 실시에 따른 후속 법제는 조선의 호적제도를 개정하는 것만으로도 가능했지만, 조선총독부는 조선민사령 개정과 새로운 호적법규 제정으로 대응했다.

조선총독부가 1918년 조선민사령급민적법개정조사위원회를 설치하여 입안한 법안은 내선통혼을 법적으로 승인하기 위해 조선인의 결혼성립요건을 성문화한 것이었다. 1921년 1월 31일에 작성된 조선민사령 제11조 개정안은 1912년 조선민사령의 '일본 민법-조선 관습'의 이원 체제를 부정하고, '일본 민법-조선 관습-조선 성문법' 체제로 이행하려 했다는 점에서 당시 식민지 법제에서 큰 의미가 있었다. 그러나 내각 법제국은 법제 일원화를 주장하면서 조선총독부가 당초 입안했던 조선민사령 개정안을 반대했다.

그러나 내각 법제국이 친족 및 상속에 관해 조선구관주의 자체를 부정한 것은 아니었다. 조선 관습을 법인하는 준거법령인 1912년 조선민사령은 친족·상속에 관해서 관습법주의를 채택하고 있었고, 1908년 대만민사령도 대만인에게는 관습법을 적용한다는 원칙을 확립하고 있었다. 이를 통해 당시 일본의 식민 정책에서 식민지 관습법이 용인되고 있었음을 알 수 있다. 문제는 조선총독부 측이 조선인의 친족·상속제도를 관습법이 아닌 조선 관습을 일부 반영한 성문법으로 전환하려 했다는 점에 있었다. 조선총독부와 내각 법제국 갈등의 핵심은, 조선인 관습의 법인 여부가 아니라 조선 친족 관습의 존재 방식 및 성문화 방식에 대한 총독부와 법제국의 견해 차이였다.

내각 법제국은 법제 일원화를 주장하면서 조선총독부가 입안한 조선민사령 개정안을 반대했으나, 법제 일원화 논리를 조선 법제 전 영역에 실현할 의사는 없었다. 당시 상황에서 전면적 법제 일원화 주장은 일본정부의 조선통치 방식이었던 조선총독에 의한 대리통치를 법적으로 부정하는 것이었기 때문이다. 법제국이 주장했던 일원화의 의미는 일본 민법 이외의 다른 성문법령을 허용하지 않겠다는 소극적인 자세로 이해해야 한다. 내각 법제국이 선호했던 것은 조선 관습을 성문법화하는 것이 아니라, 구래의 관습을 그대로 관습법으로 인정하는 것이었다. 따라서 1921년과 1922년의 조선민사령 제11조 개정이 능력·결혼연령·이혼 등에 관해 일본 민법을 의용하는 데 그친 것을 법제국이 반대할 이유는 전혀 없었던 것이다.

조선총독부는 겉으로는 내각 법제국의 입장에 동조했으나, 조선민사령 제11조 개정의 범위를 오히려 축소하고 관습법 체제를 유지하는 쪽을 선택함으로써 일본 민법의 광범위한 적용을 제한했다. 따라서 1921·22년 조선민사령 제11조 개정안에는 외견상 내선 법제 일원화가 관철되었지만, 식민지의 입법을 둘러싼 조선총독부와 내각 법제국의 타협의 결과 법제 일원화가 매우 자제된 형태로 진행되었다고 이해하는 편이 오히려 사실적이다. 조선민사령 제11조 개정안의 주요 내용은 1910년대에 이미 조선총독부가 일본 민법 조항을 의용하기로 결정했던 것과 조선의 관습 중 그 내용이 명확하지 않은 것, 또는 조선 관습이 변화한 것(판례·통첩·회답 등으로 확립된 것)만을 선별하여 개정한 것이었기 때문이다.

이와 같은 조선민사령 제11조 개정 과정은 조선인의 호적법규에도 큰 영향을 미쳤다. 1912년의 조선민사령에는 호적에 관한 규정이 없었으나, 1922년 조선민사령 제11조를 개정하면서 호적에 관한 일부 규정이 조선민사령 제11조에도 설치되었다. 이는 조선총독부가 입안한 조선민사령 제11조 개정안이 일본정부의 반대로 인해 폐안되자, 조선총독부가 일본정부의 간섭을 줄이는 방향으로 조선호적령을 제정하기 위해 제령이 아닌 부령으로 입법한 것과 관련이 있다. 입법기술상 호적사건에 관한 주요 벌칙사항은 조선인의 권리·의무에 관한 입법사항이기 때문에 제령으로 공포되어야 했으나, 조선호적령이 부령으로 공포되면서 입법사항에 관한 일부 규정이 불가피하게 조선민사령 제11조로 이관된 것이었다.

1921·22년 조선민사령 제11조 개정 이후에도 조선총독부는 조선 관습의 성문법화를 계속 추진했다. 대만총독부는 1910년대에 대만친족령·상속령의 제정을 추진하다가 일본정부가 반대하자 관습법을 성문화하는 계획을 포기한 바 있었다. 그러나 조선총독부는 1920년대 중반부터 조선민사령 제11조 개정의 후속사업으로 친족 및 상속법 개정을 계속 추진했다. 조선총독부는 구관급제도조사위원회, 사법협회, 조선고등법원 판례조사회 등을 잇달아 설치하고 조선 관습의 조사 및 심의를 담당하도록 하여 향후 입법의 참고로 활용하려 했다.

1930년대에 일본정부가 친족법 및 상속법 개정을 추진하자, 조선총독부도 1937년 사법법규개정조사위원회를 설치하여 조선민사령 개정을 본격적으로 추진했다. 1921·22년 조선민사령 개정에서는 조선총독부의 초기 입법방침으로 조선 관습의 성문법화 경향이 우세했으나, 1937년 시점에는 조선민사령 제11조의 원칙이었던 조선구관주의를 일본민법주의로 변경하는 등 입법방침이 일부 수정되었다.

이 같은 정책에 대해 각급 재판소장들도 조선민사령 제11조의 원칙을 조선구관주의에서 일본민법주의로 전환하는 것을 지지했다. 더 나아가 일부 재판소장들은 법무국이 일본 민법을 원칙으로 조선 관습을 성문화하고자 하는 것 자체를 반대하기도 했다. 이들은 "내선 법제의 통일주의로 관철하고 특수 관습은 모두 폐기할 것"을 주장했다. 이와 같은 주장은 1930년대에 접어들면서 각 재판소에서 친족 및 상속에 관해 일본 민법을 도입하려 했던 움직임과 관련이 있었고, 또 당시 전시 체제 아래에서 내선일체의 확산이라는 정치·사회적 움직임이 커졌던 것과도 관련이 있었다.

1939년 조선민사령 제11조 개정안은 '씨(氏)'제도와 '서양자(壻養子)'제도를 도입했다는 점에서 일본민법주의 원칙에 충실한 것이었다. 조선총독부는 1939년 조선민사령 제11조 개정안의 성격을 내선일체의 법적 표현으로 규정하고 ① 씨명의 공통, ② 내선통혼, ③ 내선입양을 주요 내용으로 꼽았다. 그러나 조선총독부에 의해 추진된 사법적 내선일체는 일본의 친족제도를 조선인에게도 일부 시행하는 것을 의미했을 뿐, 조선인과 일본인을 법적으로 완전히 통합하고자 하는 것은 아니었다.

사법적 내선일체는 1921·22년 조선민사령 개정안이 채택했던 '내선통혼을 통한 동화'의 관점을 폭넓게 실현한 것이었다. 그리고 공통법의 기본정신이었던 이법역 체제의 존속과 소통관계 정비의 관점에서 볼 때, 1921·22년 조선민사령 개정의 연장선상에서 1939년의 조선민사령 제11조 개정의 의미를 평가할 수 있다. 당시 법무국은 '씨'제도와 서양자제도의 의용을 법제 일원화로 해석하지 않는 등, 조선 특수 관습의 성문법화에 강한 의지를 표현했다. 조선총독부가 계획한 것은 조선민사령 제11조를 일부 개정하는 수준이 아니라, 조선민사령 제11조를 폐지하고 대신 조선친족령과 조선상속령을 제정하는 것이었다.

그러나 조선총독부의 이런 계획은 태평양전쟁이 발발하고 일본이 전시동원체제로 개편되면서 현실성이 줄어들게 되었다. 일본정부는 식민지 총독의 권한을 약화시키고 중앙정부의 권한을 확대함으로써 전시 체제에 대응하려 했다. 내외지 행정 일원화 정책의 추진에 따라 조선총독은 일본정부의 각 대신으로부터 일정한 업무 감독 및 지시를 받게 되었고, 또 조선의 입법사항은 반드시 사전에 보고하게 되었다.

조선총독의 자율적 권한을 축소하려는 일본정부의 움직임에 대해서, 조선총독부는 종합행정권(입법·사법·행정)을 유지하는 쪽으로 대응했다. 그러나 1942년 이후 조선통치의 주도권은 상당 부분 일본 본국정부가 장악한 상태였다. 태평양전쟁 발발 이후 전 국가적인 동원을 위해서는 식민지-본국이라는 이원 체제가 효율적이지 못했기 때문에, 일본의 각 지역을 일원화하여 전시상황에 대응하려 했던 것이다. 이와 같은 상황에서 조선총독의 입법권 위축은 피할 수 없었으며, 조선 관습을 성문화하려는 입법도 현실적 근거가 약화될 수밖에 없었다.

뿐만 아니라 일본정부는 조선인의 정치적·사회적 처우 개선을 통해 조선인이 자발적으로 전시동원에 협력하도록 유도했다. 그 대표적인 것이 조선인의 이적과 참정권 문제였다. 일본정부는 전쟁에 적극 협력한 소수의 조선인을 일본으로 이적할 수 있도록 하고, 조선에도 중의원선거법을 실시하여 조선인에게 참정권을 부여하려고 계획했다. 그리고 조선인이 제국의회에 참여하게 되면 조선총독의 입법권을 박탈하고 조선을 일본법역으로 통합하려 했다.

1921·22년 조선민사령 제11조 개정이 일본정부의 '소극적 법제 일원화' 논리에 의해 제한되었다면, 1940년대 조선총독부의 조선친족령·상속령 제정 구상은 일본정부의 법역 통합화 정책에 의해 좌절되었다. 조선총독부의 관습 성문화 정책은 조선구관주의를 강조하던 입장에서 일본민법주의를 원칙으로 하는 단행법령 입법으로 이행했지만, 친족 및 상속에 관해 일국일성문법전주의를 고수했던 내각 법제국의 반대로 실현되지 못했다. 그리고 일본정부도 과거의 '소극적 법제 일원화 정책'에서 '적극적인 법역 통합화 정책'으로 전환하면서, 조선총독의 특수입법권 박탈을 추진했다.

그러나 일본정부의 강력한 일원화 조치는 조선인과 일본인을 평등하게 대우한다는 것을 의미하지는 않았다. 일본정부에 의해 추진된 동역화는 조선지역의 입법 및 사법·행정권한을 일본 본국의 국가기관이 행사하겠다는 의미로 해석되어야 할 뿐, 일본인과 조선인의 법적 평등을 의미하지 않았다. 그것은 일본정부가 조선총독의 제령권을 박탈하고 일본 친족법과 상속법을 조선지역에 실시하더라도, 조선인의 전적(轉籍) 금지 정책은 여전히 유지하려 했기 때문이다. 또한 조선에 중의원선거법을 실시하는 것도, 일본 본국의 법령을 그대로 시행하는 것이 아니라 조선지역에 통용되는 특별한 중의원선거법을 실시하는 것이었다. 이는 결국 과거에 조선총독이 행사하던 조선에 대한 특수입법 권한을 이제 일본 본국이 행사하겠다는 것에 불과했다.

일본의 식민통치를 법제상에서 파악하면, 법률과 특수입법권인 제령 간의 상호작용과 긴장의 연속이라고 할 수 있다. 제령의 존재는 일본 본국의 법률이 조선지역에 원칙상 통용되지 않는다는 것을 의미했고, 또한 이민족 지배를 위해서는 당연히 필요한 것이기도 했다. 그리고 조선민사령은 조선에 일본의 법령을 일부 유통시키면서도 조선인의 법률적 지위와 관련된 부분에는 조선 관습을 적용하거나 법제화 자체를 시도하지 않음으로써 엄격한 차별화 정책을 유지했다.

　이상으로 식민지 시기 조선총독부의 법제 정책에 대해 조선민사령 제11조 개정을 중심으로 살펴보았다. 식민지 법제에 관한 연구를 더 발전시키기 위해서는 다음과 같은 과제가 해결되어야 할 것이다. ① 이 책은 식민지 입법을 둘러싸고 벌어진 조선총독부와 일본정부의 갈등을 중심으로 서술되었지만, 앞으로는 법제 정책에 관한 일본정부 내부의 이견과 조선총독부 내부의 이견이 법제화에 어떻게 반영되는지 조사할 필요가 있다. ② 만주국 민법 및 대만과의 비교 연구가 필요하다. 이 책에서 대만총독부와 조선총독부가 관습법 정책에서 차이를 보였다는 것을 밝히고는 있지만, 그 이유는 깊이 분석하지 못했다. 또 ③ 법전조사국과 조선총독부가 추진했던 관습조사 과정에 대한 분석적 접근이 더 필요하다. 이런 보완이 이루어진다면, 법의 측면에서 일제가 조선을 어떻게 통치하려 했고 그 변화양상은 어떠했는지에 대해 좀 더 상세한 이해가 가능할 것으로 생각한다.

부록

【주요 법령 소개】

■ 대일본제국헌법(1890. 2. 11. 공포, 1890. 11. 29. 시행)

제1조 대일본제국은 萬世一系의 천황이 통치한다.
제2조 皇位는 皇室典範이 정하는 바에 따라 皇男子孫이 계승한다.
제3조 천황은 신성하여 범하여서는 안 된다.
제4조 천황은 국가의 원수로서 통치권을 總攬하며 이 헌법이 條規에 따라 이를 행사한다
제5조 천황은 제국의회의 協贊을 거쳐 입법권을 행사한다.
제6조 천황은 법률을 재가하며 그 공포 및 집행을 명한다.
제7조 천황은 제국의회를 소집하며, 그 개회, 폐회, 정회 및 중의원의 해산을 명한다.
제8조 천황은 공공의 안전을 保持하거나, 그 재앙을 피하기 위해 긴급한 필요에 따라 제국의회 폐회의 경우에 법률에 대신할 칙령을 발한다. 이 칙령은 다음 회기에 제국의회에 제출해야 한다. 만일 의회에서 승낙하지 않을 때에는, 정부는 장래에 향하여 그 효력을 상실함을 공포해야 한다.
제9조 천황은 법률을 집행하기 위하여, 또는 公共의 안녕질서를 保持하고 신민의 행복을 증진하기 위하여 필요한 명령을 發하거나 發하게 한다. 단, 명령으로 법률을 변경할 수 없다. (이하 생략)

— 출처: 정긍식, 『統監府法令 體系分析』

■ 韓國人이 관계한 司法에 관한 건(1909. 10. 16. 日本勅令 제238호)

제1조 통감부재판소는 본령 기타 법령에 특별한 규정이 있는 경우를 제외하고 한국인에 대해서는 한국 법규를 적용한다.
제2조 한국인과 한국인이 아닌 자 사이의 민사사건에 대해서는 다음의 변경으로써 일본 법규를 적용한다. 단, 한국인에 대한 재판의 집행은 한국 법규에 依한다.
　一. 原告 또는 被告가 구두변론의 期日에 출두하지 아니한 경우에는 재판소에서 적당하다고 思料한 때에 限하여 申陣에 의하거나 또는 직권으로 闕席判決을 할 수 있다.

二. 민사소송법 제11조 제2항, 제3항, 제240조, 제246조 내지 제248조 제2편, 제2절, 제428조 및 제429조의 규정을 이를 적용하지 않는다.

제3조 검사 또는 사법경찰관을 통감의 허가를 받아서 한국의 친임관 또는 칙임관을 체포할 수 있다. 단 급속을 요하는 때는 곧바로 체포하고 보고할 수 있다.

제4조 假出獄에 관한 규정은 한국 법규에 依하여 處刑한 자에게 역시 이를 적용한다.

附則 본령은 1909년 11월 1일부터 시행한다.

― 출처: 『韓末近代法令資料集』

■ 朝鮮ニ施行スヘキ法令ニ關スル法律(1911. 3. 法律 제30호)

제1조 조선에서 법률을 요하는 사항은 조선총독의 명령으로 규정할 수 있다.

제2조 전 조의 명령은 내각총리대신을 거쳐 칙재를 청한다.

제3조 임시긴급을 요하는 경우에 조선총독은 곧바로 제1조의 명령을 발할 수 있다. 전 항의 명령은 발포 직후 칙재를 청하고 만약에 칙재를 얻지 못했을 때는 조선총독은 곧바로 그 명령이 장래에 효력이 없다는 것을 공포한다.

제4조 법률의 전부 또는 일부를 조선에 시행할 것을 요하는 것은 칙령으로 정한다.

제5조 제1조의 명령은 제4조에 의해 조선에 시행한 법률 및 특히 조선에 시행할 목적으로 제정한 법률 및 칙령에 위배할 수 없다

제6조 제1조의 명령은 制令이라 칭한다.

附則 본법은 공포일로부터 시행한다.

― 출처: 『朝鮮總督府官報』

■ 朝鮮ニ於ケル法令ノ效力ニ關スル件(1910. 8. 29. 制令 제1호)

조선총독부 설치에 즈음하여 조선에 있어서 효력을 잃을 帝國法令 및 韓國法令은 당분간 조선총독이 發한 명령으로서 그 효력을 갖는다.

― 출처: 『朝鮮總督府官報』

■ 制令ニ於テ法律ニ依ルノ規程アル場合ニ其ノ法律ノ改正アリタルトキノ效力ニ關スル件(1911. 6. 제령 제111호)

制令에서 法律에 의한다는 규정이 있는 경우, 그 법률의 개정이 있을 때는 개정법률 시행

일로부터 개정법률에 의한다. 단, 별단의 규정이 있는 경우는 이러한 제한에 있지 않다.
— 출처: 『朝鮮總督府官報』

■ 法例ヲ朝鮮ニ施行スルノ件(1912. 3. 칙령 제21호)
朕이 法例를 조선에 시행할 것을 재가하여 공포한다.
附則 본령은 1912년 4월 1일부터 시행한다.
— 출처: 高等法院書記課, 『朝鮮司法提要』, 1923

■ 朝鮮民事令案(1910. 9)
제1조 민사에 관한 사항은 민법, 상법 (…) 및 그 부속법률에 의한다. 부속법률은 조선총독이 지정한다.
제2조 부동산에 관한 권리에 관하여는 민법 제2편 (…) 의 규정에 의하지 않고 종래의 예에 의한다.
제3조 朝鮮人間의 민사에 관하여는 제1조의 규정에도 불구하고 종래의 예에 의한다.
附則 本令은   日부터 이를 시행한다.
— 출처: 「犯罪卽決例民事爭訟調停ニ關スル件及辯護士規則ヲ定ム」, 『公文類聚』

■ 조선민사령(1912. 3. 제령 제7호)
제1조 민사에 관한 사항은 본령 기타 법령에 특별한 규정이 있는 경우를 제외하고 다음의 법률에 의한다.
1. 민법, 2. 메이지 35년 법률 제50호, 3. 메이지 37년 법률 제17호, 4. 메이지 32년 법률 제40호, 5. 메이지 33년 법률 제51호, 6. 메이지 33년 법률 제13호, 7. 민법시행법, 8. 상법, 9. 메이지 33년 법률 제17호, 10. 상법시행법, 11. 메이지 23년 법률 제32호, 12. 상법시행조례, 13. 민사소송법, 14. 외국재판소촉탁에 따른 공조법, 15. 메이지 32년 법률 제50호, 16. 家資分散法, 17. 인사소송수속법, 18. 비송사건수속법, 19. 민사소송비용법, 20. 商事非訟事件印紙法, 21. 執達吏手數料規則, 22. 공탁법, 23 경매법
(…)
제10조 조선인 상호간의 법률행위에 대해서는 법령 중 공공의 질서에 관계없는 규정과

다른 관습이 있는 경우에는 관습에 의한다.
제11조 제1조의 법률 중 能力, 친족 및 상속에 관한 규정은 조선인에게 적용하지 않는다. 조선인에 관한 전 항의 사항에 대해서는 관습에 의한다.
제12조 부동산에 관한 물권의 종류 및 효력에 대해서는 제1조의 법률에서 정한 물권을 제외하고 관습에 의한다. (이하 생략)

— 출처: 『朝鮮總督府官報』

■ 조선민사령 제11조 개정안(1921)

제11조 조선인의 친족 및 상속에 관해서는 별단의 규정이 있는 것을 제외하고 제1조의 법률에 의하지 않고 관습에 의한다. 단, 親權, 後見, 保佐人, 무능력자를 위해 설치하는 친족회에 관한 규정은 이러한 제한에 있지 않다.

— 출처: 『朝鮮總督府官報』

■ 조선민사령 제11조 개정안(1922)

제11조 조선인의 친족 및 상속에 관해서는 별단의 규정이 있는 것을 제외하고 제1조의 법률에 의하지 않고 관습에 의한다. 단, 혼인연령, 재판상 이혼, 認知, 親權, 後見, 保佐人, 친족회, 상속의 승인 및 재산의 분리에 관한 규정은 이러한 제한에 있지 않다. 분가, 절가 재흥, 혼인, 협의상 이혼, 연조 및 협의 파양은 부윤 또는 면장에게 신고함으로써 효력이 발생한다. 단 유언에 의한 연조에 대해서는 그 신고는 양친의 사망시로 소급하여 그 효력을 발생한다.

— 출처: 『朝鮮總督府官報』

■ 조선민사령 제11조 개정안(1939)

제11조 조선인의 친족 및 상속에 관해서는 별단의 규정을 제외하고 제1조의 법률에 의하지 않고 관습에 의한다. 단 氏, 혼인연령, 재판상 이혼, 인지, 재판상 이연, 서양자 연조의 경우에 혼인 또는 연조가 무효일 때 또는 취소할 때에서의 연조 또는 혼인의 취소, 친권, 후견, 보좌인, 친족회, 상속의 승인 및 재산의 분리에 관한 규정은 이러한 제한에 있지 않다. 분가, 절가 재흥, 혼인, 협의상 이혼, 연조 및 협의상 이연은 부윤 또는 면장에게 계출함으로써 효력을 발생한다. 단, 유언에 의한 연조

에 대해서는 그 계출은 양친의 사망시로 소급하여 그 효력을 발생한다. 氏는 호주(법정대리인이 있을 때는 법정대리인)가 정한다.
제11조의 2 조선인 양자 연조에 있어서 양자는 양친과 '姓'을 같이할 것을 요하지 않는다. 단, 사후양자의 경우에는 이러한 제한에 있지 않다. 서양자 연조는 양자 연조의 계출과 동시에 혼인계출을 함으로써 효력을 발생한다. 서양자는 妻의 家에 들어간다. 서양자 연조 또는 연조의 취소로 인하여 그 家를 떠나도 家女의 직계비속은 그 家를 떠나지 않고, 태아가 생겼을 때는 그 家에 들어간다.

— 출처: 『朝鮮總督府官報』

■ 共通法(1918. 4. 법률 제39호)

제1조 본법에서 지역이라 칭하는 것은 內地, 조선, 대만 또는 관동주를 말한다. 전 항의 내지에는 사할린을 포함한다.
제2조 민사에 관해서 일지역에서 다른 지역의 법령에 의할 것을 정한 경우에는 각 지역에서 그 지역의 법령을 적용한다. 2개 이상의 지역에서 동일한 다른 지역의 법령에 의할 것을 정한 경우에 상호간 역시 동일하다. 민사에 관해서는 전 항의 경우를 제외하고 법례를 준용한다. 이 경우에 각 당사자가 속한 지역의 법령을 본국법으로 한다.
제3조 일지역의 법령에 의해 그 지역의 家에 들어간 자는 다른 지역의 家를 떠난다. 일지역의 법령에 의해 家를 떠날 수 없는 자는 다른 지역의 家에 들어갈 수 없다. 육해군 병적에 있지 않는 자 및 병역에 복무할 의무가 없게 된 자가 아니면 다른 지역의 家에 들어갈 수 없다. 단 징병종결처분을 거쳐 제2국민병역에 있는 자는 이러한 제한에 있지 않다.
제4조 일지역에서 성립한 法人은 다른 지역에서 그 성립을 인정한다. 전 항의 法人은 다른 지역의 법령에 의해 同種 또는 類似 法人이 행할 수 없는 사항은 그 지역에서 행할 수 없다.
제5조 일지역의 법인은 그 사무소 또는 영업소를 다른 지역으로 이전하거나 또는 從한 사무소 또는 영업소를 다른 지역에 설립할 수 있다. 단, 주된 사무소 또는 영업소 이전은 이전지에서 설립할 수 있는 법인과 同種의 법인에 限하여 할 수 있다.
제6조 일지역의 법인이 사무소 또는 영업소를 다른 지역으로 이전하거나 또는 從한 사무소 또는 영업소를 다른 지역에서 설립할 때는 4주 내에 각 그 지역의 법령에 의해 등기할 것을 요한다. 전 항의 규정은 법인에 관하여 일지역에서 발생한 사항에 대해 다른 지역에서 등기할 수 있는 경우에 그것을 준용한다.
제7조 일지역의 회사는 다른 지역의 회사와 합병할 수 있다. 이 경우에 전 조 제1항의 규정

을 준용한다. 전 항의 합병에 필요한 조건은 각 지역의 법령이 정한 바에 의한다.
제8조 일지역의 법인의 役員의 행위에 대해 정한 과료의 규정은 그 지역에서 다른 지역의 동종 또는 유사 법인의 役員이 행한 행위에 적용한다. 전 항의 役員에는 발기인, 이사, 감사 및 그에 준하는 자 및 淸算人을 말한다.
제9조 민사소송 및 비송사건에 대해 일지역 내에 주소를 갖지 않는 자의 재판관할 또는 다른 지역의 법인의 재판관할에 관해서는 민사소송법, 인사소송수속법 및 비송사건수속법 중 일본에 주소를 갖지 않는 자 및 외국법인의 재판관할에 관한 규정을 준용한다. 전 항의 규정의 적용에 대해 재판관할의 규정에 관한 사법대신의 직무는 조선, 대만 또는 관동주에서는 조선총독, 대만총독 또는 관동도독이 정한다.
제10조 일지역에서 주된 영업소 또는 주소를 갖는 자에 대해서는 그 지역에서만 파산선고를 할 수 있다. 일지역에서 행한 파산선고의 효력은 다른 지역에 미친다.
제11조 일지역에서 민사소송, 비송사건 또는 파산사건에 관해 행한 소송행위, 재판, 처분 기타 수속상의 행위는 다른 지역에서의 법령의 적용에 관해서는 그 지역의 법령에 의해 행한 것과 동일한 효력을 갖는다. 단, 그 지역의 공공의 질서 또는 선량한 풍속에 반할 때는 이 제한에 있지 않다. 전 항의 규정은 민사쟁송조정에 대해서 준용한다. 민사쟁송조정에 관한 규정이 없는 지역에서는 그 조정은 민사소송법에 의해 행한 화해와 동일한 효력을 갖는다.
제12조 일지역에서 작성한 공정증서 기타 법령에 의해 官署公署가 작성한 문서는 다른 지역에서 그 지역의 법령에 의해 작성한 것과 동일한 공정한 효력을 갖는다.
제13조 일지역에서 죄를 범한 자는 다른 지역에서 처벌할 수 있다.
제14조 형사에 관해 일지역에서 다른 지역의 법령에 의할 것을 정한 경우에는 각 지역에서 그 지역의 법령을 적용한다. 둘 이상의 지역에서 동일한 다른 지역의 법령에 의할 것을 정한 경우 그 상호간 역시 같다. 일지역에서 다른 지역의 범죄를 처단하는 경우에는 전 항의 경우를 제외하고 범죄지의 법령에 의한다. 단 태형에 관한 규정은 이러한 한계에 있지 않다. 범죄지의 법령에 의해 처단하는 경우에 처단지의 법령에 태형에 관한 규정이 있을 때는 그 규정에 의해 태형의 언도를 할 수 있다.
제15조 일지역의 法人의 役員 또는 지배인의 행위에 대해 규정한 형벌 규정은 그 지역에서 다른 지역의 同種 법인의 役員 또는 지배인이 행한 행위에 적용한다. 전 항의 역원에는 제8조 제2항에서 든 자 외에 檢事役을 포함한다.
제16조 1개의 형사사건 또는 관련된 여러 개의 형사사건이 지역을 달리 한 여러 개의 재판관청의 관할에 속할 때는 형사소송법 제27조 및 제28조 규정을 준용한다.
제17조 일지역의 검사, 검찰관 또는 그 직무를 행하는 자가 다른 지역의 관할재판관청에서 사건을 심리하는 것이 적당하다고 인정할 때는 그 지역의 검사, 검찰관 또는 그 직무를 행하는 자에게 송치할 수 있다. 일지역의 豫審 또는 제1심 재판관청이 다른 지역의 관찰재판관청에서 사건을 심리하는 것이 적당하다고 인정할 때는 검

사, 검찰관 또는 그 직무를 행하는 자의 청구로 인한 결정으로 그 지역의 관할재판관청으로 송치할 수 있다.

제18조 일지역에서 형사의 소송 또는 즉결처분 또는 假出獄에 관해 행한 재판, 처분 기타 수속상의 행위는 다른 지역에서 법령의 적용에 관해서는 그 지역에서 행한 것과 동일한 효력을 갖는다. 제11조 제1항 단서의 규정은 私訴에 준용한다.

제19조 일지역에서 행한 형의 집행유예의 언도 또는 가출옥의 처분은 다른 지역에서 그 지역의 법령에 의해 취소할 수 있다.

附則 본법 시행기일은 칙령으로 정한다. 단 제3조의 규정에 대해서는 별도로 그 시행기일을 정할 수 있다. (이하 생략)

— 출처: 高等法院書記課, 『朝鮮司法提要』, 1923

■ 共通法ノ一部を施行スルノ件(1918. 5. 칙령 제144호)

공통법은 동법제3조 규정을 제외하고 1918년 6월 1일부터 시행한다.

— 출처: 高等法院書記課, 『朝鮮司法提要』, 1923

■ 共通法第3條ノ規程及戶籍法中改正法律施行期日(1921. 6. 칙령 제283호)

공통법 제3조의 규정 및 1921년 법률 제48호는 1921년 7월 1일부터 시행한다.

— 출처: 高等法院書記課, 『朝鮮司法提要』, 1923

■ 朝鮮人ト內地人トノ婚姻ノ民籍手續ニ關スル件(1921. 6. 7. 朝鮮總督府令 제99호)

제1조 조선인과 내지인이 조선에서 혼인을 했을 때는 혼인일로부터 10일 이내에 당사자 쌍방으로부터 부윤 또는 면장에게 계출한다.

제2조 혼인계출은 夫의 본적지 또는 소재지에서 한다. 단 조선인이 女戶主인 내지인과 입부혼인을 한 경우에는 妻의 소재지에서 한다.

제3조 혼인의 屆書에는 다음의 사항을 기재하고 신고인이 계서에 서명 날인한다.
　一. 당사자의 씨명 또는 성명, 출생일, 본적 및 직업
　二. 부모의 씨명 또는 성명 및 본적 부모와의 관계

三. 당사자가 가족일 때는 호주의 씨명 또는 성명 및 본적 및 호주와의 관계
　　四. 조선인이 女戶主인 내지인과 한 입부혼인일 때 또는 그 입부가 호주가 됐을 때는 그 취지
　당사자 일방이 내지의 婚家로부터 다시 혼인으로 인하여 조선의 家에 들어간 경우에는 전 항에 든 사항 외에 친가 호주의 씨명 및 성명, 본적을 기재한다.
　屆書에는 만 20세 이상의 증인 2인 이상이 출생일 및 본적을 기재하여 서명 날인한다.

제4조 혼인으로 인하여 적출자 신분을 취득한 자가 있는 경우에는 혼인의 계서에 그 자의 씨명 또는 성명, 출생일, 본적 및 적출자가 된 사유를 기재한다.

제5조 혼인에 대해 호주, 부모, 후견인, 친족회 기타 者의 동의를 요할 때는 屆書에 그 동의를 입증하는 서면을 첨부한다. 단, 동의를 한 자에게 계서에 그 취지를 附記케 하는 것으로 족하다. 혼인에 대해 관청의 허가를 요할 때는 계서에 허가서의 등본을 첨부한다. 제1항의 동의를 입증하는 서면 또는 계서에는 동의를 한 자의 출생일 및 본적을 기재하여 서명 날인한다.

제6조 계출인, 증인 및 동의자가 본적에 있지 않을 때는 계서 또는 동의서에 그 소재를 기재한다.

제7조 구두로 계출을 하기 위해서는 계출인은 부청 또는 면사무소에 출두하여 계서에 기재할 사항을 진술한다. 부윤 또는 면장이 진술을 필기하고 계출일을 기재하여 계출인에게 讀聞케 하고 또 그것을 서면에 서명 날인한다.

제8조 제3조 제3항, 제5조 및 제6조의 규정은 전조 제2항의 서면에 대해 준용한다.

제9조 민적법 제5조의 2 내지 제5조의 6 규정은 혼인 또는 이혼으로 인하여 조선의 家를 떠난 자 및 내지의 家를 떠나 조선의 家에 들어온 자의 민적기재 절차에 대해 그것을 준용한다.

附則

제10조 본령은 공통법 제3조 시행일부터 시행한다.

제11조 본령 시행 전 조선인과 내지인 사이에 행한 혼인 또는 이혼으로서 민적법 또는 호적법에 따라 신고 또는 계출한 것에 대해서는 부윤 또는 면장은 본령이 정한 바에 준하여 입적, 제적, 기타 수속을 한다. 당사자 호주 기타 이해관계인은 당사자의 본적지 부윤 또는 면장에게 전 항의 신고 또는 계출을 한다는 취지를 申出한다.

　　　　　　　　　　　　　　　— 출처: 朝鮮總督府法務局,『民籍例規』, 1922

【참고문헌】

1. 자료

1) 개인문서, 일기, 전기, 회고록류
『梅謙次郎文書』,『倉富勇三郎文書』,『寺內正毅文書』,『寺內正毅日記』,『齋藤實文書』, 『水野練太郎回想錄·關係文書』,『大野綠一郎文書』,『原敬日記』

原正鼎,「戶籍令制定當時의 回顧」,『戶籍』 3권 7호.

萩原彦三,「私の朝鮮記錄」,『大塚象三郎文書』

穂積眞六郎,『わが生涯を朝鮮に』

東川德治,『博土梅謙次郎』, 法政大學, 1917.

小森德治,『明石元二郎 (上·下)』, 原書房, 1968.

黑田甲子郎 編,『元師寺內伯爵傳』, 1920.

御手洗辰雄,『南次郎』, 南次郎傳記刊行會, 1957.

小磯國昭,『葛山鴻爪』, 丸ノ內出版, 1968.

田中武雄,「小磯總督時代의 統治槪觀」,『朝鮮近代史料硏究集成』, 朝鮮史料硏究會, 1960.

司法協會,「朝鮮司法界의 往事를 語る座談會」,『朝鮮司法協會雜誌』 19권 10호·11호, 1940
(남기정 역,『日帝의 韓國司法府侵略實話』, 육법사, 1976)

2) 정기간행물
『舊韓國官報』,『朝鮮總督府官報』,『朝鮮總督府施政年報』,『朝鮮總督府統計年報』,『朝鮮總督府月報』,『朝鮮彙報』,『朝鮮』,『司法協會雜誌』,『戶籍』,『每日申報』,『朝鮮行政』,『思想彙報』,『中樞院通信(1937~1938)』,『法學志林』,『法學協會雜誌』,『國家學會雜誌』

3) 규장각 소장 문서
『法部大臣請議日本人法官任用內規』(奎 24565)

『內閣法部來去文(1906~1909)』(奎 17763)

『內閣去來案(1909)』(奎 26200)

『法部去來案』(奎 26204)
『起案(議政府)』(奎 17746)
『各部通牒(1906~1908)』(奎 17824)
『法制局通牒(1907~1910)』(奎 17825)
『外事局通牒(1907~1910)』(奎 17826)
『內閣往復文(1907~1910)』(奎 17755)
『統監府來文』(奎17849)
『統別法律關係往復文』(奎 17852), 內閣(朝鮮) 編, (1907~1910) 총 4책.
『統別詔勅關係往復文』(奎 17853), 內閣(朝鮮) 編, (1907~1910) 총 2책.
『韓國法令關係綴(조선총독부)』(奎 26745)
『事務參考書(조선총독부)』(奎 20958)
『朝鮮總督府各部內譯明細書』(奎 20290)
『京畿仁川港畓洞戶籍』(奎 27369)

4) 국사편찬위원회 소장 관습조사 관련 문서
『慶州東萊昌原大邱調査書』(中B16BBC-10)
『公州地方ニ於ケル特別調査書』(中B16BBE-6), (http://kh2.koreanhistory.or.kr/)
『大邱郡ニ於ケル調査報告書』(中B16BBC-22), (http://kh2.koreanhistory.or.kr/)
『東萊郡ニ於ケル調査報告書』(中B16BBC-25)
『調査報告書』(中B13A-1), (http://kh2.koreanhistory.or.kr/)
『調査報告書(갑산지역)』(http://kh2.koreanhistory.or.kr/)
『調査報告書(東萊)』(中B13J-83)
『舊慣審査委員會議案原稿』(中B6B-41)
『舊慣審査委員會誌』(中B6B-42)
『舊慣審査委員會會議錄』(中B6B-43)
『舊慣審査委員會議案原稿』(中B6B-41)
『慣習及制度調査沿革草起稿狀況』(中B14-15)
『朝鮮舊慣及制度沿革ノ調査』(中C14D-3)
『慣習ニ關スル照會回答綴』(中B14-16), (http://kh2.koreanhistory.or.kr/)
『歸化ニ關スル事項』(中B13J-20)
『歸化人事項拔萃,』(中B13J-21)
『資料關係雜書類綴』(中B17B-76)
『制度調査項目』(中B13B-34)
『調査事項綴』(中B14-61)
『調査資料書目』(B17B-81)

『中樞院官制改正ニ關スル資料』(中B12B-20), (http://kh2.koreanhistory.or.kr/)
『親族相續編纂資料項目』(中B13IF-18)
『婚姻ニ關スル事項』(中B13IF-25)
『婚姻年齡調査表』(中B13IF-28)
『大韓帝國官員履歷書』
『隆熙3年 韓國慣習調査報告書 平北篇』(국회도서관 소장)

5) 국가기록원 문서
『諸會議關係書類(1937)』(문서번호 247)
『新規豫算要求書綴(1939)』(문서번호 157)
『朝鮮寄留令ニ關スル書類(1942)』(문서번호 257)

6) 일본국립공문서관 및 외무성 외교사료관 문서
「韓國ニ於ケル裁判事務ニ關スル件○統監府法務院官制○統監府法務院職員官等給與令ヲ定ム」, 『公文類聚』・第三十編・明治三十九年・第十九卷・衛生・人類衛生・獸畜衛生・司法・裁判所・民事・刑事(http://www.jacar.go.jp/f_1.htm)

「韓國ニ在勤スル帝國官吏ヲ韓國官支ニ任用方」, 『公文類聚』・第三十一編・明治四十年・第五卷・官職四・官制四・(遞信省~貴族院衆議院事務局)(http://www.jacar.go.jp/f_1.htm)

「裁判所・臺灣督府法院・統監府法務院又ハ理事廳ト關東都督府法院トノ間ニ於ケル法律上ノ共助法ヲ定ム」, 『公文類聚』・第三十一編・明治四十年・第十九卷・衛生・人類衛生・司法・裁判所(裁判所構成~裁判所管轄區域)(http://www.jacar.go.jp/f_1.htm)

「統監府裁判所司法事務取扱令○韓國人ニ係ル司法ニ關スル件○統監府監獄事務取扱ニ關スル件○韓國ニ於ケル犯罪卽決令ヲ定ム」, 『公文類聚』・第三十三編・明治四十二年・第十九卷・司法・裁判所・民事(民法~民事訴訟)・刑事(刑法~監獄)(http://www.jacar.go.jp/f_1.htm)

「朝鮮ニ施行スル法律ニ關スル件ヲ定メ○明治三十九年勅令第百八十四號・(統監府及所屬官署ノ民事訴訟ニ關シ國ヲ代表スルノ件)・等中ヲ改」, 『公文類聚』・第三十四編・明治四十三年・第九卷・財政門一・會計一(會計法・收支・予算)(http://www.jacar.go.jp/f_1.htm)

「韓國人ニ日本法規ヲ適用スル場合ニ關スル件ヲ定ム」, 『公文類聚』・第三十四編・明治四十三年・第二十一卷・司法門・裁判所(裁判所構成)・民事・刑事)(http://www.jacar.go.jp/f_1.htm)

「犯罪卽決例民事爭訟調停ニ關スル件及辯護士規則ヲ定ム」, 『公文類聚』(1-2A-011, 類1108) (http://www.jacar.go.jp/f_1.htm)

「朝鮮民事令ヲ定ム」, 『公文類聚』 第三十六編 明治四十五年~大正元年第十六卷衛生・人

類·獸畜,願訴,司法·裁判所~刑事(http://www.jacar.go.jp/f_1.htm)
「朝鮮民事令中改正制令案」,『公文類聚 第四十五編·大正十年·第三十四卷·司法二·民事(民法·財產·民事訴訟·國籍·戶籍)·刑事一)(http://www.jacar.go.jp/f_1.htm)
「朝鮮民事令中改正制令案」,『公文類聚』第四十六編·大正十一年·第二十八卷·司法一·裁判所一·民事一·刑事一·監獄·陸軍刑法·願訴(http://www.jacar.go.jp/f_1.htm)
「朝鮮民事令中改正制令案」,『公文類聚』第五十三編·昭和四年·第三十四卷·司法二·民事(民法~非訟事件手續法)·刑事(刑法·陪審法)(http://www.jacar.go.jp/f_1.htm)
「朝鮮民事令中ヲ改正ス·(壻養子制度創設及之ト關係スル氏ニ關スル規定)」,『公文類聚』第六十三編·昭和十四年·第百卷·司法一·裁判所·公證人·民事(民法·商法)(http://www.jacar.go.jp/f_1.htm)
「朝鮮總督府部內臨時職員設置制中改正ノ件」,『公文類聚』63편(昭和 14年 第36卷)
『本邦內政關係雜件 植民地關係』(일본 외무성 외교사료관 문서)

7) 조선총독부 간행물·단행본·자료집

法典調查局,『慣習調查問題』, 1909.
內部警務局,『民籍事務槪要』, 1910.
朝鮮總督府,『慣習調查報告書』(정긍식 편역,『改譯版慣習調查報告書』, 한국법제연구원, 2000)
朝鮮總督府,『朝鮮總督府參事官分室關係書類(一)』.
朝鮮總督府,『明治四十五年行政整理顚末』.
朝鮮總督府,『朝鮮統治三年間成績』, 1914.
朝鮮總督府,『朝鮮施政ノ方針及實績』, 1915.
朝鮮總督府,『朝鮮關係帝國議會議事經過摘錄』, 1915.
朝鮮總督府內務部,『民籍例規集』, 1917.
朝鮮總督府,『司法官會議諮問事項答申書』, 1917;『裁判所及檢事局監督官協議決定事項(1917. 10)』,『司法官提出意見ニ對スル總督內示(1917. 10)』;『司法官ニ對スル總督訓示·司法官ニ對スル總督指示·司法官ニ對スル司法府長官注意事項(1917. 10. 司法官會議)』
舊慣審查委員會,『第4回舊慣審查委員會議案追加』, 1919.
朝鮮總督府,『朝鮮에在ᄒᆞᆫ新施政』, 1921.
朝鮮總督府,『朝鮮に於ける新施政』, 1922.
朝鮮總督府法務局,『民籍例規』, 1922.
高等法院書記課,『朝鮮司法提要』, 1923.
朝鮮總督府法務局,『朝鮮戶籍例規』, 1933.
拓務大臣官房文書課,『外地ニ行ハルル法律調』, 1934.
朝鮮總督府法務局,『朝鮮の司法制度』, 1936.

朝鮮行政編輯總局, 『朝鮮統治秘話』, 1937.

司法法規改正調査委員會, 『司法法規改正調査委員會審議案(一)』, 1937.

朝鮮總督府, 『朝鮮總督府臨時對策調査會會議錄』, 1938.

朝鮮總督府, 『裁判所及檢事局監督官會議 總督訓示及法務局長注意事項集』, 1938.

朝鮮總督府中樞院, 『朝鮮舊慣制度調査事業概要』, 1938.

朝鮮總督府中樞院, 『民事慣習回答彙集』, 1938.

朝鮮總督府中樞院, 『民事慣習回答彙集(續編稿)』, 1945.

朝鮮總督府, 『朝鮮施政上ノ重要統計資料』, 1941.

朝鮮總督府, 『朝鮮統理と皇民化の進展』, 1943.

朝鮮總督府法務局, 『朝鮮司法一覽』, 1943.

朝鮮總督府法務局, 『朝鮮戶籍及寄留例規』, 1943.

朝鮮戶籍協會, 『朝鮮戶籍及寄留質疑回答輯錄』, 1944.

臺灣總督府, 『臺灣ニ施行スヘキ法令ニ關スル法律其ノ沿革竝現行律令』, 1921.

臺灣總督府, 『臺灣ニ施行スヘキ法令ニ關スル法律ニ基キ發布シタル現行律令』, 1921.

司法協會, 『司法協會決議回答輯錄』(1932, 1938)

司法協會, 『朝鮮高等法院判決錄(1-30)』

司法協會, 『朝鮮高等法院判例要旨類集』(1923, 1930, 1937, 1942)

朝鮮總督府中樞院, 『中樞院會議錄』(서울대, 고려대, 국회, 국립중앙도서관 소장본)

朝鮮總督府中樞院, 『中樞院會議各局長演述』(서울대, 고려대, 국회, 국립중앙도서관 소장본)

朝鮮總督府中樞院, 『慣習及制度調査計劃』

朝鮮總督府, 『朝鮮戶籍令私案』(국립중앙도서관 한고조 33-15)

朝鮮總督府, 『朝鮮戶籍令案』(국립중앙도서관 한고조 33-16)

中樞院調査課, 『推定祭祀相續人の廢除に就て』

廣池千九郎, 『韓國親族法親等制度之研究』, 法理研究會, 1909.

細谷正, 『日鮮對照朝鮮民籍要覽』, 1915.

小松綠, 『朝鮮併合之裏面』, 1920.

切山篤太郎·春澤得一, 『朝鮮親族相續慣習類纂』, 嚴松堂京城店, 1920.

近見繁造, 『朝鮮戶籍法規詳解』, 1924.

野村調太郎, 『朝鮮戶籍令義解』, 1923.

中田傳平, 『朝鮮戶籍令要義』, 1923.

馬場社, 『朝鮮親族相續慣習法綜攬』, 1926.

大津淳一郎, 『大日本憲政史』, 1927.

吉武繁, 『朝鮮親族法要論』, 1931.

藤田東三, 『朝鮮親族法──主として朝鮮高等法院判例を中心としての考察』, 大阪屋號書店, 1933.

南雲幸吉, 『現行朝鮮親族相續法類集』, 1935.
中村進吾, 『朝鮮施政發展史』, 朝鮮發展社, 1936.
喜頭兵一, 『李朝の財産相續法』, 1936.
野村調太郎, 『朝鮮祭祀相續法論 序說』1939.
綠旗日本文化研究所, 『氏創設の眞精神とその手續』, 1940.
松岡修太郎, 『外地法』, 日本評論社, 1941.
松岡修太郎, 『朝鮮行政法提要』, 東都書籍, 1944.
山崎丹照, 『外地統治機構の研究』, 1943.
中村哲, 『植民地統治法の基本問題』, 日本評論社, 1943.
清宮四郎, 『外地法序說』, 有斐閣, 1944.
水野直樹, 『戰時期 植民地統治資料(1-7)』, 柏書房, 1998.
水野直樹 編, 『朝鮮總督諭告・訓示集成』, 綠蔭書房, 2001.
深井英五, 『樞密院重要議事覺書』, 岩波書店, 1953.
市川正明, 『日韓外交史料』, 原書房, 1979~1981.
市川正明, 『韓國併合史料』, 原書房, 1978.
국회도서관 편, 『韓末近代法令資料集』
外務省, 『小村外交史』, 原書房, 1966.
外務省, 『外地法制誌(1~12권)』, 文生書院, 1990.
外務省, 『日本外交年表竝主要文書(上・下)』, 原書房, 1965.
朝鮮總督府, 『朝鮮總督府帝國議會說明資料』, 1-17권(不二出版 復刻)
東京大學出版會, 『帝國議會衆議院議會速記錄』
東京大學出版會, 『帝國議會貴族院議會速記錄』
東京大學出版會, 『帝國議會衆議院委員會速記錄』
東京大學出版會, 『帝國議會貴族院委員會速記錄』
東京大學出版會, 『樞密院會議議事錄』
衆議院事務局, 『帝國議會衆議院秘密會議事速記錄集』
學習院大學東洋文化硏究所, 『未公開資料 朝鮮總督府關係者 錄音記錄(2)』, 2001(정재정 역, 『식민통치의 허상과 실상』, 혜안, 2002).

2. 연구서

강동진, 『日帝의 韓國侵略政策史』, 한길사, 1980.
강창석, 『朝鮮 統監府 硏究』, 국학자료원, 1995.

金斗憲, 『韓國家族制度研究』, 서울대출판부, 1969.
김운태, 『개정판 日本帝國主義의 韓國統治』, 박영사, 1999.
박병호, 『한국의 전통사회와 법』, 서울대출판부, 1985.
박은경, 『일제하 조선인관료연구』, 학민, 1999.
박성진·이승일, 『조선총독부 공문서』, 역사비평사, 2007.
박찬승, 『한국근대정치사상사연구 — 민족주의 우파의 실력양성운동론』, 역사비평사, 1992.
수요역사연구회, 『식민지 조선과 '매일신보': 1910년대』, 신서원, 2003.
이완재, 『韓國近代 初期開化思想의 硏究』, 한양대 출판원, 1998
장병인, 『조선전기 혼인제와 성차별』, 일지사, 1997.
정광현, 『韓國家族法研究』, 서울대출판부, 1967.
정긍식, 『韓末法令體系分析』, 한국법제연구원, 1991.
정긍식, 『統監府法令 體系分析』, 한국법제연구원, 1995.
정긍식, 『朝鮮總督府 法令史料(1)—支配機構·立法』, 한국법제연구원, 1996.
정긍식, 『韓國近代法史攷』, 박영사, 2002.
정혜경, 『日帝時代 在日朝鮮人民族運動研究』, 국학자료원, 2001.
최석영, 『일제의 동화이데올로기의 창출』, 서경, 1997.
최유리, 『日帝末期 植民地 支配政策研究』, 국학자료원, 1997.
최재석, 『韓國家族制度史研究』, 일지사, 1996.
최홍기, 『韓國戶籍制度史研究』, 서울대출판부, 1997.
古屋哲夫, 山室信一 編, 『近代日本における東アジア問題』, 吉川弘文館, 2001.
駒込武, 『植民地帝國日本の文化統合』, 岩波書店, 1996.
宮田節子, 『朝鮮民族と「皇民化」政策』, 1985(이형낭 역, 『朝鮮民衆과 '皇民化' 政策』, 일조각, 1997)
金英達, 『創氏改名の研究』, 未來社, 1997.
牧 英正, 藤原明久 編, 『日本法制史』, 靑林書院, 1993.
山本有造, 『日本植民地經濟史研究』, 名古屋大學出版會, 1992.
小熊英二, 『日本人の境界』, 新曜社, 1998.
李英美, 『韓國司法制度と梅謙次郞』, 法政大學出版局, 2005.
鄭鍾休, 『韓國民法典の比較法的研究』, 創文社, 1989.
海野福壽, 『韓國倂合』, 岩波書店, 1995.
桶口雄一, 『戰時下朝鮮の民衆と徵兵』, 總和社, 2001.
王泰升, 『臺灣日治時期的法律改革』, 聯經, 1999.
水野直樹, 『創氏改名—日本の朝鮮支配の中で』, 岩波書店, 2008.

3. 연구논문

권태억, 「동화 정책론」, 『역사학보』, 172, 2001.
권태억, 「통감부 설치기 일제의 조선근대화론」, 『국사관논총』, 53, 1994.
金英達, 「創氏改名의 制度」, 『創氏改名』, 학민사, 1994.
김낙년, 「일본제국주의의 식민지 지배의 특질」, 『한국사(13)』, 한길사, 1994.
김동명, 「15년전쟁하 일본제국주의의 식민지지배 체제의 전개」, 『일본학』 20, 동국대 일본학연구소, 2001.
김동명, 「1920년대 식민지 조선에서의 정치운동 연구—일본제국주의의 지배에 대한 저항과 '협력'의 변증법」, 『한국정치학회보』 32집 3호, 1998.
김동명, 「일본제국주의의 식민지 지배 체제의 개편—3·1운동 직후 조선에서의 동화주의 지배 체제의 확정」, 『韓日關係史硏究』 9, 1998.
김창록, 「식민지 피지배기 법제의 기초」, 『법제연구』 8, 1989.
김창록, 「日本에서의 西洋 憲法思想의 受容에 관한 硏究」, 서울대 박사학위논문, 1994.
김창록, 「制令에 관한 연구」, 『법사학연구』 26, 2002.
김창현, 「朝鮮初期 科擧及第者의 出身背景—文·武科 單回榜目 분석을 중심으로」, 『한국학논집』 35, 2001.
남근우, 「식민지주의 민속학의 일고찰」, 『정신문화연구』 21권 3호, 1998.
도면회, 「1894~1905년간 형사재판제도 연구」, 서울대 박사학위논문, 1998.
도면회, 「갑오개혁 이후 근대적 법령 제정 과정」, 『한국문화』 27, 2001.
류승렬, 「한국의 일제강점기 '동화'론 연구에 대한 메타분석」, 『역사와 현실』 65, 2007.
文竣暎, 「大韓帝國期 刑法大典의 制定과 改正」, 『法史學硏究』, 20, 1999.
文竣暎, 「帝國日本의 植民地 刑事司法制度의 形成—1985~1912년 臺灣과 朝鮮의 法院組織과 刑事法規를 중심으로」, 『법사학연구』 23, 2001.
미즈노 나오키, 「조선 식민지 지배와 이름의 '차이화': '내지인과 혼동하기 쉬운 이름'의 금지를 중심으로」, 『사회와 역사』, 2001.
박병호, 「日帝時代의 戶籍制度」, 『古文書硏究』 3, 1992.
박병호, 「일제하의 가족 정책과 관습법 형성 과정」, 『법학』 33권 2호, 1992.
박성진, 「한말-일제하 사회진화론 연구」, 한국정신문화원 박사학위논문, 1998.
박성진, 「일제말기 綠旗聯盟의 내선일체론」, 『한국근현대사연구』 10, 1999.
박찬승, 「일제하의 자치운동과 그 성격」, 『역사와 현실』 2, 1989.
朴賢洙, 「日帝의 朝鮮調査에 관한 硏究」, 서울대 박사학위논문, 1993.
사카모도 신이치, 「"明治民法"의 성씨제도와 "創氏改名"(조선)·"改姓名"(대만)의 비교분석」, 『법사학연구』 22, 2000.

서영희,「光武政權의 국정운영과 日帝의 국권침탈에 대한 대응」, 서울대 박사학위논문, 1998.
소현숙,「일제 식민지 시기 조선의 출산통제 담론의 연구」,『역사와 현실』 38, 2000.
손경찬,「민형소송규칙의 제정과 의의」,『법사학연구』 30, 2004.
신주백,「일제의 새로운 식민지 지배 방식과 재조일본인 및 '자치'세력의 대응(1919~22)」,『역사와 현실』 39, 2001.
심희기,「書評 國譯慣習調査報告書」,『법사학연구』 13, 1992.
심희기,「일제강점 초기의 판례와 법학; 일제강점 초기 "식민지 관습법"의 형성」,『법사학연구』 28, 2003.
양현아,「식민지 시기 한국 가족법의 관습 문제 1」,『사회와 역사』 58, 2000.
양현아,「한국의 호주제도」,『여성과 사회』 10, 1999.
여박동,「조선총독부 중추원의 조직과 조사 편찬사업에 관한 연구」,『일본학연보』 4, 대구대, 1992.
柳在坤,「日帝統監 伊藤博文의 對韓侵略政策(1906~1909) —〈大臣會議筆記〉를 중심으로」,『청계사학』 10, 1993.
윤대성,「〈韓國不動産ニ關スル調査記錄〉의 연구」,『논문집(창원대)』 14, 1992.
윤대성,「일제의 한국 관습조사사업과 민사관습법」,『논문집(창원대)』 13권 1호, 1991.
윤대성,「日帝의 韓國慣習調査事業과 傳貰慣習法」,『韓國法史學論叢 — 박병호 교수 화갑 기념(2)』, 박영사, 1991.
이명종,「일제말기 조선인 징병을 위한 기류(寄留)제도의 시행 및 호적조사」,『사회와 역사』 74, 2007.
이병수,「우리나라의 근대화와 형법대전의 頒示」,『법사학연구』 2, 1975.
이병수,「朝鮮民事令에 關하여—제11조의 관습을 중심으로」,『법사학연구』 4, 1977.
이상욱,「韓國相續法의 成文化過程」, 경북대 박사학위논문, 1986.
이승일,「식민지 조선의 차양자(次養子) 연구」,『역사와 현실』 34, 1999.
이승일,「日帝時代 親族慣習의 변화와 朝鮮民事令 개정에 관한 연구 — 朝鮮民事令 제11조 제2차 개정안을 중심으로」,『한국학논집』 33, 한양대, 1999.
이승일,「일제 식민지 시기 宗中財産과 '朝鮮不動産登記令'」,『사학연구』, 61, 2000.
이승일,「일제의 관습조사사업과 식민지 관습법의 성격」,『역사민속학』 17, 2003.
이승일,「1910·20년대 조선총독부의 법제 정책」,『동방학지』 126, 2004.
이승일,「조선총독부의 조선인 등록제도 연구 —1910년대 민적과 거주등록부의 등록 단위의 변화를 중심으로」,『사회와 역사』 67, 2005.
이승일,「조선호적령 제정에 대한 연구」,『법사학연구』 32, 2005.
장철수,「조선총독부 민속조사자료의 성격과 내용」,『정신문화연구』 21권 3호, 1998.
田鳳德,「韓國近代史法制度史(6)」,『대한변호사협회지』 14, 1976.

田鳳德,「韓國近代史法制度史(7)」,『대한변호사협회지』 15, 1976.
정긍식,「日帝의 慣習調査와 意義」,『國譯慣習調査報告書』, 한국법제연구원, 1992.
정동호,「개화기의 가족법 규범에 관한 일고찰」,『논문집(강원대)』 13, 1979.
정승모,「관습조사보고서 서평」,『역사민속학』 4, 1994.
鄭然泰,「大韓帝國 後期 不動産 登記制度의 近代化를 둘러싼 葛藤과 그 歸結」,『法史學研究』 16, 1995.
정종휴,「日本民法典의 編纂」,『법사학연구』 36, 2007.
정창렬,「근대국민국가 인식과 내셔널리즘의 전개」,『한국사(11)』, 한길사, 1994.
정창렬,「한말 변혁운동의 정치 경제적 지향」,『한국민족주의론』 1, 창작과비평, 1982.
정혜경·이승엽,「일제하 綠旗聯盟의 활동」,『한국근현대사연구』 10, 1999.
趙凡來,「朝鮮總督府 中樞院의 初期 構造와 機能」,『한국독립운동사연구』 6, 1992.
韓明根,「日帝의 韓國侵略論과 韓國政治勢力의 對應」, 숭실대 박사학위논문, 2000.
홍양희,「조선총독부의 가족 정책 연구」, 한양대 박사학위논문, 2005.
江橋崇,「植民地における憲法の適用―明治立憲體制の一側面」,『法學志林』 82권 3·4호, 1985.
岡本眞希子,「アジア·太平洋戰爭末期における朝鮮人·臺灣人參政權問題」,『日本史研究』 401, 1996.
岡本眞希子, 「アジア·太平洋戰爭末期の在日朝鮮人政策」, 『在日朝鮮人史研究』 27, 1997.
吉田光男,「大韓帝國期ソウルの住民移動―'漢城府戶籍'の分析を通して」,『朝鮮文化研究』 1, 1994.
金英達, 「日本の朝鮮統治下における'通婚'と'混血'―いわゆる'內鮮通婚'の法制·統計·政策ついて」,『人權問題研究室紀要』 39, 1997.
金翼漢,「植民地朝鮮における地方支配體制の構築過程と農村社會變動」, 東京大 博士學位論文, 1996.
楠精一郎,「外地參政權問題」,『近代日本史の新研究』, 北樹出版, 1991.
水野直樹,「戰時期の植民地支配と'內外地行政一元化'」,『人文學報』 79, 1997.
水野直樹, 「國籍をめぐる東アジア關係」,『近代日本における東アジア問題』, 吉川弘文館, 2001.
李昇燁,「朝鮮人內鮮一體論者の轉向と同化論理 ― 綠旗聯盟の朝鮮イデオローグ中心に」,『二十世紀研究』 2, 2001.
李英美,「韓國近代戶籍關聯法規의 制定 및 改正過程―民籍法을 中心に」,『東洋文化研究』 6, 2004.
田中隆一,「帝國日本の司法連鎖」,『朝鮮史研究會論文集』 38, 2000.
靑野正明,「朝鮮總督府の墓地政策と民衆の墓地風水信仰―1920年代までを中心に」,『大

　　　　正でモクラシ―・天皇制・キリスト教』, 新教出版社, 2001.
坂元眞一,「敗戰前日本國における朝鮮戶籍の硏究」,『靑邱學術論集』10, 1996.
靑野正明,「朝鮮總督府の'創氏'構想」,『桃山學院大學總合硏究所紀要』28권 2호, 2002.
平野武,「日本統治下の朝鮮の法的地位」,『阪大法學』83, 1972.
淺野豊美,「日本帝國最後の再編」,『戰間期のアジア太平洋地域―國際關係とその展開』,
　　　　早稻田大學社會科學硏究所, 1998.
春山明哲,「近代日本の植民地統治と原敬」,『日本植民地主義の政治的展開 1895~1934
　　　　년』, アジア政經學會, 1980.

【찾아보기】

가

가독상속　73, 87, 137, 155, 188, 235, 237, 271~273, 276
가쓰라 다로(桂太郎)　62~64, 90
가와하라 노부요시(川原信義)　70, 75
개항장재판소　40, 41, 44,
『경국대전』　74, 289,
조선고등법원　21, 24, 65, 87, 105, 115~117, 130, 182, 186, 191, 195, 198, 205, 206, 208, 255, 266, 270, 275, 290, 296, 302, 304, 305, 371
고등법원 → 조선고등법원
고등재판소　40, 41
고마츠 미도리(小松綠)　90
고무라 조타로(小村壽太郎)　62, 63
고이소 구니아키(小磯國昭)　310, 322, 329, 332~339, 341~345, 349, 355~358
고쿠부 미쓰이(國分三亥)　55, 70, 160, 169, 195, 203, 204, 206~209, 263, 297
공소원　53, 54, 65
공통법　142, 151~156, 158~160, 163, 165, 167, 168, 173~175, 178, 198, 201, 238, 246, 252, 261, 307, 309, 350, 369, 372
공통법규조사위원회　152
관습 성문화 정책　23, 29, 156, 172, 199, 254, 329, 373
「관습급제도조사연혁기고상황」　118
관습법　7, 20~24, 28~30, 73, 83, 87, 109, 111~117, 128, 130, 131, 135~137, 141, 142, 144, 145, 154, 158, 159, 163, 165, 172, 174, 177~179, 183, 186, 187, 190, 197~199, 201, 204~210, 238, 240, 242, 251, 254, 256, 258, 262, 263, 266, 267, 269, 273~275, 278, 282, 287, 293, 317, 323, 361, 368~371, 374
관습법주의　27, 172, 182, 195, 238~240, 290, 316, 364,

369
『관습조사보고서』　21, 22, 24, 30, 74, 75, 83, 87, 114, 115, 117, 121, 130, 133, 136, 157, 180~182, 189~191, 193, 205, 207, 234, 235, 284, 293, 294, 304
관습조사사업　7, 21, 24, 29, 67, 70, 71, 83, 84, 86~88, 101, 110, 112, 117~119, 129, 193, 196, 223, 246, 292, 367
구관급제도조사위원회　115, 116, 118, 130, 133~136, 186, 205, 237, 265, 292, 302, 371
구관습　193, 195, 197, 205, 207, 209, 258, 263, 291, 297, 303, 368
구관심사위원회　115, 118, 119, 125, 126, 130~135, 265
구라지 데쓰요시(倉知鐵吉)　62, 90
구라토미 유사부로(倉富勇三郎)　29, 55, 61, 62, 65, 70, 79, 80, 83, 105~107, 110
구재판소　53~56, 65, 104
국적법　91, 94, 153, 159, 315, 355, 363
귀화　91, 94~96, 106, 146, 362, 363
기라무라 세우(梧村升雨)　317
기오미야 시로(淸宮四郎)　129
기토 효이치(喜頭兵一)　129, 131, 268
긴급칙령 제324호　97~99
김한목　120, 131, 134

나

나카무라 다케조(中村竹藏)　182
내선 법제 일원화　7, 23, 24, 29, 30, 142, 170, 176, 177, 197, 199, 246, 254, 263, 269, 274, 275, 308~310, 320, 321, 326, 329, 362, 364, 367, 369, 370, 372, 373
내선결혼　156

내선연조 307, 315
내선일체 25, 251, 252, 275, 281, 283, 307~315, 319, 320, 326, 333, 334, 337, 338, 341, 350, 371, 372
내선통혼 164, 165, 167, 168, 171, 173, 175, 176, 204, 307, 309, 348, 355, 369, 371, 372
내외지 행정 일원화 30, 327, 329~332, 338, 346, 348, 363, 372
내지연장주의 25, 335, 339
노무라 조타로(野村調太郎) 129, 262, 268, 303
노자와 다케노스케(野澤武之助) 43, 45
능력 28, 87, 107~110, 112, 113, 122~124, 127, 128, 146, 157~159, 165, 168~171, 176, 177, 179~183, 185, 190, 197, 240, 241, 246, 318, 354, 368, 370

다

다나카 다케오(田中武雄) 288, 332, 335, 336, 343
다키모토 세이치(瀧本誠一) 84
다테이시 고레이치(立石惟一) 156, 160
대만민사령 19, 36, 103, 104, 172, 199, 201, 368, 369
대만친족령·상속령 24, 178, 251, 254, 371
『대명률』 58
대심원 53, 54, 56, 65, 200
『대전회통』 58, 68, 74, 121, 189, 290
『대한제국관원이력서』 214, 215, 216, 220
데라우치 마사타케(寺內正毅) 83, 89, 92, 101, 195
도조 히데키(東條英機) 342
동성동본 금혼 258, 264, 265, 275, 277, 278, 287, 300
동성동본 256, 264, 271, 275, 277, 283, 286, 289
동화 5, 7, 8, 19~23, 25, 27, 36, 100, 104, 141, 142, 165, 199~207, 232, 251, 309, 310, 312, 329, 333, 335, 353, 360, 368, 372

마

마쓰나가 쇼이치(增永正一) 262, 266, 267
마쓰데라 다케오(松寺竹雄) 43, 45, 46, 55, 58, 65, 70, 105, 182, 255, 259, 261, 262
마쓰자카 히로마사(松阪廣政) 359
무라야마 시안 344~348
미나미 지로(南次郎) 307, 309~312, 315, 322, 326, 329~333, 335, 338, 340, 342, 344

미야모토 하지메(宮本元) 178, 192, 193, 268, 278, 329, 330
민·형소송규칙 57, 58, 68, 87, 181, 182
민법 5, 7, 41, 57, 59, 67, 69, 70~72, 86~88, 101, 102, 108, 110, 112, 113, 144, 157, 159, 162, 164, 165, 170~172, 175, 324
'민사·형사의 소송에 관한 건' 48
민사관례조사 83~85
『민사관습회답휘집』 30, 129, 135
민사소송법 57, 69, 87, 101, 103, 108, 112, 157, 201, 257, 259
민적법 87, 106, 141, 148, 149, 154, 156, 157, 159, 160, 163, 164, 168, 175, 178, 206, 211, 212, 222~226, 228, 229, 232~234, 238, 245, 246, 255, 284, 294, 368
민적법집행심득 149, 211, 224

바

박중양 342
법관양성소 44, 56
법관임용령 56
법관전고규정 44
법관전형규칙 56
법례 113, 146, 152~154, 174
법률 제30호 99, 100, 144
법률 제63호 90
법률취조위원회 105, 120
법무보좌관 37, 42~48, 50, 51, 53, 58, 59, 67
법전조사국 21, 67, 69~71, 74, 75, 77~80, 83, 86, 87, 100, 101, 104, 110, 118~122, 293, 374
법제 일원화 → 내선 법제 일원화
법학제요(Institutiones) 86
변호사법 70, 87
병역법 5, 19, 36, 310, 324, 325, 347
'병합준비위원회' 90~92
보호국화 정책 59, 61, 62, 64, 66, 71, 88, 367
본관 127, 213, 227, 275, 280, 283, 287
본적 146, 147, 148, 151, 175, 222~224, 226~233, 246, 260, 261, 283, 325
봉사자(奉祀者) 137, 235, 238, 255, 260
부동산물권 19, 20, 28, 36, 109, 110, 112, 122, 131, 145, 172, 368

부동산법조사회 69, 70, 72, 74, 75, 118

사

사법법규개정조사위원회 30, 261~263, 265~269, 275~
277, 316, 321, 338, 371
사법성 84, 152, 162, 163, 166, 171, 354, 358, 362, 364
사법시험 56, 57
사법협회 30, 31, 115, 205, 371
사이온지(西園寺) 152
사이토 마코토(齋藤實) 30, 134, 163, 164, 204, 331
상법 5, 19, 72, 86, 87, 102~104, 108, 112, 113, 122,
123, 145, 201
상속 5, 19, 20, 22, 28, 36, 72, 75, 103, 107~109,
112~115, 122, 123, 126~130, 132~136, 141, 142,
157~159, 161~165, 170~172, 176, 178, 179, 185,
186, 188, 197, 198, 201, 205, 206, 208, 209, 211,
223, 224, 234, 237, 238, 240, 242, 245~247, 254,
256, 263, 264, 266, 268, 269, 271, 274, 278, 279,
290~292, 295~298, 303, 309, 315~317, 319~323,
325, 328, 347, 350, 353, 360~362, 368, 369, 371,
373
상속법 23, 28, 107, 115, 162, 210, 226, 251, 253, 254,
257, 263, 265~268, 279, 295, 297, 309, 315~317,
320, 321, 323, 326, 361, 362, 371, 373
서양자 150, 172, 251, 252, 255~257, 259, 261, 263,
264, 270, 272, 275, 276, 278~281, 289, 298~300,
308, 318, 371, 372
성문법 18, 23, 24, 27, 28, 30, 67, 68, 109, 111, 141,
142, 158, 162, 163, 165, 172, 173, 177, 189,
197~199, 206, 208, 251, 254, 256, 259, 264, 266,
267, 274, 275, 278, 289, 315, 317, 319, 323, 326,
328~330, 364, 367~373
세키야 데이자부로(關屋貞三郎) 131
소네 아라스케(曾禰荒助) 95
소목지서 236, 293, 294, 296, 298
순회재판소 40, 41
시정개선협의회 40, 48, 69, 95
신고주의 159, 161, 185, 188, 241, 245
신관습 177, 192~194, 196, 197, 205, 207~210, 256,
258, 263, 267, 291, 293, 297, 306, 368
'신문형에 관한 건' 48
실지조사 21, 74, 75, 79, 82, 87, 120, 121, 123~126

아

아베 노부유키(阿部信行) 337
아사미 린타로(淺見倫太郎) 74
아즈미 도키타로(安住時太郎) 45, 55, 58, 65, 70, 105,
182
야마구치 사타마사(山口貞昌) 57, 68, 131, 160
야마다 사부로(山田三郎) 94
양호주 파양 22, 116, 206, 267, 304~306
어윤적 131
영사재판권 38, 39, 52, 60, 61
오다 간지로(小田幹治郎) 45, 70, 119, 131, 134, 156,
160, 162, 178
오쓰카 쇼사부로(大塚象三郎) 156, 157
오카모토 요시노리(岡本至德) 55, 57
와타나베 나리시(渡邊業志) 129
요코타 고로(橫田五郎) 170, 171, 178, 262
우메 겐지로(梅謙次郎) 24, 42~44, 52, 54, 61, 62, 65,
69, 70, 72~74, 83, 87, 88, 101, 103, 284
우쓰노미야 다로(宇都宮太郎) 203
원적 213, 228, 259, 260, 261
『유서필지』 74
유성준 70, 134
율령 89, 92, 358, 359, 361
은거 73, 239, 259, 260, 270, 272, 276, 319
을사조약 → 제2차 한일협약
이건호 42
이규환 42
이범익 120, 342
이법역 7, 19, 145, 154, 200, 201, 203, 252, 261, 309,
329, 347, 352, 372
이법지역 96, 144, 146, 149, 151, 153, 155, 200, 201,
261, 308, 328, 333, 344, 368
이성불양 258, 271, 286, 289, 298, 300
이성양자 255, 259, 261, 264, 270, 272, 278, 281, 289,
298
이식규례 69
이식제한령 108
이와시마 하지메(岩島肇) 308
이와이 케이타로(岩井敬太郎) 223
이와히 다케이치(岩吹武市) 79
이완용 51
이인영 95
이자와 슈지(伊澤修二) 357

이적 147, 150, 201, 240, 252, 258, 261, 270, 272, 276, 300, 307, 348~355, 362, 363, 372, 373
이진호 336, 342
이하영 42, 69
『인사관례전집』 86
일국 일법역 200
일국일성문법전주의 328, 373
일본 민법 7, 19~24, 27, 28, 36, 62, 68, 69, 71, 73, 74, 86~88, 103, 104, 107, 109~113, 122, 123, 127, 133, 135~137, 141, 142, 144, 154, 155, 157~159, 163, 165, 167, 170~172, 174~180, 183~186, 188, 189, 193, 199, 201, 206~211, 232, 234, 237~241, 245, 246, 251, 254, 256, 257, 260, 262~265, 267~269, 271, 273~275, 280, 283, 284, 286, 287, 289, 298, 299, 301, 307~309, 315, 320, 322~324, 326, 328, 330, 347, 350, 352, 353, 361, 368~371
일본민법주의 27~30, 107, 109, 110, 141, 159, 173, 177, 198, 201, 241, 252, 275, 329, 368, 371, 373
『일본민사관례류집』 84, 86
『일본상사관례류집』 84
일본헌법 8, 90, 92, 93, 97, 99, 201
일시동인 25, 309, 333, 334
입부혼인 150, 151, 270, 272, 275, 276, 278, 299, 300

자

재산상속 123, 127, 129, 133, 136, 236, 237, 271, 291, 295~298, 317
재판상 이혼 116, 136, 157, 177, 185, 190, 192~197, 245, 279
재판상 파양 265, 270, 273
재판소구성법 40, 41, 50, 52~54, 56~60, 65, 67~69, 200, 327, 341
재판소구성법시행법 53
재판소설치법 53
전적(轉籍) 126, 132, 133, 146, 149, 150, 153, 228~230, 253, 308, 347~352, 354, 355, 362, 363, 373
전적조사 74, 75, 120, 121, 123~128
정미 7조약 → 제3차 한일협약
제1차 한일협약 40
제2차 한일협약 38~40, 95, 367
제3차 한일협약 52, 53, 55, 59
제령 18, 19, 25, 35, 36, 91, 92, 94, 98~100, 102, 104, 107, 113, 143, 144, 160, 162, 165~169, 172, 173, 176, 179, 185, 201, 212, 240, 242~245, 253, 265, 279, 280, 287, 309, 317, 323, 331, 340, 341, 343, 344, 346, 347, 355, 357~359, 362~364, 368, 370, 373
제사상속 22, 123, 127, 129, 136, 206, 234~238, 267, 275, 296
조선가사심판소령 323
조선고등법원 21, 24, 30, 87, 115~117, 130, 182, 186, 191, 198, 205, 206, 208, 255, 266, 275~277, 296, 330, 371
조선교육령 310
『조선구관급제도조사연혁의 조사』 117~119
『조선구관제도조사사업개요』 117, 118, 129
조선구관주의 28, 30, 110, 141, 142, 198, 252, 329, 360, 368, 369, 371, 373
조선기류령 316, 322, 330, 332
조선민사령 제10조 112, 113, 117, 195
조선민사령 제11조 5, 7, 8, 19~24, 27, 29, 30, 36, 112~114, 119, 125, 126, 134, 135, 141~144, 160, 162~164, 167~169, 173, 176~179, 182, 183, 185, 186, 188, 189, 197~199, 206, 207, 209, 210, 212, 238, 239, 241~247, 251, 252, 254, 257~259, 261, 263, 264, 274, 278~282, 286, 287, 289, 300, 301, 307~309, 312, 316, 317, 320, 321, 323, 324, 328, 330, 361, 364, 367~374
조선민사령(안) 102~106, 109, 201
조선민사령급민적법개정조사위원회 131, 160, 239, 241, 262, 330, 369
'조선에 시행할 법령에 관한 법률' 144, 200
조선총독부재판소 100, 102, 200
조선총독부재판소령 100, 102, 323
『조선총독부참사관분실관계서류』 119
조선친족령·상속령 30, 251, 252, 307, 315, 323, 325, 326, 328~330, 364, 373
조선호적령 22, 30, 141, 143, 173, 178, 211, 212, 238~247, 280, 284, 287, 307, 316, 324, 332, 354, 370
조선호적령 시안 239, 243
조선호적령안 239, 241~244
종법 235~238, 272
종합행정권 327~329, 331, 341, 344, 346, 372
중의원선거법 5, 19, 36, 252, 253, 338~342, 347, 355~357, 362, 373

중추원 21, 30, 76, 115, 117~119, 124~126, 130, 132, 134, 135, 161, 162, 168~170, 176~178, 189, 205, 241, 255~258, 263, 264, 266, 277, 317~321, 340, 342, 347
『중추원 관제개정에 관한 자료』 119
『중추원의 연혁조사』 119
지방재판소 40, 41, 45~49, 51, 53~56, 65
지원병제도 309~311, 314
징병 153, 282, 311, 323, 324, 330, 332, 339, 345, 347, 350

|차|

차양자 205, 236, 237, 267, 270, 293~297
창씨 255, 264, 278, 282, 283, 287, 288, 307, 314, 315
창씨개명 251, 254, 279, 288, 308, 315
취조국 104, 105, 115, 117~121, 130, 134, 205, 290, 293
치외법권 38, 39, 46, 59~61, 64, 66, 67, 71, 88, 96, 101, 367
친족·상속에 관한 법규조사회 266
친족법 23, 107, 147, 159, 162, 164, 172, 210, 211, 226, 232, 234, 251, 253, 255, 263, 265~268, 279, 296, 308, 309, 315~317, 319~321, 323, 326, 362, 371, 373

|타 · 파|

토지가옥전당집행규칙 69
토지가옥증명규칙 69, 215
토지수용법 87, 106
토지이용법 70
통감 39, 40, 51~53, 64, 65, 89, 92, 95, 101
통감부 법무원 60
통감부 사법청 64, 65, 105
통감부 이사청 60, 61, 67
통감부재판소 61, 64, 65, 97, 105
통감부재판소령 64, 65
특별법원 40, 41
파양 116, 133, 149, 185, 224, 233, 234, 245, 265, 267, 270, 273, 299~306
평리원 41~45, 47, 49, 50

|하|

하기와라 히코조(萩原彦三) 131, 134, 178
하라 마사카네(原正鼎) 134, 166, 167, 171, 172, 194, 242, 262, 269, 271
하세가와 요시미치(長谷川好道) 163, 202, 203, 329
학설휘찬(Digesta; Pandekten) 86
한국 법전 6, 29, 35, 46, 61, 62, 64, 66, 67, 71, 74, 87, 88, 100, 101, 103, 104, 117, 367
'한국 사법 및 감옥사무 위탁에 관한 각서' 64
한국병합 35, 62~64, 88~90, 92~94, 97, 100, 101, 103, 106~108, 110, 117, 119, 120, 146, 189, 192~194, 200, 202, 211, 212, 246, 281, 308, 363, 368
'한국의 병합에 관한 조약' 96
'한국인이 관계한 사법에 관한 건' 66, 100
한상용 342
한성재판소 40~45, 48, 56
한일신협약 51
협의 이혼 116, 136, 157, 177, 190~193, 196, 245, 246, 270, 272, 302
형법 41, 59, 69, 70, 87, 88, 144, 145
『형법대전』 57, 58, 68, 132, 136, 190, 283, 289, 301
호구조사규칙 212, 213, 217, 220, 222, 224, 227~230, 234, 237
호구조사세칙 216, 217, 222
호적법 5, 70, 87, 141, 142, 147~149, 155~159, 165, 168, 173~175, 212, 222, 223, 227, 228, 238~247, 261, 306, 309, 315, 323~325, 347, 348, 350, 352, 354, 369, 370
호적협회 115, 205, 275
호주 20, 21, 123, 133, 136, 137, 149, 184, 193, 211, 213, 216, 218, 219, 222~226, 228, 229, 231~238, 246, 255~258, 260, 261, 264, 270, 272, 273, 275, 276, 280, 281, 283~287, 289, 291, 292, 294~298, 301, 302~306, 348, 350~352
호주상속 20, 22, 123, 127, 136, 234~238, 271, 273, 296~298, 317, 319
호주승계 234, 236, 264
호패 123, 181, 213, 214, 216~218, 222
황국신민화 251, 312~314, 333, 335, 338
후루카와 가네히데(古川兼秀) 312
후카자와 신이치로(深澤新一郞) 263, 264
히라케 간타로(平木勘太郞) 70, 77